Wolfgang Benz
Konrad Kwiet
Jürgen Matthäus
(Hrsg.)

Einsatz im „Reichskommissariat Ostland“

Reihe
Nationalsozialistische Besatzungspolitik in Europa 1939–1945
National Socialist Occupation Policy in Europe 1939–1945
herausgegeben von/edited by
Wolfgang Benz · Johannes Houwink ten Cate · Gerhard Otto
in Verbindung mit/in cooperation with

J. T. M. Bank (Leiden)
Wacław Długoborski (Katowice)
Hagen Fleischer (Athen)
Peter Sipos (Budapest)
Hermann Graml (München)
Richard Overy (London)
Aage Trommer (Odense)
Erika Weinzierl (Wien)

Band 6

Einsatz im „Reichskommissariat Ostland“

Dokumente zum Völkermord im Baltikum und in Weißrußland 1941–1944

Herausgegeben von

Wolfgang Benz
Konrad Kwiet
Jürgen Matthäus

METROPOL

Die Deutsche Bibliothek – CIP-Einheitsaufnahme
Einsatz im „Reichskommissariat Ostland“: Dokumente zum Völkermord im Baltikum und in Weißrußland 1941–1944 / hrsg. von Wolfgang Benz ...
– Berlin: Metropol, 1998
(Nationalsozialistische Besatzungspolitik in Europa 1939–1945; Bd. 6)
ISBN 3-932482-01-8

Kurfürstenstr. 135
10785 Berlin

Druck: H. & H. Russ GmbH, Berlin

INHALT

Einleitung

Der deutsche Überfall auf die Sowjetunion am 22. Juni 1941 markierte den Beginn eines Feldzugs, der von der politischen und militärischen Führung des Dritten Reichs als Vernichtungskrieg konzipiert war und entsprechend geführt wurde. Bei Kriegsende betrug die Zahl der Toten auf sowjetischer Seite zwischen 20 und 26 Millionen, ganze Landstriche und die Mehrzahl der Städte lagen verwüstet. Die Front verlief nicht allein zwischen den feindlichen Armeen; in den besetzten Gebieten fielen große Teile der Zivilbevölkerung der NS-Politik zum Opfer. Vom deutschen Terror besonders betroffen waren die baltischen Staaten und Weißrußland. Wenige Wochen nach ihrer Besetzung wurden sie als Reichskommissariat Ostland (RKO) zu einer Verwaltungseinheit zusammengeschlossen.[1] Juden, Kommunisten und Zigeuner gehörten seit den ersten Tagen des „Unternehmens Barbarossa" zu jenen Teilen der Zivilbevölkerung, die die deutsche Vernichtungsmaschinerie systematisch zu töten beabsichtigte. Bis Ende Januar 1942 hatten die Deutschen und ihre Helfer im Reichskommissariat Ostland bereits etwa 330 000 Juden umgebracht; von den ca. 265 000 Juden in Litauen überlebten rund 5 % das Programm der „Endlösung". Stolz legten die Exekutoren Erfolgsmeldungen vor, mit denen sie ihre Herrschaftsgebiete als „judenfrei" erklärten.[2]

Der Mord an Millionen von Menschen läßt sich nur bedingt nachvollziehen. Ihn zum Gegenstand einer Dokumentation zu machen, verlangt, der anonymen Masse der Opfer ein Gesicht zu verleihen (wie schemenhaft dies auch immer sei), ohne entscheidende Strukturelemente des historischen Prozesses zu verwischen. Keine Quellensammlung kann eine analytische Darstellung ersetzen; sie hat aber den Vorteil eines direkteren, weniger gefilterten Zugangs zur historischen Wirklichkeit. Sie bietet auf jeden Fall Anschaulichkeit und Authentizität. Das soll im folgenden an einigen Beispielen illustriert werden. Dabei wird deutlich, welche sozialen, menschlichen, moralischen, politischen Probleme angesprochen sind,

1 Vgl. allgemein Timothy P. Mulligan, The Politics of Illusion and Empire: German Occupation Policy in the Soviet Union, 1942–43, New York 1988; Theo J. Schulte, The German Army and Nazi Policies in Occupied Russia, Oxford 1989; Seppo Myllyniemi, Die Neuordnung der baltischen Länder 1941–1944, Helsinki 1973, sowie die älteren Werke von Alexander Dallin, German Rule in Russia, 1941–1945: A Study of Occupation Policies, London 1988 (1957) und Gerald Reitlinger, The House Built on Sand: The Conflicts of German Policy in Russia, 1939–1945, New York 1960.

2 S. Gert Robel, Sowjetunion, in: Wolfgang Benz (Hrsg.), Dimension des Völkermords. Die Zahl der jüdischen Opfer des Nationalsozialismus, München 1991, S. 556.

wenn von deutscher Besatzungsherrschaft und speziell ihrer rassen- und bevölkerungspolitischen Komponente – also von der Umsetzung nationalsozialistischer Ideologie in Okkupationspolitik – die Rede ist.

Konnten Anordnungen wie die des Stadtkommissars von Kauen (Kaunas) vom Sommer 1941 einen anderen Sinn als Diskriminierung und Demütigung haben, wenn den Juden das Betreten der Gehsteige untersagt wurde („Die Juden haben den rechtsseitigen Rand der Fahrstraße einzuhalten und hintereinander zu gehen")? Der Aufenthalt in Grünanlagen war ihnen verboten, auf Ruhebänke durften sie sich nicht setzen, die Benutzung öffentlicher Verkehrsmittel war ihnen untersagt. Wenig später durften Juden auf öffentlichen Märkten vor zehn Uhr vormittags nicht erscheinen, um einzukaufen [Dok. 155]. Dann wurde ihnen ausdrücklich verboten, „sich mit den Händen in den Taschen auf den Straßen zu bewegen" [Dok. 158]. Die bürokratischen Schikanen setzten sich fort im Terror, den Individuen ausübten – wie der 18jährige in litauischer Uniform, der mit von den Deutschen abgeleiteter Macht als Herrenmensch gegenüber Juden auftrat, den ihm unterstellten 50jährigen promovierten Nationalökonomen bei der Zwangsarbeit schlug und drangsalierte, ihn schmerzhaft demütigte und dabei nur die von den deutschen Besatzern übernommene Norm im Umgang mit der jüdischen Minderheit anwendete [Dok. 184]. Und welchen Sinn hatte es, daß den Ghetto-Bewohnern von Kaunas eines Tages, am 5. Januar 1942, befohlen wurde, ihre Hunde und Katzen in die Synagoge zu bringen, wo sie sogleich erschossen wurden [Dok. 171]?

Die Wehrmacht findet man im „Ostland" keineswegs im ideologiefreien, militärischen Raum, auf Sicherungsaufgaben beschränkt und abstinent gegenüber den politischen Zielen des Regimes. So heißt es in einem vom Ortskommandanten in Riga erlassenen Befehl vom April 1943 über den Umgang von Soldaten mit Juden, es sei beobachtet worden, daß Wehrmachtsangehörige, die zur Bewachung jüdischer Arbeiter abgestellt waren, mit Jüdinnen gesprochen hätten, ohne daß dies durch Anordnung oder Befehl gerechtfertigt gewesen sei. Die Soldaten hatten also geplaudert, vielleicht sogar gescherzt und damit gegen den Herrenmensch-Comment verstoßen: „In einer Zeit, in der die Vernichtung des Judentums zur Aufgabe des deutschen Volkes geworden ist, muß solches Verhalten bei jedem deutschfühlenden Menschen Unwillen erregen. Scharfe Überwachung und schärfste Bestrafung der Schuldigen ist geboten" [Dok. 144].

Deutsche Besatzungsherrschaft zeigt sich im Spiegel ihrer dokumentarischen Hinterlassenschaft als System von Ausbeutung, Willkür, Terror und Vernichtung. Nirgendwo kommt der mörderische Charakter deutscher Besatzungspolitik im Reichskommissariat Ostland so unverhüllt und lakonisch zum Ausdruck wie in dem Befehl des Kommandeurs der

Sicherheitspolizei in Kaunas, der Schwangerschaften und Geburten im Ghetto verbot: „Schwangerschaften müssen unterbrochen werden. Schwangere Frauen werden erschossen" [Dok. 187]. Das war die Absage an jede Zivilisation und charakterisierte die deutsche Okkupation nachhaltiger als manches andere Schriftstück.

Als Folge der angewendeten Herrschaftstechnik wurde die Bekämpfung von „Partisanen" im Laufe der Zeit zum wichtigsten Besatzungszweck. Die Einsicht des Gebietskommissars Ehrenleitner über die Wirkung des Partisanenkampfes wäre beherzigenswert gewesen: Er sei fest davon überzeugt, hatte er im März 1943 an den Generalkommissar Weißruthenien geschrieben, „daß die Liquidierung der Bevölkerung von zwei Dörfern nicht nur nicht die Partisanen" treffe, „sondern im Gegenteil weite Kreise der Bevölkerung den Partisanen direkt in die Hände treibt" [Dok. 227]. Die Schlußfolgerung entwertete freilich die Einsicht, denn der Gebietskommissar empfahl Propaganda und Bestechung als wichtige Ergänzungen des Kampfes mit der Waffe.

Die Methode der „Bandenbekämpfung" läßt sich am ehesten als präventive Ausrottung aller Verdächtigen ohne vorherige Untersuchung beschreiben. So unternahm der Höhere SS- und Polizeiführer Ostland, Friedrich Jeckeln, im Frühjahr 1943 einen „Feldzug" im Gebiet an der Grenze zwischen Weißruthenien und Lettland in der Absicht, ein 40 Kilometer breites Niemandsland zu schaffen, in dem Partisanen keine Stützpunkte errichten konnten. Mit 4000 Bewaffneten, größtenteils lettischen, litauischen und ukrainischen Mannschaften, zog der SS-General über die Dörfer und verfuhr nach folgendem Schema: Alle „Partisanenverdächtigen" (das waren sämtliche männlichen Dorfbewohner zwischen 16 und 50 Jahren) wurden sofort erschossen, alle weiteren Verdächtigen (das waren Alte und Nicht-Marschfähige) wurden ebenfalls erschossen, der Rest (Frauen und Kinder) wurde in Sammellager in Marsch gesetzt, dort trennte man Frauen und Kinder. Die Frauen wurden zur Zwangsarbeit nach Deutschland geschickt, die Kinder an die lettische Bevölkerung verteilt. Die Dörfer wurden geplündert und abgebrannt.

Am Anfang des „Feldzugs" gegen die Zivilbevölkerung habe es kaum Widerstand, später regelrechte Gefechte gegeben. Hunderte von Dörfern wurden zerstört, viele Tausende Menschenleben vernichtet. Das Ziel der Unternehmung, die lettische Grenze vor Partisanen zu schützen, war verfehlt, der Druck auf die Grenzen Lettlands habe sich vielfach verstärkt, heißt es in dem Bericht [Dok. 230] über das Unternehmen „Winterzauber": „Die propagandistische Auswirkung des Feldzuges in negativer Hinsicht ist nicht zu bemessen. Man vergesse nicht die tausende der Kinder, die über die Vorgänge erzählen, die ca. 700 Fahrer, die alles mit angesehen haben und jetzt in ihre Dörfer zurückgekehrt sind, die ukrainische Kompanie, die mit Verzweiflung (die Männer weinten wie Kinder) die Aktion mit angesehen hat und die lettischen Schutzleute, die mit reicher Beute zurückgekehrt sind und sich ihrer ‚Ruhmestaten' rühmen."

Charakteristische Zwischenfälle wurden berichtet wie dieser: Die Frau des Dorfpopen, eine ältere, gebildete, deutsch sprechende Frau, bat, ihr Leben und ihr Haus zu verschonen. Ihr Mann sei von den Bolschewisten nach Sibirien deportiert worden. „Ihrer Bitte wurde nicht stattgegeben" [Dok. 230].

Was in den Akten als Partisanenkrieg, als Bandenbekämpfung bezeichnet wurde, war vor allem die Jagd auf Juden, wie das Beispiel von Baranowitschi deutlich macht. Eine Streife hatte im September 1942 in einem Wäldchen sechs Juden, vier Männer und zwei Frauen, festgenommen: „Die Juden waren bei den vorangegangenen Judenaktionen geflüchtet und trieben sich planlos in den Wäldern umher. Einer der Juden führte ein russisches Gewehr ohne Schloß mit sich. Sie wurden an Ort und Stelle standrechtlich erschossen und an einem für diesen Zweck besonders geeigneten Platz ordnungsmäßig vergraben" [Dok. 242].

In der gleichen Gegend Weißrußlands wurden Mitte Oktober 1942 zwei Männer, ein 14 oder 16 Jahre alter Jude und ein russischer Kriegsgefangener, mit Schußverletzungen aufgefunden. Der Russe war noch vernehmungsfähig und gab an, sie seien am Tag zuvor festgenommen worden und mit anderen zu einer Erschießungsgrube geführt worden. Die Schüsse waren nicht tödlich, die beiden waren im Schutz der Dunkelheit aus dem Massengrab gekrochen und geflohen. Im Bericht des Gendarmerie-Postens Baranowitschi heißt es dazu abschließend: „Beide Aufgefundene wurden nun an geeigneter Stelle endgültig erschossen" [Dok. 243].

Die Struktur der Edition und die Auswahl des Materials folgt der Absicht, aus der Perspektive der Täter und anhand von bislang nicht veröffentlichten deutschen, primär aus ehemaligen Ostblock-Archiven stammenden Dokumenten die Destruktivität der NS-Besatzungspolitik zu zeigen. Aufgrund seiner historischen Signifikanz und quellenmäßigen Überlieferung steht der Judenmord im Vordergrund. Die Behandlung der sowjetischen Kriegsgefangenen kann hier nicht thematisiert werden, und auch jene Verbrechen, die sich im Rahmen des Vernichtungskrieges gegen Zivilisten richteten, ohne primär einer mörderischen Intention zu entspringen, werden in dieser Dokumentation nicht behandelt.[3] Die

3 Als Beispiel kann die Deportation von Zwangsarbeitern nach Deutschland dienen. Vgl. Christian Streit, Keine Kameraden. Die Wehrmacht und die sowjetischen Kriegsgefangenen 1941–1945, Stuttgart 1978; Hannes Heer/Klaus Naumann (Hrsg.), Vernichtungskrieg. Verbrechen der Wehrmacht 1941–44, Hamburg 1995.

Mehrzahl der Dokumente wurde aus Beständen ausgewählt, die bei Kriegsende in die Hände der Roten Armee fielen. Als Beuteakten unter striktem Verschluß gehalten, standen sie der Forschung über Jahrzehnte nicht zur Verfügung. Erst der Zerfall des Sowjetblocks führte zur Öffnung der Geheimarchive, wobei Historiker, die sich im Auftrag staatlicher Ermittlungsbehörden um die Aufklärung von NS-Verbrechen bemühten, oft zuerst Zugang erhielten.

Die Dokumente werden in chronologischer Reihenfolge und in der Regel auszugsweise unter Weglassung von Kopf- und Bezugszeilen, Geheimhaltungsvermerken, Stempelaufdrucken und Randbemerkungen abgedruckt. Offensichtliche Rechtschreibfehler wurden korrigiert, Besonderheiten in der sprachlichen Ausdrucksweise aber ebenso beibehalten wie damals übliche geographische Bezeichnungen und Ortsnamen. Verschiedene Schreibweisen für einen Ort (Kaunas, Kauen, Kowno oder Baranowitsche, Baranowicze, Baranowitschi) wurden aus Gründen der Authentizität der Dokumente nicht vereinheitlicht. Die heute gängige Schreibweise findet sich im Register. Angaben zur Provenienz sind den Quellen nachgestellt.

Im Interesse der Übersichtlichkeit beschränkt sich der Anmerkungsapparat auf zum Verständnis der jeweiligen Quelle unverzichtbare Zusatzinformationen. Die den einzelnen Kapiteln vorangestellten kurzen Einleitungen sollen die Dokumente in den historischen Kontext einordnen helfen. Vollständigkeit war nicht angestrebt, vielmehr sollten Lücken im Kenntnisstand über die Okkupationspolitik geschlossen werden. Weiterführende Literatur findet sich in der Bibliographie; auf bereits verfügbare Quellensammlungen sei hier wie auch im folgenden ausdrücklich verwiesen. Die Editionen von Paul Kohl, Peter Longerich, Norbert Müller und anderen enthalten wichtiges Material, das, wenngleich hier nicht noch einmal abgedruckt, zum umfassenden Verständnis der Vorgänge im Reichskommissariat Ostland und darüber hinaus wichtig ist.[4] Neben übergreifenden deutschen Befehlen, Verordnungen und Erlassen sollen Dokumente zum Besatzungsalltag und spezifische Fallbeispiele zur Arbeit nachgeordneter Instanzen einen Einblick in die Komplexität und Funktionszusammenhänge eines Verwaltungsgefüges vermitteln, das den Judenmord und die Vernichtung anderer Bevölkerungsgruppen erst ermöglichte.

4 Paul Kohl, „Ich wundere mich, daß ich noch lebe": Sowjetische Augenzeugen berichten, Gütersloh 1990; Peter Longerich (Hrsg.), Die Ermordung der europäischen Juden, München 1989; Norbert Müller (Hrsg.), Die faschistische Okkupationspolitik in den zeitweilig besetzten Gebieten der Sowjetunion (Europa unterm Hakenkreuz), Berlin 1991; Reinhard Rürup (Hrsg.), Der Krieg gegen die Sowjetunion 1941–1945. Eine Dokumentation, Berlin 1991.

Die Mehrzahl der Dokumente haben die Herausgeber in osteuropäischen Archiven gesichtet, die Zusammenstellung erfolgte am Research Institute des United States Holocaust Memorial Museum in Washington, DC, wo Konrad Kwiet 1995/96 als Schapiro Fellow und Jürgen Matthäus 1994/95 als Resnick-, danach als Research Fellow tätig waren. Die editorische Hauptarbeit erfolgte am Zentrum für Antisemitismusforschung der Technischen Universität Berlin. Herzlicher Dank gebührt Maren Krüger und Miriamne Fields (beide Berlin) für die Umsicht und Hingabe, mit der sie die Dokumente kollationiert, immer wieder Korrektur gelesen, recherchiert und technische Editionsprobleme gemeistert haben.

Diese Dokumentation erscheint in der Veröffentlichungsreihe „Nationalsozialistische Besatzungspolitik in Europa 1939–1945", die ins Leben gerufen wurde, um die Ergebnisse des gleichnamigen internationalen Projekts der „European Science Foundation" zu bündeln. Das Network National Socialist Occupation Policy in Europe, das 1995 bis 1997 in vier Konferenzen Strukturen und Probleme nationalsozialistischer Okkupation untersucht hat, war auch mit dem Ziel gegründet worden, bisher unzugängliche Dokumente aus osteuropäischen Archiven zu zentralen Themen nationalsozialistischer Besatzungspolitik in Europa zu veröffentlichen. Nach dem Dokumentenband über Deutsche Politik im „Protektorat Böhmen und Mähren" unter Reinhard Heydrich 1941–1942[5] ist dies mit der vorliegenden Publikation zu einem weiteren Teil erreicht.

Wolfgang Benz (Berlin), Jürgen Matthäus (Washington), Konrad Kwiet (Sydney) im Juni 1998

5 Miroslav Kárný/Jaroslava Milotová/Margita Kárná (Hrsg.), Deutsche Politik im „Protektorat Böhmen und Mähren" unter Reinhard Heydrich 1941–1942. Eine Dokumentation, Berlin 1997.

I. Rahmenplanungen und übergreifende Bestimmungen

Die Grundlinie deutscher Besatzungsherrschaft stand frühzeitig fest. Die Errichtung der Zivilverwaltung in Form eines Reichskommissariats entsprang dem Willen der Reichsführung, im Interesse einer dauerhaften Okkupation der Sowjetunion den, wie Hitler sich Mitte Juli 1941 ausdrückte, „riesenhaften Kuchen handgerecht zu zerlegen, damit wir ihn erstens beherrschen, zweitens verwalten und drittens ausbeuten können".[1] Wie andere vom Dritten Reich verfolgte Ziele war auch das Streben nach „Lebensraum im Osten" keine Erfindung Hitlers, sondern wurzelte tief in der deutschen Geschichte. Daß den Interessen des Reiches absoluter Vorrang gegenüber den Interessen der besetzten Gebiete einzuräumen war, galt bereits im Ersten Weltkrieg als Handlungsmaxime deutscher Politiker und Militärs. Auch die massive Ausdehnung des deutschen Herrschaftsgebiets in Richtung Osten in Verbindung mit umfassenden Siedlungsplänen hatte die Kriegszieldebatte und – sofern dies die militärische Situation zuließ – praktische Politik vor der deutschen Niederlage im November 1918 bestimmt. „Unternehmen Barbarossa" stand in der Tradition dieser früheren Versuche, den „Ostraum" einzudeutschen, und stellte sie gleichzeitig an Radikalität weit in den Schatten.

Insbesondere die in der Frühphase des Krieges formulierten Verwaltungsrichtlinien spiegeln das für die deutsche Besatzungspolitik in Osteuropa charakteristische Nebeneinander von traditionellen und neuartigen, in ihren Folgewirkungen gleichsam revolutionären Herrschaftstechniken. Zahlreiche Berliner Zentralinstanzen wetteiferten darin, den ihnen unterstellten Funktionsträgern schriftliche Anweisungen für die praktische Arbeit mit auf den Weg zu geben, da im Osten anders verfahren werden sollte als in den bereits besetzten Gebieten Europas. Ob bürokratisch verklausuliert oder im direkteren Jargon des Militär-, SS- und Polizeiapparats gehalten, war den schriftlich fixierten Richtlinien gemeinsam, daß sie die Absichten der Planer in Berlin hinreichend verdeutlichten, ohne die Eigeninitiative der Sachwalter deutscher Interessen vor Ort über Gebühr einzuschränken. Auch im „Ostland" basierte das nationalsozialistische

1 Aktenvermerk vom 16. Juli 1941 über eine Besprechung Hitlers mit Rosenberg, Lammers, Keitel und Göring, Nürnberg-Dokument 221-L, IMT Bd. 38, S. 86–94, abgedruckt in: Norbert Müller (Hrsg.), Die faschistische Okkupationspolitik in den zeitweilig besetzten Gebieten der Sowjetunion (Europa unterm Hakenkreuz), Berlin 1991, S. 160–164; ADAP Serie D, Bd. XIII. 1, S. 127–131.

Herrschaftssystem nicht allein auf dem Prinzip von Befehl und Gehorsam. Die Flexibilität, Entschlußfreudigkeit und rückhaltlose Einsatzbereitschaft seiner regionalen Repräsentanten spielte eine mindestens ebenso wichtige Rolle. Von jedem Deutschen, der im „Osteinsatz“ stand und besatzungspolitische Aufgaben wahrzunehmen hatte, erwarteten seine Vorgesetzten, daß er im Rahmen allgemein gehaltener Richtlinien und auf der Basis dessen, was seit 1933 als Staatsdoktrin galt, selbständig zu handeln in der Lage war. Es schien zweckmäßiger, nachgeordnete Instanzen an der langen Leine zu führen als sie, so Göring im Juli 1941, „ständig [zu] gängeln“.[2] Aus der Perspektive der deutschen Machthaber hat sich diese Strategie in der Praxis bewährt; für die besetzten Gebiete war sie fatal.

Richtungweisend für die Rahmenplanung im Kontext des „Unternehmens Barbarossa“ wirkte die deutsche Besatzungspolitik in Polen, wo die Ausschaltung potentiell „reichsfeindlicher“ Bevölkerungsgruppen bis hin zu ihrer physischen Vernichtung seit Herbst 1939 weit fortgeschritten war.[3] Für die maßgeblichen Berliner Bürokraten bildeten der Mord an der einheimischen Intelligenz und die Ghettoisierung der Juden die Grundlagen einer langfristig angelegten Politik, die mittels „Umvolkung“ auf vollständige Durchdringung abzielte und in der Sowjetunion noch rascher, umfassender und radikaler realisiert werden sollte. Die Bandbreite der hier entwickelten Besatzungskonzepte reichte von der Absicht, das neu eroberte Gebiet nachhaltig zu „befrieden“, was nach Lage der Dinge nur die massive Unterdrückung jeglichen Widerstands bedeuten konnte, bis hin zur bevölkerungspolitischen Tabula rasa, der in Gestalt des von Himmler inspirierten „Generalplans Ost“ Millionen von Landeseinwohnern zum Opfer fallen sollten.[4] Die verfügbaren Quellen lassen es nicht immer zu, eine direkte Verbindung zwischen Planungsmodellen und politischer Praxis herzustellen. Es kann jedoch kein Zweifel bestehen, daß die deutsche Herrschaft in der UdSSR schon auf der Stufe konzeptioneller Vorarbeiten den Massenmord anvisierte.

2 Nürnberg-Dokument 221-L.

3 Vgl. Czesław Madajczyk, Die Okkupationspolitik Nazideutschlands in Polen 1939–1945, Berlin 1987; Werner Präg/Wolfgang Jacobmeyer (Hrsg.), Das Diensttagebuch des deutschen Generalgouverneurs in Polen 1939–1945, Stuttgart 1975.

4 Vgl. Mechthild Rössler/Sabine Schleiermacher (Hrsg.), Der „Generalplan Ost“. Aspekte nationalsozialistischer Planungs- und Vernichtungspolitik, Köln 1990; Hans Mommsen, Umvolkungspläne des Nationalsozialismus und der Holocaust, in: Helge Grabitz u. a. (Hrsg.), Die Normalität des Verbrechens. Bilanz und Perspektiven der Forschung zu den nationalsozialistischen Gewaltverbrechen, Berlin 1994, S. 68–84; Götz Aly/Susanne Heim, Vordenker der Vernichtung. Auschwitz und die deutschen Pläne für eine neue europäische Ordnung, Hamburg 1991; Rolf-Dieter Müller, Hitlers Ostkrieg und die deutsche Siedlungspolitik. Die Zusammenarbeit von Wehrmacht, Wirtschaft und SS, Frankfurt a. M. 1991.

Als Konkursmasse des bankrotten Sowjetsystems und als politischer Störfaktor betrachtet, schien gegenüber der einheimischen Bevölkerung Rücksichtnahme von vornherein nicht angebracht. Inwieweit nichtdeutsche Interessen mißachtet werden konnten, richtete sich nach Zweckmäßigkeitsgesichtspunkten sowie nach politisch-ideologischen Präferenzen. Alfred Rosenberg, der designierte Reichsminister für die besetzten Ostgebiete, hielt die baltischen Staaten für prädestiniert, „deutsches Siedlungsgebiet der Zukunft unter Assimilierung der rassisch Geeignetsten zu werden". Weißrußland mit seinen „völlig verjudeten Städten" schien hierfür weniger geeignet, während der Ukraine größere nationale Selbständigkeit eingeräumt werden sollte.[5] Mit seinen traditionellen, direkt an die deutsche Politik im Ersten Weltkrieg anknüpfenden Vorstellungen stand Rosenberg innerhalb der nationalsozialistischen Führung allein; zu mehr als kosmetischen Zugeständnissen an die nationalen Aspirationen der sowjetischen Teilstaaten und vagen materiellen Versprechungen war man nicht bereit. Angesichts des ausbleibenden Sieges über die Rote Armee und der Erfordernisse der Kriegswirtschaft mußte sich aber auch Hitler, der eine „Waffenhilfe" von seiten der nichtrussischen Völker der Sowjetunion ursprünglich entschieden ablehnte, eines Besseren belehren lassen. Ein Jahr nach Beginn des Krieges waren es die mehreren hunderttausend Nichtdeutschen, die – fest integriert in den Besatzungsapparat – die Durchsetzung deutscher Ziele sicherstellten.

Mit der Einrichtung der Zivilverwaltung ab Sommer 1941 traten die Repräsentanten Rosenbergs neben die bestehenden örtlichen deutschen Dienststellen und waren diesen gegenüber oftmals – zumindest nominell – weisungsbefugt. In der Praxis stellte sich rasch heraus, daß Armee und SS bereits vor dem Dienstantritt der General-, Gebiets- und Stadtkommissare begonnen hatten, vollendete Tatsachen zu schaffen, die die in Berlin erstellten Richtlinien für die Zivilverwaltung überholt erscheinen ließen. Die massiven Auseinandersetzungen zwischen den Besatzungsinstanzen, insbesondere zwischen Himmlers SS- und Polizeiapparat auf der einen und Rosenbergs Ostministerium auf der anderen Seite, hielten bis zum deutschen Rückzug an. Es darf allerdings nicht übersehen werden, daß der Papierkrieg in erster Linie in Berlin tobte, während man sich vor Ort zu arrangieren wußte. Bestehende Rivalitäten mochten die bürokratische Effizienz beeinträchtigen; sie erhöhten aber gleichzeitig die Destruktivität deutscher Herrschaft, da der Primat der „Befriedungs"-Politik ebenso allseitige Anerkennung fand wie das Ziel rasseideologischer „Flurbereinigung".

5 Denkschrift Rosenbergs vom 2. April 1941 über die Ziele und Methoden deutscher Besatzungspolitik in der Sowjetunion, Nürnberg-Dokument 1017-PS, IMT Bd. 26, S. 547–554.

Die rasche Ablösung der Militär- durch eine Zivilverwaltung in den westlichen Teilen der besetzten Sowjetunion entsprang der Absicht, die Wehrmacht im Rücken der Front von besatzungspolitischen Zusatzaufgaben zu entlasten und rasch die Voraussetzungen für das zu schaffen, was deutscherseits „Ruhe und Ordnung“ genannt wurde. Alfred Rosenberg, als Chefideologe der NSDAP und nun auch als Minister für die besetzten Ostgebiete von Hitler mit der Verwirklichung des nationalsozialistischen Milleniums betraut, wählte aus dem Parteiapparat diejenigen aus, die ihm für Leitungsfunktionen im Rahmen der Zivilverwaltung geeignet schienen. Im „Ostland“ waren dies Hinrich Lohse, Gauleiter von Schleswig-Holstein, als Reichskommissar und die Generalkommissare Drechsler (Lettland), von Renteln (Litauen), Litzmann (Estland) und Kube (Weißruthenien) [Dok. 1–3]. Die Besetzung der Stadt- und Gebietskommissar-Posten fiel schwerer. Allgemeine Personalknappheit in Verbindung mit der geringen Attraktivität des „Osteinsatzes“ hatten zur Folge, daß gerade auf der niederen Verwaltungsebene Planstellen gar nicht oder nur mit wenig geeigneten Kandidaten besetzt werden konnten.[6]

Das Reichskommissariat Ostland war, analog zum Reichskommissariat Ukraine, in Generalkommissariate unterteilt, die wiederum mehrere Stadt- und Gebietskommissariate umfaßten und in regional ähnlich strukturierten Dienststellen der Polizei, SS und Wehrmacht ihre Entsprechung fanden [Dok. 5].[7] Wenngleich Rosenbergs Untergebene die zivile Oberhoheit ausübten, war sichergestellt, daß andere Instanzen von der Zivilverwaltung nicht in ihrer Handlungsfreiheit beschränkt wurden. Dies galt für Görings Vierjahresplan-Behörde ebenso wie für den SS- und Polizeiapparat, die Reichsbahn oder die Organisation Todt (OT). Insbesondere die Stellung von Himmlers Repräsentanten in den besetzten Gebieten blieb diffus: einerseits hatte Hitler den Reichs-, General- und Gebietskommissaren „Führer der SS und der Polizei zugeteilt, die ihnen unmittelbar und persönlich unterstehen“, andererseits erklärte er im gleichen Erlaß die „polizeiliche Sicherung“ zur „Sache des Reichsführers-SS

6 Vgl. Jonathan Steinberg, The Third Reich Reflected: German Civil Administration in the Occupied Soviet Union, 1941–44, in: English Historical Review 437 (1995), S. 620–651.

7 S. SCHEMA (1): Verwaltungsstruktur des RKO. Allgemein vgl. Timothy P. Mulligan, The Politics of Illusion and Empire: German Occupation Policy in the Soviet Union, 1942–43, New York 1988, S. 21–35. Der grundlegende Erlaß Hitlers vom 17. Juli 1941 sah unterhalb der Generalkommissariate auch Hauptkommissariate vor, die lediglich verwaltungstechnische Bedeutung hatten und nur im Generalkommissariat Weißruthenien eingerichtet wurden.

und Chefs der Deutschen Polizei".[8] Die fehlende Bereitschaft der höchsten Entscheidungsinstanz, klare Verhältnisse zu schaffen, sorgte für langandauernde Konflikte zwischen rivalisierenden Dienststellen [Dok. 6, 7].

Lettland und Litauen wurden bereits am 28. Juli 1941, Estland wenig später der Zivilverwaltung unterstellt. Entsprachen die Grenzen dieser Generalkommissariate weitgehend der territorialen Situation zu Zeiten der Unabhängigkeit der baltischen Staaten, so ließ sich für das am 1. September 1941 eingerichtete Generalkommissariat Weißruthenien unter Wilhelm Kube keine historische Parallele finden. Der völkisch-nebulöse, auch im damaligen Deutschland durchaus erklärungsbedürftige Terminus „Weißruthenien" beschrieb ein administratives Phantasieprodukt, das lediglich Teile der belorussischen Sowjetrepublik umfaßte und mit der vorrückenden Frontlinie nach Osten erheblich ausgedehnt werden sollte, wozu es aufgrund der militärischen Situation – von kleineren Grenzkorrekturen abgesehen – aber nicht kam [s. Dok. 4 und Karte nach Dok. 6]. Ähnlich provisorisch lagen die Dinge im gesamten Reichskommissariat Ostland. Dessenungeachtet waren die Repräsentanten des Reichs entschlossen, ihnen vordringlich erscheinende Probleme rasch und systematisch anzugehen. Selbst die Freizeitgestaltung nach Massenerschießungen blieb nicht dem Zufall überlassen, sondern wurde im Rahmen der Dienstaufsicht und Truppenbetreuung zum Gegenstand bürokratischer Reglementierung [Dok. 8, 9].

8 „Erlaß des Führers über die polizeiliche Sicherung der neu besetzten Ostgebiete" vom 17. Juli 1941, BA, R43II/686a, fol. 8, abgedruckt in Müller, Okkupationspolitik, S. 164 f.; Reinhard Rürup (Hrsg.), Der Krieg gegen die Sowjetunion 1941–1945. Eine Dokumentation, Berlin 1991, S. 99.

Dokumente

1

Schreiben des Reichsministers und Chefs der Reichskanzlei (Lammers) an die obersten Reichsbehörden vom 18. Juli 1941 mit Abschrift des „ersten Erlasses des Führers über die Einführung der Zivilverwaltung in den neu besetzten Ostgebieten" vom 17. Juli 1941

Anbei übersende ich in Abschrift
1.) den Erlaß des Führers über die Verwaltung der neu besetzten Ostgebiete vom 17. Juli 1941 nebst den darin in Bezug genommenen Führererlassen
a) über die Ernennung von Wehrmachtbefehlshabern in den neu besetzten Ostgebieten vom 25. Juni 1941,
b) über die Wirtschaft in den neu besetzten Ostgebieten vom 29. Juni 1941,
c) über die polizeiliche Sicherung der neu besetzten Ostgebiete vom 17. Juli 1941;
2.) den Ersten Erlaß des Führers über die Einführung der Zivilverwaltung in den neu besetzten Ostgebieten vom 17. Juli 1941.
Diese Erlasse werden nicht veröffentlicht. Es wird lediglich von hier aus eine Pressenachricht über den wesentlichsten Inhalt der Erlasse veranlaßt werden.

***

Erster Erlaß des Führers
über die Einführung der Zivilverwaltung
in den neu besetzten Ostgebieten.
Vom 17. Juli 1941

I
[...]
Das Gebiet der früheren Freistaaten Litauen, Lettland und Estland sowie der von Weißruthenen bewohnte Raum gehen in die dem Reichsminister für die besetzten Ostgebiete unterstehende Zivilverwaltung über. Dieses gesamte Gebiet bildet ein Reichskommissariat im Sinne meines Erlasses über die Verwaltung der neu besetzten Ostgebiete vom 17. Juli 1941 und erhält die Bezeichnung „Ostland". Die Unterstellung der Verwaltung kleinerer an der ost-

preußischen Grenze liegender Teile des ehemaligen Freistaats Litauen unter den Oberpräsidenten der Provinz bleibt vorbehalten.

II

Die äußeren Grenzen des Reichskommissariats Ostland und der übrigen unter I bezeichneten Gebiete werde ich, dem jeweiligen Stande der Kampfhandlungen entsprechend, bestimmen und zu gegebener Zeit endgültig festlegen. Den Zeitpunkt für die Einführung der Zivilverwaltung in den unter I genannten Gebieten oder in Teilen von ihnen werde ich bestimmen.

III

Zum Reichskommissar für das Ostland bestelle ich den Gauleiter und Oberpräsidenten Hinrich L o h s e. Er hat seinen Sitz in Riga.
Führer-Hauptquartier, den 17. Juli 1941

Der F ü h r e r
gez. Adolf Hitler
Der Chef des Oberkommandos der Wehrmacht
gez. Keitel
Der Reichsminister und Chef der Reichskanzlei
gez. Dr. Lammers

(BA, R 43II/686a, fol. 3, 9 f.)

2

Aufruf des RKO (Lohse) vom 28. Juli 1941 betr. Einsetzung von Drechsler als Generalkommissar Lettland (wortgleich für von Renteln in Litauen), abgedruckt im Verkündungsblatt des RKO Nr. 1 vom 30. August 1941

AUFRUF

Durch Erlaß vom 17. Juli 1941 hat mich der Führer des Großdeutschen Reiches
ADOLF HITLER
zum „Reichskommissar für das Ostland" ernannt. In dieses Gebiet ist auch der ehemalige Freistaat Lettland eingeschlossen.
Ebenso hat der Führer mit Erlaß vom gleichen Tage für das Gebiet des ehemaligen Freistaates Lettland
HERRN STAATSRAT OBERBÜRGERMEISTER DR. DRECHSLER
als Generalkommissar eingesetzt. Generalkommissar Dr. Drechsler ist mir als dem Vertreter der Reichsregierung für das Reichskommissariat Ostland für die Durchführung aller Erlasse und Verordnungen der Reichsregierung bezw.

meiner eigenen in Lettland verantwortlich. Seinen eigenen Erlassen und Verordnungen innerhalb dieses Gebietes ist in jedem Falle ebenso Folge zu leisten.
Ich richte zunächst an die Bevölkerung der Gebiete südlich der Düna bis einschließlich der Grenzen des ehemaligen Freistaates Litauen die Aufforderung, sich der mir gestellten Aufgabe, Ordnung und Arbeit in diesen Gebieten wiederherzustellen, mit aller Kraft und geschlossen zur Verfügung zu stellen.
Der Bolschewismus bedrohte ganz Europa. Er war auf dem Marsch, Deutschland zu überfallen, er hat auch Euch furchtbarste Wunden geschlagen. Wenn dieser Weltfeind noch einige Jahre bei Euch gehaust hätte, dann wäre Euch von Eurem Gut und Eurem Volke nichts übriggeblieben. Die Bolschewistenführer hätten Euch nach Sibirien verschleppt, Euch ausgeraubt und ermordet. Mit dem Einsatz ihres Blutes hat die Wehrmacht des deutschen Volkes den bolschewistischen Weltfeind niedergeschlagen, jeder wird daher begreifen, daß dieses deutsche Volk jetzt damit die Pflicht und das Recht übernommen hat, die Verhältnisse so zu gestalten, daß niemals mehr eine ähnliche Gefahr die Traditionen der Völker Europas, ja ihr ganzes Dasein erneut bedrohen kann.
Jene, die Euch in den letzten zwanzig Jahren so viel Freiheit versprochen hatten, glaubten, in dem Ausspielen zwischen der Sowjetunion und dem Deutschen Reich ihre Politik betreiben zu müssen. In dem Augenblick aber, als das Deutsche Reich, angesichts eines englischen Überfalles, auf bestimmte Gebiete im Osten als seine Interessensphären verzichtete, da zeigte sich diese für Euch alle verhängnisvolle Haltung in ihrer wahren Gestalt. Die Sowjetunion konnte Euch widerstandslos überfallen.
Trotz allem, was dem Deutschtum an Schaden zugefügt wurde und was an Angriffen gegen das nationalsozialistische Deutsche Reich geschehen ist, wird die Reichsregierung sich im Interesse Eurer Wohlfahrt bemühen, Euch Arbeit, Brot und fortschreitende Entwicklung zu sichern. Jedoch muß die deutsche Verwaltung fordern, daß ihre Anordnungen unbedingt befolgt werden, denn sie dienen nur diesem einen Ziel: der Sicherheit des Landes und der Sicherstellung Eures Lebens. Die deutsche Verwaltung wird Eure Vertreter in den Gemeinden und Städten zur Mitarbeit heranziehen. Sie wird nötigenfalls Vertrauensmänner aus Eurem Volk bestellen, durch die Eure Wünsche dem Reichskommissar, dem Generalkommissar und den Gebietskommissaren übergeben werden können, und sie wird Euch Schutzorgane bilden lassen für die Sicherheit Eurer ganzen Arbeit und Eures Lebens.
Ich erwarte, daß die ganze Bevölkerung meinen Anweisungen Folge leisten wird, um die schweren Wunden zu heilen, die der bolschewistische Weltfeind auch Euch geschlagen hat. Erst dann wird in Zukunft wieder Kultur und Wohlfahrt erstehen, erst dann werdet Ihr alle in Frieden leben können. Das Deutsche Reich gibt Euch die Möglichkeit dazu. Es liegt jetzt an Euch, diese Möglichkeit auszunutzen.

Kauen, den 28. Juli 1941.
LOHSE
Reichskommissar für das Ostland.

(ZSA Minsk, 623-2-1; Kopie im Archiv des USHMM, RG 53.002M, Rolle 12)

3

Aufruf des Generalkommissars Weißruthenien (Kube) vom 9. September 1941, abgedruckt im Amtsblatt des Generalkommissars für Weißruthenien Nr. 2 vom 13. Oktober 1941

Minsk, den 9. September 1941

AN DIE BEWOHNER DES GENERALBEZIRKS WEISSRUTHENIEN!

Männer und Frauen!
Am 1. September 1941 habe ich auf Befehl meines Führers ADOLF HITLER die Zivilverwaltung in den von der deutschen Wehrmacht an den Herrn Reichskommissar Ostland übergebenen Bezirken Weißrutheniens übernommen. Ich fordere die mir anvertraute Bevölkerung auf, Ruhe und Ordnung zu bewahren, ihrer Arbeit nachzugehen und sich den Anweisungen der mir unterstellten Haupt- und Gebietskommissare und ihrer Polizei zu fügen.
Zur Durchführung einer gesicherten Verwaltung ist es notwendig, noch einmal – entsprechend der früheren Anordnung der deutschen Wehrmacht – die Bewohner Weißrutheniens aufzufordern, sofort sämtliche gefundenen oder noch versteckt gehaltenen Waffen und Munition abzuliefern. Dabei handelt es sich nicht nur um die Waffen und Munition, die sich im Besitz der von der deutschen Wehrmacht zerschlagenen Sowjetarmee befanden. Auch alle Jagdwaffen und sonst im Privatbesitz befindlichen Waffen und Munition sind an die Polizeibehörden, Bürgermeistereien und Gebietskommissariate oder an die nächste Wehrmachtsstelle der deutschen Wehrmacht abzuliefern.
Wer meiner Anordnung nicht sofort Folge leistet und noch im Besitz irgendeiner Waffe oder irgendwelcher Munition gefunden wird, wird erschossen. Ebenso werden die erschossen, die von dem Vorhandensein von Waffen oder Munition wissen und diese nicht ungesäumt an die obengenannten Stellen melden. Ich mache alle ortsansässigen Bürgermeister, Dorfältesten, Betriebsleiter, Vorsitzende von Judenausschüssen usw. für die Durchführung und Kontrolle der Ablieferung verantwortlich.
BEWOHNER VON WEISSRUTHENIEN!
Die deutsche Zivilverwaltung gewährleistet Euch im engsten Einvernehmen mit der Wehrmacht des Führers ADOLF HITLER Sicherheit und Ordnung. An Euch ist es, die Voraussetzung dafür zu schaffen und den deutschen Behör-

den bei der rücksichtslosen Verfolgung und Unterdrückung aller Unruhestifter behilflich zu sein. Nur durch straffsten Gehorsam und durch strenge Befolgung meiner Anordnungen wird Euch Ruhe und Ordnung gesichert.
Der Generalkommissar für Weißruthenien
WILHELM KUBE

(ZSA Minsk, 623-2-1; Kopie im Archiv des USHMM, RG 53.002M, Rolle 12)

4

Auszug aus der Abschrift eines Schreibens des RMfdbO, Abt. III, an die Gebiets- und Stadtkommissare im RKO vom 10. September 1941 betr. „paßtechnische Regelung des Verkehrs mit dem RKO“

I. Das Betreten und Verlassen des Reichskommissariats Ukraine ist bis auf weiteres nur in beschränktem Umfange zugelassen.
II. Wer die Grenze zwischen dem Reichskommissariat Ostland und dem Reichskommissariat Ukraine überschreitet, bedarf einer besonderen Erlaubnis in Form des Durchlaßscheins nach vorgeschriebenem Muster, soweit nicht besondere Anordnungen für bestimmte Personengruppen eine andere Regelung vorsehen.
III. [...]
2. Durchlass-Scheine dürfen nur an völlig einwandfreie Personen ausgestellt werden. Juden sind allgemein als nicht einwandfrei anzusehen.

(ZSA Minsk, 393-1-1; Kopie im Archiv des USHMM, RG 53.002M, Rolle 4)

5

Auszug aus einem Schreiben des RKO, Abt. II, an die Generalkommissare vom 5. November 1941 mit Abschrift eines Vermerks über die Organisation der Polizei vom 21. Oktober 1941

Anliegende Abschrift eines Vermerkes über die Organisation der Polizei in den besetzten Ostgebieten wird mit der Bitte um Kenntnisnahme übersandt.

***

Berlin, den 21. Oktober 1941
Geheim.
1. Vermerk:
Vor einigen Tagen erläuterte mir Major Marschler, Verbindungsoffizier des Amtes Ordnungspolizei (Reichsführer SS und Chef der Deutschen Polizei im Reichsministerium des Innern) zum Reichsministerium für die besetzten Ost-

gebiete, die Organisation der Polizei in den besetzten Ostgebieten, insbesondere der Ordnungspolizei.
a) Höherer SS- und Polizeiführer bei den Reichskommissaren: '
Unter ihm liege innerhalb seiner Dienststelle die polizeiliche Befehlsgewalt in den Händen eines Befehlshabers der Ordnungspolizei und eines Befehlshabers der Sicherheitspolizei. Ersterem unterstünden die Einheiten der Schutzpolizei und Gendarmerie, letzterer nehme mit seinem Apparat die Aufgaben der Staatspolizei, des S. D. und der Kriminalpolizei wahr.
b) SS- und Polizeiführer bei den Generalkommissaren:
Entsprechend der Organisation der Dienststelle des Höheren SS- und Polizeiführers seien ihm beigegeben ein Kommandeur der Ordnungspolizei und ein Kommandeur der Sicherheitspolizei.
c) Nachgeordnete Polizeidienststellen:
aa) Schutzpolizei:
In den Städten, für die ein besonderer Gebietskommissar (Stadtkommissar) bestellt sei, liege eine Schutzpolizeieinheit unter Führung eines Offiziers in Stärke bis zu etwa 30 Mann.
bb) Gendarmerie:
In den übrigen Kreisgebieten sei bzw. werde je ein Gendarmerieposten unter Führung eines Gendarmerieoffiziers in Stärke von 20 – 25, in Ausnahmefällen bis zu 30 Mann stationiert. Diese Einheiten seien mit Kraftfahrzeugen und modernem Nachrichtenmaterial ausgestattet.
Mehrere Kreisgebiete seien – entsprechend der Organisation im Reich – zu Hauptmannschaften zusammengefaßt, deren Führer unmittelbar dem Kommandeur der Ordnungspolizei unterstehe. Dem Hauptmannschaftsführer sei eine voll motorisierte und bestens ausgerüstete (s.M.G. modernes Nachrichtenmaterial) Gendarmerieabteilung von etwa 35 Mann für den überörtlichen Einsatz zugeteilt.
An gewissen Orten würden Polizeistandortführer eingesetzt, bei denen unter dem SS- und Polizeiführer für Teile von Generalbezirken nochmal Ordnungs- und Sicherheitspolizei zusammengefaßt würden. Die Organisation sei hier noch im Fluß, so daß sich Abschließendes noch nicht sagen ließe. Jedenfalls sei aber nicht beabsichtigt, den ganzen Generalbezirk in Polizeistandortbezirke aufzuteilen, vielmehr erfolge der Einsatz der Standortführer nur nach Bedarf. Die Polizeieinheiten in den Kreisgebieten blieben, um eine Kräftezersplitterung zu vermeiden, stets zentralisiert, und zwar am Sitz des Gebietskommissares. Stärkere Polizeikräfte könnten erst dann eingesetzt werden, wenn das OKH die in Verbänden des Heeres verwendeten Polizeiregimenter freigebe. Hiermit sei jedoch vor völligem Abschluß der Operationen im Osten nicht zu rechnen. Die Einheiten der Polizei würden stets rechtzeitig mit voller Ausrüstung bereit gestellt. Sobald die Generalkommissare ihren SS- und Polizeiführern die Amts-

sitze der Gebietskommissare mitteilen, würden diese sofort den Anmarsch der bereit gestellten Einheiten anordnen.

(ZSA Riga, R1026-1-17, fol. 152–154; Kopie im Archiv des USHMM, RG 18.002M, Rolle 17)

KARTE

Vom RFSS u. ChdDtPol., Referat SIIB2, erstellte Karte über „das durchlaßscheinpflichtige Gebiet des Reichskommissariats Ostland nach dem Stande vom 1. Mai 1942"

(ZSA Minsk, 393-1-1; Kopie im Archiv des USHMM, RG 53.002M, Rolle 4)

6

Abschrift eines Schreibens des CdS, Amt IV, an die HSSPF und Chefs der Einsatzgruppen vom 9. Februar 1942 mit Abschrift eines Schreibens Heydrichs an Rosenberg über Kompetenzabgrenzung vom 5. Januar 1942

Zu Ihrer persönlichen Unterrichtung übermittle ich anliegend ein Schreiben an Reichsminister Rosenberg zur Frage der Erfassung von Material zur Erforschung der Tätigkeit der Gegner des Nationalsozialismus sowie der nationalsozialistischen Forschung im allgemeinen durch die besonderen Einsatzstäbe von Reichsleiter Rosenberg. Bis heute ist ein Vertreter des Ostministeriums noch nicht erschienen.

***

Der Chef der Sicherheitspolizei und des SD
[...]
Berlin SW 11, den 5. 1. 1942.

Herrn
Reichsleiter Reichsminister
R o s e n b e r g persönlich
B e r l i n

Sehr verehrter Herr Reichsleiter!
Das OKH, Generalstab des Heeres, Generalquartiermeister, hat am 17. 11. 1941 eine Verlautbarung über den Einsatz Ihrer Sonderkommandos in der Ukraine herausgegeben.
Daraus ersehe ich, daß zu den Aufgaben dieser Sonderkommandos gehört:
a) die öffentlichen Bibliotheken und Archive sowie die Kanzleien der hohen Kirchenbehörden, die Freimaurerlogen und jüdischen Vereinigungen nach gegen das Reich gerichteten Vorgängen zu durchforschen und das in Betracht kommende Material beschlagnahmen zu lassen.
b) alles Material zur Erforschung der Geschichte des Bolschewismus und seiner Gesamteinrichtungen sicherzustellen und beschlagnahmen zu lassen,
c) die Kulturgüter aus dem Besitz von Juden, jüdischen Vereinigungen und Freimaurerlogen sicherzustellen und nach Deutschland abzutransportieren.
Ich habe schon bei früheren Gelegenheiten darauf hingewiesen, daß die Erforschung und Bekämpfung der Staatsfeinde jeglicher Art und aller gegen das Reich gerichteten Bestrebungen alleinige und ausschließliche Angelegenheit der Sicherheitspolizei und des SD ist.
Diese Erforschung und Bekämpfung kann aber nur dann mit der besonders im Kriege erforderlichen Intensität erfolgen, wenn das diesbezügliche Material nach den Erfordernissen der Exekutive generell und einheitlich erfaßt und ausgewertet ist.

Ich erhebe daher gegen die Aufgabenregelung Ihrer Einsatzkommandos Einspruch, da bei normaler Auslegung dieser Aufgaben eine Zersplitterung des für die Exekutive so notwendigen Grundlagenmaterials eintritt, die insbesondere während des Krieges nicht vertretbar ist.
Ich wäre dankbar, wenn Sie einen Vertreter bestimmen würden, der sich mit dem von mir zu bestellenden Vertreter zwecks Schaffung einer geordneten Aufgabenstellung Ihrer Sonderkommandos in Verbindung setzt.

(ZSA Riga, R1026-1-17, fol. 174–176; Kopie im Archiv des USHMM, RG 18.002M, Rolle 17)

7

Auszüge aus einem Schreiben Brandts (RFSS/Pers. Stab) an Berger (SS-Hauptamt) vom 9. Oktober 1942 mit Entwurf des Erlasses des RMfdbO und des RFSS u. ChdDtPol. vom September 1942 über die Zuständigkeitsabgrenzung zwischen Dienststellen der Zivilverwaltung und der Polizei

An
SS-Gruppenführer B e r g e r
B e r l i n

Lieber Gruppenführer!
Ich gebe Ihnen in der Anlage die Anordnung, die der Reichsminister für die besetzten Ostgebiete für die Zuständigkeitsabgrenzung zwischen den Reichs-, General- und Gebietskommissaren einerseits und den Polizeidienststellen andererseits herausgeben will, mit der Abzeichnung des Reichsführers-SS zurück. Der Reichsführer-SS ist damit einverstanden. In allen übrigen Dingen könnte ihm das Ostministerium, wie er sich ausgedrückt hat, den Buckel herunterrutschen.
H e i l H i t l e r !
SS-Obersturmbannführer

***

[Anlage: Entwurf des Erlasses]
Um eine reibungslose Zusammenarbeit zwischen den dem Reichsminister für die besetzten Ostgebiete unterstellten Behörden der Zivilverwaltung und den dem Reichsführer SS und Chef der Deutschen Polizei nachgeordneten Polizeidienststellen in den Reichskommissariaten zu gewährleisten, werden auf Grund der Erlasse des Führers über die Verwaltung der neu besetzten Ostgebiete sowie über die polizeiliche Sicherung der neu besetzten Ostgebiete vom 17. Juli 1941 die Zuständigkeiten der Zivilverwaltung und diejenigen der Polizeidienststellen wie folgt von einander abgegrenzt:
1. Den Höheren SS und Polizeiführern (in den Reichskommissariaten), den SS- und Polizeiführern (in den Generalbezirken), den Kommandeuren der

Schutzpolizei bezw. den Führern der Schutzpolizeidienstabteilungen und den Gendarmerie-Zugführern (in den Kreisgebieten) obliegen die Führung und der Einsatz aller Einheiten der Deutschen Polizei und der einheimischen Schutzmannschaften.

2. Die Höheren SS- und Polizeiführer und die SS- und Polizeiführer bearbeiten ferner auf dem Gebiet der Polizeiverwaltung die in der beiliegenden Anlage A aufgeführten Aufgaben, die dem Zuständigkeitsbereich des Reichsführers-SS und Chefs der Deutschen Polizei im Reichsministerium des Innern entsprechen. Hinsichtlich der endgültigen Abgrenzung in der Bearbeitung der Judenangelegenheiten ergeht noch eine nähere Bestimmung.

[...]

Die Gebietskommissare können den ihnen zugeteilten Gebietsoffizieren der Polizei (Gendarmerie, Zugführer) bezw. den in Städten eingesetzten Kommandeuren der Schutzpolizei oder Führern der Schutzpolizeidienstabteilungen Weisungen erteilen.

[...]

Die Verwaltungsdienststellen haben ihre Weisungen an die ihnen benannten Führer der Polizei und nicht unmittelbar an die ihm unterstellten Beamten oder einheimischen Schutzmänner zu richten. Derartige unmittelbare Weisungen sind nur zulässig bei Gefahr im Verzuge, wenn der Führer der Polizei oder sein Stellvertreter nicht zu erreichen sind. Die einheimischen Schutzmannschaften unterstehen lediglich der Ordnungspolizei, gleichgültig, ob sie in Bataillonen zusammengefaßt oder im Einzeldienst der Polizeireviere oder Gendarmerie eingesetzt sind. Hinsichtlich der Weisungen im Falle der Gefahr im Verzuge haben die Verwaltungsdienststellen gegenüber einheimischen Schutzmannschaften die gleiche Weisungsbefugnis wie gegenüber Angehörigen der deutschen Polizei.

[...]

Wir erwarten, daß diese Anordnungen im größten gegenseitigen Verständnis für die Schwere der Aufgaben der Polizei sowohl wie der Verwaltung durchgeführt, daß insbesondere in allen Fragen, die für den anderen Teil von Interesse sein können, dessen rechtzeitige Beteiligung auch dann sichergestellt wird, wenn dies in den vorstehenden Bestimmungen nicht ausdrücklich angeordnet worden ist.

Dieser Erlaß ist allen unterstellten Dienststellen bekanntzugeben.

Der Reichsminister
für die besetzten Ostgebiete.
Der Reichsführer-SS
und Chef der Deutschen Polizei
im Reichsministerium des Innern

(BA, NS 19/1704, fol. 48–53)

8

Geheimer SS-Befehl des RFSS vom 12. Dezember 1941 über Truppenbetreuung nach Massenerschießungen mit Schreiben des SSPF Lettland (Schröder) an den SS- und Polizei-Standortführer Libau vom 20. Januar 1942

Führer-Hauptquartier
12. 12. 1941
Geheim!

S S - B e f e h l
an alle
1. Höheren SS- und Polizeiführer
2. SS- und Polizeiführer
3. zur Verteilung an alle Dienststellen
   a) in den SS-Oberabschnitten „Ostland"
   „Ukraine"
   „Ost"
   „Weichsel"
   „Warthe"
   „Südost"
   „Alpenland"
   b) in den Gebieten der
   Höheren SS- und Polizeiführer Rußland Nord
   Mitte
   Süd

Die uns gestellte Aufgabe, Sicherheit, Ruhe und Ordnung in den uns anvertrauten Gebieten, vor allem im Rücken der deutschen Front zu garantieren, verlangt von uns, daß wir ohne Rücksicht jeden Herd des Widerstandes beseitigen und in schärfster Form Feinde des deutschen Volkes der gerechten Todesstrafe zuführen.
Heilige Pflicht der höheren Führer und Kommandeure ist es, persönlich dafür zu sorgen, daß keiner unserer Männer, die diese schwere Pflicht zu erfüllen haben, jemals verroht oder an Gemüt und Charakter Schaden erleidet. Diese Aufgabe wird erfüllt durch schärfste Disziplin bei den dienstlichen Obliegenheiten, durch kameradschaftliches Beisammensein am Abend eines Tages, der eine solche schwere Aufgabe mit sich gebracht hat. Das kameradschaftliche Beisammensein darf aber niemals mit Alkoholmißbrauch endigen. Es soll ein Abend sein, an dem – den Möglichkeiten entsprechend – in bester deutscher häuslicher Form zu Tisch gesessen und gegessen wird und an dem Musik, Vorträge und das Hineinführen unserer Männer in die schönen Gebiete deutschen Geistes- und Gemütslebens die Stunden auszufüllen haben.

Rechtzeitige Ablösung von schweren Kommandos und rechtzeitiges in Urlaubschicken und Versetzung in ein anderes Aufgabengebiet – unter Umständen in eine andere Gegend-, das den Mann voll und ganz erfüllt, sehe ich als wichtig und vordringlich an.
Ebenso aber wünsche ich, daß es grundsätzlich als unmöglich und unanständig gilt, über Tatsachen und damit zusammenhängende Zahlen sich zu unterhalten oder darüber zu sprechen. Lebensnotwendige Befehle und Pflichten für ein Volk müssen erfüllt werden. Sie sind hinterher aber kein Gesprächs- oder Unterhaltungsstoff.
Der Reichsführer-SS:
gez. H. H i m m l e r

F.d.R. SS-Gruppenführer und
Generalleutnant der Waffen-SS
Riga, den 20. 1. 1942
An den
SS- und Polizei-Standortführer o.V.i.A.
L i b a u
Dieser beachtliche SS-Befehl ist allen Offizieren und Männern zur Kenntnis und Befolgung zu geben.
SS-Brigadenführer u.
Generalmajor d. Polizei

(ZSA Riga, R83-1-80, fol. 4 f.; Kopie im Archiv des USHMM, RG 18.002M, Rolle 11)

9

Direktive des KdO Lettland (Knecht) vom 9. Dezember 1942 betr. Verhalten von Ordnungspolizisten

Von den im Ostland eingesetzten Angehörigen der Ordnungspolizei wird – wie schon mehrfach betont worden ist – eine einwandfreie Haltung erwartet. Durch die Dauer des Krieges ist es eine natürliche Folge, daß hierbei an den inneren Halt unserer Männer große Anforderungen gestellt werden.
Deshalb ist es vornehmste Pflicht und Aufgabe aller Offiziere jene gute innere Haltung ihrer Männer zu bewahren und durch Fürsorge und Pflege der Kameradschaft und des Zusammengehörigkeitsgefühls, sowie durch Hebung des Pflicht- und Ehrgefühls im Dienst und bei der Freizeitgestaltung unsere bewährte innere und äußere Sauberkeit zu erhalten.
Um einem Auflockern und Nachlassen der Manneszucht vorzubeugen und um unsere Männer vor Straffälligwerden zu schützen, sind sämtliche Angehörige der Ordnungspolizei eindringlich darüber zu belehren, daß jede

Disziplinlosigkeit und strafbare Handlung mit den schärfsten Strafen geahndet wird.
Diese Belehrung hat monatlich zu erfolgen und ist aktenkundig zu machen.
Es ist bei dieser Belehrung insbesondere auf folgende schwere Fälle, als Beispiele, hinzuweisen, bei denen sich deutsche Wachtmeister (SB) strafbar gemacht haben:
1. Eintauschen reichseigener Gegenstände oder Waren gegen Lebensmittel,
2. Unerlaubte Beschlagnahme fremden Eigentums für eigene Zwecke bei Haussuchungen, Verdunkelungstreifen etc.,
3. Verkehr und Tauschgeschäfte mit Juden.
Es ist ferner bekanntzugeben, daß die Abgabe von Treibstoff, Öl oder Reifen an Zivilisten – gleichgültig durch welche Manipulationen dies erfolgt – mit dem Tode bestraft wird.
Jeder Angehörige der Ordnungspolizei hat zu gewärtigen, daß ein Verstoß neben der Ahndung der betr. Straftat als milit. Ungehorsam behandelt wird, für den, im Felde begangen, die Todesstrafe verhängt werden kann.
gez. Knecht
Oberst der Schutzpolizei.

(ZSA Riga, R83-1-80, fol. 51 f.; Kopie im Archiv des USHMM, RG 18.002M, Rolle 11)

SCHEMA (1)

Verwaltungsstruktur des RKO

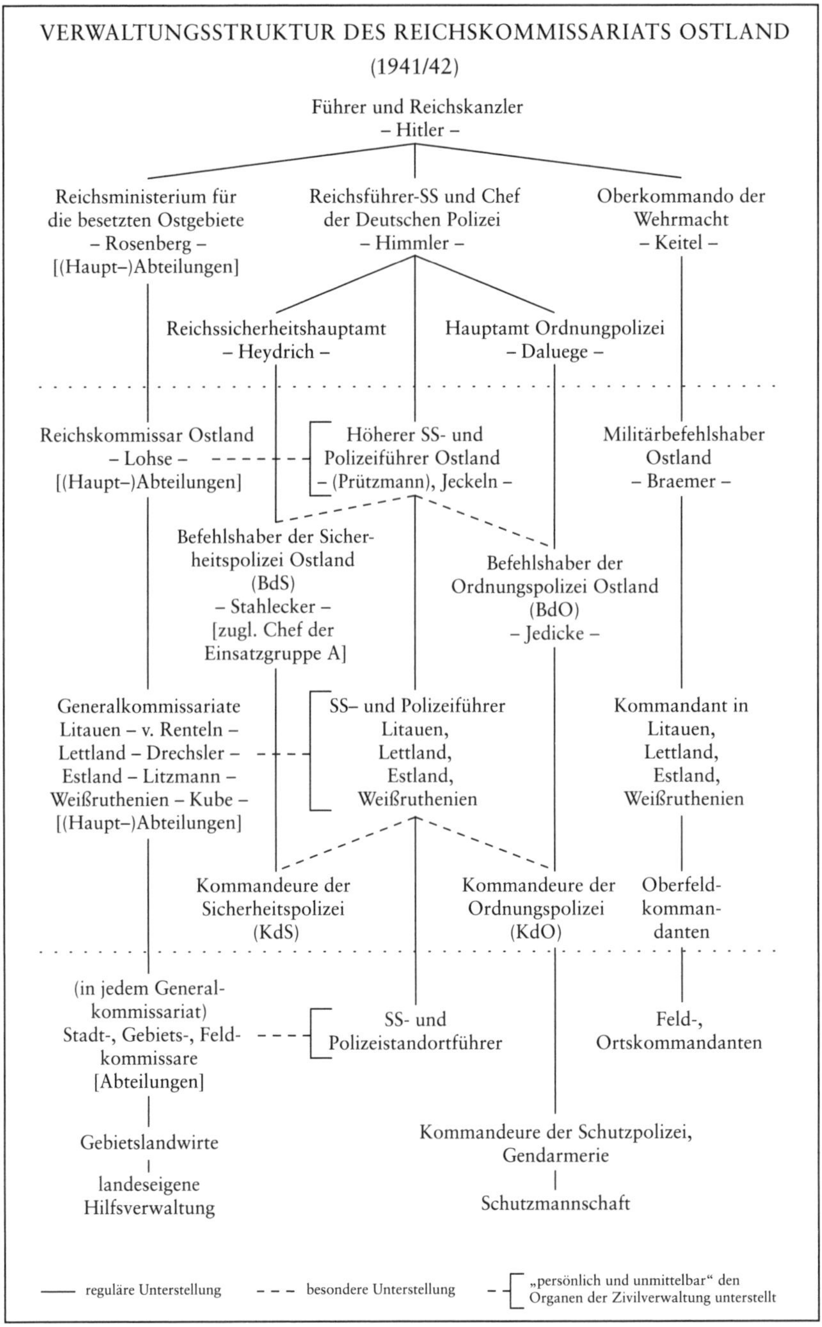

2. „Behandlung der Judenfrage"

Während hinter der Front bereits massenhaft Zivilisten und kriegsgefangene Rotarmisten von Deutschen im Verein mit einheimischen Helfern ermordet wurden, rang man in Berlin noch um Formulierungen, die bürokratische Normalität suggerieren sollten. Dies galt insbesondere für die „Behandlung der Judenfrage". Schon vor Beginn der Kampfhandlungen stand fest, daß politische Kommissare zu erschießen – im Jargon des von Keitel unterzeichneten „Kommissarbefehls" vom 6. Juni 1941: „zu erledigen" – seien.[9] Ähnlich wurde mit all jenen verfahren, die von Wehrmacht, Polizei oder SS als kommunistische Funktionäre, Saboteure, Heckenschützen oder Plünderer angesehen wurden. Ein „Führerbefehl" zur Ermordung aller Juden auf dem Gebiet der Sowjetunion bei Überschreiten der Grenze ist weder überliefert, noch finden sich Hinweise darauf in den vom Reichsostministerium erstellten Richtlinien für die Zivilverwaltung. Die mit der „Judenfrage" befaßten Passagen der „Braunen Mappe" stehen in der Tradition der erstmals in Polen angewandten Politik: Die „Endlösung" wird für die Zeit nach dem Krieg anvisiert; als „vorbereitende Teilmaßnahmen" waren Segregation, Zwangsarbeit und Enteignung vorgesehen [Dok. 10]. Gleichzeitig entging Rosenbergs „Judenexperten" nicht, daß der Krieg im Osten neue Möglichkeiten zur Verschärfung antijüdischer Maßnahmen bot. Der Zwang, Rahmenbestimmungen, sollten sie nicht völlig wertlos werden, zumindest ansatzweise an den Gang der mörderischen Ereignisse anzupassen, spiegelt sich in Lohses „Vorläufigen Richtlinien" vom 2. August 1941 [Dok. 11].

Ungeachtet der nur noch notdürftig kaschierten deutschen Absichten erkannten Himmlers Sachwalter sofort die Gefahren, die verwaltungstechnische Festlegungen in der Behandlung der „Judenfrage" in sich bargen: Zum einen mußte sich jede bürokratische Formalisierung hemmend auf den laufenden Vernichtungsprozeß auswirken, dem noch vor Ablauf des ersten halben Jahres deutscher Besatzung die Mehrheit der baltischen Juden zum Opfer fiel. Zum anderen schien die Zivilverwaltung die Federführung in einem überaus wichtigen Bereich nationalsozialistischer Politik zu beanspruchen, was sowohl Himmler als auch seine Vertreter im Reichskommissariat Ostland nicht hinnehmen wollten. SS-Führer wie Einsatzgruppen-Chef Stahlecker wußten letztendlich nur zu gut, daß papierne Verhaltensmaßregeln weit hinter der Realität zurückbleiben mußten und daher primär aus Prestigegründen zu bekämpfen waren [Dok. 12, 13, 18]. Da er der geschlossenen Abwehrfront von SS und Polizei wenig

9 Richtlinien des OKW für die Verfolgung und Liquidierung politischer Funktionäre vom 6. Juni 1941, abgedruckt in Müller, Okkupationspolitik, S. 145; Rürup, Sowjetunion, S. 46.

entgegenzusetzen hatte, modifizierte Lohse seine „Vorläufigen Richtlinien" entsprechend, bevor sie an die Generalkommissare ergingen [Dok. 14, 15, 20]. Im Dezember 1941 wurde Lohse aus Berlin angewiesen, in der „Judenfrage" auftauchende Probleme unmittelbar mit dem HSSPF (Friedrich Jeckeln) zu regeln.[10] Spätestens mit der Übersendung von Görings Bestellungsschreiben an Heydrich Anfang März 1942 – sechs Wochen nach der Wannsee-Konferenz – konnte sich die SS- und Polizeiführung im Reichskommissariat Ostland auf ihr von höherer Stelle anerkanntes Monopol bei der „Endlösung der Judenfrage" berufen [Dok. 19].

Ähnliche Interessendivergenzen beeinflußten die anhaltende Diskussion um die Behandlung von „Mischlingen" und „Mischehen". Die bürokratische Auseinandersetzung war hier noch realitätsferner, da – anders als im Reich – der nichtjüdische Faktor als rassisch minderwertig angesehen wurde und politisch-praktische Rücksichten kaum geboten schienen. Dennoch blieb die „Mischlings"- und „Mischehen"-Frage bis zum deutschen Rückzug in Denkschriften, Briefwechseln und Besprechungen ein Dauerthema. Während die Zivilverwaltung ihr Verlangen nach Mitsprache betonte, ging es Himmlers Untergebenen um die Beseitigung administrativer Hürden, die einer Ausdehnung der Zielgruppen der Liquidierung im Wege standen und die eigene Aktionsfreiheit behinderten [Dok. 16, 17, 21, 22, 24, 25].

Dokumente

10

Auszüge aus den vom RMfdbO herausgegebenen Richtlinien über „die Zivilverwaltung in den besetzten Ostgebieten (Braune Mappe), Teil I: RKO" vom Sommer 1941 betr. „Behandlung der Judenfrage"

1. Allgemeines
Alle Maßnahmen zur Judenfrage in den besetzten Ostgebieten müssen unter dem Gesichtspunkt getroffen werden, daß die Judenfrage nach dem Kriege für ganz Europa generell gelöst werden wird. Sie sind daher als vorbereitende Teilmaßnahmen anzulegen und bedürfen der Abstimmung mit den sonst auf diesem Gebiet getroffenen Entscheidungen.
Andererseits können die bei der Behandlung der Judenfrage in den besetzten Ostgebieten gemachten Erfahrungen für die Lösung des Gesamt-Problems

10 Schreiben des RMfdbO (Bräutigam) an den RKO vom 18. Dezember 1941, BA, R20/1, abgedruckt in Rürup, Sowjetunion, S. 91.

richtungweisend sein, da die Juden in diesen Gebieten zusammen mit den Juden des Generalgouvernements das stärkste Kontingent des europäischen Judentums bilden.
Rein schikanöse Maßnahmen sind, als eines Deutschen unwürdig, auf jeden Fall zu unterlassen.
Ein etwaiges Vorgehen der örtlichen Zivilbevölkerung gegen die Juden ist nicht zu hindern, soweit sich dies mit dem Gebot der Aufrechterhaltung von Ruhe und Ordnung im Rücken der kämpfenden Truppe vereinbaren läßt. Dem Vorgehen des Straßenpöbels und anderer dunkler Elemente, denen es nur auf die Plünderung jüdischer Geschäfte und Ausraubung des Judentums zu ihrer eigenen Bereicherung ankommt, ist scharf entgegenzutreten.

2. Bevölkerungsstand
Das Judentum stellt in den einzelnen Reichskommissariaten und innerhalb dieser in den Generalkommissariaten einen sehr verschieden starken Anteil an der Gesamtbevölkerung. Zum Beispiel leben in Weißruthenien und der Ukraine Millionen von Juden, die hier seit Generationen ansässig sind. In den zentralen Gebieten der UdSSR dagegen sind die Juden zum weitaus größeren Teil erst in der bolschewistischen Ära zugezogen. Eine besondere Gruppe stellen die im Gefolge der Roten Armee 1939 und 1940 nach Ostpolen, der Westukraine, West-Weißruthenien, den baltischen Ländern, Bessarabien und Buchenland eingedrungenen Sowjetjuden dar. Gegenüber diesen verschiedenen Gruppen ist teilweise eine verschiedenartige Behandlung am Platze.
In erster Linie sind die in den beiden letzten Jahren in die von den Sowjets neu besetzten Gebiete zugezogenen Juden, soweit sie nicht geflohen sind, mit scharfen Maßnahmen auszuscheiden. Da sich diese Gruppe durch ihren Terror gegenüber der Bevölkerung in höchstem Grade verhaßt gemacht hat, ist ihre Ausscheidung größtenteils schon beim Erscheinen der deutschen Truppen von der Bevölkerung selbst besorgt worden. Derartigen Vergeltungsmaßnahmen ist nicht entgegenzutreten. Die übrige ansässige jüdische Bevölkerung ist zunächst durch Einführung der Meldepflicht zu erfassen. Alle Juden werden durch sichtbare Abzeichen (gelber Judenstern) gekennzeichnet.

3. Absonderung aus der übrigen Bevölkerung
Ein erstes Hauptziel der deutschen Maßnahmen muß sein, das Judentum streng von der übrigen Bevölkerung abzusondern. Das Sowjetjudentum hat, besonders in den Kerngebieten der UdSSR., seit der bolschewistischen Revolution dauernd versucht, sich zu t a r n e n , um unauffällig in beherrschende Positionen aufrücken zu können. Zu diesem Zweck haben zahlreiche Juden ihr mosaisches Bekenntnis aufgegeben und russische Familien-, Vor- und Vatersnamen angenommen. Es ist anzuordnen, daß alle zu Lebzeiten des Meldepflichtigen

oder, soweit ihm bekannt, bei seinen Vorfahren erfolgten Namensänderungen von Juden zu melden und rückgängig zu machen sind. Das gleiche gilt für frühere Austritte aus der mosaischen Kultusgemeinschaft und Übertritte (häufig mehrfache) zu anderen Bekenntnissen. Die Zerschlagung der jüdischen Tarnung wird in den Reichskommissariaten Ostland und Ukraine, wo ein größerer Teil des Judentums seit Generationen ansässig ist, leichter sein als in den anderen Reichskommissariaten. Sowjetisches Archivmaterial ist, soweit erhalten, hierbei heranzuziehen.
Die Freizügigkeit ist für alle Juden sofort aufzuheben. Eine Überführung in Ghettos ist anzustreben, die in Weißruthenien und in der Ukraine durch das Vorhandensein zahlreicher mehr oder weniger geschlossener jüdischer Niederlassungen erleichtert wird. Diesen Ghettos kann unter Aufsicht eine jüdische Selbstverwaltung mit jüdischer Polizei gegeben werden. Die Bewachung der Grenzen zwischen dem Ghetto und der Außenwelt ist Sache der Kommissariatspolizei.
Eine weitere Vermischung mit der übrigen Bevölkerung, z. B. durch Eheschließung, geschäftlichen Zusammenschluß, gemeinsame kulturelle Betätigung usw., ist zu verbieten. Durch geeignete Maßnahmen ist zu erreichen, daß das Judentum aus dem öffentlichen Leben Zug um Zug ausgeschieden wird.

4. Wirtschaftliche Betätigung
Bei der durch den Krieg bedingten Vordringlichkeit der wirtschaftlichen Aufgaben im Osten ist bei allen Maßnahmen gegen die Juden darauf zu achten, daß wirtschaftliche Belange nicht wesentlich geschädigt werden.
Eine vollkommene Umschichtung des jüdischen Berufslebens ist erforderlich. Die Gruppe der Staatsangestellten, unter der Sowjetherrschaft die stärkste jüdische Berufsgruppe, verschwindet gänzlich. Zu verbieten ist ferner die allgemeine Betätigung in den Berufen der Rechtspflege, des Bankwesens, des Grundstückshandels, des Lehrwesens, des Medizin- und Apothekenwesens, der Publizistik und ähnlichen, auch in Deutschland für Juden verbotenen Berufen; auszunehmen ist hierbei jedoch die einschlägige Betätigung innerhalb der jüdischen Bevölkerung. Die jüdische Betätigung im Handel ist, ohne daß eine Störung der Versorgung eintritt, Zug um Zug einzuschränken und grundsätzlich nur innerhalb der jüdischen Bevölkerung zuzulassen. Ebenso ist auf dem Gebiet des Medizinal- und Apothekenwesens zu verfahren, falls sonst eine ernsthafte Gefährdung der Versorgung der Bevölkerung eintreten sollte.
Die in den genannten Berufsgruppen freiwerdenden Arbeitskräfte werden unter Aufsicht zu produktiver, weitgehend körperlicher Arbeit herangezogen (Straßen-, Eisenbahn-, Kanalbau, Landwirtschaft usw.). Jüdische Fabrikarbeiter, Handwerker und Heimarbeiter (in Produktionsartjels) können ihrer Beschäftigung weiter nachgehen; dabei ist eine Zusammenfassung in rein

jüdischen Betrieben unter Aufsicht der Zivilverwaltung anzustreben. Ein immer größerer Teil der jüdischen Bevölkerung ist zu landwirtschaftlicher Arbeit heranzuziehen. Wo jüdische landwirtschaftliche Betriebe (z. B. Kollektive) vorhanden sind, setzen diese unter straffer Aufsicht ihre Arbeit fort.
Von Fall zu Fall wird dabei eine Revision der Bodenzuteilung vorzunehmen sein.
Das gesamte jüdische Vermögen ist anzumelden. Transaktionen bedürfen der Genehmigung.

5. Kulturelle Betätigung
Die Juden sind Zug um Zug aus der kulturellen Betätigung der übrigen Bevölkerung auszuscheiden und auf intern jüdische Einrichtungen zu beschränken.
In einzelnen Gebieten bestehen zahlreiche jüdische Schulen mit Jiddisch als Unterrichtssprache; diese Schulen haben auch die bisher in anderssprachigen Schulen erzogenen Judenkinder aufzunehmen. Bei Bedarf können von Juden mit jüdischen Mitteln neue Schulen dieser Art errichtet werden. Neben dem Jiddischen ist das Hebräische als Sprache, die der Absonderung der Juden aus der übrigen Bevölkerung dient, zu fördern. Die jüdischen Schulen unterliegen nach Lehrpersonal und Lehrplan einer ständigen Aufsicht.
Jüdische Theater, Kinos usw. können, soweit sie aus rein jüdischen Mitteln bestritten werden, unter Aufsicht weiter bestehen. Der Besuch ist jedoch nur Juden gestattet.
Eine jüdische Presse (in jiddischer oder hebräischer Sprache) ist vorläufig nicht zuzulassen. Genehmigung einzelner Organe unter besonders straffer Aufsicht bleibt späterer Entscheidung vorbehalten.
Die jüdische Kultusausübung darf nur innerhalb der Ghettos erfolgen.
Das Schächten ist zu verbieten.
[...]

Verordnung
über die Einführung des Arbeitszwanges für
die jüdische Bevölkerung.
Vom 16. August 1941.

Auf Grund des § 8 des Erlasses des Führers über die Verwaltung der neu besetzten Ostgebiete vom 17. Juli 1941 verordne ich:
§ 1
Die in den neu besetzten Ostgebieten ansässigen Juden männlichen und weiblichen Geschlechts im Alter vom vollendeten 14. bis zum vollendeten 60. Lebensjahr unterliegen dem Arbeitszwang. Die Juden werden zu diesem Zweck in Zwangsarbeitsabteilungen zusammengefaßt.

§ 2

(1) Wer sich dem Arbeitszwang entzieht, wird mit Zuchthaus bestraft.

(2) Entziehen sich mehrere auf Grund gemeinsamer Verabredung dem Arbeitszwang oder liegt sonst ein besonders schwerer Fall vor, kann auf Todesstrafe erkannt werden.

(3) Zur Aburteilung sind die Sondergerichte zuständig.

§ 3

Die zur Durchführung dieser Verordnung erforderlichen Vorschriften erlassen die Reichskommissare.

Berlin, den 16. August 1941.

Der Reichsminister für die besetzten Ostgebiete

gez. Rosenberg

Verordnung
über das Verbot des betäubungslosen Schlachtens
in den besetzten Ostgebieten.
Vom 5. August 1941.

Auf Grund des § 8 des Erlasses des Führers über die Verwaltung der neu besetzten Ostgebiete vom 17. Juli 1941 verordne ich:

§ 1

(1) Warmblütige Tiere sind beim Schlachten vor Beginn der Blutentziehung zu betäuben.

(2) Auf Notschlachtungen findet diese Vorschrift nur Anwendung, wenn die Betäubung des Tieres nach Lage der Verhältnisse möglich ist.

(3) Das Schächten, das heißt die betäubungslose, durch allmähliche Entziehung des Blutes herbeigeführte Tötung von Tieren zum Zwecke des Fleischgenusses nach rituellen Vorschriften, ist als Tierquälerei anzusehen und wird daher verboten.

§ 2

(1) Wer sich des Schächtens schuldig macht, wird mit Zuchthaus bestraft.

(2) Wer im übrigen vorsätzlich oder fahrlässig der Vorschrift des § 1 Absatz 1 zuwiderhandelt, wird mit Gefängnis bis zu 6 Monaten oder mit Geldstrafe bestraft.

§ 3

Zur Aburteilung ist das Sondergericht zuständig, soweit es sich nicht um einen besonders leichten Fall handelt.

Berlin, den 5. August 1941.

Der Reichsminister für die besetzten Ostgebiete

gez. Rosenberg

(ZSA Riga, R70-5-7; Kopie im Archiv des USHMM, RG 18.002M, Rolle 4)

11

Schreiben des Reichskommissars Ostland, Abt. II, an den HSSPF vom 2. August 1941 mit „vorläufigen Richtlinien für die Behandlung der Juden“

An den
Höheren SS- und Polizeiführer
in R i g a

Um eine einheitliche Durchführung auch vorläufiger Maßnahmen gegen die Juden im Gebiet des Reichskommissariats für das Ostland sicherzustellen, beabsichtige ich, in wenigen Tagen dazu Richtlinien an die Generalkommissare hinausgehen zu lassen.

Ich übersende in der Anlage einen Entwurf dieser vorläufigen Richtlinien mit der Bitte um sofortige Stellungnahme.

* * *

Vorläufige Richtlinien für die Behandlung der Juden im Gebiet des Reichskommissariats Ostland.

I. Der Behandlung nach diesen Richtlinien unterliegen zunächst nur die Juden, die Staatsangehörige des Deutschen Reiches, des Protektorates Böhmen und Mähren, der ehemaligen Republiken Polen, Litauen, Lettland, Estland, der UdSSR. oder ihrer Gliedstaaten oder Staatenlose sind.

II. Jude ist, wer von mindestens drei der Rasse nach volljüdischen Großeltern abstammt.

Jude ist ferner, wer von einem oder zwei der Rasse nach volljüdischen Großelternteilen abstammt und

a) der jüd. Religionsgemeinschaft angehört oder angehört hat, oder

b) am 20. 6. 41 oder später mit einer Person verheiratet war, oder [in] eheartiger Gemeinschaft lebt, die Jude im Sinne dieser Richtlinien ist, oder jetzt oder in Zukunft eine derartige Verbindung eingeht.

III. Im Zweifel entscheidet der Gebiets- (Stadt-)kommissar nach pflichtgemäßem Ermessen darüber, wer Jude im Sinne dieser Richtlinien ist.

IV. Die Generalkommissare ordnen, sobald und soweit in ihren Gebieten die Zivilverwaltung eingeführt worden ist, sofort folgende Maßnahmen an:

a) Die Juden sind durch Anordnung der Meldepflicht nach Name, Geschlecht, Alter und Wohnung zu erfassen. Als Unterlagen für ihre Erfassung werden ferner die Listen der jüdischen Gemeinden und die Aussagen vertrauenswürdiger Landeseinwohner dienen.

b) Es ist anzuordnen, daß die Juden sich durch stets sichtbare, gelbe sechszackige Sterne von mindestens 10 cm Durchmesser auf der linken Brustseite und auf der Mitte des Rückens kennzeichnen.

c) Den Juden ist zu verbieten:

1. Das Wechseln des Wohnortes und der Wohnung ohne Erlaubnis des Gebiets- (Stadt) kommissars.
2. Das Benutzen der Gehsteige, öffentlicher Verkehrsmittel (z. B. Eisenbahn, Straßenbahn, Omnibus, Personendampfer, Pferdedroschken) und Kraftfahrzeugen.
3. Das Benutzen der der Erholung der Bevölkerung dienenden öffentlichen Anlagen und Einrichtungen (z. B. Kur- und Badanlagen, Parks, Grünanlagen, Spiel- und Sportplätze.)
4. Der Besuch von Theatern, Lichtspielhäusern, Büchereien, Museen.
5. Der Besuch von Schulen aller Art.
6. Der Besitz von Kraftfahrzeugen und Rundfunkgeräten.
7. Das Schächten.

d) Jüdische Ärzte und Zahnärzte dürfen nur jüdische Patienten behandeln oder beraten. Werden Ghettos oder Lager errichtet, so sind sie auf diese zur Betreuung ihrer Insassen zu verteilen. Jüdischen Apotheken ist die Berufsausübung nach Bedarf in Ghettos oder Lager zu erlauben. Bisher jüdisch verwaltete Apotheken sind der treuhänderischen Verwaltung von arischen Apothekern zu übertragen.

Jüdischen Tierärzten ist die Berufsausübung verboten.

e) Juden ist die Ausübung der unten bezeichneten Berufe und Tätigkeiten zu verbieten:
1. Die Tätigkeit als Rechtsanwalt, Notar oder Rechtskonsulent,
2. das Betreiben von Bank-, Geldwechsel- und Pfandleihgeschäften,
3. die Tätigkeit als Vertreter, Agent und Vermittler,
4. der Handel mit Grundstücken,
5. das Betreiben eines Gewerbes im Umherziehen.

f) Für die Behandlung jüdischen Vermögens ist folgendes anzuordnen:

1. <u>Allgemeines</u>

Das Vermögen der jüdischen Bevölkerung ist zu beschlagnahmen und sicherzustellen.

Der bisherige jüdische Rechtsinhaber ist vom Zeitpunkt der Beschlagnahme an zur Verfügung über sein Vermögen nicht mehr befugt. Rechtsgeschäfte, die gegen dieses Verbot verstoßen, sind nichtig.

2. <u>Anmeldepflicht:</u>

Das gesamte Vermögen der jüdischen Bevölkerung ist anzumelden. Die Anmeldefrist wird von den Generalkommissaren oder den Gebietskommissaren bestimmt.

Zur Anmeldung verpflichtet ist jeder, der jüdisches Vermögen in Besitz oder Gewahrsam hat und jeder, der – ohne Eigentümer, Besitzer oder Gewahrsaminhaber zu sein – rechtlich oder tatsächlich über jüdisches Vermögen verfügt oder verfügen kann.

Die Anmeldepflicht trifft danach nicht nur den jüdischen Rechtsinhaber, sondern z. B. auch jeden, der jüdisches Vermögen verwaltet, zur Aufbewahrung übernommen hat oder auf andere Weise erlangt hat.
Die Anmeldung hat auf Vordruck nach anliegendem Muster zu geschehen. Die Generalkommissare bestimmen unter Berücksichtigung der örtlichen Verhältnisse das Anmeldeverfahren und die Behörden, bei denen die Anmeldungen einzureichen sind.
Die Anmeldung [soll] möglichst bei den Gebietskommissaren erfolgen. Die Gebietskommissare sind jedoch zu ermächtigen, auch Dienststellen, die nicht von der deutschen Zivilverwaltung eingerichtet oder unterhalten werden, mit der Ausgabe und Entgegennahme der Vordrucke an die Gebietskommissare weiterzuleiten.
3. Ablieferungspflicht:
Das jüdische Vermögen ist auf besondere Aufforderung hin abzuliefern. Die Aufforderung kann allgemein durch Aufruf oder durch Anordnung an bestimmte Einzelpersonen erfolgen.
Die Generalkommissare ordnen durch Aufruf die sofortige Ablieferung folgender Gegenstände an:
a) In- und ausländische Zahlungsmittel,
b) Wertpapiere und Beweisurkunden jeder Art (z. B. Aktien, Schuldverschreibungen, Wechsel, Schuldscheine, Bank- und Sparkassenbücher),
c) Wertsachen und Kostbarkeiten (z. B. gemünztes und ungemünztes Gold und Silber, sonstige Edelmetalle, Schmuckgegenstände, Edelsteine und dergl.)
Abgelieferte Gegenstände sind in einem fortlaufenden nummerierten Annahmebuch nach anliegendem Muster in zweifacher Ausfertigung (Durchschrift) einzutragen. Die Eintragungen sind von der annehmenden Dienststelle unterschriftlich zu vollziehen. Die Durchschrift der Eintragung ist von der annehmenden Dienststelle unverzüglich an den Gebietskommissar zu übersenden. Die abgelieferten Gegenstände sind der Kasse des Gebietskommissars zu übersenden und bei dieser sicherzustellen. Über die Verwertung ergeht besondere Anordnung.
4. Zur Bestreitung des Lebensunterhaltes wird der jüdischen Bevölkerung belassen:
a) der zum notdürftigen Lebensunterhalt erforderliche Teil ihres Hausrates (z. B. Möbel, Kleidung und Wäsche),
b) ein Geldbetrag in Höhe eines ortsüblichen Unterstützungsatzes für jeden jüdischen Haushaltsangehörigen. Der Geldbetrag ist für einen Monat im voraus freizugeben.
5. Folgende weiteren Maßnahmen sind unter Berücksichtigung der örtlichen, insbesondere wirtschaftlichen Verhältnisse mit Nachdruck anzustreben:

a) das flache Land ist von den Juden zu säubern,

b) die Juden sind aus dem gesamten Handel, vordringlich aber aus dem Handel mit landwirtschaftlichen Erzeugnissen und anderen Lebensmitteln zu entfernen.

c) Juden ist der Aufenthalt in Ortschaften, die wirtschaftlich, militärisch, oder ideell von Bedeutung oder Bade- oder Kurorte sind, zu verbieten.

d) Die Juden sind tunlichst in Städten oder in Stadtteilen großer Städte zu konzentrieren, die bereits eine überwiegende jüdische Bevölkerung besitzen. Dort sind Ghettos zu errichten. Den Juden ist das Verlassen der Ghettos zu verbieten.

In den Ghettos ist ihnen nur so viel an Nahrungsmitteln zu überlassen, wie die übrige Bevölkerung entbehren kann, jedoch nicht mehr, als zur notdürftigen Ernährung der Insassen des Ghettos ausreicht. Das gleiche gilt für die Versorgung mit anderen lebenswichtigen Gütern.

Die Insassen des Ghettos regeln ihre inneren Verhältnisse in Selbstverwaltung, die vom Gebiets- (Stadt)kommissar oder seinem Beauftragten beaufsichtigt wird. Als Ordnungsdienst für die innere Ordnung können Juden eingestellt werden. Sie sind höchstens mit Gummiknüppeln oder Stöcken auszurüsten und durch weiße Armbinden mit gelbem Judenstern im rechten Oberarm kenntlich zu machen.

Für die äußere hermetische Abschließung der Ghettos sind tunlichst Hilfspolizisten aus den Landeseinwohnern einzusetzen.

Das Betreten der Ghettos ist von der Erlaubnis des Gebietskommissars abhängig zu machen.

e) Die arbeitsfähigen Juden sind nach Maßgabe des Arbeitsbedarfs zu Zwangsarbeit heranzuziehen. Die wirtschaftlichen Interessen förderungswerter Landeseinwohner dürfen durch die jüdische Zwangsarbeit nicht geschädigt werden. Die Zwangsarbeit kann in Arbeitskommandos außerhalb der Ghettos, im Ghetto oder, wo Ghettos (z. B. in Werkstatt des Juden) geleistet werden. Die Vergütung hat nicht der Arbeitsleistung zu entsprechen, sondern nur der Bestreitung des notdürftigen Lebensunterhaltes für die Zwangsarbeiter und seine nicht arbeitsfähigen Familienmitglieder unter Berücksichtigung seiner anderen Barmittel zu dienen. (vgl. IV f 4 b).

Diejenigen privaten Einrichtungen und Personen, zu deren Gunsten die Zwangsarbeit erfolgt, zahlen ein angemessenes Entgelt an die Kasse des Gebietskommissars, die wiederum die Vergütung an die Zwangsarbeiter auszahlt. Über die Verrechnung der eingegangenen Geldbeträge ergeht besondere Anordnung.

6. Es bleibt den Generalkommissaren überlassen, die unter Ziffer V genannten Maßnahmen einheitlich für ihr Gebiet anzuordnen oder ihre Anordnung im einzelnen den Gebietskommissaren zu überlassen. Ebenso sind die

Generalkommissare berechtigt, im Rahmen dieser Richtlinien nähere Anordnung zu treffen, oder ihre Gebietskommissare dazu zu ermächtigen.
gez. L o h s e .

(ZSA Riga, R1026-1-3, fol. 263 ff.; Kopie im Archiv des USHMM, RG 18.002M, Rolle 16)

12

Schreiben der Einsatzgruppe A (Tschierschky) an Einsatzkommando 3 (Jäger) vom 4. August 1941 betr. die „vorläufigen Richtlinien für die Behandlung der Juden"

F. T.
an
Sicherheitspolizei, EK. 3
z. Hd. SS-Standartenführer J ä g e r .

Reichskommissar, Referat II a 4, hat an den Höheren SS- und Polizeiführer den Entwurf von Richtlinien über die Behandlung von Juden zur Stellungnahme gegeben.
Ich bitte dem Sachbearbeiter persönlich mitzuteilen, daß der Befehlshaber der Sicherheitspolizei Weisungen über die Behandlung von Juden hat, die z. Tl. dem Entwurf widersprechen. Besprechung des Entwurfes ist erforderlich.
Ich habe den Gruppenchef durch FT verständigt und erwarte von ihm Weisung, über die ich sofort Nachricht gebe.
Ich bitte mich durch FT von dem Verlauf Ihrer Besprechung zu verständigen.
gez. Tschierschky
SS-Sturmbannführer.

(ZSA Riga, R1026-1-3, fol. 291; Kopie im Archiv des USHMM, RG 18.002M, Rolle 16)

13

Auszug aus dem Entwurf einer Stellungnahme Stahleckers vom 6. August 1941 zu den vom Reichskommissar Ostland entworfenen „vorläufigen Richtlinien für die Behandlung der Juden"[11]

Die im Entwurf vorgesehenen Maßnahmen zur Regelung des Judenproblems stehen mit den der Einsatzgruppe A der Sicherheitspolizei und des SD gegebenen Befehlen über die Behandlung der Juden im Ostland nicht im Einklang.

11 Ebenfalls abgedruckt in Hans Mommsen (Hrsg.), Herrschaftsalltag im Dritten Reich, Düsseldorf 1988, S. 467–471.

Auch die im Ostraum gegebenen neuen Möglichkeiten zur Bereinigung der Judenfrage sind im Entwurf nicht berücksichtigt worden.
Der Reichskommissar strebt offenbar im Ostland eine vorläufige Regelung der Judenfrage an, die der im Generalgouvernement geschaffenen Lage entspricht. Er berücksichtigt dabei einerseits nicht die durch die Auswirkungen des Ostfeldzuges geschaffene, andersgeartete Situation und sieht andererseits davon ab, die im Ostraum erstmalig mögliche radikale Behandlung der Judenfrage ins Auge zu fassen.
Im Generalgouvernement ergab sich bereits während des Feldzuges und im verstärkten Maße in der Folgezeit die Notwendigkeit, die jüdischen Arbeitskräfte im weitestgehenden Umfange an ihrem bisherigen Arbeitsplatz zu belassen. Dies war insbesondere erforderlich, um lebenswichtige Betriebe in Gang zu halten, damit nicht nur die Bevölkerung, sondern auch die Besatzungsarmee versorgt werden konnte. Die durch jüdische Arbeitskräfte betriebenen Unternehmungen mußten in Ermangelung anderer Arbeitskräfte außerdem dringenden kriegswirtschaftlichen Bedarf des Reiches befriedigen.
Diese Notwendigkeiten haben sich bisher im Gebiet des Reichskommissars für das Ostland mit Ausnahme der Handwerkerfrage in einigen wenigen Städten nicht gezeigt und werden sich auch späterhin kaum ergeben. Soweit lebens- oder kriegswirtschaftliche Betriebe von den Kampfhandlungen verschont geblieben sind, können sie von den zur Verfügung stehenden nichtjüdischen Arbeitskräften weiterbetrieben werden. In weiten Teilen des Ostlandes sind zahlreiche, durch den Bolschewismus lahmgelegte Kräfte wieder verfügbar geworden, die wieder an ihre Arbeitsplätze zurückgeführt werden können, aus denen sie durch die Bolschewisten und Juden verdrängt worden sind. Gesichtspunkte des Arbeitseinsatzes scheiden bei der Behandlung des Judenproblems im Ostland daher in der Hauptsache aus.
Im Generalgouvernement entstand durch das Belassen der Juden an ihren bisherigen Wohn- und Arbeitsplätzen keine ernstliche politische Gefahrenquelle. Dagegen waren die im Ostland ansässigen oder durch die roten Machthaber hereingeführten Juden maßgebliche Träger der bolschewistischen Idee. Zahlreiche Juden waren ausgesprochene kommunistische Aktivisten.
Die bisherigen Erfahrungen lassen mit Sicherheit darauf schließen, daß auch nach der militärischen Besetzung des Ostraumes noch während eines langen Zeitraumes Unruheherde entstehen. Anstiftung und Ausführung von Sabotagehandlungen und Terrorakten werden nicht nur die bei der bisherigen Säuberung nicht erfaßten Kommunisten sein; vielmehr werden gerade die Juden jede Möglichkeit ausnützen, Unruhe zu erzeugen. Schon die unbedingt notwendige, schnelle Befriedung des Ostraumes macht es daher erforderlich, so schnell wie irgend möglich alle die Möglichkeiten zur Entstehung von Störungen der Aufbauarbeit auszuschalten.

Die im Entwurf vorgesehenen Maßnahmen werden diesen Erfordernissen nicht gerecht. Der Entwurf sieht als hauptsächlichste und einschneidendste Maßnahme die Säuberung des flachen Landes von den Juden vor. Andererseits soll den Juden der Aufenthalt in Ortschaften, die wirtschaftlich, militärisch oder ideell von Bedeutung, oder Bade- oder Kurorte sind, verboten werden. Demnach würde für die Juden nur die geringe Zahl von Klein- und Mittelstädten als künftiger Wohnraum übrigbleiben. Die Zahl dieser Orte ist bei der Weiträumigkeit des dünn besiedelten Ostlandes, das, abgesehen von einigen wenigen Großstädten, als Flachland anzusehen ist, äußerst gering. In diesen Orten würde sich überdies kaum die Möglichkeit ergeben, die Juden einer nutzbringenden Beschäftigung zuzuführen.
Der Entwurf plant offenbar die unter Ziffer V. aufgeführten Maßnahmen der Umsiedlung der Juden nicht als Sofortmaßnahme, sondern behält sie einer späteren langsamen Entwicklung vor. Dies würde zur Folge haben, daß die Juden in erheblichem Umfange zunächst in ihren bisherigen Wohnorten bleiben. Die Juden haben sich im Ostraum, ebenso auch wie sonst überall, hauptsächlich in den großen Städten konzentriert. Angesichts der geringen Zahl der deutschen Sicherungs- und Ordnungskräfte würden die Juden hier noch lange Zeit ihr Parasitendasein fortführen und eine fortdauernde Unruhequelle bleiben.
Die unter Ziffer IV. vorgesehene Maßnahme der Kennzeichnung und der Verhängung des Judenbannes werden meines Erachtens kaum ausreichen, diese Gefahren zu beseitigen. Es sei darauf hingewiesen, daß es selbst in der Reichshauptstadt, trotz sorgfältigster Überwachung der Juden durch die Organe des Staates und der Partei noch im Jahre 1941 in nicht seltenen Fällen Juden möglich war, sich als Arier zu tarnen, auf den verschiedenen Gebieten straffällig zu werden und sich rassenschänderisch zu betätigen. Die Gefahr der weiteren Verbreitung des jüdischen Blutes durch Rassenschande darf im Ostraum angesichts der noch fehlenden Aufklärung über Rassenfragen nicht unterschätzt werden. Insbesondere in den baltischen Ländern ist ein Teil der Bevölkerung rassisch hochwertig und muß vor der Vermischung mit jüdischem Blut sofort und nachdrücklichst geschützt werden.
Der wesentlichste Gesichtspunkt, der eine andere Art der Behandlung der Judenfrage, als im Entwurf vorgesehen, erforderlich macht, ist folgender:
Es muß mit allen zur Verfügung stehenden Mitteln erreicht werden, daß eine Vermehrung der Juden so schnell wie möglich unterbunden wird. Da eine Unfruchtbarmachung, abgesehen von sonstigen Gesichtspunkten, schon praktisch undurchführbar ist, bleibt zur Erreichung dieses Zieles nur die Möglichkeit, die Geschlechter räumlich von einander zu trennen.
Der Entwurf sieht eine Umsiedlung vom flachen Lande in die Städte vor. Wenn jetzt schon an die Umsiedlung herangegangen wird, muß das grundsätzlich und dann folgendermaßen geschehen:

In den weiten Räumen des Ostlandes werden je nach Bedarf bestimmte Bezirke als Judenreservatsräume bestimmt. Die in diesen Räumen bisher ansässige und nunmehr auszusiedelnde Bevölkerung kann ohne Schwierigkeiten in andere Räume hineingepumpt werden. In den Judenreservaten werden männliche und weibliche Juden räumlich getrennt untergebracht. Die Knaben bleiben bis zum Erreichen des zeugungsfähigen Alters bei den Müttern. Die Juden können in den Judenreservaten sofort zu nutzbringender Arbeit eingesetzt werden, so zum Beispiel zur Durchführung von Bauarbeiten für die eigene Unterbringung, landwirtschaftliche Arbeiten, forstwirtschaftliche Arbeiten, Straßenbau. Soweit darüber hinaus noch Arbeitskräfte vorhanden sind, können die Juden als geschlossene Arbeitstrupps zum Straßenbau auch außerhalb des Judenreservates eingesetzt werden. Falls nicht unterdes die Gesamtreinigung des europäischen Raumes von allen Juden spruchreif geworden ist, können in späterer Zeit durch Errichtung von handwerklichen und industriellen Unternehmungen in den Judenreservaten neue Arbeitsmöglichkeiten geschaffen werden. An Unterkunft und Verpflegung wird den Juden in den Reservaträumen nur soviel zugebilligt, wie zur Erhaltung ihrer Arbeitskraft unbedingt erforderlich ist. Die notwendigen Wohnräume werden sich die Juden, soweit sie nicht bereits vorhanden sind, durch Bau von einfachen Holzbaracken selbst schaffen. Für die Ernährung werden die Erzeugnisse des Reservatraumes ausreichen.
Die Absperrung des Judenreservates dürfte ebenfalls keine Schwierigkeit bereiten. Den Juden müßte das Verlassen des Reservatraumes bei Todesstrafe verboten werden. Die Einhaltung des Ortsbannes könnte durch Einsatz von zahlenmäßig ziemlich geringen Einheiten der Hilfspolizei überwacht werden. Soweit erforderlich, könnten von der zwangsweisen Unterbringung im Judenreservat Ausnahmen zugelassen werden, sofern Juden bestimmter Berufszweige, wie zum Beispiel Ärzte und Facharbeiter, zunächst noch dringend außerhalb der Reservaträume benötigt werden. Diese Juden würden nach Möglichkeit in der Nähe ihres Arbeitsplatzes in geschlossenen Lagern, nach Geschlechtern getrennt, untergebracht werden. Die im Entwurf vorgesehene Kennzeichnung, die von der Sicherheitspolizei bereits durchgeführt wurde, würde sich bei dieser geringen, noch verbleibenden Zahl der Juden schnell durchführen lassen. Ich darf jedoch noch darauf hinweisen, daß der Befehlshaber des rückwärtigen Heeresgebietes Nord die Geheime Feldpolizei mit Befehl vom 24. 7. 41 angewiesen hat, zu veranlassen, daß die Juden sich durch einen auf der rechten Brustseite zu tragenden sechszackigen gelben Stern kenntlich machen. Im Entwurf ist dagegen die Kennzeichnung durch Davidsterne auf der linken Brustseite und auf der Mitte des Rückens vorgesehen. Außerdem ist bisher ein Durchmesser von 8–10 cm beschlossen worden.
Selbstverständlich werden die in die Reservaträume eingewiesenen Juden ebenfalls äußerlich gekennzeichnet sein.

Abschließend sei zusammenfassend gesagt, daß durch die vorstehend vorgeschlagene Behandlung der Judenfrage erreicht wird:
1) eine fast 100% sofortige Säuberung des gesamten Ostlandes von Juden,
2) die Verhinderung der Vermehrung der Juden,
3) die Möglichkeit zur schärfsten Ausnützung der jüdischen Arbeitskraft,
4) eine wesentliche Erleichterung des späteren gesammelten Abtransportes in ein außereuropäisches Judenreservat.
Diese einschneidende Maßnahme wird nur unter Einsatz von Kräften der Sicherheits- und Ordnungspolizei durchführbar sein.
Ich halte es für erforderlich, vor Herausgabe einer grundsätzlichen Anweisung, diese gesamten Fragen noch eingehend mündlich zu erörtern, zumal da der Entwurf grundsätzliche, schriftlich nicht zu erörternde Befehle von höherer Stelle an die Sicherheitspolizei erheblich berührt.

(ZSA Riga, R1026-1-3, fol. 234 ff.; Kopie im Archiv des USHMM, RG 18.002M, Rolle 16)

14

Auszug aus der Abschrift eines Schreibens des Reichskommissars für das Ostland, Abt. II, an die Generalkommissare vom 18. August 1941 mit überarbeiteter Fassung der „Vorläufigen Richtlinien für die Behandlung der Juden"

In der Anlage übersende ich „Vorläufige Richtlinien für die Behandlung der Juden im Gebiet des Reichskommissars für das Ostland". Sie gelten für die Generalkommissariate nach Maßgabe der Übernahme der Zivilverwaltung.
Die „Vorläufigen Richtlinien" sind nicht zur Veröffentlichung bestimmt. Die General- und Gebietskommissare haben möglichst jede Bekanntgabe in Aufrufen und Verordnungen zu vermeiden, vielmehr zu versuchen, mit mündlicher Bekanntgabe an die jüdischen Ältestenräte auszukommen.
Über das Veranlaßte ist mir zum 10. jeden Monats zu berichten. Erlassene Aufrufe und Verordnungen der General- und Gebietskommissare sind beizufügen. Der Bericht muß die errichteten Ghettos oder Arbeitslager nach Ort und Zahl ihrer Belegung getrennt nach Geschlechtern angeben. Dabei sind arbeitsfähige Juden von 15–60 Jahren besonders aufzuführen.
Arbeitslager sind so einzurichten, daß zeugungsfähige Juden getrennte Lager erhalten.

***

Vorläufige Richtlinien für die Behandlung der Juden im Gebiet des Reichskommissariats Ostland.
Für die endgültige Lösung der Judenfrage im Gebiet des Reichskommissars Ostland gelten meine Anweisungen in meiner Ansprache vom 27. 7. 41 in Kowno.

Soweit in Ausführung dieser meiner mündlichen Anweisung weitere Maßnahmen, insbesondere von der Sicherheitspolizei, getroffen werden, werden sie durch folgende vorläufige Richtlinien nicht berührt. Diese vorläufigen Richtlinien haben nur die Aufgabe, dort und solange Mindestmaßnahmen der General- oder Gebietskommissare sicherzustellen, wo und solange weitere Maßnahmen im Sinne der endgültigen Lösung der Judenfrage nicht möglich sind.
[...]
Ib Sonstigen Juden ausländischer Staatsangehörigkeit, sonstigen Mischlingen und Ehepartnern von Juden, die nicht das Schicksal der jüdischen Ehepartner zu teilen bereit sind, ist die Ausreiseerlaubnis aus dem Gebiet des R. K. Ostland als einem Kriegsgebiet zu versagen. Sie sind zu überwachen. Dazu kann ihnen u. a. auferlegt werden: tägl. Meldepflicht, Umzugsverbot oder Zuweisung einer bestimmten Wohnung, Verbot des Verlassens des Stadtgebietes, Ausgangsbeschränkung. Erforderlichenfalls sind sie bis zu anderweitiger Entscheidung in politisches Gewahrsam zu nehmen.

[vgl. Dokument 11 vom 2. August 1941; hier sind nur veränderte oder hinzugefügte Textpassagen abgedruckt]

(ZSA Riga, R1026-1-3, fol. 142–144; Kopie im Archiv des USHMM, RG 18.002M, Rolle 16)

15

Auszug aus einem Schreiben Stahleckers vom 29. August 1941 an die Einsatzkommandos betr. die „vorläufigen Richtlinien für die Behandlung der Juden"

Ich übermittle Abschrift der vorläufigen Richtlinien des Reichskommissars für das Ostland für die Behandlung der Juden im Gebiete des Reichskommissars Ostland.
Der Entwurf zu derartigen Richtlinien wurde der Sicherheitspolizei kurzfristig zur Stellungnahme übermittelt. Ich habe eine Reihe schwerer Bedenken gegen die vorgesehene Regelung erhoben. Auf Veranlassung des HSSPF ist in den Richtlinien vermerkt, daß Maßnahmen der Sicherheitspolizei hierdurch nicht betroffen werden.
Grundsätzlich gehe ich davon aus, daß derartige Richtlinien, wenn sie vom Reichskommissar ausgegeben werden, federführend von der Polizei selbst behandelt werden müßten. Dies ist im vorliegenden Fall nicht geschehen.
Die Maßnahmen des Reichskommissars, wie sie in den vorläufigen Richtlinien vorgesehen sind, können ohnehin meines Erachtens nur in engster Anlehnung an die Sicherheitspolizei durchgeführt werden. Solange die Kampfhandlungen noch andauern, ist die Sicherheitspolizei leider nicht

in der Lage, derartige im einzelnen schwierig zu behandelnde Maßnahmen ihrerseits zu behandeln. Wenn auch jede Unterstützung der Dienststellen des Reichskommissars gerade in der Judenfrage für uns selbstverständlich ist, müssen wir doch unser Hauptaugenmerk z. Zt. auf die endgültige Lösung der Judenfrage mit ganz anderen als den vom Reichskommissar vorgesehenen Mitteln richten.

(ZSA Riga, R1026-1-3, fol. 303; Kopie im Archiv des USHMM, RG 18.002M, Rolle 16)

16

Schreiben (des Generalkommissars in Lettland?) an den Reichskommissar für das Ostland vom 29. September 1941, über die Behandlung von „Mischehen"

Mit der nunmehr schnell fortschreitenden Einrichtung des Ghettos in Riga verlangt die Frage der jüdischen Mischehen eine grundsätzliche Klärung. Nach den bisherigen Feststellungen hat Riga eine verhältnismäßig große Zahl von jüdischen Mischehen. An die Gebietskommissare ist von hier die vorläufige Weisung ergangen, im Falle von jüdischen Mischehen folgendermaßen zu verfahren:

Der arische Teil einer jüdischen Mischehe hat eine schriftliche Erklärung beim Gebietskommissar abzugeben, daß er gewillt ist, sich von dem jüdischen Ehepartner zu trennen und auch in dem Augenblick, indem die Zivilgerichte ihre Tätigkeit soweit aufgenommen haben, daß eine ordnungsmäßige Scheidung durchgeführt werden kann eine solche zu beantragen. Bei den meisten Mischehen ist auch von vielen Teilen der Wille zur Scheidung vorhanden. In dem Falle aber, wo in eine Scheidung nicht eingewilligt wird, könnte folgendermaßen verfahren werden:

Ist der Mann der jüdische Teil und die arische Frau will sich von ihm nicht trennen, so hat sie sein Schicksal zu teilen und mit ihm ins Ghetto umzusiedeln und unterliegt dort den Bestimmungen, die über die Behandlung von Juden ergangen sind.

Ist der männliche Teil arisch und der weibliche jüdisch, so kann die jüdische Frau beim Manne verbleiben, falls sie einwilligt, sich sterilisieren zu lassen (bis 50 Jahre). Für diese sterilisierten Frauen können die ergangenen Bestimmungen über die Behandlung von Juden in Wegfall kommen. Nur in soweit wäre es zu verantworten, Ausnahmen zu machen. Soll die Lösung der Judenfrage im Osten eine völlige Lösung erfahren, so kann nur eine vollkommen konsequente Haltung zum Ziele führen.

Es wird gebeten, eine schnelle und durchgreifende Entscheidung treffen zu wollen, da die Klärung dieser Frage drängt.

(ZSA Riga, R69-1A-6, fol. 6; Kopie im Archiv des USHMM, RG 18.002M, Rolle 2)

17

Schreiben des Reichskommissars für das Ostland, Abt. II (Trampedach), an die Generalkommissare vom 1. November 1941, mit Anlage betr. „Behandlung der jüdischen Mischehen" vom 7. Oktober 1941

In der Anlage übersende ich in Ergänzung der „Vorläufigen Richtlinien für die Behandlung der Juden im Gebiet des Reichskommissars für das Ostland" Bestimmungen für die Behandlung der jüdischen Mischehen. Sind die in diesen Bestimmungen angeführten Fälle bisher von den General- oder Gebietskommissaren anders behandelt worden, so ist die Behandlung nunmehr im Sinne der angefügten Bestimmungen zu regeln. Nötigenfalls sind bestimmte Personen aus dem Ghetto zu entlassen.
Bei einer später notwendigen Abschiebung unerwünschter nichtjüdischer Elemente beabsichtige ich, jüdische Mischlinge und in Mischehen lebende Personen, die nach den beiliegenden Bestimmungen nicht oder nicht mehr als Juden behandelt werden, vorzugsweise abzuschieben. Aus diesem Grunde ist eine genaue Erfassung dieser Elemente unbedingt sicherzustellen.

* * *

In Ergänzung der „Vorläufigen Richtlinien für die Behandlung der Juden im Gebiet des Reichskommissars für das Ostland" bestimme ich für die Behandlung der jüdischen Mischehen:

I. Kinderlose Mischehen und Mischehen mit nur volljährigen Kindern.

A 1. Will sich die arische Ehefrau nicht von ihrem jüdischen Mann trennen, so unterliegt sie den für die Behandlung der Juden ergangenen Bestimmungen.

2. Will sie sich dagegen scheiden lassen, so gelten diese Bestimmungen nur für den Mann.

B 1. Ist der Mann arisch und die Frau jüdisch, so kann, falls der Generalkommissar nicht anders verfügt, die jüdische Frau, die das 45. Lebensjahr noch nicht erreicht hat, bei ihrem Mann verbleiben, sofern sie einwilligt, sich sterilisieren zu lassen. Frauen über 45 Jahre verbleiben auch ohne Sterilisation bei ihrem Ehemann. Auch in diesem Fall kann der Generalkommissar die Sterilisation anordnen. Auf diese Frauen finden die Bestimmungen über die Behandlung der Juden keine Anwendung.

2. Stirbt der arische Ehemann, so finden die Bestimmungen über die Behandlung der Juden auf die jüdische Ehefrau spätestens nach Ablauf eines Monats ihre Anwendung.

3. Will sich der arische Ehemann scheiden lassen, so gelten für die Frau die Bestimmungen über die Behandlung der Juden.

4. Will sich eine unter 45 Jahre alte jüdische Ehefrau nicht sterilisieren und der arische Ehemann sich nicht von ihr scheiden lassen, so unterliegen beide Ehepartner den für die Juden geltenden Bestimmungen. Der Wille zur Scheidung ist durch eine schriftliche Erklärung dem Gebietskommissar gegenüber abzugeben. Diese Erklärung verliert ihre Gültigkeit, wenn nicht binnen einer Frist von 3 Monaten nach ihrer Abgabe die Scheidungsklage beim zuständigen Gericht eingereicht ist.

II. Mischehen, bei denen ein oder mehrere minderjährige Kinder vorhanden sind.

A. 1. Will sich die arische Ehefrau nicht von ihrem jüdischen Manne trennen, so unterliegt die ganze Familie – einschließlich Kind(er) – den Bestimmungen für die Behandlung von Juden.

2. Will sich dagegen die arische Ehefrau scheiden lassen, so gelten für das Kind (die Kinder) und die Mutter die Bestimmungen für die Behandlung der Juden nicht, es sei denn, daß Mutter oder Kind(er) der jüdischen Religionsgemeinschaft angehören oder angehört haben.

Auf den Mann finden auf jeden Fall diese Bestimmungen Anwendung.

3. Ist die Mischehe z. Zt. des Inkrafttretens dieser Bestimmungen bereits aufgelöst worden, so gelten für die arische Frau und das Kind (die Kinder) die Bestimmungen für die Behandlung der Juden nicht, sofern weder die Mutter noch das Kind (die Kinder) der jüdischen Religionsgemeinschaft angehören oder angehört haben.

B. 1. Ist der Ehemann arisch und die Frau jüdisch, so kann, falls der Generalkommissar nicht anders verfügt, die jüdische Frau, die das 45. Lebensjahr noch nicht erreicht hat, bei ihrem Manne verbleiben, sofern sie einwilligt, sich sterilisieren zu lassen.

Frauen über 45 Jahre verbleiben auch ohne Sterilisation bei ihrem Ehemann. Auch in diesem Fall kann der Generalkommissar die Sterilisation anordnen. Auf diese Frauen finden die Bestimmungen für die Behandlung der Juden keine Anwendung.

Die Kinder (das Kind) verbleiben beim Ehemann. Auf sie finden die Bestimmungen für die Behandlung der Juden keine Anwendung, es sei denn, daß sie der jüdischen Religionsgemeinschaft angehören oder angehört haben.

2. Stirbt der arische Ehemann, oder ist er z. Zt. des Inkrafttretens dieser Bestimmungen bereits gestorben, so finden die Bestimmungen für die Behandlung der Juden auf die jüdische Ehefrau keine Anwendung, so lange ein oder mehrere Kinder noch am Leben sind. Ist ein Sohn auf der Seite Deutschlands oder seiner Verbündeten gefallen, so finden die Bestimmungen für die Behandlung von Juden auf die jüdische Ehefrau keine Anwendung.

3. Ein Ehepaar, dessen Kinder gestorben oder dessen Kinder alle volljährig sind, gilt als kinderlos und wird nach Ziffer I behandelt.

4. Will sich der arische Ehemann scheiden lassen, so bleiben die Kinder (das Kind) bei dem Vater, sofern sie nicht nach III Abs. 3 als Juden gelten oder im Einvernehmen mit den Eltern bei der Mutter bleiben. Die Frau fällt unter die Bestimmungen für die Behandlung von Juden. Das Gleiche gilt wenn die Ehe z. Zt. des Inkrafttretens dieser Anordnung außer durch Tod aus sonstigen Gründen aufgelöst ist oder später aufgelöst wird.

5. Will sich eine unter 45 Jahre alte jüdische Ehefrau nicht sterilisieren und der arische Ehemann sich nicht von ihr scheiden lassen, so unterliegt jedes Familienmitglied den für die Behandlung von Juden geltenden Bestimmungen.

C. Der Wille zur Scheidung ist durch eine schriftliche Erklärung dem Gebietskommissar gegenüber abzugeben. Diese Erklärung verliert ihre Gültigkeit, wenn nicht binnen einer Frist von 3 Monaten nach ihrer Abgabe die Scheidungsklage beim zuständigen Gericht eingereicht wird.

III.

Gehört der arische Ehegatte der jüdischen Religionsgemeinschaft an, so finden die vorstehenden Bestimmungen auf ihn keine Anwendung. Er gilt ebenfalls als Jude. Kinder aus Mischehen gelten als Juden, wenn sie von einem oder zwei der Rasse nach volljüdischen Großelternteilen abstammen und der jüdischen Religionsgemeinschaft angehören oder angehört haben. (Vergl. II a der Richtlinien vom 18. 8. 41)

In allen Zweifelsfällen unter I–III entscheidet der Generalkommissar. Er kann bei Mischehen in besonderen Härtefällen Abweichungen zulassen.

gez.: L o h s e .

(ZSA Riga, R69-1A-6, fol. 7–11; Kopie im Archiv des USHMM, RG 18.002M, Rolle 2)

18

Abschrift eines Schnellbriefs des RFSS u. ChdDtPol. vom 29. Januar 1942 an das RMfdbO (Wetzel) betr. „Richtlinien über die Behandlung der Judenfrage“

Im Nachgang zu Ziffer 10 meines Schreiben vom 10. 1. 1942 übersende ich die von mir für erforderlich gehaltene Fassung der Richtlinien über die Behandlung der Judenfrage mit der Bitte um weitere Veranlassung.

* * *

R i c h t l i n i e n
über die Behandlung der Judenfrage.

1. Allgemeines.

Alle Maßnahmen zur Judenfrage in den besetzten Ostgebieten sind unter dem Gesichtspunkt zu treffen, daß die Judenfrage für ganz Europa generell gelöst werden muß. Dabei sind in den besetzten Ostgebieten derartige Maßnahmen, die der endgültigen Lösung der Judenfrage und damit der Ausscheidung des Judentums dienen, in keiner Weise zu behindern. Gerade in den besetzten Ostgebieten ist eine recht baldige Lösung der Judenfrage anzustreben. Voraussetzung ist, daß die betreffenden Maßnahmen von Seiten der zuständigen Stellen veranlaßt werden. Ein etwaiges Vorgehen der örtlichen Zivilbevölkerung gegen die Juden ist jedoch dann nicht zu hindern, wenn sich dies mit dem Gebot der Aufrechterhaltung von Ruhe und Ordnung im Rücken der kämpfenden Truppe vereinbaren läßt.

2. Bevölkerungsstand.

Das Judentum stellt in den einzelnen Reichskommissariaten und innerhalb dieser in den Generalkommissariaten einen sehr verschieden starken Anteil an der Gesamtbevölkerung. Zum Beispiel leben in Weißruthenien und der Ukraine Millionen von Juden, die hier seit Generationen ansässig sind. In den zentralen Gebieten der UdSSR. dagegen sind die Juden zum weitaus größeren Teil erst in der bolschewistischen Zeit zugezogen. Eine besondere Gruppe stellen die im Gefolge der Roten Armee 1939 und 1940 nach Ostpolen, der Westukraine, West-Weißruthenien, den baltischen Ländern, Bessarabien und Buchenland eingedrungenen Sowjetjuden dar. Zu diesen Juden treten nunmehr noch die deutschen Juden, die aus dem Reich in die besetzten Ostgebiete transportiert werden und mit der Verlegung ihres gewöhnlichen Aufenthalts in die besetzten Ostgebiete gemäß § 2 der 11. Verordnung zum Reichsbürgergesetz vom 25. 11. 1941 – RGBl. I S. 722 – die deutsche Staatsangehörigkeit verlieren.

Die noch vorhandene jüdische Bevölkerung ist durch Einführung der Meldepflicht zu erfassen. Alle Juden sind durch sichtbare Abzeichen (gelber Judenstern) zu kennzeichnen.

3. Absonderung aus der übrigen Bevölkerung.

Solange Maßnahmen, die der Ausscheidung des Judentums dienen, noch nicht vorgenommen sind, sind die vorhandenen Juden streng von der übrigen Bevölkerung abzusondern. Dabei ist zu beachten, daß die Juden in der Sowjetunion, und zwar besonders in den Kerngebieten der Sowjetunion, seit der bolschewistischen Revolution es häufig versucht haben, sich zu tarnen. Zahlreiche Juden haben ihr mosaisches Bekenntnis aufgegeben und russische Familien-, Vor- und Vatersnamen angenommen. Es ist anzuordnen, daß alle zu Lebzeiten des Meldepflichtigen oder, soweit ihm bekannt, bei seinen Vorfahren erfolgten Namensänderungen von Juden zu melden und rückgängig zu machen sind. Das gleiche gilt für frühere Austritte aus der jüdischen Religionsgemeinschaft und Übertritte (häufig mehrfache) zu anderen Bekenntnissen. Jüdische Tarnungsversuche werden in den Reichskommissariaten Ostland und Ukraine, wo der größere Teil der Juden seit Generationen ansässig ist, leichter zu verhindern sein, als in den anderen Reichskommissariaten. So-

wjetisches Archivmaterial ist, soweit erhalten, heranzuziehen. Auch dürfte es zweckmäßig sein, nach alten russischen Pässen zu forschen, da in den Pässen gewöhnlich ein Konfessionswechsel vermerkt war.
Die Freizügigkeit ist für alle Juden sofort aufzuheben. Eine Überführung in Ghettos ist durchzuführen, die in Weißruthenien und in der Ukraine durch das Vorhandensein zahlreicher mehr oder weniger geschlossener jüdischer Niederlassungen erleichtert wird. Diesen Ghettos kann unter Aufsicht eine jüdische Selbstverwaltung mit jüdischer Polizei gegeben werden. Die Bewachung der Grenzen zwischen dem Ghetto und der Außenwelt ist Sache der Polizei.
Eine weitere Vermischung mit der übrigen Bevölkerung, z. B. durch Eheschließung, geschäftliche Verbindungen u. dgl. ist zu vermeiden und zu verhindern.
4. Wirtschaftliche Betätigung.
Die Maßnahmen, die der Ausscheidung des Judentums dienen, sind ohne Rücksicht auf wirtschaftliche Belange durchzuführen.
Soweit derartige Maßnahmen noch nicht angeordnet sind, ist eine Betätigung der Juden in öffentlichen Berufen und im Handel ausgeschlossen. Die Juden sind unter Aufsicht zu produktiver, weitgehend körperlicher Arbeit heranzuziehen (Straßen-, Eisenbahn-, Kanalbau, Landwirtschaft usw.). Jüdische Fabrikarbeiter, Handarbeiter und Heimarbeiter können ihrer Beschäftigung weiter nachgehen; dabei ist jedoch eine Zusammenfassung in rein jüdische Betriebe unter Aufsicht der Zivilverwaltung anzustreben. Wo jüdische Landwirtschaftsbetriebe (z. B. Kollektive) vorhanden sein sollten, haben diese unter straffer Aufsicht ihre Arbeit fortzusetzen.
Das gesamte jüdische Vermögen ist anzumelden. Vermögensverschiebungen der Juden sind zu verhindern.
5. Kulturelle Betätigung.
Eine kulturelle Betätigung der Juden innerhalb der übrigen Bevölkerung kommt nicht in Betracht. Eine jüdische Presse ist nicht zuzulassen. Das Schächten ist zu verbieten.

[vgl. Dokument 10 vom Sommer 1941]

(BA, R 6/74, fol. 94–97)

19

Schreiben des BdS Ostland an die KdS vom 2. März 1942, mit Unterrichtung Heydrichs an die BdS u. a. betr. „Endlösung der Judenfrage" vom 25. Januar 1942 nebst Bestellungsschreiben Görings vom Juli 1941

Betr.: Endlösung der Judenfrage.
Anliegende Abschriften übersende ich zur dortigen Unterrichtung.

I. A.
gez. Stüber
SS-Sturmbannführer

***

Chef der Sicherheitspolizei
und des SD
847/41
Berlin, den 25. Januar 1942.

An
die Befehlshaber der Sicherheitspolizei und des SD,
die Inspekteure der Sicherheitspolizei und des SD,
den Beauftragten des Chefs der Sicherheitspolizei und des SD, Dienststellen Paris und Brüssel,
die Einsatzgruppe der Sicherheitspolizei und des SD in Belgrad,
die Dienststelle der Sicherheitspolizei und des SD in Athen,
die Einsatzgruppen A–D.
Betrifft: Endlösung der Judenfrage.
Bezug: Ohne.
Anlage: 1 Fotokopie.

Als Anlage übersende ich Fotokopie eines Bestellungsschreibens des Reichsmarschalls des Großdeutschen Reiches, Beauftragten des Vierjahresplanes und Vorsitzenden des Ministerrats für die Reichsverteidigung vom 31. 7. 1941 mit der Bitte um Kenntnisnahme und Beachtung.
Danach bin ich beauftragt, alle für eine Gesamtlösung der Judenfrage innerhalb des deutschen Einflußgebietes in Europa erforderlichen Vorbereitungen in organisatorischer, sachlicher und materieller Hinsicht zu treffen.
Die vorbereitenden Arbeiten sind eingeleitet.
gez. Heydrich

***

Reichsmarschall des Großdeutschen Reiches
Beauftragter für den Vierjahresplan
Vorsitzender des Ministerrats für die Reichsverteidigung
Berlin, den 7. 1941

An den
Chef der Sicherheitspolizei und des SD
SS-Gruppenführer Heydrich
Berlin.

In Ergänzung der Ihnen bereits mit Erlaß vom 24. I. 39 übertragenen Aufgabe, die Judenfrage in Form der Auswanderung oder Evakuierung einer den Zeitverhältnissen entsprechend möglichst günstigsten Lösung zuzuführen, beauftrage ich Sie hiermit, alle erforderlichen Vorbereitungen in organisatorischer, sachlicher und materieller Hinsicht zu treffen für eine Gesamtlösung der Judenfrage im deutschen Einflußgebiet in Europa.
Sofern hierbei die Zuständigkeiten anderer Zentralinstanzen berührt werden, sind diese zu beteiligen.
Ich beauftrage Sie weiter, mir in Bälde einen Gesamtentwurf über die organisatorischen, sachlichen und materiellen Vorausmaßnahmen zur Durchführung der angestrebten Endlösung der Judenfrage vorzulegen.

(ZSA Riga, R1026-1-3, fol. 160 ff.; Kopie im Archiv des USHMM, RG 18.002M, Rolle 16)

20

Auszug aus der Abschrift eines Schreibens des Generalkommissars in Lettland, Abt. II, an den KdS Lettland vom 12. März 1942 betr. die „Vorläufigen Richtlinien für die Behandlung der Juden“

Durch Erlaß des Herrn Reichsministers f. d. b. O. vom 28. 1. 1942 Nr. 1/417/41 – Geheim – werden die vorläufigen Richtlinien für die Behandlung der Juden im Gebiete des Reichskommissars für das Ostland dahingehend geändert, daß anstelle von Absatz 1 a und 1 b Absatz 1 in folgende Fassung tritt:
„Der Behandlung nach diesen Richtlinien unterliegen alle Juden ohne Rücksicht auf ihre Staatsangehörigkeit.“

(ZSA Riga, R1026-1-3, fol. 152; Kopie im Archiv des USHMM, RG 18.002M, Rolle 16)

21

Schreiben des Reichsministeriums für die besetzten Ostgebiete (Leibbrandt) vom 27. April 1942, mit Entwurf zur „Bestimmung des Begriffs ‚Jude‘ in den besetzten Ostgebieten“ und Aufzeichnung der Besprechung vom 29. Januar 1942

Unter Bezugnahme auf die Besprechung vom 29. Januar 1942 übersende ich in der Anlage den neu gefaßten Entwurf einer Verordnung betr. die Bestimmung des Begriffs „Jude“ in den besetzten Ostgebieten, den Entwurf eines hierzu vorgesehenen Ausführungserlasses sowie Protokoll der Sitzung vom 29. Januar 1942. Im Hinblick darauf, daß es mit dem Führungs- und Hoheitsrecht der Generalkommissare nicht zu vereinbaren ist, die Entscheidungen über die Frage der Zugehörigkeit zum Judentum angesichts ihres über-

wiegenden politischen Charakters an die Kommandeure der Sicherheitspolizei und des SD zu binden, weiter aber auch die aus § 2 Abs. 1 der Verordnung auftauchenden Fragen zum Teil politisch weit über die Judenfrage hinausgehen, erscheint es angebracht, die in der Sitzung vom 29. Januar 1942 vorgeschlagene Fassung des § 2 Abs. 3 der Verordnung dahin zu ändern, daß in Zweifelsfällen der Generalkommissar zu entscheiden hat. Die Bearbeitung der Entscheidungen erfolgt beim Generalkommissar durch den dem rassenpolitischen Referenten des Generalkommissars beigeordneten Referenten für Judenfragen, der auf Vorschlag des Kommandeurs der Sicherheitspolizei und des SD vom Generalkommissar bestellt wird. Damit dürften die Belange der Polizei gleichfalls gewahrt sein. Der Entwurf des Ausführungserlasses ist dementsprechend abgeändert worden.
Weiter erschien es notwendig, noch die im § 3 des anliegenden Verordnungsentwurfes vorgesehene Bestimmung aufzunehmen. Hierdurch wird durch eine demgemäß im Entwurf des Ausführungserlasses vorgesehene Bestimmung verhindert, daß die Bestimmungen des § 2 Abs. 2 der Verordnung auf Nichtjuden deutscher Staatsangehörigkeit angewandt werden. Jüdische Mischlinge deutscher Staatsangehörigkeit fallen daher nicht unter die Bestimmung des § 2 Abs. 2 des Verordnungsentwurfes.
Ich darf Ihr Einverständnis mit dem Entwurf annehmen, falls mir nicht bis zum 20. Mai 1942 eine gegenteilige Äußerung zugeht.

***

Der Reichsminister
für die besetzten Ostgebiete
Berlin W 35, den 27. April 1942
G e h e i m !
E n t w u r f
Verordnung betr. Bestimmung des Begriffs
„Jude“ in den besetzten Ostgebieten vom
Mai 1942

Auf Grund des § 8 des Erlasses des Führers über die Verwaltung der neu besetzten Ostgebiete vom 17. Juli 1941 verordne ich:
§ 1.
Der Begriff „Jude“ wird für Personen, die ihren Wohnsitz oder gewöhnlichen Aufenthalt in den besetzten Ostgebieten haben, nach Maßgabe des § 2 bestimmt.
§ 2.
(1) Jude ist, wer sich zur jüdischen Religionsgemeinschaft oder sonst als Jude bekennt oder bekannt hat oder wessen Zugehörigkeit zum Judentum sich aus sonstigen Umständen ergibt.

(2) Dem Juden wird gleichgestellt, wer einen Elternteil hat, der Jude im Sinne des Abs. 1 ist.
(3) In Zweifelsfällen entscheidet der Generalkommissar mit allgemein bindender Wirkung.
§ 3.
Der Erlaß ergänzender Vorschriften im Verordnungs- oder Verwaltungswege bleibt vorbehalten.
§ 4.
Diese Verordnung tritt mit Wirkung vom 1. Januar 1942 in Kraft.

***

Der Reichsministerfür die besetzten Ostgebiete
Berlin W 35, den 30. Januar 1942
Rauchstraße 17–18
G e h e i m !

A u f z e i c h n u n g
über den Verlauf der Besprechung am 29. Jan. 1942 im Reichsministerium für die besetzten Ostgebiete, Berlin W. 35, Rauchstr. 17–18
betr. den Entwurf einer Verordnung über die Bestimmung des Begriffs „Jude" in den besetzten Ostgebieten sowie eines Erlasses betr. Bestimmung des Begriffs „Jude" in den besetzten Ostgebieten.
Erschienen sind die auf der anhängenden Liste verzeichneten Teilnehmer.
Der Vorsitzende, Generalkonsul Dr. Bräutigam, eröffnete die Besprechung und weist einleitend darauf hin, daß die Nürnberger Gesetze für die besetzten Ostgebiete wegen der Schwierigkeiten der Urkundenbeschaffung nicht anwendbar seien. Es sei erwünscht, daß eine Entscheidung über die Begriffsbestimmung „Jude" schnellstens getroffen würde. Im übrigen habe das Auswärtige Amt wissen lassen, daß es aus außenpolitischen Gründen die Erwähnung der ausländischen Juden in § 3 des Entwurfs nicht für zweckmäßig halte.
Dr. Wetzel (Ostministerium) führt darauf im einzelnen noch aus, daß die jüdischen Mischlinge 1. Grades in dem vorliegenden Entwurf aus mehreren Gründen den Juden gleichgestellt worden seien. Einmal aus politischen Gründen, weil sie unzuverlässig und wegen ihrer verhältnismäßig hohen Zahl gefährlich seien. Es sei damit zu rechnen, daß seit Ausbruch der bolschewistischen Revolution sich die Zahl der jüdischen Mischlinge 1. Grades in der Sowjetunion vervielfacht habe. Irgendwelche Schwierigkeiten seien bei einer Gleichstellung jüdischer Mischlinge 1. Grades mit den Juden anders wie vielleicht im Reich in den besetzten Ostgebieten nicht zu erwarten. Schließlich sei die Gleichstellung der jüdischen Mischlinge aber auch deshalb erfolgt, weil es

sich hier um Mischlinge von Juden mit gleichfalls rassisch nicht erwünschten Fremdvölkischen handle.
Danach erklärte der Vertreter des Reichssicherheitshauptamtes, Dr. Neifeind, er sei im wesentlichen mit dem Entwurf einverstanden, doch sei seiner Meinung nach der § 1 noch abzuändern. Der Begriff „Jude“ sei möglichst dehnbar zu gestalten und es müsse offen bleiben, für wen der Begriff „Jude“ nicht angewandt werden solle. Der Vertreter des Reichsführers SS und Chefs der Sicherheitspolizei und des SD, SS-Sturmbannführer Suhr, hält es für zweckmäßiger, die Frage des Begriffs „Jude“ in einem Erlaß und nicht in einer Verordnung zu lösen. Die Juden aus dem Protektorat und aus dem Generalgouvernement könnten unmöglich besser als die sowjetischen Juden gestellt werden. Dr. Neifeind schlägt vor, den § 1 dahin zu fassen, daß die Worte
„entweder am 22. 6. 1941 nur die sowjetische Staatsangehörigkeit besaßen und seit diesem Zeitpunkt keine andere Staatsangehörigkeit erworben haben oder die staatenlos sind“
gestrichen werden. Er schlägt vor, den § 3 des Entwurfs fortfallen zu lassen und die noch verbleibenden Sätze des § 1 des Entwurfs als Präambel zu bringen. Der Vertreter des Auswärtigen Amtes, Legationssekretär Dr. Herbert Müller, erklärt, daß er sich der soeben vorgeschlagenen Fassung anschließe. Mit einigen Staaten sei es bereits bezüglich der Stellung der betreffenden Juden zu Vereinbarungen mit dem Deutschen Reich gekommen. Man könne auch daran denken, die ganze Frage im Erlaßwege zu regeln. Während die Vertreter der Dienststellen des Reichsführers SS bereit sind, den Erlaßweg einzuschlagen, sprechen sich die Vertreter des Ostministeriums für den Weg der Verordnung aus, weil der Begriff „Jude“ schon überall auftaucht und im Reich durch die Nürnberger Gesetze, einem Grundgesetz des Dritten Reichs, festgelegt sei. Ministerialrat Lösener vom Innenministerium erklärte, daß er dazu neige, den Weg der Verordnung vorzuschlagen. Es ergibt sich ein allgemeines Einverständnis dahin, daß der Weg der Verordnung zu wählen sei. Es besteht weiter Einverständnis darüber, die verbleibenden Sätze des § 1 mit der Vorschrift des § 2 in einen Paragraphen zusammenzufassen.
Ministerialrat Lösener weist dann darauf hin, daß man sich im Reich gegen eine Gleichstellung der jüdischen Mischlinge 1. Grades deshalb wehre, weil man dann dem Juden nur deutsches Blut und damit Führernaturen zuführen würde. Weiter habe auch die Staatssekretärbesprechung am 20. Januar 1942 das Ergebnis gehabt, daß die jüdischen Mischlinge 1. Grades im Reiche nicht den Juden gleichgestellt, vielmehr sterilisiert werden sollten. Auch im Hinblick auf die Schaffung eines einheitlichen europäischen Judenbegriffs stelle er noch einmal anheim, zu überlegen, ob nicht evtl. von der Gleichstellung der jüdischen Mischlinge 1. Grades mit den Juden im Osten Abstand genommen werden müsse. Andererseits leuchteten ihm die Gründe, die im Osten für eine

Gleichstellung sprächen, ein. Dr. Wetzel entgegnet darauf, daß infolge der zu erwartenden Lösung der Judenfrage politische Gefahren aus der Gleichstellung jüdischer Mischlinge aus den Ostgebieten nicht zu erwarten seien. Der Vertreter der Parteikanzlei, Oberregierungsrat Reischauer, erklärt anschließend, daß er schon im Hinblick darauf, daß das fremdvölkische Blut nicht so wertvoll sei wie das deutsche, besondere Gefahren bei einer Gleichstellung der jüdischen Mischlinge 1. Grades nicht erblicken könnte.
Der Vertreter des Reichssicherheitshauptamtes, Dr. Neifeind, wendet sich dagegen, daß die Entscheidung bezüglich der Frage, wer Jude sei, in Zweifelsfällen beim Gebietskommissar liegen solle. Die Lösung der Judenfrage sei Aufgabe der Sicherheitspolizei und des SD. Er schlug darauf die Entscheidung durch den Generalkommissar oder durch den Kommandeur der Sicherheitspolizei und des SD vor. Regierungsrat Lindemann wandte sich gegen die Fassung Kommandeur der Sicherheitspolizei und des SD. Reg.Rat Suhr schlug darauf die Fassung „Generalkommissar oder die von ihm beauftragten Stellen“ vor. Nach weiterer Aussprache einigte sich die Versammlung auf folgende Fassung des letzten Absatzes des §
„In Zweifelsfällen entscheidet der Generalkommissar (Kommandeur der Sicherheitspolizei und des SD) oder die von ihm beauftragte Stelle.“
Demgemäß wurde folgende Begriffsformulierung der Verordnung angenommen:

1) Der Begriff „Jude“ wird für Personen, die ihren Wohnsitz oder gewöhnlichen Aufenthalt in den besetzten Ostgebieten haben, wie folgt bestimmt:
2) Jude ist, wer sich zur jüdischen Religionsgemeinschaft oder sonst als Jude bekennt oder bekannt hat oder wessen Zugehörigkeit zum Judentum sich aus sonstigen Umständen ergibt.
3) Dem Juden wird gleichgestellt, wer einen Elternteil hat, der Jude im Sinne des Abs. 1 ist.
4) In Zweifelsfällen entscheidet der Generalkommissar (Kommandeur der Sicherheitspolizei und des SD) oder die von ihm beauftragte Stelle mit allgemein bindender Wirkung.

Dr. Bräutigam führt sodann aus, daß sich durch die teilweise Abänderung der Verordnung auch Abänderungen des Erlasses ergeben. Im Verlauf der weiteren Rücksprache wird Einstimmigkeit dahin erzielt, daß in dem Erlaß unter Juden, die von der neuen Begriffsformulierung erfaßt werden, auch die Juden aus dem Generalgouvernement, Protektorat, Rumänien, Kroatien und Slowakei fallen und dementsprechend auch genannt werden sollen. Ministerialrat Lösener regt an, die in dem Entwurf des Ausführungserlasses enthaltene Wiedergabe der Nürnberger Gesetze noch zu vereinfachen bzw. zu verbessern. Er schlägt vor, auf Seite 2 unter Ziff. 2 die Ziffern a, b, c und d wie folgt zu fassen:

a) wer am 16. 9. 1935 der jüdischen Religionsgemeinschaft angehört hat oder danach in sie aufgenommen wird,
b) wer am 16. 9. 1935 mit einem Juden verheiratet war oder sich danach mit einem solchen verheiratet hat,
c) wer aus einer Ehe mit einem Juden stammt, die nach dem 17. 9. 1935 mit einem Juden geschlossen ist,
d) wer aus dem außerehelichen Verkehr mit einem Juden stammt und nach dem 31. 7. 1936 außerehelich geboren wird.
Diese Vorschläge werden angenommen. Ministerialrat Lösener äußerte dann weiter noch Bedenken wegen der auf Seite 5 des Entwurfs des Ausführungserlasses vorgesehenen erb- und rassenkundlichen Untersuchung. Es wurde dann ein Einverständnis dahin erzielt, daß anstelle des Wortes „Untersuchung“ das Wort „Begutachtung“ treten soll. Weiter wünschte noch Min.Rat Lösener statt des Wortes „Volljude“ auf Seite 6 Zeile 20 die Bezeichnung „Jude“. Ferner wird auf Grund einer Anregung von Dr. Neifeind beschlossen, den Passus auf Seite 6 bezüglich der sprachlichen Besonderheiten der Juden zu streichen. Sturmbannführer Suhr bat, auch die Frage der Mischehen in dem Ausführungserlaß zu regeln. Man wurde sich darüber einig, daß Juden, die in Mischehen leben, keiner anderen Behandlung wie die anderen Juden unterliegen sollen und daß dies im Erlaß zum Ausdruck gebracht werden sollte.
Zu IV des Erlaßentwurfs wurde noch die Frage besprochen, wer die erb- und rassenkundliche Untersuchung vorzunehmen hat. Man einigte sich auf die Formulierung, daß die Fälle, in denen das äußere Erscheinungsbild des Betreffenden von erheblicher Bedeutung für die Entscheidung sei, stets dem Generalkommissar (Kommandeur der Sicherheitspolizei und des SD) vorzulegen seien. Der Generalkommissar (Kommandeur der Sicherheitspolizei und des SD) habe dann die erb- und rassenkundliche Begutachtung zu veranlassen.
Abschließend erklärt dann der Vorsitzende, Generalkonsul Dr. Bräutigam, daß den beteiligten Dienststellen umgehend die neue Fassung der Entwürfe nebst Sitzungsprotokoll zugeleitet werden würde.
gez. Schmitz

Teilnehmerliste

(Besprechung am 29. Januar 1942 im Reichsministerium für die besetzten Ostgebiete)

Name	Dienstgrad	Behörde
Neifeind	SS-Sturmbannführer	Reichsführung SS, Chef d. Deutschen Polizei
Suhr	SS-Sturmbannführer Reg.Rat	Reichsführung SS, Chef d. Sicherheitspolizei und SD.
H. H. Schubert	Abteilungsleiter	Reichskommissar f. d. Festigung d. Volkstums
Pägler	Referent	Beauftr. f. d. Vierjahresplan
Lindemann	Reg.Rat	Ostministerium Haupt-Abt. II
Dr. Kühn	Med.Rat Referent	Ostministerium Abt. II/2
Dr. Herbert Müller	Legationssekretär	Auswärtiges Amt (Abt. Deutschland)
Dr. Pfeifle	KG Rat	Reichsjustizministerium
Dr. Lösener	Min.Rat	Reichsministerium d. Innern Abt. I
Dr. Weitnauer	AGRat	Reichsministerium f. d. besetzten Ostgebiete
Frey	Korv. Kpt.	OKW / Inland
Reischauer	ORR.	Parteikanzlei
Beringer	Reg.Rat	Reichsministerium f. d. besetzten Ostgebiete
Dr. Bräutigam	Gen. Konsul	Reichsministerium f. d. besetzten Ostgebiete
Dr. Wetzel	Amtsgerichtsrat	Reichsministerium f. d. besetzten Ostgebiete
Prof. v. Mende	Abteilungsleiter	Reichsministerium f. d. besetzten Ostgebiete
Schmitz	Referent	Reichsministerium f. d. besetzten Ostgebiete

(ZSA Riga, R69-1A-6, fol. 37, 39, 46–51; Kopie im Archiv des USHMM, RG 18.002M, Rolle 2)

22

Schreiben von Staatssekretär Meyer, RMfdbO, an das Auswärtige Amt u. a. Dienststellen vom 16. Juli 1942 betr. „Endlösung der Judenfrage" und die Behandlung von Mischlingen

Angesichts der verschiedenen Auffassungen über die Lösung der Frage der zukünftigen Behandlung der jüdischen Mischlinge 1. Grades erscheint es mir angebracht, hierüber eine Entscheidung des Führers einzuholen und dabei auf die in der Besprechungsniederschrift vom 6. März 1942 im einzelnen aufgeführten Lösungen hinzuweisen. Ich bin an der Lösung des Problems der jüdischen Mischlinge 1. Grades insofern erheblich interessiert, als für die mir unterstehenden besetzten Ostgebiete ein besonderer Judenbegriff vorgesehen ist, wonach die im Osten befindlichen Mischlinge 1. Grades den Juden gleichgestellt werden. Für die in Aussicht genommene Regelung in den besetzten Ostgebieten sind folgende Gründe ausschlaggebend:
Angesichts der mangelhaften Unterlagen über die Abstammung der Bewohner der besetzten Ostgebiete ist es nicht möglich, ihre Zugehörigkeit zum Judentum nach der rassischen Einordnung der Großeltern zu beurteilen, wie es die Nürnberger Gesetze vorsehen. Schon um die 3/4-Juden wenigstens noch mit zu erfassen, ist es erforderlich, einen Bewohner der besetzten Ostgebiete als Juden anzusehen, wenn er einen volljüdischen Elternteil besitzt. Dann ist aber auch weiter entscheidend, daß es sich bei den jüdischen Mischlingen 1. Grades in den besetzten Ostgebieten um solche Mischlinge handelt, die nicht deutschen, sondern fremdvölkischen Blutseinschlag haben und damit rassisch noch unerwünschter als die deutsch-jüdischen Mischlinge 1. Grades sind. Hinzu kommen für die Gleichstellung der jüdischen Mischlinge 1. Grades in den besetzten Ostgebieten aber auch allgemein politische Gründe. Gerade die jüdischen Mischlinge sind als besonders unzuverlässig und gefährlich anzusehen.
Die Gleichstellung der jüdischen Mischlinge 1. Grades in den besetzten Ostgebieten mit Juden führt zu dem Ergebnis, daß die betreffenden Mischlinge in jeder Beziehung wie die Juden behandelt werden, d. h. sie unterliegen den gleichen Maßnahmen, die gegen die Juden angewandt werden. Damit sind aber Befürchtungen dahin, daß aus diesen Mischlingen infolge ihres artverwandten Blutseinschlages besondere Gefahren gegen die deutsche Herrschaft im Ostraum erwachsen, nicht berechtigt.
In seinem Schreiben vom 16. März 1942 deutet Staatssekretär Stuckart an, daß die Lösung der Mischlingsfrage in Europa nach einer im wesentlichen einheitlichen Grundlinie erfolgen müßte. Demgegenüber muß ich betonen, daß für die besetzten Ostgebiete nur die hier vorgesehene Regelung aus den oben erwähnten Gründen in Betracht kommen kann. Ob für das Reich und

die übrigen europäischen Gebiete eine Lösung im Sinne einer Gleichstellung der jüdischen Mischlinge 1. Grades oder eine Zwangssterilisierung zu wählen ist oder ob man sich für den von Staatssekretär Schlegelberger in seinem Schreiben vom 5. April 1942 vorgeschlagenen Weg entscheidet, ist eine Frage, über die man dieser oder jener Ansicht sein kann, an der ich aber nur insofern interessiert bin, als sich Auswirkungen auf die besetzten Ostgebiete zeigen.
Was die Frage der Scheidung deutsch-jüdischer Mischehen betrifft, so bin ich mit den in der Sitzung vom 6. März 1942 gemachten Vorschlägen einverstanden.
(PAA, Inl. IIg 177)

23

Auszug aus einem Schreiben des CdS (Kaltenbrunner), IV B 4 b, an die BdS u. a. vom 5. März 1943 betr. „Behandlung von Juden ausländischer Staatsangehörigkeit im Generalgouvernement und in den besetzten Ostgebieten"

Zur Behebung aufgetretener Zweifelsfragen gebe ich bekannt, daß Juden, die die Staatsangehörigkeit nachstehender Länder

1. ehemals Polen,
2. ehemals Luxemburg,
3. Slowakei,
4. Kroatien,
5. Serbien,
6. Rumänien,
7. Bulgarien,
8. Griechenland,
9. Niederlande,
10. Belgien,
11. Frankreich,
12. ehemals Estland,
13. ehemals Lettland,
14. ehemals Litauen,
15. Sowjetrußland,
16. Norwegen

besitzen, und staatenlose Juden in die im dortigen Bereich gegen Juden allgemein getroffenen oder noch zu treffenden Maßnahmen einzubeziehen sind.
Auf Juden anderer Länder, sowohl von Feindstaaten, neutralen oder auch befreundeten, kriegführenden oder nichtkriegführenden Ländern, dürfen die Maßnahmen zunächst noch nicht ausgedehnt werden.
Alle Juden, die neben einer anderen Staatsangehörigkeit auch auf englische oder amerikanische Staatsangehörigkeit, – sei es auch nur wegen ihrer Geburt in diesen Ländern –, Anspruch erheben können, sind von den allgemeinen Judenmaßnahmen auszuschließen und zu internieren.
Ferner sind Juden, die von einer Schutzmacht als Vertreterin der Interessen eines Feindstaates für den Austausch gegen im feindlichen Ausland befindliche Reichsangehörige benannt worden sind, ohne Rücksicht auf ihre Staatsangehörigkeit (auch Staatenlose) von der Abschiebung auszuschließen, sofort in polizeilichen Gewahrsam zu nehmen und wegen der Frage ihrer Internierung

unter Angabe der genauen Personalien an das Reichssicherheitshauptamt – Referat II B 4 – zu berichten.
Ich ersuche um genaue Beachtung vorstehender Anordnung, damit Vorstellungen ausländischer Regierungen von vornherein vermieden werden.
Weitere Weisung zu gegebener Zeit behalte ich mir vor.

(ZSA Riga, P1026-1-3, fol. 177–180; Kopie im Archiv des USHMM, RG 18.002M, Rolle 16)

24

Abschrift eines Fernschreibens des BdS Ostland, Abt. IV B 6 (Panzinger), an die KdS vom 31. Januar 1944 über die Behandlung jüdischer Mischehen und Mischlinge

Im Zuge der Maßnahmen zur Entjudung der besetzten Ostgebiete hat das RSHA angeordnet:
1.) Die russisch-jüdischen Mischehen im besetzten Ostgebiet einschl. der Ehen, in denen der nicht russische Ehepartner jüdischer Mischling ersten Grades ist, sind zu trennen.
2.) Die arbeitseinsatzfähigen jüdischen oder halbjüdischen Ehepartner sind in Konzentrationslagern zum Arbeitseinsatz zu bringen. Die nicht arbeitseinsatzfähigen jüdischen oder halbjüdischen Ehepartner aus diesen Mischehen sind zu evakuieren.
3.) Die russischen Ehepartner dieser Mischehen sind ausnahmslos bis auf weiteres in geschlossenen Arbeitslagern zum Arbeitseinsatz zu bringen.
4.) Die aus den russisch-jüdischen Mischehen hervorgegangenen arbeitseinsatzfähigen Mischlinge ersten Grades, sowie sämtliche Mischlinge zweiten Grades sind bis auf weiteres einem Konzentrationslager zum Arbeitseinsatz zuzuführen. Die nicht arbeitsfähigen Mischlinge ersten Grades dagegen sind gleich den nicht arbeitsfähigen jüdischen oder halbjüdischen Ehepartnern zu evakuieren. Ich bitte, das hiernach Erforderliche beschleunigt zu veranlassen und mir nach Durchführung der Aktion Abschlußbericht vorzulegen.
Zusatz für die Kommandeure:
Ich bitte um Bericht, wieviele lettische, litauische und estnische Mischlinge und Mischehen im dort. Bereich vorhanden sind und ob es angebracht erscheint, diese den russisch- jüdischen Mischehen und Mischlingen gleich zu stellen.
BdS. Ostland – IV B 6–
gez. P a n z i n g e r, SS-Oberführer.

(ZSL 207 AR-Z 14/58)

25

Fernschreiben des KdS Litauen (Schmitz) an den BdS Ostland vom 25. April 1944 über die Behandlung jüdischer Mischehen und Mischlinge

1.) [...]
Die jüdischen Mischehen in Litauen und die aus diesen Ehen hervorgegangenen Mischlinge sind erfaßt. Von der Durchführung des dortigen Erlasses habe ich bisher aus Mangel an Kräften und deswegen abgesehen, weil eine augenblickliche Aktion eine unnötige Ruhestörung hervorrufen würde, zumal ein sicherheitspolizeilicher Grund zum Einschreiten zurzeit nicht vorliegt. Die noch bestehenden Mischehen sind bekannt. Juden und jüdische Mischlinge, von denen irgendwelche Gefahren für die Sicherheit ausgehen könnten, wurden bereits früher sichergestellt bzw. unschädlich gemacht.
Im Stadtbezirk von Kauen bestehen z. B. zurzeit nur noch 3 jüdische Mischehen.
Der Kommandeur der Sipo u. d. SD – Litauen –

2.) IV B
SS-Oberscharführer K i t t e l !
Die Erfassung der Mischehen ist, soweit noch nicht vollständig, weiter zu betreiben. Die Außenstellen sind in diesem Sinne zu verständigen. Von einer Durchführung der befohlenen Aktion wird bis auf weiteres Abstand genommen.

(ZSL 207 AR-Z 14/58)

Abbildung

Anlage zum Bericht der Einsatzgruppe A vom 16. Oktober 1941 mit Darstellung der Bevölkerungsverteilung [im RKO] im Jahre 1935

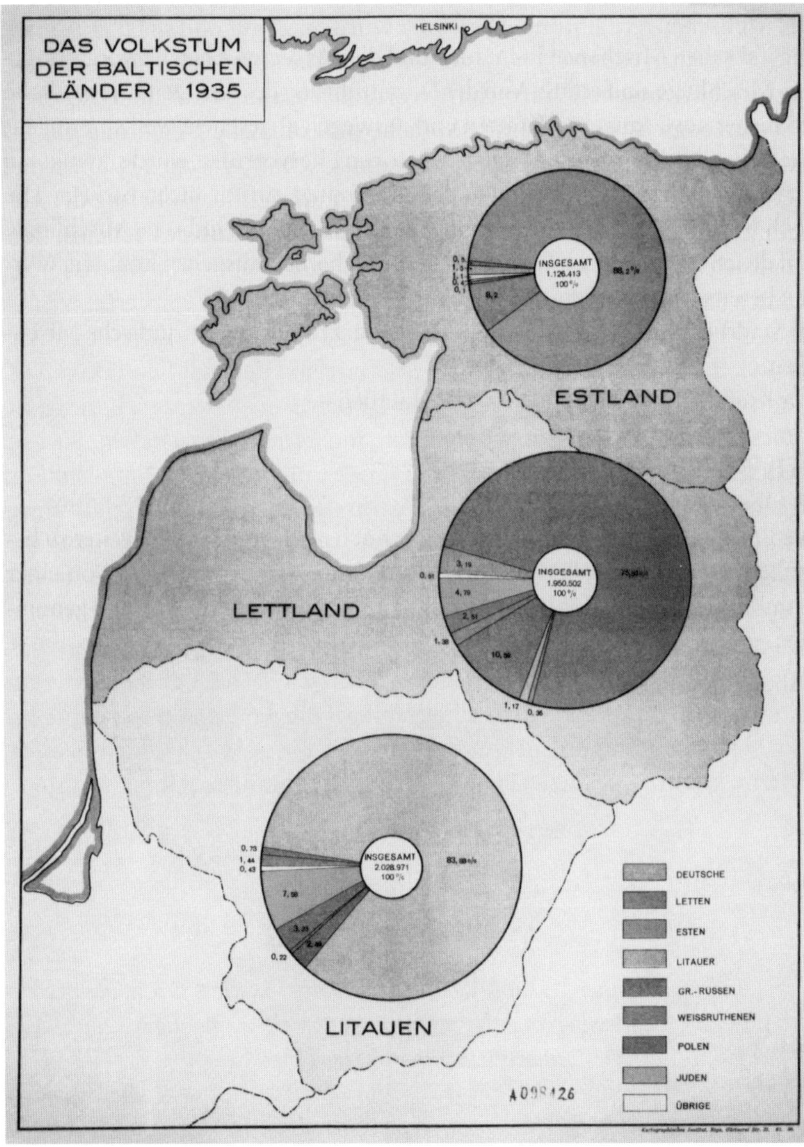

(NARA, Nürnberg-Dokument L-180/USA-276)

3. Geheimhaltung

Das Bemühen um bürokratische „Normalisierung" im allgemeinen und um Geheimhaltung im besonderen spielte eine zentrale Rolle im Prozeß der Menschenvernichtung. Die Opfer wurden, so gut und so lange es ging, über die wahren deutschen Absichten im unklaren gelassen, und der Charakter der deutschen Herrschaft wurde nach außen kaschiert. Gleichzeitig erzeugten verschleiernde Sprache und offizielle Negierung des für jedermann Sichtbaren eine Interessengemeinschaft zwischen Führern und Geführten. Dabei ging es weniger um den tatsächlichen Erfolg der Geheimhaltungsbemühungen als vielmehr um Wahrung des Scheins. Wie Heydrichs Weisung vom 3. September 1941 zeigt, wollte die Reichsspitze, wenn sie „einschneidende Maßnahmen" schon nicht initiierte, wenigstens die Kontrolle behalten, und um dies zu erreichen, bedurfte es offenbar wiederholter Mahnungen an übereifrige Dienststellen [Dok. 26]. Nach 1945 über ihre Einstellung zur „Endlösung" befragt, konnte die breite Masse der Deutschen behaupten, nichts gewußt zu haben, weil sie nichts wissen durfte. Bis weit in den Krieg anhaltende Mahnungen und Verbotsbestimmungen belegen, daß wohl nirgends Anspruch und Wirklichkeit im Dritten Reich derart weit auseinander lagen wie in bezug auf die Geheimhaltung der Verbrechen hinter der Front [Dok. 27, 29, 31–33].

Auch gegenüber dem Ausland ließen sich Terror und Menschenvernichtung nicht verheimlichen. Insbesondere auf sowjetischer Seite war man aufgrund der Nähe zu den Orten des mörderischen Geschehens relativ gut unterrichtet. Den westlichen Alliierten half die deutsche Bürokratie: bis zum Verbot, Exekutionsmeldungen und -befehle per Funkspruch zu übermitteln, konnten sie unzweideutiges Material abfangen [Dok. 28, 30].

Dokumente

26

Auszug aus einer Weisung des CdS (Heydrich) an die KdS u. a. vom 3. September 1941 betr. Unterlassung eigenmächtiger „einschneidender Maßnahmen"

Der Führer hat wiederholt darauf hingewiesen, daß alle Feinde des Reiches – wie während des Weltkrieges – jede Möglichkeit ausnützen, Uneinigkeit im Deutschen Volke zu säen.
Es ist daher dringend erforderlich, daß alle Maßnahmen unterbleiben, welche die einheitliche Stimmung des Volkes beeinträchtigen könnten.

Ich gebe hiervon Kenntnis mit der erneuten Weisung, daß vor allen zu treffenden besonders einschneidenden Maßnahmen vorher mein Einverständnis eingeholt wird, sofern nicht Gefahr im Verzuge obwaltet.

(HK Warschau, 362–399, fol. 44; Kopie im Archiv des USHMM, RG 15.006M, Rolle 33)

27

„Grundsätzlicher Befehl" Hitlers zur Geheimhaltung vom 25. September 1941

Der Führer und Reichskanzler
Führer-Hauptquartier, den 25. September 1941

Grundsätzlicher Befehl.
1. Niemand: Keine Dienststelle, kein Beamter, kein Angestellter und kein Arbeiter dürfen von einer geheimzuhaltenden Sache erfahren, wenn sie nicht aus dienstlichen Gründen unbedingt davon Kenntnis erhalten müssen.
2. Keine Dienststelle, kein Beamter, kein Angestellter und kein Arbeiter, dürfen von einer geheimzuhaltenden Sache m e h r erfahren, als für die Durchführung i h r e r Aufgabe unbedingt erforderlich ist.
3. Keine Dienststelle, kein Beamter, kein Angestellter und kein Arbeiter dürfen von einer geheimzuhaltenden Sache bzw. dem für sie notwendigen Teil f r ü h e r erfahren, als dies für die Durchführung i h r e r Aufgabe unbedingt erforderlich ist.
4. Das gedankenlose Weitergeben von Erlassen, Verfügungen, Mitteilungen, deren Geheimhaltung von entscheidender Bedeutung ist, insbesondere laut irgendwelcher allgemeiner Verteilerschlüssel, ist verboten.
A d o l f H i t l e r

(ZSA Minsk, 379-2-45, fol. 85; Kopie im Archiv des USHMM, RG 53.002M, Rolle 3)

28

Abschrift eines Funktelegramms des CdS (Heydrich) an die Einsatzgruppen vom 15. August 1941

Es besteht Veranlassung, auf folgendes aufmerksam zu machen:
Alle Einsatzbefehle und sonstigen Einzelanordnungen an die Einsatzgruppen und Einsatzkommandos müssen so verwahrt werden, daß es ausgeschlossen bleibt, daß auch nur einer dieser Befehle in unbefugte Hände, vor allem aber nicht in Feindeshand fallen kann.
Sofern diese Gewähr nicht gegeben werden kann, sind die Einsatzbefehle und Einzelanordnungen entweder mit dem nächsten Kurier mit einem „Gesehen"-

Vermerk anher zurückzusenden oder unter Beachtung der Verschlußvorschriften (Zeugen) gründlich zu verbrennen (Vermerk hierüber ist anher einzusenden) oder falls örtlich möglich, bei der nächsten Dienststelle der Sipo und des SD im Reichsgebiet oder im GG., unter Verschluß (Panzerschrank) zu nehmen.
Falls Kuriere auf ihren Fahrten in eine bedrängte Lage kommen sollten, sind sie verpflichtet, die gesamte Post durch Verbrennen zu vernichten.
Zu diesem Zwecke haben die Kurierfahrer stets die erforderlichen Hilfsmittel mit sich zu führen.
Ich bitte, diese Anordnung alsbald sämtlichen Einsatzkommandoleitern bekannt zu geben.

(AHD, 500-1-25, fol. 118; Kopie im Archiv des USHMM, RG 11.001M.01, Rolle 183)

29

Abschrift eines Funktelegramms des RSHA, Amt IV (Müller), an die Einsatzgruppen vom 30. August 1941

Chef der Sipo und des SD bittet Sie, auf Grund der bisher gemachten Erfahrungen, nach Möglichkeit bei Massen-Exekutionen das Ansammeln von Zuschauern, auch wenn es sich um Wehrmachtsoffiziere handelt, zu verhindern.

(AHD, 500-1-25, fol. 424; Kopie im Archiv des USHMM, RG 11.001M.01, Rolle 183)

30

Abschrift einer Weisung des Polizeiregiments Mitte, Ia, vom 16. September 1941 betr. „Angaben, die nicht in Funksprüchen weitergegeben werden dürfen"

Die Gefahr der Entschlüsselung von Funksprüchen ist groß. Es sind daher nur solche Angelegenheiten durch Funk durchzugeben, die als offen nfdD[12] vertraulich oder geheim behandelt werden, nicht aber solche Mitteilungen, die als „geheime Reichssache" besonderer Geheimhaltung bedürfen. Hierzu gehören auch genauere zahlenmäßige Angaben über Exekutionen (diese Vorgänge sind durch Kuriere zu befördern).
Den Batl. und Regt. Einheiten.
Vorstehende Ft. – Abschrift zur Kenntnis. Vorgänge über Exekutionen sind in Funksprüchen, Fernschreiben usw. nicht mehr anzugeben, sondern schriftl. verschlossen einzureichen.

(MHA, SS-Pol.Rgt. A-3-1-7/4 K. 1; Kopie im Archiv des USHMM, RG 48.004M, Rolle 2, Bild 201256)

12 „nur für den Dienstgebrauch".

31

Auszug aus einem Merkblatt des Wehrmachts-Ortskommandanten Minsk (Sperling) vom Juli 1942 u. a. betr. Verbot, Exekutionen zu fotografieren

17. Fotografische Aufnahmen.
Allen Wehrmachtangehörigen ist das Fotografieren von Hinrichtungen (Erschießen wie Erhängen usw.) und der Leichen russischer Soldaten verboten. Desgleichen ist verboten, bereits vorhandene Abzüge derartiger Aufnahmen in die Heimat zu senden, da es unerwünscht ist, daß unästhetische Bilder unter der Zivilbevölkerung verbreitet werden.

(ZSA Minsk, 379-2-45, fol. 29; Kopie im Archiv des USHMM, RG 53.002M, Rolle 3)

32

Auszug aus dem Tagesbefehl Nr. 17 des KdO Weißruthenien (Klepsch) vom 14. August 1943 u. a. betr. die „Behandlung der Judenfrage"

Bei der öffentlichen Behandlung der Judenfrage muß jede Erörterung einer künftigen Gesamtlösung unterbleiben.
Es kann jedoch davon gesprochen werden, daß die Juden geschlossen zu zweckentsprechendem Arbeitseinsatz herangezogen werden.

(ZSA Minsk 389-1-1, fol. 164; Kopie im Archiv des USHMM, RG 53.002M, Rolle 3)

33

Abschrift eines Schreibens von Himmler an die obersten Reichsbehörden vom 10. März 1944 betr. „plakatierte Verbote für Polen, Juden und Zigeuner"

Die zur Regelung der Lebensverhältnisse der Polen, Juden und Zigeuner im Hoheitsbereich des Reiches getrennt herausgegebenen Erlasse und Verordnungen haben vielfach zu einer öffentlichen summarischen Gleichstellung dieser Gruppen auf plakatierten Verkaufs-, Benutzungsverboten, öffentlichen Bekanntmachungen, in der Presse usw. geführt. Dieses Verfahren entspricht nicht der differenzierten politischen Stellung, die diesen Gruppen jetzt und in Zukunft einzuräumen ist.
Soweit die Juden und Zigeuner in Betracht kommen, hat die vom Chef der Sicherheitspolizei und des SD durchgeführte Evakuierung und Isolierung dieser Gruppen einen öffentlichen besonderen Hinweis in der bisherigen Form auf die umfassenden Betätigungsverbote auf vielen Lebensgebieten gegenstandslos gemacht. Entsprechende öffentliche Hinweise werden daher im allgemeinen verschwinden können.

Hinsichtlich der Polen verbleibt es nach wie vor bei der in den einschlägigen Erlassen und Verordnungen getroffenen Regelung der Lebensverhältnisse. Gleichwohl empfiehlt sich aus politischen Zweckmäßigkeitsgründen eine gewisse Zurückhaltung in den öffentlichen Hinweisen auf diese Regelung in Form von Plakaten, Schildern, Presseveröffentlichungen usw.
Ich bitte, die nachgeordneten Dienststellen mit den erforderlichen Weisungen zu versehen.

(AHD, 504-2-7, fol. 42; Kopie im Archiv des USHMM, RG 11.001M.05, Rolle 75)

II. Erste Tötungswelle

Der Mord an der Zivilbevölkerung in den besetzten Teilen der Sowjetunion verlief zeitlich und regional unterschiedlich. Während die Einsatzgruppe A in den baltischen Staaten bis zum 1. Februar 1942 nach eigenen Angaben bereits mehr als 170 000 Menschen, vornehmlich Juden, umgebracht hatte, war die Zahl der Ermordeten in „Weißruthenien" im gleichen Zeitraum weit geringer.[13] In Anlehnung an Raul Hilberg wird hier zwischen erster und zweiter Tötungswelle unterschieden. Die Ursachen für die Ungleichzeitigkeit deutscher Vernichtungspolitik sind in der Dominanz regionaler Faktoren zu suchen, deren Bandbreite von der Schnelligkeit und Stoßrichtung des deutschen Vormarsches über die Interessenlage und den Effizienzgrad der Besatzungsinstanzen bis hin zur demographischen Struktur der einheimischen Bevölkerung reichte.[14]

Das umfassende deutsche Material zur ersten Tötungswelle erschließt nur einen Teil der historischen Wirklichkeit. Das Leid, der Schmerz und die Verzweiflung der Opfer bleiben ebenso ausgeblendet wie ihre Versuche, sich der anlaufenden Tötungsmaschinerie zu entziehen. Dennoch besteht Anlaß, die hinreichend bekannten Selbstzeugnisse der Täter – an erster Stelle die Berichte von Stahleckers Einsatzgruppe A[15] und Karl Jägers

13 Einsatzgruppe A, „Gesamtbericht vom 16. Oktober 1941 bis 31. Januar 1942" (sog. zweiter Stahlecker-Bericht), 50 Ausfertigungen, NARA, Nürnberg-Dokument 2273-PS (auch in AHD, 500-4-91, abgedruckt in IMT Bd. 30, S. 71–80; Helmut Krausnick/Hans-Heinrich Wilhelm, Die Truppe des Weltanschauungskrieges. Die Einsatzgruppen der Sicherheitspolizei und des SD, Stuttgart 1981, S. 607). Allgemein zur Problematik der Opferzahlen s. Gert Robel, Sowjetunion, in: Wolfgang Benz (Hrsg.), Dimension des Völkermords: Die Zahl der jüdischen Opfer des Nationalsozialismus, München 1991.

14 Vgl. Raul Hilberg, Die Vernichtung der europäischen Juden, 3 Bde., Frankfurt a. M. 1990.

15 Neben dem „Gesamtbericht vom 16. Oktober 1941 bis 31. Januar 1942" s. Einsatzgruppe A, „Gesamtbericht bis zum 15. Oktober 1941" (sog. erster Stahlecker-Bericht), 40 Ausfertigungen, NARA, Nürnberg-Dokument L-180 (auch in AHD, 500-4-93; auszugsweise abgedruckt in IMT Bd. 37, S. 670–717; Müller, Okkupationspolitik, S. 204 f.). Zu den „Ereignismeldun-

Einsatzkommando 3[16] – durch bislang weniger bekannte Dokumente ähnlicher Provenienz zu ergänzen. Um Hunderttausende Zivilisten vom Säugling bis zum Greis in derartig kurzer Zeit mit dem archaisch anmutenden Mittel der Massenerschießung zu ermorden – auch das entlang der Ostfront praktizierte Töten durch Gas in „Gaswagen" reichte an den technischen Standard der Vernichtungslager nicht entfernt heran – bedurfte es des Ineinandergreifens verschiedener Faktoren. Die nachfolgend abgedruckten Dokumente sollen diese Faktoren deutlich machen.

1. Verlaufsmuster

Für die mit Kriegsbeginn anlaufenden Massenmorde haben Öffentlichkeit wie Fachhistoriker lange Zeit in erster Linie die Einsatzgruppen der Sicherheitspolizei und des SD verantwortlich gemacht. Die maßgebliche Rolle, die Heydrichs mobilen Mordkommandos beim Vollzug der „Endlösung der Judenfrage" wie auch bei der Liquidierung anderer unliebsamer Personengruppen – Zigeuner, Kommunisten, Geisteskranke – zukommt, läßt sich beispielhaft an den auf dem Territorium des Reichskommissariats Ostland operierenden Einsatzgruppen A und B nachweisen [Dok. 35, 37, 44].[17] Im Lichte neuerer Forschung erweist sich jedoch die „Truppe des Weltanschauungskrieges" als wesentlich umfassender. Wehrmacht, Ordnungspolizei sowie andere Instanzen in Himmlers SS-Apparat hatten erheblichen Anteil an der tödlichen Effizienz, mit der die „Befriedung" der besetzten Gebiete betrieben wurde [Dok. 36, 38, 40]. Hinzu kommt einmal mehr, daß sich die Wirkungsmechanismen des NS-

gen" und ihrem Quellenwert s. Krausnick/Wilhelm, Weltanschauungskrieg, S. 333–347; Ronald Headland, Messages of Murder: A Study of the Reports of the Einsatzgruppen of the Security Police and the Security Service, 1941–1943, Rutherford 1992.

16 In der Forschung wird häufig die „Gesamtaufstellung der im Bereich des EK 3 bis zum 1. Dez. 1941 durchgeführten Exekutionen" (AHD, 500-1-25, fol. 109–117, auszugsweise abgedruckt in Rürup, Sowjetunion, S. 118–120; Yitzhak Arad u. a. [Hrsg.], Documents on the Holocaust. Selected Sources on the Destruction of the Jews of Germany and Austria, Poland, and the Soviet Union, Jerusalem 1987, S. 398–400) als „Jäger-Bericht" bezeichnet. Als Zeugnisse zur ersten Tötungswelle aus der Hand Jägers sind noch überliefert die „Gesamtaufstellung der im Bereiche des EK 3 bis jetzt durchgeführten Exekutionen" vom 10. September 1941 (ebenda, fol. 104–108), das Fernschreiben Jägers an Stahlecker „betr. Exekutionen bis zum 1. Februar 1942 durch das EK 3" vom 9. Februar 1942 (ebdenda, fol. 128, abgedruckt in Rürup, Sowjetunion, S. 105) sowie das hier unter II.3. abgedruckte Berichtsfragment des EK 3.

17 Vgl. Krausnick/Wilhelm, Weltanschauungskrieg; Hans-Heinrich Wilhelm, Die Einsatzgruppe A der Sicherheitspolizei und des SD 1941/42, Frankfurt a. M. 1996. Zur Befehlslage bei Kriegsbeginn vgl. Ralf Ogorreck, Die Einsatzgruppen und die „Genesis der Endlösung", Berlin 1996. Das Operationsgebiet der Einsatzgruppen A und B überlappte im nördlichen Weißrußland.

Systems nicht auf die simple Abfolge von Befehl und Gehorsam reduzieren lassen. Der Beginn der ersten Tötungswelle, und hier insbesondere das Beispiel der „Säuberungsaktionen“ jenseits der deutsch-litauischen Grenze, verdeutlicht die Dominanz orts- und zeitspezifischer Faktoren gegenüber zentralisierten Planungsvorgaben [Dok. 34].

Die ausgewählten Dokumente sind insofern charakteristisch für das Verlaufsmuster des Tötungsprozesses, als sie die Bereitschaft, bisweilen gar den Enthusiasmus deutscher Instanzen beim Vollzug radikalster, gegen die Zivilbevölkerung gerichteter Maßnahmen exemplifizieren. Auf allen Ebenen der Militär-, Polizei- und Verwaltungshierarchie betrachtete man es als persönliche Herausforderung, Schwierigkeiten aus der Welt zu schaffen, die der Errichtung eines ethnisch bereinigten und nachhaltig „befriedeten“ Reichskommissariats Ostland entgegenstanden. Trotz der erschreckenden Bandbreite dieses mörderischen Aktivismus – von der Erfassung der Opfer über ihre Exekution bis hin zur Beseitigung der Leichen [Dok. 45, 46] war für alles gesorgt – bleibt letztendlich unklar, welche Ursachen ihm zugrundelagen. Antisemitismus gleich welcher Ausformung und Intensität reicht als alleinige Erklärung nicht aus, da es neben den Juden noch andere Zielgruppen organisierten Mordens gab [Dok. 39, 41, 43]. Vielmehr scheint es sich um eine Mischung aus Kreuzzugsmentalität, Diensteifer und Opportunismus gehandelt zu haben, wobei die auf schriftlich fixierte Befehle nicht mehr angewiesene Interpretation des „Führerwillens“ eine ebenso zentrale Rolle spielte wie Abstumpfung und Brutalisierung, die jedes Mitgefühl für die Opfer ausschloß.

Dokumente

34

Auszüge aus der Abschrift eines Schreibens der Stapostelle Tilsit an das RSHA, Amt IV (Müller), u. a. vom 1. Juli 1941 über „Säuberungsaktionen jenseits der ehemaligen sowjetisch-litauischen Grenze“

Im Zusammenwirken mit dem SD-Abschnitt in Tilsit wurden drei Großsäuberungsaktionen durchgeführt, und zwar wurden
am 24. Juli 1941 in Garsden 201 Personen
(einschl. 1 Frau),
am 25. Juni 1941 in Krottingen 214 Personen
(einschl. 1 Frau)
am 27. Juni 1941 in Polangen 111 Personen
erschossen.

In Garsden unterstützte die jüdische Bevölkerung die russische Grenzwacht bei der Abwehr der deutschen Angriffe.
In Krottingen wurden in der Nacht nach der Besetzung 1 Offizier und 2 Quartiermacher von der Bevölkerung heimtückisch erschossen.
In Polangen wurde 1 Offizier am Tage nach der Besetzung ebenfalls von der Bevölkerung hinterhältig erschossen.
Es wurden bei allen drei Großeinsätzen vorwiegend Juden liquidiert. Es befanden sich darunter jedoch auch bolschewistische Funktionäre und Heckenschützen, die zum Teil als solche von der Wehrmacht der Sicherheitspolizei übergeben waren.
Am Tage nach der Aktion am 25. Juni 1941 wurde Krottingen vermutlich von der dort verbliebenen jüdischen Bevölkerung niedergebrannt. Nähere Anhaltspunkte waren nicht festzustellen. Von einer erneuten Aktion wurde bisher Abstand genommen, da in Krottingen nur jüdische Frauen und Kinder verblieben sind, die in der Umgebung Krottingens sich zurzeit noch im Gewahrsam des litauischen Ordnungsdienstes befinden. Die Bewachung hat am 27. Juni 1941 eine in Krottingen neu einrückende Truppenabteilung übernommen.
Für die Erschießung wurden durch den Polizeidirektor in Memel 1 Schutzpolizeioffizier und 30 Mann gestellt.
In Krottingen und Polangen wurden durch die jeweiligen Ortskommandanten zusätzlich weitere Exekutionskommandos in Stärke von 20 bzw. 22 Mann gestellt.
Die Zusammenarbeit mit der deutschen Wehrmacht wurde in Krottingen und Polangen durch die Ortskommandanten herbeigeführt, die zu den geplanten Aktionen freiwillig ihre Mithilfe zur Verfügung stellten.
Die Durchführung der Aktion wurde am 24. Juni mit SS-Brigadeführer Stahlecker durchgesprochen, der grundsätzlich sein Einverständnis zu den Säuberungsaktionen in der Nähe der deutschen Grenze erklärte. Am 25. Juni 1941 wurde in Memel mit dem Führer des EK 1 a, SS-Sturmbannführer Sandberger, Fühlung aufgenommen, mit dem vereinbart wurde, daß längs der ehemaligen sowjetischen Grenze in einem Raume 25 km von der Grenze entfernt alle notwendig werdenden Aktionen in der bisherigen Form durchgeführt werden sollen.
[...]
Weitere Strafaktionen fanden durch Beamte des Grenzpolizeikommissariats Suwalki in Augustowo statt. Dort wurde u. a. auch ein Kindererholungsheim sichergestellt. Der Reichsführer-SS und der Gruppenführer, die dort zufällig anwesend waren, ließen sich über die von der Staatspolizeistelle Tilsit eingeleiteten Maßnahmen unterrichten und billigten diese in vollem Umfange.

(AHD, 500-1-758, fol. 2–5; Kopie im Archiv des USHMM, RG 11.001M.01, Rolle 10)

35

Auszüge aus der Ereignismeldung UdSSR Nr. 19 des CdS, IV A, vom 11. Juli 1941

Gemeinsam mit dem SD-Abschnitt Tilsit wurden im litauischen Grenzgebiet seitens der Stapo Tilsit weitere Großaktionen durchgeführt. So wurden am 2. Juli in Tauroggen 133 Personen, am 3. Juli in Georgenburg 322 Personen (darunter 5 Frauen), in Augustowo 316 Personen (darunter 10 Frauen) und in Mariampol 68 Personen erschossen.

Ferner wurden noch folgende Exekutionen durchgeführt:

1) GPP. Schirwindt in Wladislawo (Neustadt) und Umgebung	192	Personen
2) GPP. Laugszargen in Tauroggen und Umgebung	122	Personen
3) GPK. Memel bezw. GPP. Bajohren in Krottingen und Umgebung	63	Personen
4) GPP. Schmalleningken	1	Person.

Mithin wurden bisher insgesamt 1743 Personen erschossen.

[...]

Im übrigen sei die Lage im Raume von K o w n o ruhig. Nur ganz vereinzelt werden Truppenteile von versprengten Rotarmisten aus dem Hinterhalt beschossen. Aus diesem Grunde sind bisher verschärfte Aktionen der Wehrmacht und Polizei nicht durchgeführt worden.

Die in den Wäldern und sonstigen Schlupfwinkeln verborgenen Angehörigen der Roten Armee kommen vom Hunger getrieben, zum Vorschein und ergeben sich größtenteils durch Zeigen der weißen Fahne. Die litauische Bevölkerung ist vorläufig durchweg deutsch-freundlich eingestellt und hilft den deutschen Soldaten, den Polizeiorganen und den im Gebiet bereits tätigen sonstigen Organisationen in jeder Weise. Ihre Mithilfe erstreckt sich in der Hauptsache auf die Auffindung und Überstellung von litauischen Kommunisten, versprengten Rotarmisten und Juden.

(NARA, Nürnberg-Dokument NO-2934)

36

Befehl des Polizei-Regiments Mitte (Montua) an die Polizeibataillone 307, 316 und 322 vom 11. Juli 1941 betr. Erschießung von Juden

1.) Auf Befehl des Höheren SS- und Polizeiführers z. b. V. beim Befehlshaber des rückw. Heeresgebietes Mitte, sind alle als Plünderer überführten

männlichen Juden im Alter von 17–45 Jahren sofort standrechtlich zu erschießen.
Die Erschießungen haben abseits von Städten, Dörfern und Verkehrswegen zu erfolgen.
Die Gräber sind so einzuebnen, daß keine Wallfahrtsorte entstehen können.
Ich verbiete das Fotografieren und die Zulassung von Zuschauern bei Exekutionen. Exekutionen und Gräber sind nicht bekanntzugeben.
2.) Die seelische Betreuung der bei dieser Aktion beteiligten Männer haben sich die Batl.-Kdre. und Kompanie-Chefs besonders angelegen sein zu lassen.
Die Eindrücke des Tages sind durch Abhaltung von Kameradschaftsabenden zu verwischen.
Ferner sind die Männer laufend über die Notwendigkeit der durch die politische Lage bedingten Maßnahmen zu belehren.
5.) Durchgeführte Exekutionen sind mir täglich bis 21 Uhr in kürzester Form zu melden.

(MHA, SS-Pol.Rgt. A-3-17/1, K.1; Kopie im Archiv des USHMM, RG 48.004M, Rolle 2, Bild 201180)

37

Funktelegramm des RSHA, Amt IV (Müller), an die Einsatzgruppen A und B vom 24. August 1941 über Aktionen gegen Juden und Kommunisten

Wie gemeldet wird, sind mehrfach die neueingesetzten Gebietskommissare im Gebiet Ostland an die zuständigen Einsatzkommandos herangetreten um Einstellung der Kommunisten- und Juden-Aktionen zu erreichen.
Auf Befehl des Chefs der Sipo und des SD sind diese Ersuchen abzulehnen und sofort nach hier zu berichten.

(ZSA Riga, R1026-1-3, fol. 302; Kopie im Archiv des USHMM, RG 18.002M, Rolle 16)

38

Auszug aus einer Aktennotiz über einen Kursus zur „Bekämpfung von Partisanen“ beim Befehlshaber des rückwärtigen Heeres-Gebiets Mitte (25., 26. September 1941) vom 2. Oktober 1941

2.) 25. 9. nachmittags Vorführungen im Gelände.
Russisches und deutsches Minensuchgerät,
Wirkung russischer und deutscher Minen,
Scharfschießen aus dem Schalldämpfer-Partisanengewehr u.
Scharfschießen mit Partisanen-Brandmunition.
Anschließend wurde eine Polizei-Schulübung vorgeführt:

Auf Grund einer Kriegslage das schlagartige Besetzen einer Ortschaft (Knjashitschi 18 km nordwestlich Mohilew an der Minsker Landstraße) von innen heraus mit anschließender Durchsuchung der Häuser und Verhör der Einwohner.
Der Einsatz der Polizei-Mannschaften zur Abriegelung des Dorfes hätte unter zweckmäßigerer Berücksichtigung der Geländeverhältnisse erfolgen können. Die Durchsuchungsaktion und das Verhör fanden die Zustimmung des Übungsleiters. Es wurden neben einigen Juden verdächtige Ortsfremde vorgefunden (32 Exekutionen).

(ZSA Minsk, 655-1-1, fol. 279; Kopie im Archiv des USHMM, RG 53.002M, Rolle 4)

39

Auszüge aus dem Befehl des Kommandanten in Weißruthenien (v. Bechtolsheim) vom 10. Oktober 1941 u. a. betr. die Behandlung von Polen und „Zigeunern"

Behandlung der Polen.
Es ist schon wiederholt in Befehlen u. Verfügungen zum Ausdruck gebracht worden, daß den im Lande befindlichen Polen mit größtem Mißtrauen zu begegnen ist. Sie sind in ihrer Deutschfeindlichkeit den Juden gleichzusetzen.
[...]
Die weißruthenische Bevölkerung ist überall zu stützen und gegen Polen und Juden nachdrücklich zu schützen.
Es wird den Einheitsführern zur Pflicht gemacht, die immer wieder gerade hierüber ergangenen Befehle und Berichte sich zu eigen zu machen und in diesem Sinne zu handeln. Dies gilt ganz besonders für den nördl. und südwestl. Teil des Gebietes Weißruthenien. [...]
Zigeuner sind beim Aufgreifen sofort an Ort und Stelle zu erschießen. Bei Feststellung irgendwelcher größerer Lager oder herumziehender Horden ist schnellste Benachrichtigung der Wehrmachtkommandantur oder des SS u. Pol. Führers mit genauester Orts- und Zeitangabe erforderlich.

(ZSA Minsk, 378-1-698, fol. 4 f.; Kopie im Archiv des USHMM, RG 53.002M, Rolle 2)

40

Auszug aus dem Befehl des Kommandanten in Weißruthenien (v. Bechtolsheim) vom 20. Oktober 1941 u. a. betr. Juden

1.) Feindlage:
Nach den vorliegenden Meldungen und Anzeichen ist mit verstärkter Tätigkeit der Partisanenbewegung und Sabotagetätigkeit zu rechnen. Auch eine

Verstärkung der Kräfte macht sich bemerkbar, selbstverständlich unter gleichzeitigem erneuten vermehrtem Auftreten von Juden in Orten, wo diese in den letzten Wochen restlos vernichtet waren.

(ZSA Minsk, 378-1-698, fol. 18; Kopie im Archiv des USHMM, RG 53.002M, Rolle 2)

41

Auszug aus dem Befehl Nr. 24 des Kommandanten in Weißruthenien (v. Bechtolsheim) vom 24. November 1941 u. a. betr. „Juden und Zigeuner"

Juden und Zigeuner: (siehe Befehl Nr. 9 vom 28. 9. 41 Ziffer 6, Nr. 11 vom 4. 10. 1941 Ziffer 2 b, Nr. 13 vom 10. 10. 1941 Ziffer 18.) Wie in vorstehenden Befehlen angeordnet, müssen die Juden vom flachen Lande verschwinden und auch die Zigeuner vernichtet werden. Die Durchführung größerer Judenaktionen ist nicht Aufgabe der Einheiten der Division. Sie werden durch die zivile- oder Polizeibehörde durchgeführt, gegebenenfalls durch den Kommandanten in Weißruthenien angeordnet, wenn ihm dazu besondere Einheiten zur Verfügung stehen, oder aber aus Sicherheitsgründen und bei Kollektivmaßnahmen. Wo kleinere oder größere Judengruppen auf dem Lande angetroffen werden, können sie entweder selbst erledigt, oder aber in Ghettos an einzelnen größeren Orten, die hierzu bestimmt werden, zusammengebracht werden, wo sie dann der Zivilverwaltung bezw. dem S.-D. zu übergeben sind. Bei größeren Aktionen dieser Art ist vorher die zivile Verwaltung in Kenntnis zu setzen.

(ZSA Minsk, 378-1-698, fol. 32; Kopie im Archiv des USHMM, RG 53.002M, Rolle 2)

42

Auszug aus dem Kriegstagebuch der Wirtschafts-Inspektion Mitte mit Eintragung vom 25. Oktober 1941

Partisanen ziehen in größeren Trupps, sehr gut bewaffnet, von Dorf zu Dorf, terrorisieren die Bauern und versorgen sich für den Winter, der wahrscheinlich noch eine weitere Steigerung des Bandenwesens bringen wird. – Wirksames Mittel wäre: Befreiung der Weißruthenen von Juden und Polen, sowie Landverteilung in bescheidenem Ausmaß, dann werden sich die Bauern selbst helfen. – 1 Sich.-Div., die aus 2 Inf.-Rgt. und 1 Art.-Abt besteht, ist für den weiten Raum viel zu wenig. Entweder dichter mit Sich.-Div. belegen, oder Ersatztruppenteile aus der Heimat nach Weißrußland verlegen. – Litauische Battl. haben sich gut bewährt. – Oberstltn. v. d. Osten betont, daß man es in Rußland mit geschulten Verbrechern schlimmster Sorte zu tun hat, und daß als Dienstanweisung nur Karl May oder Edgar Wallace in Frage kämen.

(NARA, T77, R1179, 781 f.)

43

Auszug aus einem Schreiben des Generalkommissars Weißruthenien, Abt. II (Weber), an den Stadtkommissar Minsk (Janetzke) vom 15. Januar 1942 betr. die Ermordung von Krankenhauspatienten

Ich hatte im September 1941 im ersten städt. Krankenhaus, Marktstraße, ein Gebäude mit etwa 300 Betten und großem Operationssaal zur Errichtung eines deutschen Krankenhauses beschlagnahmt und für meine Zwecke freistehen lassen. Da die Küchenverhältnisse im ersten Zivilkrankenhaus für deutsche Verhältnisse nicht ausreichend sind, bin ich mit SS-Brigadeführer Zenner übereingekommen, daß das betreffende Gebäude von russischen chirurgisch Erkrankten belegt wird. Durch diese Maßnahme wird das Gebäude der chirurgischen Abteilung des 2. Krankenhauses frei. Durch Liquidation sämtlicher psychiatrisch unheilbar Erkrankter ist vor etwa 6 Wochen im 2. Zivilkrankenhaus ein ganzes Gebäude frei geworden. Ebenfalls ist die ehemalige Tuberkuloseabteilung von mir vollständig schon seit längerer Zeit geräumt worden. Diese 3 Gebäude mit etwa 700 Betten kann ich der Waffen-SS als SS-Kriegslazarett zur Verfügung stellen. Es tritt hierdurch keine wesentliche Einschränkung im Bettenbestand für die Zivilbevölkerung ein. Ich greife bei Ausbruch von Seuchen ja doch nur auf die im 5. Infektionskrankenhaus leerstehenden Gebäude zurück.

(ZSA Minsk, 688-1-3, fol. 46; Kopie im Archiv des USHMM, RG 53.002M, Rolle 12)

44

Auszüge aus dem Tätigkeits- und Lagebericht der Einsatzgruppe B für die Zeit vom 16. bis 28. Februar 1942 über den Einsatz von Gaswagen

Die am 23. 2. 42 in Smolensk eingetroffenen Gaswagen wurden wie folgt verteilt:
EK 8:
Lkw Saurer Pol 71 462
EK 9:
Lkw Saurer Pol 71 457
Beide Fahrzeuge kamen defekt in Smolensk an und wurden nach Behebung der Defekte den Einsatzkommandos zugeteilt.
Die beiden kleineren Gaswagen werden nach Abschluß des Einsatzes beim EK 8 dem SK 7a und dem SK 7b überwiesen.
Der Bestand an Kfz. ist nach Absetzung der verlorenen z. Zt. folgender:

Stab: (einschl. SKM)
19 Pkw 4 Lkw 3 Sonder-Kfz. 1 Krad
(SKM 5 Pkw und 1 Funkstelle)

SK 7 a:
19 Pkw 2 Lkw 1 Sanka
(davon 1 Funkstelle)

SK 7 b:
23 Pkw (davon 1 Funkstelle) 3 Lkw 1 Sanka

EK 8:
35 Pkw 3 Lkw 1 Sanka 1 Gaswagen

EK 9:
36 Pkw (davon 1 Funkstelle) 5 Lkw 1 Gaswagen

[...]

Damit beim wieder einsetzenden Vormarsch hinsichtlich der Besetzung der Kfz. (insbesondere auch der Beute-Kfz.) keine Schwierigkeiten entstehen, ist die Zuweisung von ca. 20 Fahrern erforderlich. Außerdem ist es beim Vormarsch unbedingt notwendig, alle schweren Lkw – wie Werkstattwagen, Omnibus, Gaswagen und Tankwagen – mit 2 Fahrern zu besetzen. Entsprechende Zuweisungsanträge werden gesondert gestellt.

[...]

(AHD, 500-1-770, fol. 8 f.; Kopie im Archiv des USHMM, RG 11.001M.01, Rolle 10)

45

Briefwechsel des Gebietskommissars Wilna-Land mit dem Amtsvorsteher in Nementschine vom 17./28. Februar 1942 betr. „Einzäunung von Plätzen der Judenliquidation"

An den
Amtsvorsteher
in Nementschine

[...]

Ich erinnere, umgehend mir die Vollzugsmeldung über meine Anordnung vom 12. 12. 41 betreffs Einzäunung der Plätze der Judenliquidation einzureichen.

* * *

An Herrn
GEBIETSKOMMISSAR
Wilna-Land

[...]

Mit seinem Schreiben Nr. 950 vom 24. II. d. Js. meldet uns der Amtsvorsteher, daß die Einzäunung bis jetzt noch nicht erfolgt ist aus dem Grunde, da bis jetzt

der nötige Draht, der zu diesem Zwecke von der Amtsselbstverwaltung vorgesehen war, nicht erhalten worden ist.
Sobald das nötige Material vorhanden sein wird, wird die Einzäunung durchgeführt. Nach Erledigung der Arbeit werden Sie sofort in Kenntnis gesetzt.

(ZSA Vilnius, R685-5-10, fol. 28, 31)

46

Auszug aus einem Schreiben des Gebietskommissars Wilna-Land an die Kreischefs vom 25. April 1942 betr. „Grabstätten der Juden"

Aus gegebener Veranlassung weise ich daraufhin, daß die Liquidierungsstätten der Juden sofort mit genügenden Mengen Chlorkalk bestreut und die Stätten mit neuer Erde aufgefüllt werden müssen.
Die Kreischefs weisen die örtlichen litauischen Polizeichefs an, diese Arbeiten durch einheimische Bauern entsprechend ausführen zu lassen. Nach Abwicklung der Arbeiten erstatten die Kreispolizeichefs dem Kreischef Meldung. Bis zum 10. Mai müssen diese Arbeiten erledigt sein, abschließend erwarte ich Vollzugsmeldung an den SS- und Polizei-Gebietsführer Leutnant Sander.

(ZSA Vilnius, R685-5-10, fol. 41)

PLAKAT

Programmankündigung des Zirkus Černiauskas für die Herbstsaison 1941

CIRKUS

des V. ČERNIAUSKAS

Mickevičiaus Str. 30

Ab 8. September 1941
beginnt

Die HERBST-SAISON

mit einem NEUEN PROGRAMM!

Der mitwirkende Coupletist-Humorist
Juozas Biržinis
wird das Publikum mit derzeitigen aktuellen Themen erfreuen.

Taeglich 2 Vorstellungen: Beginn 17 und 19 Uhr.

Feiertags 3 Vorstellungen: Beginn 15, 17 und 19 Uhr.

Die Kasse wird 1 Stunde vor Beginn der Vorstellung geoeffnet.

Das verehrte Publikum wird gebeten, das neue Programm der Herbst-Saison zu besuchen.

Juden ist der Eintritt verboten.

Direktor des Cirkus

(ZSA Vilnius, R1390-1-90)

2. Fallbeispiel Lettland

Der Gesamtprozeß der Menschenvernichtung präsentiert sich als eine Reihe von Einzelereignissen, die miteinander in enger, wenngleich nicht immer sichtbarer Verbindung stehen. Am deutlichsten wird dieses Wirkungsgefüge anhand eines regionalen Fallbeispiels, wobei sich im Rahmen der ersten Tötungswelle Lettland anbietet. Anders als in Litauen, das als Grenzland mit Kriegsbeginn zum Experimentierfeld deutscher Besatzungspolitik wurde, hatte sich im nur wenige Tage später eroberten Lettland bereits eine gewisse Routine etabliert. Anknüpfend an das, was die Wehrmacht als notwendig zur „Säuberung" und „Sicherung" des Landes ansah, konnten die Organe der Zivilverwaltung um so rascher die Basis für weitere, systematischere Aktionen schaffen [Dok. 47–50].[18]

Neben Stahleckers Männern wüteten in Lettland wie in anderen Teilen der besetzten Sowjetunion Einheiten der Ordnungspolizei. Wenngleich es sich um durchaus unterschiedlich zusammengesetzte Teile des Himmlerschen Apparats handelte, weisen die Berichte von Sicherheits- und Ordnungspolizei über den Fortgang der „Befriedung" große Ähnlichkeiten auf [Dok. 53–56, 58–60, 62, 64–67, 71, 72]. Das Bestreben, klare Verhältnisse im Sinne einer ethnischen Flurbereinigung zu schaffen, teilten die Vertreter der Polizei mit denen der Zivilverwaltung [Dok. 57, 61].

Ungeachtet des manifesten Unwillens der Okkupanten, den baltischen Staaten ihre Selbständigkeit wiederzugeben, stand den Deutschen von Beginn an eine beträchtliche Anzahl einheimischer Helfer zur Verfügung. Antisowjetische wie antisemitische Impulse waren stark genug, Teile der männlichen Bevölkerung im Baltikum zu Vollstreckern nationalsozialistischer Zielvorstellungen werden zu lassen. Zunächst als „Hiwis" (Hilfswillige) der Wehrmacht und schon bald als Mitglieder der einheimischen Hilfspolizei – der „Schutzmannschaft" – im Dienste von Himmlers SS- und Polizeiapparat führten diese Männer Funktionen aus, die zum Ingangsetzen und Perpetuieren der Tötungsmaschinerie im gesamten Besatzungsgebiet unverzichtbar waren. Das deutsche Personal traf die Entscheidungen und überwachte die Ausführung seiner Befehle, konnte aber aufgrund der drückenden Personalknappheit in entlegenen ländlichen Gebieten kaum präsent sein. Das verbreitete Bestreben, den Okkupanten zu Diensten zu sein, machte Versuche vieler Letten, jüdischen Landsleuten zu helfen, um so risikoreicher [Dok. 51, 52, 68].

Berüchtigt war die lettische Mordeinheit, das „Arājs Kommando", benannt nach seinem Kommandeur Viktor Arājs. In den ersten Monaten der

18 Vgl. Andrew Ezergailis, The Holocaust in Latvia, 1941–1944, Riga 1996; Bernhard Press, Judenmord in Lettland 1941–1944, Berlin ²1995.

Besatzung zeichnete es sich durch die Ermordung von etwa 30 000 lettischen Juden aus – knapp die Hälfte der 1941 in Lettland umgebrachten Juden. Mehr als 1200 Freiwillige stellten sich dem Kommando zur Verfügung. Nachdem sie ihre Verläßlichkeit bewiesen hatten, wurden sie als lettische „Sicherungsabteilung“ der deutschen Sicherheitspolizei angegliedert und für Mordaktionen außerhalb Lettlands eingesetzt. 1942/43 töteten Arājs' Männer mindestens 10 000 Juden im Generalkommissariat „Weißruthenien“; insgesamt fielen ihnen mehr als 45 000 Menschen zum Opfer.[19]

Im Rahmen der sich abzeichnenden „Endlösung“ wurde Riga ab Spätherbst 1941 neben Minsk und Kaunas einer der Zielorte im Reichskommissariat Ostland für Deportationszüge mit Juden aus dem Westen. Friedrich Jeckeln, der Anfang November von Hans-Adolf Prützmann den Posten des HSSPF Ostland übernommen hatte, drängte auf beschleunigten Vollzug des Massenmords. Nachdem in Rumbula, etwa zehn Kilometer vom Ghetto Riga entfernt, ein geeigneter Platz für Massengräber gefunden war, begannen ungeachtet der widrigen Witterung die Erschießungen. Am 30. November und 8. Dezember 1941 wiederholte Jeckeln in zwei „Aktionen“, denen rund 25 000 Juden zum Opfer fielen, das, was er schon zuvor als HSSPF Ukraine in Babi Yar und an anderen Orten praktiziert hatte [Dok. 63]. Auch hierbei halfen Einheimische mit; so beteiligten sich etwa Arājs' Freiwillige Anfang 1942 an der Ermordung von 4000 aus Deutschland deportierten Juden.[20]

Dokumente

47

Auszug aus den „Richtlinien für die Durchführung der Sicherungsaufträge“ der Sicherungs-Division 207 vom 4. Juli 1941 u. a. betr. „Säuberung des Landes von Banden“

2.) Säuberung des Landes von Banden.
Es kommt darauf an, so schnell wie möglich die in den Wäldern verborgenen Banden aus Rotarmisten, Kommunisten und Juden unschädlich zu machen. Zu ihrer Auffindung ist die Verwendung der Litauer bezw. Letten [(wie unter

19 Staatsanwaltschaft Hamburg, 141 Js 534/60, Anklageschrift gegen Viktor Bernhard Arājs vom 10. Mai 1976.

20 Vgl. Ezergailis, Holocaust in Latvia, S. 239 ff.

1.)] zweckmäßig. Ferner muß versucht werden, durch Zurücksendung gut behandelter Kriegsgefangener diese aus den Verstecken herauszulocken.

(BA-MA, RH 20-18/90)

48

Auszüge aus der Direktive der Sicherungs-Division 207 vom 5. Juli 1941 über die „Durchführung von Sicherungsaufträgen"

1.) Strafmaßnahmen gegen die Bevölkerung, insbesondere Erschießen, sind grundsätzlich verboten.
Eine Ausnahme bilden:
a) Die Festsetzung von Geiseln gem. Bezugsbefehl,
b) Sofortmaßnahmen im Falle von Gefahr im Verzuge, zur Sicherung der Truppe, bei Feststellung der Verbindung von Teilen der Bevölkerung mit der roten Armee bezw. russischen Banden und bei Feststellung, daß Teile der Bevölkerung tätlich gegen die deutsche Wehrmacht vorgegangen sind, soweit diese auf einwandfreien Zeugenaussagen beruhen.
Insbesondere ist die Erschießung von Teilen der Bevölkerung nur mit der Begründung, sie seien Angehörige der kommunistischen Partei oder ihrer Gliederungen gewesen bzw. Juden, verboten. Zur Verhinderung weiterer bolschewistischer bezw. jüdischer Beeinflussung der Bevölkerung kann es unter Umständen zweckmäßig sein, diese Teile der Bevölkerung unter Bewachung festzusetzen. Eine weitere Verfügung über sie kann erst von später eingesetzten Organen getroffen werden, da das Vorgehen gegen politisch und rassisch unzuverlässige Elemente nicht Aufgabe der Wehrmacht sondern besonders dafür eingesetzter Organe, besonders des SD ist.
Im Fall des Vorliegens des Tatbestandes der Ziffer 1.) b) ist jedoch entsprechend der jeweiligen Lage mit schärfsten Mitteln durchzugreifen.
Es wird hierbei besonders darauf verwiesen, daß zur Anordnung von Erschießungen bezw. Kollektivmaßnahmen nur Führer vom Bataillonskommandeur an aufwärts berechtigt sind.
[...]
3.) Haltung zu den Landeseinwohnern.
Da die kommunistischen und jüdischen Teile der Bevölkerung den Kampf der roten Banden unterstützen, ist gegen diese wie folgt zu verfahren:
In allen Unterkünften sind die bekannten Kommunisten und eine ausreichende Zahl männlicher Juden als Geiseln festzusetzen. Den Geiseln und der Bevölkerung ist zu eröffnen, daß sie bei einem Überfall auf die Orts-Unterkunft oder bei festgestellter Verbindung von Orts-Einwohnern mit den Banden, ihr Leben verwirkt haben.

Die von der Truppe festgesetzten Geiseln sind jedoch auf keinen Fall während der Dauer des Bestehens des rückwärtigen Heeres-Geb. an SS, SD oder ihre Organe zu übergeben.

(BA-MA, RH 20-18/90)

49

Direktive des Befehlshabers des rückwärtigen Heeres-Gebiets Nord (v. Roques) vom 3. August 1941 betr. „Vornahme von Verhaftungen"

Nachdem die Befriedung des früheren lettischen Staatsgebietes weiter fortgeschritten, die Mitwirkung der landeseigenen Hilfspolizeikräfte bei der Aufrechterhaltung der öffentlichen Ruhe, Sicherheit und Ordnung durch den Erlaß vom 28. 7. 1941 eindeutig geregelt ist und die landeseigene Strafjustiz und ihre Hilfstellen durch den Erlaß vom 25. 7. 1941 zur sofortigen Wiederaufnahme ihrer Arbeit ermächtigt worden sind, besteht kein Anlaß mehr zur Duldung eigenmächtiger und ungeprüfter Verhaftungen und weitergehender Exekutionsmaßnahmen seitens lettischer Polizeidienststellen oder des lettischen Schützenkorps. Mit sofortiger Wirkung werden daher für den Befehlshaberbereich Verhaftungen und Exekutionsmaßnahmen aller Art durch nichtdeutsche Dienststellen und Personen grundsätzlich verboten. Landeseigene Polizeiorgane dürfen Verhaftungen nur auf ausdrückliche Anweisung einer deutschen Dienststelle, insbesondere des Höheren SS und Polizeiführers, oder auf Grund eines Haftbefehles der landeseigenen Justizbehörden vornehmen. Der Höhere SS und Polizeiführer des Befehlshaberbereichs wird ersucht, die zur Durchführung dieses Erlasses erforderlichen Maßnahmen unverzüglich zu ergreifen, die bisher von lettischer Seite vorgenommenen Verhaftungen nachzuprüfen und hierüber bis zum 15. 8. 1941 zu berichten.

(BA-MA, RH 26-281/254)

50

Auszüge aus der „Besonderen Anordnung für die innere Verwaltung Nr. 1" der Sicherungs-Division 281 vom 11. August 1941

8.) Das Eigentum und die Einrichtungsgegenstände der geflüchteten oder nicht anwesenden Juden kann zunächst seitens der OKs [Ortskommandanten] zur Einrichtung von Quartieren, Offiziersheimen, Soldatenheimen oder Übernachtungsstellen verwandt werden.

Die verbleibenden Gegenstände haben die Bürgermeister zu registrieren, zusammenzutragen und durch einen Treuhänder verwerten zu lassen. Der Erlös kann zur Eröffnung oder Ingangsetzung eines Geschäfts Verwendung finden.
[...]
11.) Alle die Juden betreffenden Maßnahmen berühren die FKs [Feldkommandanten] und OKs grundsätzlich nicht.
Dagegen sind Angriffe der Juden gegen die Wehrmacht mit den schärfsten Mitteln zu brechen.
Die OKs können, soweit ein militärisches und versorgungsmäßiges Bedürfnis vorliegt, eine Schonung der Juden fordern, die als Handwerker oder unmittelbare Arbeiter für die Wehrmacht unerläßlich sind.
Eine Freigabe auch dieser Juden hat zu erfolgen, wenn belastendes Material den Einzelnen trifft. Für die Wehrmacht tätige und notwendige jüdische Kräfte sind dann als solche zusammengefaßt gesondert unterzubringen.
Der Erlaß des Befehlshabers vom 3. 8. Abt. VII Nr. 136/4 staat betreffend Verhaftungen findet auf Juden keine Anwendung.

(BA-MA, RH 26-281/254)

51

Auszüge aus dem Bericht des Gebietskommissars Mitau an den Generalkommissar Lettland vom 12. August 1941

Dem Herrn Generalkommissar berichte ich, daß ich nunmehr auch die Kreise Jakobstadt und Illuxt übernommen habe, sodaß sämtliche lettische Behördenvertreter in meinem Gebiete von mir selber verpflichtet und bestätigt worden sind. Gleichfalls habe ich sämtliche Gemeindeältesten von ca. 150 Gemeinden persönlich gesprochen, wobei sie mir ihre besonderen Wünsche vortragen konnten.
Der gute Wille der Bevölkerung kam in der ungewöhnlich herzlichen Form der Empfänge und der freiwilligen Teilnahme der Bevölkerung an diesen Empfängen zum Ausdruck. In allen Kreisen hat die Bevölkerung in der bolschewistischen Zeit so schweres erlitten, daß sie nunmehr nach ihrer Befreiung durch die Waffen der deutschen Wehrmacht auch die autoritative Führung durch eine deutsche Zivilverwaltung als Erlösung betrachtet. Nur so sind die spontanen Begeisterungskundgebungen zu erklären, die ich während meiner ganzen Fahrt durch das sich über 400 Kilometer erstreckende Gebiet erlebt habe.
[...]
Der Juden hat sich die Bevölkerung in spontanem Haß entledigt, auch mit den eigenen lettischen Elementen hat sie blutige Abrechnung gehalten. Die Folge davon ist eine erhebliche Dezimierung der lettischen Bevölkerung im Gesam-

ten und eine Autoritätskrise der besitzenden bäuerlichen Bevölkerung gegen lettische Regierungsorgane und den Begriff „Riga".

[...]

Ich habe meine Kreischefs und Kreisältesten dazu gebracht mir kleine und größte Dinge des täglichen Lebens zur Entscheidung vorzulegen. Eine wesentliche Aufgabe erscheint es mir innerhalb des lettischen Selbstschutzes, welcher durch die Liquidierung der jüdischen Einwohnerschaft physisch und in ihrer Disziplin außer Rand und Band gekommen ist wieder Selbstzucht einzuführen. Bei den Besichtigungen der angetretenen Selbstschutzeinheiten in allen Kreisen habe ich Mann für Mann persönlich mit dem Blick angefaßt. Daß es mir in gewissem Grade bereits gelungen ist, autoritär durchzugreifen, beweisen folgende zwei Beispiele: Ich hatte befohlen, daß die überlebenden 21 Juden aus Mitau lebend nach Illuxt gebracht werden, ich habe mich überzeugt, daß sie trotz des Weges von 250 Kilometern dort angekommen sind. Diese soweit ich übersehen kann noch einzigen jüdisch Überlebenden meines Gebietes sind in das Judenkonzentrationslager der Wehrmacht nach Dünaburg übergeführt worden. Zweitens in der Stadt Subbat im Kreise Illuxt waren vor etwa 3 Wochen 700 Juden erledigt worden. Diese 1500 Einwohner umfassende Stadt war auf die Hälfte reduziert. Und diese lettische Hälfte hatte sich des jüdischen Eigentums bemächtigt. Der lettische Kreischef, Oberstleutnant Rusmanis erklärte mir, daß es ihm bisher unmöglich gewesen wäre, hier mit eigenen Kräften Ordnung zu schaffen.

(BA, R 92/467 [Kopie])

52

Auszug aus einem Schreiben des HSSPF Ostland (Prützmann) an den Befehlshaber des rückwärtigen Heeres-Gebiets Nord vom 21. August 1941 betr. „Bildung von Hilfspolizeiverbänden durch Landeseinwohner"

1. Stadt Riga

Nach dem Stande vom 10. 8. 41 umfaßt die lettische Schutzmannschaft in Riga:

Kommando der Schutzmannschaft		10	Offz.	27	Männer
13 Polizeireviere	mit	39	"	1180	"
Hafenpolizei	"	11	"	149	"
Eisenbahnpolizei	"	22	"	118	"
Berittene Abteilung	"	4	"	41	"
Rekrutierungsreserve (6 Kompanien)	"	30	"	662	"
In der Präfektur		39	"	241	"
Im Gefängnisdienst		19	"	381	"
		174	Offz.	2799	Männer

Unter den 2799 Männern befinden sich 129 ehemalige Offiziere der lettischen Wehrmacht bezw. der Polizei, die als Unterführer verwendet werden.

Die Bewaffnung besteht aus 983 Pistolen u. 2277 russischen und lettischen Gewehren.

Dazu kommen zur Sicherung des Rigaer Zentralgefängnisses 3 S M G. und 3 L M G.

Einsatz und Aufgaben der Schutzmannschaft erstrecken sich auf folgende Gebiete:
Aufrechterhaltung der Sicherheit und Ordnung,
Verkehrsregelung,
Wahrnehmung der hafenpolizeilichen Aufgaben,
Durchführung der bahnpolizeilichen Aufgaben,
Gefängnisdienst,
Mitwirkung bei Ergreifung von Bolschewisten und Juden,
Überwachung der Verdunkelung,
Gestellung von Wachen für militärische Objekte und Beutelager,
Durchführung von allgemeinen Anordnungen und Befehlen des Befehlshabers des rückw. H. G. Nord.
Die Rigaer Schutzmannschaft hat unter Führung der Ordnungspolizei mehrere Großrazzien nach bolschewistischen und jüdischen Elementen mit gutem Erfolge durchgeführt. Außerdem wurde sie zur Entwaffnung von irregulären lettischen Verbänden in Papagi und Adagi sowie in dem Waldgebiet 30 Kilometer südwestlich Riga um Baldone eingesetzt. Zu Erschießungen von Kommunisten und politischen Verbrechern wurde die Schutzmannschaft ebenfalls herangezogen.

(BA-MA, RH 22-271)

53

Auszug aus der „Gesamtaufstellung der im Bereich des Einsatzkommandos 3 bis zum 1. Dezember 1941 durchgeführten Exekutionen"

Teilkommando des EK.3
in Dünaburg in der Zeit
vom 13. 7. – 21. 8. 41:

9012	Juden, Jüdinnen und Judenkinder,	
573	aktive Kommunisten	9585

(AHD, 500-1-25, fol. 113a; Kopie im Archiv des USHMM, RG 11.001M.01, Rolle 183)

54

Auszüge aus dem Kriegstagebuch Nr. 1 des SS- und Polizeistandortführers Libau für September 1941

20. 9. 1941 Libau, Notunterkunft, Regulitstraße 13	Ankunft des SS-u. Pol. Standortführers in Libau, Dienststelle Thomasstraße 19. Der Pol. Einsatz in Libau erfolgte am 13. 9. 41 in Stärke von 2/21 Beamten aus dem Heimatstandort Danzig [...]	Warm und trocken Gesundheitszustand ist gut, keine Erkrankungen.
22. 9. 41.	Exekutierung von 61 Juden in Libau. Ankunft von 1/14 Gendarmeriebeamten aus dem Sammelstandort Dresden. Beziehen der endgültigen Unterkunft der Beamten der Schutzpolizei Dienstabteilung in der Regulitstraße 13 sowie der Gendarmerie Beamten.	Warm und trocken Gesundheitszustand ist gut. Erkrankungen keine.
22. 9. 41	Festnahme von 2 Personen im Kriegshafen wegen Diebstahls. Exekutierung von 67 Juden in Windau.	
23. 9. 41	Keine besonderen Ereignisse.	Wie am Vortage.
24. 9. 41	Festnahme einer Frauensperson im Kriegshafen wegen Spionageverdacht. Exekutierung von 37 Juden in Libau.	Regenwetter.
25. 9. 41	Exekutierung von 123 Juden in Libau. Einlieferung von 82 politischen Häftlingen (Kommunisten)	Kühl und Regenwetter.

26. 9. 1941	Exekutierung von 183 Juden in Windau und Inhaftierung von 80 politischen Häftlingen (Juden und Kommunisten) Razzia in Libau durch Schutzpolizeidienstabteilung. 7 Kommunisten festgenommen und eingebracht.	Warm und trocken
27. 9. 41	Keine besonderen Ereignisse.	Wie vor.
28. 9. 41	Keine besonderen Ereignisse.	Wie vor.
29. 9. 41	Durchsuchung von 11 kommunistischen Wohnungen in Libau und 4 Festnahmen.	Wie vor.
30. 9. 41	Exekutierung von 21 Juden und Einlieferung von 83 politischen Personen in Libau.	Kühl und trocken.

(BA, R 70 Sowjetunion/12 [Kopie])

55

Auszüge aus dem Bericht der Sipo-Außenstelle Libau an den SS- und Polizeistandortführer Libau vom 2. Oktober 1941 über Maßnahmen gegen Juden und Zigeuner

Die Beseitigung der in Libau wohnhaften alten Juden und Jüdinnen, die für den Arbeitseinsatz nicht in Betracht kommen, ist im Gange. In der Zeit vom 25. 9. bis 2. 10. 41 wurden 241 jüdische Einwohner Libaus exekutiert. Durch die gegenwärtig durchgeführten Festnahmen beunruhigt, sind aus jüdischen Kreisen erneut Gerüchte zu hören, wonach die Juden nach der erwarteten Landung der Engländer und Russen Vergeltung üben werden.
[...]
Nach dem Verbot für Zigeuner, in den Küstengebieten zu wohnen, haben sich die Zigeuner in den Kreisen Hasenpoth und Goldingen niedergelassen. Die lettischen Behörden bitten um Abhilfe.
[...]
In der Libauer Bevölkerung hat die Ghettofrage eine gewisse Mißstimmung ausgelöst, da der für das Ghetto ausersehene Stadtteil vorwiegend von Letten

bewohnt ist, die sich z. T. Eigenheime geschaffen und mit vieler Mühe Gärten angelegt haben.

(BA, R 70 Sowjetunion/20 [Kopie])

56

Auszüge aus dem Lagebericht der Schutzpolizei-Dienstabteilung Libau an den KdO Lettland vom 5. Oktober 1941

Die politische Lage im Befehlsbereich des Standorts Libau ist allgemein als befriedigend anzusehen. Die Zahl der in den Libauer Gefängnissen befindlichen politischen Häftlinge beträgt 719 Personen. Durchsuchungen von kommunistischen Wohnungen wurden in 31 Fällen durchgeführt und Verhaftungen von 25 Personen vorgenommen. Die Beseitigung der in Libau wohnenden alten Juden und Jüdinnen, die für den Arbeitseinsatz nicht in Betracht kommen, ist im Gange. In der Zeit vom 25. 9. bis 2. 10. 41 wurden 241 jüdische Einwohner Libaus exekutiert.

[...]

Die Stimmung der Bevölkerung ist allgemein zufriedenstellend. Sie wird sich bedeutend verbessern, wenn mit Einführung des Kartensystems die Versorgung der Bevölkerung sicher gestellt ist. Eine gewisse Mißstimmung hat die Ghettofrage bei der Bevölkerung ausgelöst. Da nach Gerüchten für die Juden ein Bezirk ausersehen sein soll, in dem nur lettische Bevölkerung lebt und welche sich zum Teil Eigenheime geschafft und mit vieler Mühe Lauben und Gemüsegärten angelegt haben. Daher würden diese Einwohner durch die Umsiedlung schwer betroffen werden.

(BA, R 70 Sowjetunion/20 [Kopie])

57

Auszug aus dem Bericht des Gebietskommissars Libau an den Generalkommissar Lettland vom 11. Oktober 1941

Ein Moment der Unruhe waren die erneut aufgenommenen so zahlreichen Judenerschießungen in der letzten Woche. In den Landgebieten und kleinen Landstädten sind sämtliche Juden liquidiert worden, in Libau selbst m. W. etwa 470. Es handelt sich durchweg um Frauen und Kinder. So waren z. B. in Hasenpoth noch vorhanden 12 männliche Juden und 321 Frauen und Kinder. Diese sind restlos erschossen worden. Sowohl der Festungskommandant und ich haben uns dagegen ausgesprochen, daß nachdem bereits seit Wochen völlige Ruhe eingetreten war, derartige Maßnahmen, die zudem gegen die An-

ordnung des Reichskommissars im Widerspruch stehen, durchgeführt werden. Gerade die Erschießung der Frauen und kleinen Kinder, die z. B. schreiend zu den Exekutionsplätzen geführt worden sind, hat das allgemeine Entsetzen erreicht. Der durchaus gefügige Bürgermeister der Stadt Libau, der infolge des ständigen Druckes, den die verschiedenen Wehrmachtsteile auf ihn ausüben, beinahe alle Maßnahmen billigt, ist persönlich bei mir vorstellig geworden und hat auf die große Erregung in der Stadt hingewiesen. Auch Offiziere haben mich gefragt, ob diese grausame Art der Hinrichtung selbst bei Kindern erforderlich wäre. In jedem Kulturstaat und selbst im Mittelalter durften schwangere Frauen nicht hingerichtet werden. Hier hat man selbst darauf keine Rücksicht genommen.
In Windau sind, wie der Festungskommandant mir mitteilt, 4 lettische Selbstschutzleute eingetroffen, von denen 2 total betrunken waren, um, wie sie in den Straßen laut verkündeten, die „Liquidierung der Juden durchzuführen". Der Ortskommandant hat später Anweisung bekommen, sich in das Treiben dieser Elemente nicht einzumischen. Ich bin der Auffassung, daß sich dies eines Tages als ein schwerer Fehler erweisen wird. Es sei denn, daß man alle dabei mitwirkenden Elemente auch anschließend liquidiert.

(BA, R 92/467)

58

Auszüge aus dem Kriegstagebuch Nr. 1 des SS- und Polizeistandortführers Libau für Oktober 1941

3. 10. 1941	Exekutierung von 37 Juden in Libau und 98 Festnahmen politischer Personen. Razzia durch Schutzpolizeidienstabteilung, 3 Festnahmen.	Regen und kühl.
4. 10. 1941	Exekutierung von 18 Juden und 2 Kommunisten in Libau, sowie 18 Festnahmen von Kommunisten.	Regen und kühl.
[…]		
8. 10. 41	27 Festnahmen von Kommunisten in Libau, sowie 36 Exekutionen von Juden.	Kühl und trocken.
[…]		
11. 10. 41	[…] Sondereinsatz durch Schutzpolizei in Libau nach	Kühl und trocken.

	kommunistischen Elementen ohne Erfolg. Exekutierung von 67 Juden in Libau und 6 Kommunisten in Windau.	
[…]		
29. 10. 41	Der Angest. Alfons K . . . . . und der Versicherungsagent Jochen Knell beide Libau . . . wurden standrechtlich erschossen, weil sie jüdische Wohnungen in Libau geplündert hatten.	Schneefälle, leichter Frost

(BA, R 70 Sowjetunion/12 [Kopie])

59

Auszug aus dem Bericht der Sipo-Außenstelle Libau an den SS- und Polizeistandortführer Libau vom 3. November 1941

In der Berichtszeit sind in Hasenpoth und mehreren anderen Orten Aktionen gegen Juden durchgeführt worden. Insgesamt wurden 712 Juden exekutiert, davon in Hasenpoth 386. Damit ist das gesamte Landgebiet des hiesigen Bezirkes judenfrei.

(BA, R 70 Sowjetunion/20 [Kopie])

60

Auszug aus einem Schreiben des KdS Lettland an den Gebietskommissar Dünaburg vom 11. November 1941 betr. „Judenaktion in Dünaburg“

Am 9. November 1941 wurden in Dünaburg 1134 Juden exekutiert. Die verbleibenden restlichen Juden sind z. Zt. noch bei verschiedenen Dienststellen in Dünaburg beschäftigt.
Ich bitte dafür zu sorgen, daß in Kürze auch diese Juden zu Arbeitsleistungen nicht mehr benötigt werden.

(BA, R 70 Sowjetunion/20 [Kopie])

61

Bericht des Generalkommissars Lettland an den RKO vom 20. November 1941 über Maßnahmen gegen Juden

Mit Ablauf des Monats November sind in der vorläufigen Lösung des Judenproblems in Lettland gute Fortschritte zu verzeichnen.
Die Gebiete Mitau, Wolmar und Riga-Land sind endgültig judenfrei.
In den übrigen Gebieten sind Ghettos eingerichtet worden und zwar in Riga, Libau und Dünaburg. Schwierigkeiten bei der Einrichtung eines Ghettos bestehen nur in Libau. Durch starke Zerstörung der Stadt ist es nicht möglich, ein Ghetto innerhalb oder am Rande der Stadt einzurichten. In Libau hat auch kein eigentliches Judenviertel bestanden, sodaß eine Umsiedlung der nichtjüdischen Bevölkerung aus 574 Wohnungen vorgenommen werden müßte. Diese Maßnahme kann aber wegen der großen Wohnungsnot kaum durchgeführt werden. Der Gebietskommissar in Libau führt mit der Marine Verhandlungen wegen einige Kilometer außerhalb Libaus leerstehenden Kasernen. Diese Kasernen würden Raum bieten, um die 3890 in Libau lebenden Juden aufzunehmen.
Das flache Land im ganzen Generalkommissariat Lettland ist judenfrei.

(ZSA Riga, R 69-1a-19, fol. 1; Kopie im Archiv des USHMM, RG 18.002M, Rolle 3)

62

Auszüge aus dem Kriegstagebuch Nr. 1 des SS- und Polizeistandortführers Libau für November 1941

1. 11. 41	Exekutierung von 123 Juden in Prekuln und Weinoden. Kreis Libau-Land und Hasenpoth sind somit judenfrei.	Leichter Frost
[...]		
6. 11. 41	Exekutierung von 2 Juden und 2 Kommunisten in Libau. [...]	Niederschläge
[...]		
10. 11. 41	Exekutierung von 26 Kommunisten und 30 Juden durch Sicherheitspolizei.	Leichter Frost
[...]		
17. 11. 41	In Talsen wurden von einem Geisteskranken Gräber von exeku-	Leichter Frost

tierten Kommunisten geöffnet
und diese ihrer Kleidung beraubt.
Täter wurde festgenommen.

(BA, R 70 Sowjetunion/12 [Kopie])

63

Auszüge aus den Ereignismeldungen UdSSR Nr. 151 und Nr. 155 des CdS, IV A 1, vom 5. und 14. Januar 1942 über Massenerschießungen im Ghetto Riga

[Ereignismeldung UdSSR, Nr. 151]
Sämtliche Juden der Generalkommissariate Litauen und Lettland sind jetzt restlos in Ghettos untergebracht. Die Juden des Rigaer Ghettos, die von Wehrmachts- und Zivilbehörden als Arbeitskräfte benutzt werden, dürfen nicht mehr frei zur Arbeitsstätte gehen, sondern müssen von den anfordernden Dienststellen geschlossen morgens vom Ghetto abgeholt werden, unter Bewachung zu ihrem Arbeitsplatz geführt und abends geschlossen wieder ins Ghetto zurückgebracht werden. Für die Aufnahme der aus dem Reich ankommenden Judentransporte ist sowohl in Minsk als auch in Riga alles vorbereitet.
[...]
Die ersten 5 Transporte, die nach Riga kommen sollten, wurden nach Kauen geleitet. Das Rigaer Lager, das zur Aufnahme von rd. 25.000 Juden dienen soll, ist z. Zt. im Entstehen und wird in kürzester Zeit fertiggestellt sein.
Der Höhere SS- und Polizeiführer in Riga, SS-Obergruppenführer Jeckeln, hat inzwischen eine Erschießungsaktion in Angriff genommen und am Sonntag, den 30. 11. 41, ca. 4.000 Juden des Rigaer Ghettos und eines Evakuierungstransportes aus dem Reich beseitigt. Die Aktion sollte ursprünglich mit eigenen Kräften des Höheren SS- und Polizeiführers durchgeführt werden, nach einigen Stunden wurden jedoch die zu Sicherungszwecken abkommandierten 20 Mann des EK 2 mit in der Aktion eingesetzt.

* * *

[Ereignismeldung UdSSR, Nr. 155]
In Lettland gibt es Juden nur noch in Riga und in Dünaburg. Die Zahl der in Riga verbliebenen Juden – 29.500 – wurde durch eine vom Höheren SS- und Polizeiführer Ostland durchgeführte Aktion auf 2.500 verringert. In Dünaburg leben noch 962 Juden, die für den Arbeitseinsatz dringend erforderlich sind.

(NARA, Nürnberg-Dokumente NO-3257, NO-3279)

64

Auszug aus dem Lagebericht der Schutzpolizei-Dienstabteilung Libau an den SS- und Polizeistandortführer Libau vom 10. Dezember 1941

In 5 Fällen wurden Juden zur Anzeige gebracht, weil sie auf der Straße nicht hintereinander gingen.
Wegen Diebstahl wurden 3 Personen zur Anzeige gebracht.
In einer Betriebsunfallsache wurden Ermittlungen angestellt.
Am 5. 12. 41 wurden 100 Zigeuner aus der Stadt Libau evakuiert.
Die Begleitung der Straßenbahnen, die die Juden zur und von der Arbeitsstelle bringen, erfolgte in 6 Fällen.
5 Personen wurden angezeigt, weil sie den Bürgersteig nicht gestreut haben.

(BA, R 92/467)

65

Auszug aus dem Lagebericht des SS- und Polizeistandortführers Libau an den KdO Lettland vom 13. Dezember 1941

In der Berichtszeit wurden in Libau 88 Personen exekutiert und zwar 33 Kommunisten und 53 Juden. Bei den Kommunisten handelt es sich um sehr aktiv gewesene Angehörige kommunistischer Organisationen, die sich als Zivilisten am Kampfe gegen die Deutsche Wehrmacht oder an den Verschickungen von Letten beteiligt hatten.

(BA, R 70 Sowjetunion/20 [Kopie])

66

Auszug aus dem Kriegstagebuch Nr. 1 des SS- und Polizeistandortführers Libau für Dezember 1941

15. 12. 41	Am 15. 12. 41 wurde ein Wehrmachtsangehöriger im Kriegshafen von unbekannten Tätern beschossen. Beginn der Judenaktion. Es wurden am selben Tage 270 am Strande bei Libau hinter dem Kriegshafengelände erschossen.	Kalt, leichter Frost

	Festnahme von 3 Wehrmachtsangehörigen, welche in näheren Beziehungen zu Jüdinnen standen.	
16. 12. 41	Fortsetzung der Judenaktion. Verlegung des Konzentrationslagers von Libau nach Frauenburg. Festnahme von 26 Angehörigen jüdischer Organisationen. Beschlagnahme von 425 kg Fleisch und 40 kg Speck durch die Preisüberwachung.	Frost
17. 12. 41	Beendigung der Judenaktion. Insgesamt wurden 2746 Juden erschossen. Kurland ist mithin judenfrei, bis auf etwa 350 jüdische Handwerker, welche zu dringenden Arbeiten benötigt werden.	Leichter Frost

(BA, R 70 Sowjetunion/12 [Kopie])

67

Abschrift eines Schreibens (des BdO Lettland?) an den SSPF Lettland vom 11. März 1942 betr. „Zigeunerfrage"

Auf Grund des Rundschreibens des Höheren SS- und Polizeiführer für das Ostland v. 12. 1. 42 habe ich meinen Außendienststellen sowie den Kreispolizeichefs in Lettland am 27. 1. 42 folgende Anweisung gegeben:
„Alle im dortigen Bezirk befindlichen Zigeuner sind festzunehmen und in das nächste Gefängnis einzuliefern. Das Vermögen ist sicherzustellen. Ausgenommen sind seßhafte Zigeuner, die einer geordneten Arbeit nachgehen, sofern sie nicht in politischer oder krimineller Hinsicht eine Gefahr für die Allgemeinheit darstellen. Über die getroffenen Maßnahmen ist laufend unter Angabe der genauen Personalien und bemerkenswerten Einzelheiten zu berichten.
Ich bitte, von dort aus die Dienststellen der Ordnungspolizei und der Polizeiverwaltung entsprechend anzuweisen."

(ZSA Riga, R 83-1-119; Kopie im Archiv des USHMM, RG 18.002M, Rolle 11)

68

Auszug aus dem Schreiben der Sipo-Außenstelle Libau an den SS- und Polizeistandortführer Libau vom 18. März 1942

Im Kreise Hasenpoth wurden 2 Jüdinnen festgenommen, die aus Anlaß der kürzlich durchgeführten Aktion geflüchtet waren und bei einem Landwirt Unterschlupf gefunden hatten. Der Landwirt, der über die vorliegenden Umstände unterrichtet war und den Jüdinnen jede Unterstützung gewährt hat, wurde ebenfalls festgenommen.
Ein weiterer Fall von Verstecken von Juden ereignete sich in der Gemeinde Zabeln, Kreis Goldingen. Dort hatten ein Zanis Alksnies und eine Malvine Rozental, beide Letten, seit der letzten Judenaktion eine Jüdin versteckt gehalten und für diese gesorgt. A. war früher Mitglied einer kommunistischen Organisation.
In der Berichtszeit wurden 7 Kommunisten und 9 Juden exekutiert.

(BA, R 70 Sowjetunion/20 [Kopie])

69

Auszüge aus dem Schriftwechsel zwischen dem KdS Lettland (Lange) und der Staatspolizeileitstelle Düsseldorf vom April/Mai 1942 betr. „Postverkehr mit evakuierten Juden" [21]

Kommandeur der Sicherheitspolizei u. d. SD
– Lettland –
Abt. Kdr.B.Nr.
Riga, den 15. April 1942.
Moltke-Str. 1

An die
Geheime Staatspolizei
Staatspolizeileitstelle Düsseldorf
[...]
Als Anlage übersende ich eine von dem Juden Otto Israel W., Duisburg, Klosterstr. 47, an die Jüdin Frau Berta W. übersandte Karte.
Ich bitte feststellen zu lassen, wer in Duisburg das Gerücht verbreitet, daß Postverkehr für Juden mit hierher evakuierten Juden zulässig ist. Ich wäre dankbar, wenn durch entsprechende Hinweise an die jüdische Vereinigung

21 Anonymisierung der Namen durch die Herausgeber.

und durch scharfes Vorgehen gegen die Briefschreiber dafür gesorgt wird, daß der Briefverkehr endlich eingestellt wird.

***

Duisburg, den 23. 3. 42
Meine Lieben! Durch Thea hören wir, daß Post nach dort zulässig sei und hoffe ich, daß diese Karte Euch bald und bei guter Gesundheit erreichen wird. Wir denken u. reden jeden Tag von Euch und wären glücklich ein Lebenszeichen zu erhalten. Wir sind gesund und noch im altem Haus, worin noch 5 neue Mieter gezogen sind. Hoffentlich habt Ihr, besonders Du l. B. den so strengen Winter gut überstanden, hier ist schon Frühlingswetter und unser Freund arbeitet im Garten, er sorgt rührend für N. und läßt Dich herzl. grüßen. Bertas Arm bessert sich langsam, sie ist noch in Behandlung in Laar, wohin sie 3 Mal in der Woche fährt. Rudi und Sophie haben uns besucht und will B. kommenden Sonntag R. besuchen, der einen Unfall hatte, er war nicht bedeutend. Die Berliner schreiben regelmäßig, sie bewohnen nur noch ein Zimmer, auch wir haben mein Zimmer gegen eines in der Mansarde ausgetauscht. Sonst hat sich hier seit Eurer Abreise nichts geändert. Die Nächte waren bis auf einige böse Unterbrechungen ruhig und hoffentlich tritt bald allgemeine Ruhe ein und wir sehen uns wieder, mein und unser aller herzlichster Wunsch. Mit den herzlichsten Grüßen
Otto

***

Geheime Staatspolizei
Staatspolizeileitstelle Düsseldorf
II B 4 W. Otto I.
Düsseldorf, den 8. Mai 1942
[...]
Ich bitte, dem Juden den Schriftverkehr mit evakuierten Personen unter Androhung staatspolizeilicher Maßnahmen zu verbieten. Darüber hinaus ist der dortigen jüdischen Gemeinde zu eröffnen, daß ihre Mitglieder auf die Unzulässigkeit des Schriftverkehrs mit evakuierten Juden hinzuweisen sind. Über das Ergebnis bitte ich unter Beifügung eines Pers. Bogens über Otto Israel W. um Bericht.

***

Staatspolizeileitstelle Duisburg
Außendienststelle Duisburg
B.-Nr. II B 1743/42

Duisburg, den 22. 5. 1942
[...]
Der Jude W. gibt an, von der Jüdin Thea Sara E., geb. am 22. 10. 03 in Mülheim/Ruhr, Duisburg, Landwehrstr. 21, von der Möglichkeit des Postverkehrs mit nach Riga evakuierten Juden erfahren zu haben. Die E. will von im April 1942 aus Mülheim/Ruhr evakuierten Juden die Anschrift erhalten haben. Beide wurden verwarnt.
Dem Vorsitzenden der jüdischen Gemeinde, Dr. Sally K. wurde eröffnet, daß der „Postverkehr" mit evakuierten Juden unzulässig ist. Er hat diese Auflage allen Gemeindemitgliedern durch Rundschreiben bekanntgegeben. Weil dieser Jude unter der von dort angewendeten Bezeichnung „Schriftverkehr" nur den Briefwechsel, nicht aber andere Postsendungen verstehen wollte und hier bekannt ist, daß die Juden bemüht sind Geld, Lebensmittel und Haushaltungsgegenstände an Evakuierte zu schicken, wurde der „Postverkehr" untersagt.

(Hauptstaatsarchiv Düsseldorf, Gestapo-Akte 50592)

70

Auszüge aus dem Schriftwechsel zwischen dem KdS Lettland (Lange) u. a. Dienststellen vom April/Mai 1942 über Todesbenachrichtigungen[22]

An das
Konzentrationslager Groß Rosen
in Groß Rosen
über
die Geheime Staatspolizei
Staatspolizeileitstelle Düsseldorf

Betr.: Den verstorbenen jüdischen Schutzhäftling Max Israel Z., geb. 22. 11. 1906.
Vorg.: Dort. FS. an die Stapoleitstelle Düsseldorf Nr. 1070 vom 16. 4. 42.
Ich lehne es ab, die jüdische Ehefrau des obenbezeichneten Schutzhäftlings vom Tode ihres Mannes zu verständigen. Nach Riga sind 20 000 Juden evakuiert worden. Wir haben Wichtigeres zu tun, als an die Juden noch Todesanzeigen zu übermitteln.
In ähnlichen Fällen lege ich auf Mitteilung über den Tod von Angehörigen hierher evakuierter Juden keinen Wert.

22 Anonymisierung der Namen durch die Herausgeber.

***

G e s t a p o
Stl.-D'dorf
II D/201/42

1.) Schreiben: An das RSHA-IV- in B e r l i n
[...]
Die Benachrichtigung von nach dem Osten evakuierten jüdischen Angehörigen bei Todesfällen in den Konzentrationslagern stößt auf Schwierigkeiten, da eine genaue Anschrift der Betreffenden, abgesehen vom Bestimmungsort, nicht immer festzustellen ist.
Als Anlage überreiche ich abschriftlich die Stellungnahme des Kommandeurs der Sicherheitspolizei und des SD – Lettland – in Riga, der in der Schutzhaftsache Max Israel Z. (Dort. B. Nr. IV C 2 H. Nr. Z 1334) eine Bescheidung der nach Riga evakuierten Angehörigen des Z. abgelehnt hat.
Auch nach hiesigem Ermessen dürfte sich eine Benachrichtigung in ähnlich gelagerten Fällen in Zukunft erübrigen.
Die gleichen Schwierigkeiten bereitet die Verfügung, bzw. Übersendung der Effekten der Verstorbenen.

***

II D/ 201/42
Düsseldorf, den 22. 10. 42
1.) Durch Erlaß des RFSS u. Chefs d. Dt. Polizei v. 21. 5. 42 ist bezüglich Benachrichtigung der Angehörigen von im KL. verstorbenen Häftlingen eine generelle Regelung erfolgt; eine spezielle Regelung hinsichtlich der Benachrichtigung evakuierter jüdischer Angehörigen bei Todesfällen in KL. ist nicht ergangen und nach Lage des Falles auch nicht mehr zu erwarten.

(Hauptstaatsarchiv Düsseldorf, Gestapo-Akte 63117)

71

Auszüge aus dem Kriegstagebuch Nr. 1 des SS- und Polizeistandortführers Libau für März und Mai 1942

3. 3. 42	In Libau wurden 9 Juden in ihren Wohnungen gasvergiftet aufgefunden. Wie festgestellt liegt Selbstmord vor. [...]	Leichter Frost
[...]		
2. 5. 42	Exekution von 40 Juden durch den SD in Libau.	

[...]

20. 5. 42	Festnahme von 10 aktiv gewesenen Kommunisten in Libau und 4 Juden, welche sich den erlassenen Bestimmungen für die Juden nicht fügten.
21. 5. 42	Festnahme und Exekutierung von 19 vagabundierenden Zigeunern aus dem Kreise Hasenpoth.

(BA, R 70 Sowjetunion/12 [Kopie])

72

Benachrichtigungen des KdS Lettland, Abt. II (Kirste), an das Standesamt Riga von 1942/43 über den Tod von Anstaltsinsassen

Ich bescheinige hiermit, daß die in beigefügter Anlage aufgeführten 368 unheilbaren Geisteskranken am 29. 1. 1942 verstorben sind.

* * *

Ich bescheinige hiermit, daß die in beigefügter Anlage aufgeführten 243 unheilbaren Geisteskranken am 14. 4. 1942 verstorben sind.

* * *

Ich bescheinige hiermit, daß die in beigefügter Anlage aufgeführten 98 unheilbaren Geisteskranken am 22. 10. 42 verstorben sind.

(ZSA Riga, 252-1-28, fol. 121 f.; Kopie im Archiv des USHMM, RG 18.002M, Rolle 13)

73

Auszug aus dem Bericht von Lilli Friedemann von der Hauptabteilung VII des DRK-Beauftragten für das Ostland in Riga vom April 1942

Am 24. April sandte SS-Sturmbannführer Dr. Lange die ihm im Februar zugestellten Nachrichtenübermittlungsformulare für Juden unerledigt zurück unter Bezugnahme auf eine inzwischen erfolgte Regelung zwischen dem Präsidium und dem Reichssicherheitshauptamt. Danach werden in Zukunft Ermittlungen nach Juden nicht mehr durchgeführt. Von der Nachrichtenübermittlung sind die Nichtarier noch nicht ausgeschlossen. Da in den Ostgebieten des DRK-Beauftragten für das Ostland jeder Nachrichtenübermittlung für Juden erst eine Nachforschung vorausgehen muß, entfällt eigentlich auch die Nachrichtenübermittlung. Eine Entscheidung darüber soll noch herbeigeführt werden.

(AHD, 1383-1-1, fol. 24)

Anfang 1942, am Ende der ersten Tötungswelle, legten die Exekutoren ihre Abschlußberichte vor, in denen das Morden als selbstverständliches Resultat besatzungspolitischen Handelns präsentiert wurde. Je sicherer sich die Autoren dieser Berichte gegenüber ihren Adressaten fühlten, um so dünner geriet der Tarnanstrich, mit dem sie die Verbrechen übertünchten. Nirgends wird dies deutlicher als in den bekannten Berichten der Einsatzgruppe A, wo im Zusammenhang mit Exekutionen von „Paradeschießen" und „Umlegen" die Rede ist und als sinnfälliges graphisches Symbol für die erschossenen Juden Särge gewählt wurden.[23] Dennoch bestand nach wie vor im Interesse der Geheimhaltung und der eigenen Exkulpierung Bedarf an euphemistischer Camouflage.

Konnte von einer vollständigen „Befriedung" des Reichskommissariats Ostland selbst zu dieser Zeit, als die Partisanenbewegung erst im Entstehen begriffen war, keine Rede sein, so schien sich doch die „Endlösung der Judenfrage" abzuzeichnen. Estland war das erste Besatzungsgebiet, das als „judenfrei" nach Berlin gemeldet werden konnte. Im restlichen Baltikum gab es nennenswerte Reste jüdischer Bevölkerung lediglich in wenigen städtischen Ghettos, die als kriegswirtschaftlich nützliche Zwischenstationen auf dem Weg zu den Massengräbern präsentiert wurden [Dok. 74, 76, 77]. Insbesondere in den ländlichen Gebieten „Weißrutheniens" lebte noch eine große Zahl von Juden [Dok. 75]. Der extrem harte Winter 1941/42 machte die Vorbereitung und Durchführung von Massenerschießungen überaus schwierig; Massengräber ließen sich, trotz vereinzelter Versuche mittels Sprengung, nicht ausheben. Auf dem Land boten sich Holzbauten zur Judenliquidierung an: Die Opfer wurden in Scheunen oder Heuschober getrieben, die man in Brand steckte; Flüchtende wurden erschossen. Für das Frühjahr waren alle Vorbereitungen getroffen, um die Vernichtungsmaschinerie rasch und mit noch größerer Effizienz wiederanlaufen zu lassen [Dok. 77, 78].

23 Einsatzkommando 3, „Gesamtaufstellung der im Bereich des EK 3 bis zum 1. Dez. 1941 durchgeführten Exekutionen", AHD, 500-1-25, fol. 109–117; Einsatzgruppe A, „Gesamtbericht vom 16. Oktober 1941 bis 31. Januar 1942", Nürnberg-Dokument 2273-PS.

Dokumente

74

Auszug aus dem Tätigkeits- und Lagebericht Nr. 9 der Einsatzgruppen für die Zeit vom 1. bis 31. Januar 1942 betr. Juden

C. Juden.
Die Haltung der Juden ist nach wie vor eindeutig deutschfeindlich und kriminell.
Es wird angestrebt, das Ostland möglichst vollständig von Juden zu säubern. Die Erschießungen werden überall so durchgeführt, daß sie in der Öffentlichkeit kaum bemerkt werden. In der Bevölkerung und selbst bei den zurückgebliebenen Juden ist vielfach die Überzeugung verbreitet, daß die Juden lediglich umgesiedelt worden sind.
Estland ist bereits judenfrei.
In Lettland wurde die Zahl der in Riga verbliebenen 29 500 Juden auf 2 500 verringert. In Dünaburg leben noch 962 Juden, die für den Arbeitseinsatz dringend erforderlich sind.
In Litauen wurden das flache Land und die kleineren Städte vollständig von Juden gesäubert. Dies war neben grundsätzlichen Erwägungen besonders vordringlich, weil kommunistische Elemente, insbesondere Terrorgruppen und Kreise der polnischen Widerstandsbewegung, Verbindungen zu den Juden aufnahmen. Die Juden wiederum versuchten mehrfach, in an sich aufbauwilligen litauischen Kreisen eine deutschfeindliche Stimmung zu erzeugen.
Eine besondere Aktivität zeigten die Juden in Zagare. Dort brachen 50 Juden aus dem Ghetto aus, die jedoch wieder ergriffen und erschossen werden konnten. Bei der daraufhin vorbereiteten Erschießung sämtlicher Juden in Zagare griffen die Juden mit den Worten: „Es lebe Stalin“ und „Nieder mit Hitler“ die Wachmannschaften an. Der Widerstand wurde sofort gebrochen.
In Litauen befinden sich nunmehr noch in Kauen 15 000, in Schaulen 4 500 und in Wilna weitere 15 000 Juden, die ebenfalls für den Arbeitseinsatz benötigt werden.
In Weißruthenien ist die Säuberung von Juden im Gange. Die Zahl der Juden in dem bisher der Zivilverwaltung übergebenen Teil beläuft sich auf 139 000 Juden. 33 210 Juden wurden inzwischen von der Einsatzgruppe der Sicherheitspolizei und des SD erschossen.

(AHD, 500-1-770, fol. 51 f.; Kopie im Archiv des USHMM, RG 11.001M.01, Rolle 10)

75

Auszug aus dem Tätigkeits- und Lagebericht der Einsatzgruppe B für die Zeit vom 16. bis 28. Februar 1942 betr. „Sonderbehandlungen"

Sonderbehandelt wurden in der Berichtszeit vom

SK. 7b	76	Personen, darunter
	20	wegen Zugehörigkeit zu Partisanengruppen oder wegen Unterstützung von Partisanen,
	12	Russen als ehemalige Funktionäre der KP.,
	1	Russe wegen wiederholten Straßenraubes,
	1	Russe wegen Verächtlichmachung der deutschen Wehrmacht und wegen Widerstandes,
	3	Russen wegen hetzerischer Äußerungen,
	30	Juden,
EK. 8	471	Personen, darunter
	15	wegen Unterstützung von Partisanen,
	3	Russen wegen hartnäckiger Arbeitsverweigerung,
	403	Juden,
EK. 9	3 128	Personen, darunter
	28	wegen Zugehörigkeit zu Partisanengruppen oder wegen Unterstützung von Partisanen,
	17	Russen bezw. Juden wegen hetzerischer Äußerungen,
	1	Russe wegen Diebstahls,
	3 073	Juden,
Trupp Smolensk	53	Personen, darunter
	5	wegen Unterstützung von Partisanen,
	3	als ehemalige Funktionäre der KP,
	5	wegen Diebstahls,
	1	wegen hetzerischer Äußerungen,
	38	Juden.

Gesamtzahl der Sonderbehandelten:

SK. 7a	1 581
SK. 7b	2 515
SK. M.	2 474
EK. 8	60 811
EK. 9	23 509
Trupp Smolensk	122
insgesamt	91 012.

(AHD, 500-1-770, fol. 15; Kopie im Archiv des USHMM, RG 11.001M.01, Rolle 10)

76

Auszug aus dem Jahresbericht des KdS Estland für den Zeitraum Juli 1941 bis Juni 1942 betr. Juden

4. Juden.
In Estland waren nach der letzten Volkszählung im Jahre 1934 4381 Juden vorhanden. Diese Zahl erhöhte sich durch Zuzug aus Österreich, der Tschechoslowakei und Polen, so daß es im Jahre 1940 etwas mehr als 5000 Juden in Estland gab.
[...]
Bei Kriegsbeginn evakuierte die Mehrzahl der Juden unter Mitnahme ihres Eigentums nach Rußland, so daß nach der Befreiung Estlands noch 921 (468 männliche und 453 weibliche) Juden zurückblieben, die sämtlich der Sonderbehandlung unterzogen wurden. Estland ist heute judenfrei.

(ZSA Tallinn, R819-1-12, fol. 85)

77

Auszüge aus dem Protokoll der (Haupt-)Abteilungsleitersitzung im Generalkommissariat Weißruthenien am 29. Januar 1942 u. a. mit Redebeiträgen von Kube, Zenner und Hoffmann

Zur Stellenbesetzung innerhalb des Generalkommissariats Weißruthenien führte der Gauleiter [Kube] aus, daß die leitenden Posten beinahe sämtlich besetzt seien. Es bestände aber noch ein erheblicher Mangel an mittleren und unteren Beamten, sowie an technischen Kräften.
Dann wies der Gauleiter darauf hin, daß das Hineinregieren in die Stadt Minsk durch einzelne Abteilungen zu unterbleiben habe. Die Person des Gauamtsleiters Janetzke als Stadtkommissar von Minsk biete die Gewähr dafür, daß vom Stadtkommissar sämtliche Aufgaben so erfüllt werden, wie dies für Minsk als dem Brennpunkt Weißrutheniens erforderlich sei.
Zur politischen Lage führte der Gauleiter aus, daß die Flüsterpropaganda über einen bevorstehenden Überfall der Partisanen auf Minsk wegen der weiteren günstigen Kriegsentwicklung abgenommen habe.
Nach dem Gauleiter nahm SS-Brigadeführer und Generalmajor Zenner das Wort. Er betonte, daß seine Arbeit erheblich unter dem Mangel an Arbeitskräften und Unterkünften leide. Zudem sei die Verpflegung, die seine Männer erhalten, sehr schlecht und eine Zusatzverpflegung erforderlich.
Die Ordnungspolizei in Minsk selbst müsse verstärkt werden. 100 Mann seien für die Durchführung der Polizeiaufgaben in Minsk nötig. Weiter leide die Arbeit darunter, daß der Mangel an Gebäuden sich sehr auswirke, so daß

es bisher nicht möglich war, ein Polizeipräsidium einzurichten. Auch die Besetzung des S. D. sei viel zu schwach, infolge dessen sei es unmöglich gewesen, die einheimischen Schutzmannschaften auf dem Lande auf ihre Zuverlässigkeit durchzuprüfen.
Brigadeführer Zenner betonte, daß seine Polizeimannschaft restlos eingesetzt sei. Wegen deren Überlastung könne es im Übereifer leicht einmal zu Kompetenzüberschreitungen kommen. Diese müssen dann auf kameradschaftliche Weise geregelt werden.
Der Gauleiter betonte daraufhin, daß die Zusammenarbeit zwischen SS und Polizei von Anfang an gut gewesen sei und gab dem Abteilungsleiter Freytag das Wort.
Dieser führte zu dem Verpflegungsmangel aus, dieser sei durch die Verteilungsweise der Wehrmacht entstanden [...]
Hierauf stellt der Gauleiter als Leiter des S. D. SS-Sturmbannführer, Regierungsrat Hoffmann vor [...]
Zu den gegnerischen Kräften führte Hoffmann folgenden aus:
4 Gruppen seien zu unterscheiden:
1. Die Juden,
2. die katholische Kirche,
3. die polnische Widerstandsbewegung, die mit der katholischen Kirche sehr eng zusammenarbeitet.
4. Die Partisanen.

Die Zahl der Juden sei nicht feststellbar, doch sei sie auf dem Lande noch sehr hoch. Gerade auf dem Lande werde die Bevölkerung von den Juden noch terrorisiert. Eine restlose Liquidierung der Juden sei zur Zeit wegen des Frostes nicht möglich, da die Erde zu stark gefroren sei, um Gruben ausheben zu können, die dann als Massengräber für die Juden zur Verfügung stehen. Eine völlige Ausmerzung der Juden sei auch deshalb nicht möglich, weil aus den Reihen der Juden immer noch Arbeitskräfte benötigt werden.
Zwei Kategorien der Juden seien zu unterscheiden:
a) die russischen Juden,
b) die deutschen Juden.

Die russischen Juden seien sture Naturen und arbeitsunwillig. Die deutschen Juden legen einen starken Arbeitseifer an den Tag, der dadurch erklärlich sei, daß sie glauben, nach siegreicher Beendigung des Krieges wieder ins Altreich zurückgeführt zu werden. Es handele sich also bei ihnen um einen Daseinskampf. Man muß ihren Glauben an eine Rückkehr nach Deutschland nur unterstützen, da man sie auf diese Weise noch zu höheren Arbeitsleistungen bringen kann.
Im Frühjahr werde jedoch wieder mit starken Exekutionen begonnen werden. Vorher müßten auch die als Hilfspolizei zugeteilten Letten eingehend

geprüft werden. Im Ghetto in Minsk sei die Unterbringung der Juden eine schlechte, daher blühe dort auch der Schleichhandel. Denn infolge der engen Wohnverhältnisse im Ghetto sei auch eine Überwachung schwer möglich.
Die Tätigkeit der Partisanen sei nicht zu unterschätzen, ihr Angriff erfolge zur Zeit deswegen nicht, weil diese sich erst sammeln müßten, was sie im Augenblick tun. Die Zivilbevölkerung unterstützt die Partisanen sehr, so seien die Partisanen in einzelnen Dörfern mit roten Fahnen empfangen worden.
Auch die Polenfrage sei in Weißruthenien sehr wichtig, da auch diese heute noch einen sehr starken Zustrom aus Polen erhalten, die Weißruthenien als ihre Domäne betrachten. Jeder Pole sei als Gegner anzusehen, der sich durch servile Haltung und starken Arbeitseifer zu tarnen versuche. Deshalb müßten insbesondere die noch in einzelnen Dörfern amtierenden polnischen Bürgermeister sobald als möglich beseitigt werden.
[...]
Der Gauleiter dankte SS-Sturmbannführer Hoffmann für seine Ausführungen, schloß sich in allen Punkten den Ausführungen an und ordnet an, daß, wenn sich herausstellen sollte, daß auch Wolgadeutsche an dem Ausbruch beteiligt seien, diese dem deutschen Sondergericht zu übergeben seien. Er wies daraufhin, daß eine absolute Schweigepflicht über den Gegenstand der Besprechung herrschen müsse.

(ZSA Minsk, 370-1-53, fol. 163–165; Kopie im Archiv des USHMM, RG 53.002M, Rolle 11)

78

Auszüge aus einem undatierten Berichtsfragment des Einsatzkommandos 3 (von Anfang 1942) betr. Juden

Juden.
Auf altlitauischem Gebiet lebten zur Smetonazeit etwa 160 000 Juden. Nach dem Anschluß des Wilnaer Gebiets erhöhte sich die Gesamtzahl auf etwa 220 bis 230 000 Juden. 80 % aller Juden waren im Handel und 20 % als Handwerker beschäftigt. Vor der Errichtung des Sowjetregimes versuchte die litauische Regierung den Einfluß der Juden zurückzudrängen. Sie richtete Aktiengesellschaften für die Ernährung und Bekleidung, die über das ganze Land verteilt waren und den Einfluß der Handelsjuden etwas zurückgedrängt hatten, ein.
Nach Errichtung des Sowjetregimes nahmen die Juden sofort ihre alten Stellungen in Handel und Industrie wieder ein, so daß es praktisch keinen Industriezweig gab, der nicht von ihnen beherrscht wurde. Die Juden erfreuten sich der wohlwollenden Unterstützung durch die Sowjets. Die Bolschewisten gingen nur gegen jüdische Großindustrielle vor, die zionistisch ausgerichtet waren.

Auf dem gesamten Gebiete des Landes Litauen unterstützten Juden beiderlei Geschlechts die Tätigkeit des NKWD. Sie lieferten die Unterlagen für zahlreiche Verhaftungen von Litauern. Die Verschickung von 40 000 Litauern nach Sibirien ist auf die Vorarbeit jüdischer Spitzel zurückzuführen. Bei Ausbruch des deutsch-russischen Krieges trat besonders die jüdische Jugend, die in der kommunistischen Jugend straff organisiert war, aktiv hervor. Viele Städte, die von den deutschen Panzertruppen im wenig beschädigten Zustande durchfahren worden waren, wurden von der kommunistisch-jüdischen Jugend mit vorher bereitgestellten Benzinkanistern in Brand gesteckt. Während der Kampfhandlungen schossen Juden auf deutsche Soldaten und litauische Partisanen. Am 2. Juli 1941 rückte das EK 3 in Kauen ein. Die Vorfälle bei den ersten größeren Aktionen am 4. und 6. Juli in Kauen, die nur durch litauische Schutzmannschaften (Partisanen) durchgeführt wurden, machten es erforderlich, ein eigenes Rollkommando aus zuverlässigen, weltanschaulich gefestigten Männern des EK 3 aufzustellen. Dieses Kommando, meist in der Stärke von 1/8, ging zunächst daran, in den Gefängnissen aufzuräumen und die dort einsitzenden besonders gefährlichen Bolschewisten und jüdische Elemente zu liquidieren. Im Laufe der Tätigkeit dieses Kommandos, die sich auf ganz Litauen erstreckte, wurde festgestellt, daß eine Stabilisierung des rückwärtigen Frontabschnittes mit der Liquidierung weniger Juden nicht zu erreichen war. Die Juden auf dem flachen Lande arbeiteten Hand in Hand mit russischen Partisaneneinheiten. Sie stellten somit einen erheblichen Beunruhigungsfaktor für die rückwärtigen Truppenteile dar. Diese Tätigkeit konnte nur mit drakonischen Maßnahmen unterbunden werden. Es wurde nunmehr systematisch Kreis für Kreis des litauischen Gebietes von Juden beiderlei Geschlechts gesäubert. Die litauischen Landkreise sind judenfrei. In vielen Einzelaktionen wurden insgesamt 137 346 Personen liquidiert. In dieser Zahl ist auch die Liquidierung von 3 050 Personen enthalten, die von dem Kommando des EK 3 in Minsk durchgeführt wurde in der Zeit vom 28. 9. bis 17. 10. 41. Auch bei diesen Aktionen zeigte sich die Gefährlichkeit des litauischen Judentums. Bei einigen Aktionen gingen die Juden tätlich gegen die eingesetzten Beamten und litauischen Partisanen vor. Der Widerstand wurde jedoch sofort gebrochen. Sogar vor den Liquidierungen zeigten viele Juden ihre bolschewistische Einstellung. Sie brachten Hochrufe auf Stalin aus und schmähten das nationalsozialistische Deutschland.

[...]

Verhalten der litauischen Bevölkerung gegenüber den Juden.

Die litauische Bevölkerung brachte den Maßnahmen der deutschen Sicherheitspolizei gegenüber den Juden am Anfang wohlwollendes Verständnis entgegen. Auf dem flachen Lande und im Stadtgebiet Kauen betätigten sich Partisaneneinheiten an der Liquidierung der Juden. Soweit es Juden gelungen

war zu fliehen, wurden sie nicht selten von den Bauern den Behörden ausgeliefert. Diese Unterstützung der einheimischen Bevölkerung zur Lösung der Judenfrage hat nachgelassen. Die intellektuellen Aktivistenkreise in Kauen, die ihre Unabhängigkeitsgedanken nicht verwirklicht sehen, wirken propagandistisch dahin, daß sich die einheimische Bevölkerung den Juden gegenüber wohlwollend verhalten soll. Sie erwähnen, daß der Kriegsausgang ungewiß sei und daß man nach dem Kriege nicht wissen könne, ob man für das Vorgehen gegen die Juden zur Rechenschaft gezogen werde. Mit Hilfe der einheimischen Bevölkerung gelingt es daher den Juden jetzt nicht selten, sich im Stadtgebiet heimlich aufzuhalten. In der vergangenen Woche wurden hier zwei Rechtsanwälte und ein Direktor in Haft genommen, weil sie Jüdinnen, die sich ohne Judenstern außerhalb des Ghettos aufhielten, Unterstützung gewährten und Liebesverhältnisse mit ihnen unterhielten.
Die am Leben verbliebenen Juden in den Ghettos Kauen, Wilna und Schaulen werden für längere Zeit zur Erledigung dringender Arbeiten gebraucht. Eine Säuberungsaktion ist nach Abschluß des Winters vorgesehen. Es wäre zu erwägen, ob die in Litauen am Leben verbliebenen männlichen Juden über 14 Jahre nicht sofort sterilisiert werden sollen. Der Sterilisation stehen besondere Schwierigkeiten nicht im Wege. Im Ghetto in Kauen sind z. B. noch über 100 Ärzte vorhanden, die diese Maßnahme unter Aufsicht weniger deutscher Ärzte durchführen könnten. Um eine Vermehrung der Juden auf litauischem Gebiet zu verhindern, wurde den jüdischen Ältestenräten zunächst mündlich eröffnet, daß eine Fortpflanzung unerwünscht ist, daß schwangere Jüdinnen mit ihrer Liquidierung zu rechnen haben, und daß die Sicherheitspolizei Abtreibungsdelikte bei Juden nicht verfolge. Eine allgemeine Regelung in dieser Hinsicht wäre wünschenswert.

(ZSA Riga, R1026-1-3, fol. 265–275; Kopie im Archiv des USHMM, RG 18.002M, Rolle 16)

79

Auszüge aus einem undatierten Berichtsfragment der Einsatzgruppe A (sog. Burkhardt-Bericht, Anfang 1942) über die bisherigen Maßnahmen zur „Endlösung der Judenfrage" im Generalkommissariat Weißruthenien

Abteilung II
II. Judentum.
Wohl kaum ein Gebiet Rußlands ist derartig dicht mit Juden besiedelt, wie gerade der weißruthenische Raum. Es ist dies eine Tatsache, die durch die geschichtliche Entwicklung Weißrutheniens bedingt ist und auf deren Ursachen in diesem Rahmen nicht eingegangen werden kann.

In der gesamten weißruthenischen Republik wohnten bei Kriegsausbruch schätzungsweise 1 500 000 Juden.

[...]

Die Zahl der heute im Bereich des Generalkommissariates Weißruthenien noch vorhandenen Juden kann nur annähernd schätzungsweise angegeben werden, da darüber jegliche Angaben fehlen. Selbst das Generalkommissariat ist nicht in der Lage, eine ungefähre Zahl der noch vorhandenen Juden anzugeben. Es kann mit einer Gesamtzahl von rund 128 000 Juden gerechnet werden. Durch Exekutionen wurden, soweit dies durch das jetzige Kommando der Sicherheitspolizei und des SD. festgestellt werden konnte, rund 41 000 Juden erschossen. Hierbei sind nicht erfaßt die Zahlen der durch die früheren Einsatzkommandos durchgeführten Aktionen, ferner fehlen jegliche Unterlagen über die von der Wehrmacht durchgeführten Judenexekutionen. Nach schätzungsweisen Angaben sind von der Wehrmacht bis zum Dezember 1941 ungefähr 19 000 Personen als Partisanen und Verbrecher erschossen worden. Man wird nicht fehlgehen, wenn man annimmt, daß in dieser Zahl weit über die Hälfte Juden enthalten sind. Ein großer Teil des Judentums ist jedoch beim Anrücken der deutschen Truppen ostwärts abgewandert.

In M i n s k selbst leben z. Zt. rund 18 000 russische und 7 000 deutsche Juden. Die endgültige und grundlegende Bereinigung der Judenfrage im weißruthenischen Raume stößt insofern auf erhebliche Schwierigkeiten, als gerade hier das Judentum einen außerordentlichen hohen Prozentsatz an Facharbeitern stellt. Diese sind für den wirtschaftlichen Aufbau des Ostraumes vorerst unentbehrlich. Ein gewisser Prozentsatz dieser Fachkräfte wird vielleicht erst nach Jahren durch geeignete weißruthenische Facharbeiter ersetzt werden können. Zu berücksichtigen ist dabei, daß der Jude eine außerordentlich billige Arbeitskraft darstellt.

Demgegenüber steht die Tatsache, daß gerade das Judentum nach wie vor der verläßlichste Träger der bolschewistischen Idee ist und es auch bleiben wird. In allen Gegenden, in denen sich jüdische Siedlungsgebiete befinden, ist auch eine wesentlich verstärkte Aktivierung der russischen Widerstands- und Partisanenbewegung festzustellen. Wenn der Jude auf Grund seiner rassisch bedingten Charaktereigenschaften auch nicht selbst als Partisan tätig wird oder aktiv gegen die Deutschen vorgeht, so unterstützt er doch die Kräfte des Widerstandes nachrichtendienstlich und durch Stellung von Kleidung, usw.

Die Wehrmacht hat diesem Moment insofern Rechnung getragen, als alle die ihr nahestehenden Betriebe die Anweisung erhalten haben, die jüdischen Arbeitskräfte systematisch durch geeignete russische Kriegsgefangene zu ersetzen.

Im Interesse einer allgemeinen Befriedung des Ostraumes ist die endgültige Lösung der Judenfrage unter entsprechender Berücksichtigung der wirtschaftlichen Erfordernisse unbedingt unerläßlich.

Zwischen der Wehrmacht und dem Generalkommissariat bestehen in dieser Hinsicht grundsätzliche Meinungsverschiedenheiten, da die Wehrmacht die Lösung der Judenfrage aus Gründen der allgemeinen Sicherheit für unbedingt notwendig erachtet, während die Zivilverwaltung im Hinblick auf die wirtschaftlichen Notwendigkeiten eine baldige Lösung der Judenfrage für unzweckmäßig hält.
Die Abgrenzung der Juden in besonderen Ghettos ist in Weißruthenien nahezu abgeschlossen. Alle einigermaßen arbeitsfähigen Juden und Jüdinnen werden von den Dienststellen der Wehrmacht, der Zivilverwaltung und deutschen Behörden in weitgehendstem Maße herangezogen. Eine ganz erhebliche Schwierigkeit bildet die ausreichende Verpflegung der Juden im Interesse der erforderlichen Arbeitsfähigkeit. Dieses Problem ist gerade in Minsk nur in geringem Maße gelöst. Neben einem allgemeinen Nachlassen der Arbeitskräfte bildet eine zu stark unterernährte Judenschaft wegen der erhöhten Anfälligkeit gegenüber allen seuchenartigen Krankheiten einen erheblichen Gefahrenherd.
Eine Sonderstellung innerhalb des Judenproblems in Weißruthenien nehmen die im Ghetto Minsk untergebrachten 7 000 reichsdeutschen Juden ein. Diese sind transportweise in verschiedenen Vierteln des Ghettos untergebracht. Auf Wunsch des Generalkommissars wurden die Wohnviertel der deutschen Juden nach den russischen Judenvierteln hin durch Stacheldrahtverhaue abgesperrt, so daß sich heute folgende Lage ergibt:
Die deutschen Juden sind zwar von den russischen Juden durch einen Stacheldrahtzaun abgetrennt, dagegen ist die Umzäunung des Gesamtghettos und damit die Abgrenzung gegen die weißruthenischen Wohnbezirke noch nicht durchgeführt.
Wenn auch die reichsdeutschen Juden nur eine geringe Zahl Facharbeiter zu stellen vermögen, so sind sie doch auf Grund ihrer deutschen Sprache und ihrer größeren Sauberkeit weit begehrter, als die russischen Juden. Einen interessanten Einblick in die derzeitigen Verhältnisse geben nachstehende Zahlen:
Das reichsdeutsche Ghetto Minsk hat einen Bestand von rund 7 000 Personen. Davon sind rund 1 800 Männer arbeitsfähig. Weit über 900 dieser arbeitsfähigen Männer sind jedoch z. Zt. nicht einsatzfähig, da sie infolge der Unterernährung krank sind. Die hauptsächlichsten Krankheiten sind
370 Fälle Hungerruhr
102 Erfrierungen
135 eitrige Wunden
20 Augenbindehautentzündung
25 Lungenentzündung
63 Grippe und rheumatische Erkrankungen
30 Blasenkatarrhe.

Diesen Zahlen ist der Krankheitsstand vom 31. 12. 41 zugrundegelegt. Ähnlich den angeführten Zahlen liegen die Verhältnisse im russischen Ghetto, wobei jedoch zu berücksichtigen ist, daß dort die Zustände aufgrund der allgemeinen Gegebenheiten weit ungünstiger liegen. Die deutschen Juden in Minsk erfreuen sich der besonderen Fürsorge des Generalkommissars Herrn Gauleiter K u b e. Bei einer Besichtigung des Ghettos im November 1941 erfuhr Gauleiter K u b e u. a., daß sich im Ghetto Juden befinden, deren nächste Angehörigen im Felde stehen. Gauleiter Kube zeigte sich sehr interessiert und erklärte, diese Fälle dem Führer berichten zu wollen. Im Berliner Teil des Ghettos hielt Gauleiter Kube zwei seiner Meinung nach arisch aussehende Mädchen an. Durch einen politischen Leiter ließ er die Personalien der Mädchen feststellen und aufschreiben. Ein im Generalkommissariat vorwiegend für die Stenotypistinnen beschäftigter jüdischer Friseur hat die Erlaubnis ohne Stern im Gebäude des Generalkommissariats zu arbeiten, um die Reichsdeutschen, die sich von dem Juden frisieren lassen, nicht durch den dauernd vor Augen gehaltenen Stern so sehr vor den Kopf zu stoßen. Der Älteste des deutschen Ghettos hat laufend Zutritt zum Generalkommissariat und man gibt ihm dort in hinreichendem Maße Gelegenheit, seine Beschwerden vorzubringen. Der Stellvertreter des Judenältesten hat sich kürzlich darüber beschwert, daß ihm ein Altparteigenosse gedroht hat zu prügeln und ihm notfalls eine Kugel durch die Rippen zu jagen. Eine weitere schriftliche Beschwerde wurde von seiten des Judenrates über einen SS-Hauptsturmführer vom Stabe des SS- und Polizeiführers geführt, da dieser einen Juden wegen ungenügender Arbeitsleistung geprügelt hat.

Auf Grund wiederholter Vorstellungen des deutschen Judenrates über die außerordentlich ungünstige Verpflegung des deutschen Ghettos waren die Verhandlungen im Gange über die Übernahme des sogenannten Sonderghettos, d. h. die deutschen Juden, in die Wehrmachtsverpflegung. Ein Oberzahlmeister der Wehrmacht erklärte dabei, er verpflege derartig viele Personen, daß ihm die Verpflegung von 7 000 Juden keinerlei Schwierigkeiten bereite.

Die reichsdeutschen Juden fühlten sich bei ihrer Ankunft in Minsk durchaus als Ostpioniere und glaubten größtenteils zur Lösung von kolonisatorischen Aufgaben herangezogen zu werden. Als die dann aber ins Ghetto Minsk getrieben wurden und dort seit geraumer Zeit unter außerordentlich ungünstigen Verhältnissen leben müssen, verbreitete sich unter ihnen die Ansicht, daß es sich bei der Umsiedlung nur um eine vorübergehende Maßnahme handele und sie nach Kriegsschluß wieder in das Reich zurückkehren dürfen. An diesem Gedanken richten sich die meisten Juden auf und ertragen leichter die derzeitigen Schwierigkeiten. Der geringe Teil der Juden, der über die Zukunft völlig klar sieht, läßt seine Meinung nicht laut werden.

Mit der den Juden eigenen Anpassungsfähigkeit versuchen sie nun, ihr Leben den Umständen entsprechend erträglich zu gestalten. So haben z. B. die Brünner Juden Varieteveranstaltungen durchgeführt, die mit – soweit man das bei den Juden sagen kann – recht ordentlichen Kräften besetzt waren. Verschiedentliche Äußerungen von Juden lassen ferner darauf schließen, daß sich im deutschen Ghetto ein lebhaftes Geschlechtsleben entwickelt hat. Ob der Geschlechtsverkehr nun um seiner selbst willen ausgeführt wird, oder im Hinblick auf eine möglich starke Nachkommenschaft, muß dahin gestellt bleiben.
Die in allen Ghettos vorhandene Zusammendrängung einer großen Anzahl Menschen auf kleinstem Raume bildet naturgemäß einen erheblichen Gefahrenherd für die Ausbreitung von Seuchen. Bei Beginn des Frühjahrs muß damit gerechnet werden, daß die Ghettos Ausgangspunkt seuchenähnlicher Krankheiten sind, durch die nicht nur die weißruthenische Bevölkerung, sondern auch die reichsdeutschen Behörden und die Wehrmacht in Mitleidenschaft gezogen werden.
Die im Anfang Januar 1942 durchgeführte Pelzaktion innerhalb des deutschen Ghettos erbrachte folgendes Ergebnis:
329 Mäntel
159 Jacken
128 Felle
300 Muffe
2146 Pelzkragen
100 Pelzkappen
440 Boas
Liquidierungsaktionen größeren Umfanges lassen sich – auch wenn es wirtschaftliche Belange gestatten – bei der derzeitigen Wetterlage nicht durchführen, da der tiefgefrorene Boden das Ausheben der Massengräber nicht zuläßt.

(ZSA Riga, R1026-1-3, fol. 253–261; Kopie im Archiv des USHMM, RG 18.002M, Rolle 16)

III. Das Ghetto-System

Richteten sich die deutschen Verfolgungsmaßnahmen im Reichskommissariat Ostland gegen ein breites Bevölkerungsspektrum, so waren von der Ghettoisierung lediglich Juden betroffen. Nach außen hin folgte die deutsche Politik dem „polnischen Modell“ der Jahre 1939/40, das auf Konzentration, Kennzeichnung, Enteignung und Ausbeutung zielte. In Wirklichkeit bildete die erste Tötungswelle den Bezugsrahmen für die Errichtung der Ghettos. Als Provisorien konzipiert, deren wirtschaftliche Nützlichkeit hinter den Erfordernissen der „Endlösung“ zurücktrat, waren die jüdischen Zwangsgemeinschaften bis zu ihrer Zerstörung im Sommer 1943 der Besatzungsmacht bedingungslos ausgeliefert.

Ein gestaffeltes System von Ausbeutung, Terror und Kontrolle sorgte dafür, daß die Juden tagtäglich im Schatten des Todes lebten. Infolge geschickter Delegierung interner Ghettofunktionen an die Insassen mußten die Opfer Hilfsdienste zu ihrer eigenen Unterdrückung leisten, so daß statt der wahren Urheber oft der Judenrat, die Ghettopolizei oder andere jüdische Instanzen für das Leid ihrer Glaubensbrüder verantwortlich schienen.[24] Die von den Okkupanten und ihren einheimischen Helfern angestrebte totale Kontrolle der Ghettos ließ sich allerdings nicht realisieren. Weder waren sie vollständig von der Außenwelt abzuschotten, noch konnten interne Entwicklungen umfassend überwacht werden. Die deutschen Verwalter kümmerte dies wenig, solange die Grundfunktion der Ghettos als Zwischenstation auf dem Weg zu den Massengräbern erhalten blieb.

In die Überwachung der Ghettos im Reichskommissariat Ostland teilten sich Zivilverwaltung und Sicherheitspolizei, ohne daß die Rivalität zwischen beiden Instanzen gemeinsame Interessen gefährdete. Der diffuse Übergangsbereich zwischen Terror und Vernichtung wurde gefüllt mit einer Vielzahl von Verordnungen, Befehlen und Zwangsmaßnahmen, deren Zweck sich oft darin erschöpfte, das Gefühl des Ausgeliefertseins auf seiten der Betroffenen zu verstärken. Auch hier erzeugten bürokratische Formalismen eine Scheinwelt von Ordnung und Korrektheit, während die Realität von Korruption, Raub und Mord geprägt war. Die Ausweglosigkeit der Lage im Ghetto ergab sich nicht nur aus der Rigidität der deutschen Überwachung, sondern auch aus dem Umstand, daß außerhalb von Mauern und Stacheldraht für Juden sichere Zuflucht nicht zu finden war. Die nichtjüdische Bevölkerung verhielt sich insbesondere in der ersten Phase deutscher Besatzung, als ein Sieg der Wehrmacht wahrscheinlich schien, ablehnend; in entlegene Verstecke – zumeist Wälder oder Sumpfgebiete – zu gelangen und dort zu überleben, stieß gerade dort auf unüberwindliche Schwierigkeiten, wo einheimische Widerstandsgruppen erst im Entstehen begriffen oder antijüdisch eingestellt waren.

Der deutsche Kontrollapparat erwies sich nicht zuletzt aufgrund der zupackenden Einsatzbereitschaft seiner Mitglieder als effizient und belastungsfähig genug, um neben den einheimischen ab November 1941 auch noch – wie im Falle der nach Riga, Kaunas und Minsk Deportierten –

24 Vgl. Raul Hilberg, The Ghetto as a Form of Government, in: The Annals of The American Academy of Political and Social Science, Vol. 450 (1980), S. 98–112.

Juden aus dem Reichsgebiet oder anderen Teilen Europas zu erfassen. Waren die Deportationen ein zentral organisiertes Unternehmen, so entschieden deutsche Instanzen vor Ort über das Schicksal der Betroffenen: In Minsk und Riga wurden sie, nachdem man mittels Ermordung einheimischer Juden „Platz geschaffen" hatte, zunächst ins Ghetto eingewiesen, während in Kaunas der Zug der Deportierten direkt zu den Tötungsstätten führte. Wenn man in Berlin über die Errichtung eines für die Juden Europas bestimmten Vernichtungszentrums im „Ostland" nachdachte, so dürfte dieser Plan durch den Diensteifer, den die dortigen Sachwalter bei der „Lösung der Judenfrage" an den Tag legten, erheblich beeinflußt worden sein.[25]

1. Erfassung und Konzentration

Bereits in den ersten Tagen des Krieges schuf die Wehrmacht im Verein mit anderen deutschen und einheimischen Kräften das Fundament, auf dem wenig später die Ghettos errichtet wurden. Entlang der vorrückenden Front bildeten antijüdische Bestimmungen einen festen Bestandteil des Besatzungsreglements. Flugblätter, Plakate und Armeebefehle verkündeten, daß die Juden zu kennzeichnen, ihrer Handlungs- und Bewegungsfreiheit zu berauben und die vielfältigen Verbindungen zur restlichen Bevölkerung zu kappen seien [Dok. 80–82]. Bestimmungen zur Ghettoisierung ergingen in rascher Folge, ohne inhaltlich wesentlich voneinander abzuweichen [Dok. 84–86, 88, 91]. Vom Vorgehen der Sicherheitspolizei unterschieden sich die Maßnahmen der Wehrmacht bisweilen lediglich in der Frage, an welcher Stelle der „Judenstern" getragen werden sollte [Dok. 83].

Hauptziel der Ghettoisierung war die Konzentration der Juden in wenigen Städten. Schwierigkeiten bereitete den Deutschen die Situation auf dem Lande, wo die „Judenfrage" nicht im Rahmen der ersten Tötungswelle hatte gelöst werden können. Die dörflichen Juden im Reichs-

25 Götz Aly, „Endlösung". Völkerverschiebung und der Mord an den europäischen Juden, Frankfurt a. M. 1995, S. 342–347, vermutet, daß im Herbst 1941 ein solches Projekt in Mogilew (außerhalb des RKO im militärverwalteten Teil des Besatzungsgebiets) in Gestalt von Vergasungsanlagen nebst Krematorien unter Anbindung an den Dnjepr als Verkehrsweg geplant war. Die empirische Absicherung dieser These bereitet noch Schwierigkeiten; neben anderen Hinweisen findet sich im Archiv der Stadt Mogilew ein vom Kommandeur der Bautruppen 9 im September 1941 erstellter Stadtplan, der neben dem an den Dnjepr angrenzenden Ghetto eine großflächige „geplante Erweiterung des Judenviertels" zeigt (Archiv Mogilew, 260-1-146; Mikrofilmkopie im Research Institut des USHMM, RG 53.006M, Rolle 2). Die projektierte Erweiterung wurde nicht realisiert und das Ghetto in Mogilew mit seinen knapp 4000 Juden bereits im Oktober 1941 vernichtet.

kommissariat Ostland wurden entweder in die großstädtischen Ghettos verbracht oder am Ort belassen, wo man sie in kleine improvisierte „Judenviertel" zwang [Dok. 87, 89, 90, 101]. Teil der Erfassung war die Verdrängung von Juden aus allen Bereichen der Wirtschaft, sofern es sich nicht um Ghettounternehmen handelte. Üblicherweise vollzog sich dieser Prozeß sehr rasch; in Funktionen, in denen ein Mangel an qualifizierten Fachkräften herrschte, mußten Juden jedoch mitunter belassen werden, sollten deutsche Interessen nicht elementar gefährdet werden. Dies galt etwa im Falle jüdischer Ärzte. Eine erhöhte Überlebenschance boten derartige Berufe für die Betroffenen nicht, da die deutsche Verwaltung in jedem Einzelfall bestrebt war, nichtjüdischen Ersatz zu stellen, selbst wenn dies nur unter Schwierigkeiten gelang [Dok. 92–96].

Auch die Deportation von Juden aus dem Reichsgebiet verlief trotz akribischer Planung nicht immer problemlos. Neben der Sicherheitspolizei, die die Deportierten am Zielort in Empfang nahm, bemühte sich auch die Reichsbahn nach Kräften, mittels Improvisation den reibungslosen Gang der „Endlösungs"-Maschinerie aufrechtzuerhalten [Dok. 98–100]. Dienststellen im Reich leisteten in der Vorbereitung und Durchführung der Transporte Amtshilfe, bisweilen auch noch danach, wie im Falle der nach Minsk deportierten Düsseldorferin Wilhelmine P. [Dok. 102]. Ihre Spur verliert sich im Ghetto.

Dokumente

80

Auszug aus der Verwaltungs-Anordnung Nr. 1 des Befehlshabers des rückwärtigen Heeres-Gebiets Mitte (v. Schenckendorff) vom 7. Juli 1941 u. a. betr. Kennzeichnung von Juden, Verbot des Schächtens

III. Kennzeichnung von Juden und Jüdinnen:

1. Alle Juden und Jüdinnen, die sich im besetzten russischen Gebiet aufhalten und das 10. Lebensjahr überschritten haben, sind mit sofortiger Wirkung verpflichtet, am rechten Ärmel der Kleidung und Oberbekleidung einen – mindestens 10 cm breiten – weißen Streifen mit dem gelben Zionsstern oder einen 10 cm großen gelben Fleck zu tragen.
2. Diese Armbinden bezw. Flecke haben sich die Juden und Jüdinnen selbst zu verschaffen und mit dem entsprechenden Kennzeichen zu versehen.
3. Das Grüßen von seiten der Juden und Jüdinnen wird ausdrücklich verboten.

4. Zuwiderhandlungen werden von dem nach dem Wohnort zuständigen Ortskommandanten durch strenge Behelfsmaßnahmen gesühnt. (Vergl. Abschnitt II, 3).

IV. Schächtverbot:

1. Mit sofortiger Wirkung wird das Schächten, d. h. die durch allmähliche Entziehung des Blutes herbeigeführte Tötung von Tieren zum Zwecke des sogenannten koscheren Fleischgenusses verboten.

2. Wer sich des Schächtens schuldig macht, wird durch den Ortskommandanten streng bestraft. Die gleiche Strafe wie den Täter, trifft den Mittäter, Anstifter und Gehilfen. Der Versuch wird wie die vollendete Tat bestraft.

(ZSA Minsk, 370-1-487, fol. 20; Kopie im Archiv des USHMM, RG 53.002M, Rolle 11)

81

Auszüge aus der „Anordnung für die Befriedung Kurland Nr. 1" des Infanterie-Regiments 504 vom 12. Juli 1941

2.) Die Durchführung folgender Sofortmaßnahmen ist zu gewährleisten:

a) Es ist eine Erfassung aller Einwohner der Kreise durchzuführen, um über die Zahl der Einwohner Klarheit zu schaffen, zweifelhafte Elemente festzunehmen und sicherzustellen und die Aufstellung des Selbstschutzes und der Polizei zu organisieren.

[...]

Gleichzeitig sind die Juden zu erfassen und zu kennzeichnen.

Im Paß oder im vorläufigen Personalausweis ist zur Registrierung folgender Vermerk hinzuzusetzen:

Inhaber ist Jude.

Bis zum 14. 7. 41 hat jeder Jude männlichen und weiblichen Geschlechts sich durch Tragen je eines gelben, gut sichtbaren Punktes (Durchmesser mindestens 8 cm) auf Brust und Rücken zu kennzeichnen. Verstoß gegen dieses Gebot wird bestraft.

Alle Juden sind ihrer Gewerbe, Berufe usw. (Apotheker, Ärzte, Kaufleute usw.) zu entheben, Läden sind zu schließen. In dringenden Ausnahmefällen (einziger Arzt im Ort) darf durch den Leiter des Kreises bis auf weiteres eine vorläufige Sondergenehmigung zum Verbleiben im bisherigen Beruf erteilt werden. Im übrigen stehen alle Juden dem Leiter des Kreises für Arbeitskommando, Ernteeinsatz usw. zur Verfügung. Erfassung und Einsatz regelt der Leiter des Kreises verantwortlich.

(BA-MA, RH26-291/34, fol. 75–79)

82

Auszüge aus der Verwaltungs-Anordnung Nr. 2 des Befehlshabers des rückwärtigen Heeres-Gebiets Mitte (v. Schenckendorff) vom 13. Juli 1941 u. a. betr. Behandlung von Juden, Einsetzung von Judenräten und Beerdigung von Leichen

III. Einsetzung von Juden-Räten.

1. In jeder Gemeinde wird eine Vertretung der Juden gebildet, die die Bezeichnung Juden-Rat führt.

2. Der Juden-Rat besteht in Gemeinden bis zu 10.000 Einwohnern aus 12, in Gemeinden über 10.000 Einwohnern aus 24 Juden, die der ortsansässigen Bevölkerung entstammen. Der Juden-Rat wird durch die Juden der Gemeinden gewählt. Scheidet ein Mitglied des Juden-Rates aus, so ist sofort ein neues zu wählen.

3. Der Juden-Rat wählt sofort aus seiner Mitte einen Obmann und einen Stellvertreter.

4. Spätestens bis 31. Juli 1941 hat der Obmann des Juden-Rates der zuständigen Ortskommandantur die Besetzung des Juden-Rates zu melden.

Der Ortskommandant entscheidet im Einvernehmen mit der zuständigen Dienststelle der Sicherheitspolizei darüber, ob die mitgeteilte Besetzung des Juden-Rates anzuerkennen ist. Er kann eine andere Besetzung verfügen.

5. Der Juden-Rat ist verpflichtet, durch seinen Obmann oder seinen Stellvertreter die Befehle von Dienststellen der deutschen Wehrmacht und Polizei entgegen zu nehmen.

Er haftet für ihre gewissenhafte und rechtzeitige Durchführung in vollem Umfange. Den Weisungen, die er zum Vollzuge dieser deutschen Anordnungen erläßt, haben sämtliche Juden und Jüdinnen zu gehorchen. – Grundsätzliche Weisungen sind schriftlich zu erteilen, nachdem sie der zuständigen deutschen Dienststelle vorgelegt worden sind.

6. Der Obmann, sein Stellvertreter und alle sonstigen Angehörigen des Juden-Rates haften mit ihrer Person für alle Vorkommnisse innerhalb der jüdischen Gemeinde, soweit diese sich gegen die deutsche Wehrmacht, die deutsche Polizei und deren Anordnungen richten.

Die Feld- und Ortskommandanten haben in solchen Fällen, je nach der Schwere der Zuwiderhandlungen, nicht nur gegen die Täter, sondern auch gegen die Mitglieder des Juden-Rates die schärfsten Maßnahmen, bis zur Todesstrafe, zu ergreifen.

IV. Verbot der Evakuierung von Juden.

1. In zahlreichen Gemeinden sind Juden evakuiert worden. Die Gründe, die zur Evakuierung führten, waren verschiedenartig. Unter anderem wurde

angeführt, daß die Wohnhäuser der Juden infolge des Krieges zerstört waren, daß Juden mit Polen nicht mehr zusammen leben dürfen und dergleichen mehr. Die Judenevakuierung hat zur Folge, daß zahlreiche Juden ohne Rücksicht auf Alter und Geschlecht von Dorf zu Dorf und von Stadt zu Stadt über Land wandern. Da die Gefahren derartiger Judenevakuierungen wegen des Fehlens jeglicher Kontrollen außerordentlich groß sind, ordne ich an:

a) die Juden sind innerhalb einer geschlossenen Gemeinde in nur von Juden bewohnten Unterkünften zusammen zu fassen.

b) Ortsansässige Juden dürfen grundsätzlich nicht mehr aus der Gemeinde evakuiert werden.

c) Es ist anzustreben, Juden, die ihre Gemeinden verlassen haben, unverzüglich aufzugreifen und ihrer Heimatgemeinde wieder zuzuführen.

Ausnahmen von dieser Regelung sind nur aus dringenden militärischen oder polizeilichen Gründen zulässig. Die Entscheidung trifft, soweit es sich um militärische Belange handelt, der Ortskommandant, soweit polizeiliche Belange infrage kommen, die zuständige Dienststelle der Sicherheitspolizei im Einvernehmen mit dem Ortskommandanten.

2. Die Bürgermeister sind anzuweisen, die Anordnung zu 1. unverzüglich durchzuführen.

[...]

XVIII. Beerdigung von Leichen und Verscharrung von Tierkadavern.

In der Nähe einzelner Straßen liegen noch immer Leichen russischer Soldaten und Tierkadaver herum. Aus sanitären Gründen ist es unbedingt notwendig, die Leichen sofort zu beerdigen und die Tierkadaver sofort zu verscharren.

Die Ortskommandanten können für diese Arbeiten Juden heranziehen.

(ZSA Minsk, 393-3-42, fol. 1; Kopie im Archiv des USHMM, RG 53.002M, Rolle 4)

83

Schreiben der Einsatzgruppe A an die Einsatzkommandos vom 1. August 1941, mit Abschrift einer Anordnung des Befehlshabers des rückwärtigen Heeres-Gebiets Nord über die Kennzeichnung von und den Kontakt mit Juden

Den beiliegenden Befehl des Befehlshabers des rückw. Heeres-Gebietes Nord bringe ich zur Kenntnis. Ich mache darauf aufmerksam, daß bisher von mir angeordnet wurde, daß die Juden einen gelben Davidstern auf der linken Brustseite tragen.

gez. Dr. Stahlecker
SS-Brigadeführer.

***

Befehlshaber
d. rückw. Heeres-Geb. Nord
Abt. Ic/AO Nr. 41/41
O.U., den 24. 7. 41.
An Abt. GFP. mit der Bitte um Kenntnisnahme.

Es ist zu veranlassen:
1) Personen, die nach dem 17. Juni 1940 aus der Sowjet-Union in die baltischen Länder zugezogen sind, haben sich innerhalb 3 Tagen auf den Feld- und Ortskommandanturen zu melden. Die früheren Einwohnermeldeämter haben auf Grund des bei ihnen vorhandenen Materials entsprechende Verzeichnisse anzulegen und den zuständigen Kommandanturen einzureichen. Die genannten Personen sind zu internieren und ihre Wohnungen besonders in abwehrmäßiger Hinsicht zu durchsuchen.
Personen, die sich nach genauester Überprüfung in jeder Hinsicht als politisch und abwehrmäßig einwandfrei erweisen, können wieder entlassen werden.
2) Juden beiderlei Geschlechts haben sich von dem Zeitpunkt der Bekanntgabe dieser Anordnung ab durch einen auf der rechten Brustseite zu tragenden Davidstern (6zackigen gelben Stern) als Juden kenntlich zu machen.
3) Wehrmachtangehörige dürfen nicht mit Juden zusammenwohnen. Müssen Wehrmachtangehörige in jüdischen Wohnungen untergebracht werden, so sind die Juden vorher daraus zu entfernen.

(ZSA Riga, R1026-1-3, fol. 140 f.; Kopie im Archiv des USHMM, RG 18.002M, Rolle 16)

84

Auszug aus den Verwaltungsanweisungen der Sicherungs-Division 281 vom 30. Juli 1941 betr. Juden

2. Das Verhalten der Juden zwingt, die Juden allgemein von der übrigen Bevölkerung zu trennen und in Ghettos unterzubringen. Es erscheint zweckmäßig, Ghettos an einigen wenigen Punkten in den Kreisen anzulegen und alle Juden des Kreises dort zusammenzuziehen. Ihre Verpflegung ist durch die Arbeit aller Art im Ghetto und durch Heranziehung in geschlossenen Abteilungen zu Arbeiten außerhalb des Ghettos sicherzustellen. Die Kaufläden und Einkaufzeiten, in denen aus dem Ghetto eingekauft werden darf, sind zu bestimmen.

(BA-MA, RH 26-281)

85

Anordnung des Befehlshabers des rückwärtigen Heeres-Gebiets Nord (v. Roques) vom 28. August 1941 betr. die Einrichtung von Ghettos

Die Einrichtung von Ghettos in Ortschaften mit größerem jüdischem Bevölkerungsanteil, insbesondere in Städten, ist in Angriff zu nehmen, wenn die Einrichtung notwendig oder wenigstens sachdienlich ist. Sie unterbleibt vorerst, wenn nach der örtlichen Lage die im Operationsgebiet zur Verfügung stehenden sachlichen und verwaltungsmäßigen Hilfsmittel nicht ausreichen oder sonst dringendere Aufgaben vernachlässigt werden müßten. Bis zum 1. 10. haben die Feldkommandanturen – soweit sie den Sicherungsdivisionen unterstellt sind, über diese – über das Veranlaßte zu berichten. Fehlanzeige ist erforderlich.

(BA-MA, RH 22/6)

86

Anordnung des Befehlshabers des rückwärtigen Heeres-Gebiets Nord vom 3. September 1941 über die Einrichtung von Ghettos

Nach einem Befehl des OKH können in größeren Orten mit zahlreicher jüdischer Bevölkerung Gettos gebildet werden, sofern für die damit verbundenen Arbeiten Zeit und Personal ausreichen. Als vordringlich ist die Bildung von Gettos unter keinen Umständen anzusehen.
Bei der Durchführung sind die Organe des Höheren SS und Polizeiführers einzuschalten.

(BA-MA, RH 26-285/45)

87

Auszug aus dem Befehl Nr. 29 des Kommandanten in Weißruthenien (v. Bechtolsheim) vom 15. Dezember 1941 u. a. betr. „Juden auf dem flachen Lande"

7. Juden auf dem flachen Lande.
Da die mit Befehl Nr. 24 vom 24. 11. 41. Ziffer 5 befohlene Zusammenziehung der auf dem flachen Lande angetroffenen Judengruppen immer wieder auf Schwierigkeiten stößt, wurde beim Generalkommissar für Weißruthenien beantragt, die Gebietskommissare anzuweisen, Orte für diese Zusammenziehung festzulegen. Die Ortskommandanturen haben sich dieserhalb mit den Gebietskommissaren in Verbindung zu setzen und die festgelegten Orte den Abschnittskommandeuren zu melden.

(ZSA Minsk, 378-1-698, fol. 46; Kopie im Archiv des USHMM, RG 53.002M, Rolle 2)

88

Schreiben des Reichskommissars für das Ostland, Abt. II (Trampedach), an den Generalkommissar in Lettland vom 25. August 1941, mit Zwangsbestimmungen für die Ghettos

In Ergänzung der „Richtlinien für die Behandlung der Juden im Gebiet des Reichskommissariats Ostland" sind für die Einrichtung von Ghettos folgende Punkte zu beachten:

1. Sämtliche Fernsprechverbindungen müssen aus dem Ghetto entfernt werden, damit eine Verbindung mit der Außenwelt auf diesem Wege nicht stattfinden kann. Wo ein Befehl usw. an den Judenrat telefonisch übermittelt werden muß, hat dies über die Wache zu erfolgen.
2. Jeder Postverkehr in das Ghetto oder aus dem Ghetto ist zu unterbinden.
3. Dort, wo zur Verbindung getrennter Ghettoteile über Durchgangsstraßen Brücken gebaut werden, sind diese mit Stacheldraht so einzufassen, daß ein Herunterspringen nicht möglich ist.
4. Sämtliches Vieh, das sich in jüdischem Besitz befindet, ist sofort abzunehmen und nach Anweisung der Generalkommissare zu verwerten.
5. Eine Ergänzung des Brennstoffbedarfs durch Einreißen von Schuppen oder Abmontieren von Häusern (Türen, Fenster, Fußböden, Dachstühlen usw.) ist in jedem Fall zu unterbinden.
6. Die für die Bewachung der Ghettos eingeteilten Hilfspolizisten müssen auf das notwendige Maß beschränkt werden.
7. Wo sich Juden irgendwelcher Übergriffe schuldig machen, sind schärfste Repressalien nach Anweisung der Gebietskommissare zu ergreifen.

(ZSA Riga, R69-1A-6, fol. 73; Kopie im Archiv des USHMM, RG 18.002M, Rolle 2)

89

Briefwechsel des Gebietskommissars Kauen-Land mit dem Kreis-Chef vom 22. August/1. Oktober 1941 betr. die Erfassung von Juden

An den
Herrn Kreis-Chef
in Kauen.
Betrifft: Erfassung der Juden in Ihrem Kreise.

Da die Gesamtzahl der Juden in Ihrem Kreise und deren Aufenthaltsort nicht bekannt ist, ist nun, wie Ihnen schon mitgeteilt, sofort die Erfassung aller Juden durchzuführen.

Diese genauen Unterlagen sind erforderlich, da in Jonawa nur ein Arbeitslager für die jüdischen Männer geplant worden ist (in der ehem. Kaserne), während die Frauen und Kinder nach Kauen-Stadt abgeschoben werden sollen. In Ermangelung der genügenden Anzahl von jüdischen Männern für das Arbeitslager sollen im Austausch jüd. Männer aus Kauen nach Jonawa gebracht werden.
Die Erfassung ist beschleunigt durchzuführen und zu melden.

***

In Beantwortung auf das Schreiben vom 22. August d. J. teile ich mit, daß im Kreise Kauen keine Juden mehr existieren. Die letzten Juden aus Jonava wurden in das „Getto" Kaunas-Vilijampolé überführt

(ZSA Vilnius, 1534-1-34, fol. 7; 1534-1-34, fol. 36)

90

Auszüge aus dem Bericht vom 8. Dezember 1941 über eine Inspektionsreise von Mitarbeitern des Generalkommissariats Weißruthenien nach Glebokie

Zentralverwaltung. (Personalien, Unterkunft, Geschäftswesen, Registratur, Rechnungs- und Haushaltswesen, Kassenführung).
Im Gebietskommissariat sind am 28. 11. 1941 weitere Mitarbeiter eingetroffen, ein Sekretär, der die Abteilung Verwaltung übernommen hat, die zwei schon lange erwarteten Stenotypistinnen sowie ein Kraftfahrer. Zur Unterbringung dieser Kräfte werden Räume ausgebaut. Bei der zu erwartenden Auflösung des Gefangenenlagers besteht Aussicht, daß der Gebietskommissar ein größeres Gebäude erhält. Die Registratur wird z. Zt. aufgebaut. – Das jüdische Vermögen wurde sortiert, genau verbucht und zwecks weiterer Verwendung bezw. Abholung bereitgestellt.
[...]
Politische Verhältnisse (Konfessionelle Verbände, Judentum, Propaganda und Presse).
29 volksdeutsche Frauen befinden sich im Gebiet, die alle mit Polen verheiratet waren. Die Männer wurden von den Sowjets verschleppt, und es wird deshalb angenommen, daß es sich um polnische Chauvinisten handelte. Die volksdeutschen Frauen wurden meist bei deutschen Dienststellen als Dolmetscher eingestellt. Anweisungen, wie die volksdeutschen Frauen pol. Chauvinisten behandelt werden sollen, werden erbeten.

(ZSA Minsk, 370-1-55, fol. 18; Kopie im Archiv des USHMM, RG 53.002M, Rolle 11)

91

Auszug aus einem Bericht des Generalkommissars Lettland an den RKO vom 20. November 1941 mit Anlagen zur Ghettoisierung, Vorschriften für die Ghettowache

Das Ghetto in Riga.

Mit dem 25. Oktober 1941 sind alle in Riga lebenden Juden im Ghetto in der Moskauer Vorstadt, das von den Straßen Lettgaller, Witebsker, Lettgaller, Judenstraße, Löwenstraße, Gr. Bergstraße, Lasdoner Straße, Katholische Straße, Jakobstädter Straße und Carl-Schirren-Straße begrenzt ist, untergebracht worden. Das Ghetto ist durch einen doppelten Stacheldrahtzaun vollkommen von den übrigen Stadtteilen Rigas abgeschlossen. Ein- und Ausgangsverkehr ist nur an einer Stelle möglich. Ab 25. 10. 1941 wird dieser Eingang von Polizeikräften der hiesigen Schutzmannschaften bewacht. Diese Wachmannschaften sind in einem besonderen Wachgebäude am Eingang des Ghettos untergebracht worden. Der Dienst dieser Überwachungsorgane regelt sich nach einer vom Kommandeur der Schutzpolizei Riga herausgegebenen Wachvorschrift, die in der Anlage abschriftlich beigefügt ist.

***

A n o r d n u n g
über die Bildung eines Ghettos in Riga und den Umgang mit Juden.

1. In Riga besteht ein Ghetto. Es wird von den Straßen: Lettgaller, Witebsker, Lettgaller, Judenstraße, Löwenstraße, Gr. Bergstraße, Lasdoner Straße, Katholische Straße, Jakobstädter Straße und Carl-Schirren Straße begrenzt. Das Ghetto ist durch einen Drahtzaun kenntlich gemacht.
2. Das Betreten des Ghettos ist jedem Nichtjuden bei strengster Strafe verboten. Das Betreten ist nur mit Genehmigung des Gebietskommissars Riga-Stadt erlaubt.
3. Außerhalb des Ghettos ist jeder Umgang mit Juden verboten. Wer hiergegen vorsätzlich oder fahrlässig verstößt, wird mit Gefängnis, in schweren Fällen mit Zuchthaus bestraft.
4. Bei jedem Versuch, Verkehr mit Juden über oder durch den Zaun des Ghettos in irgendeiner Weise aufzunehmen, haben die Wachposten Anweisung, o h n e vorherigen Anruf von der Schußwaffe Gebrauch zu machen.
5. Die Anforderung von jüdischen Arbeitskräften geschieht beim Arbeitsamt Riga nach den von diesem erlassenen Bestimmungen.
6. Jeder, der durch das Arbeitsamt zugewiesene Juden bei sich beschäftigt,

ist verpflichtet, diese vom Ghetto in geschlossener Kolonne zum Arbeitsplatz und in derselben Weise wieder zurückzubringen.

7. Der Arbeitgeber hat die Durchführung der Bestimmungen über den Umgang mit Juden, die bei ihm beschäftigt sind, zu überwachen. Nichtbefolgung dieser Vorschrift wird mit Geldstrafe bis zu RM. 1000.–, sofern keine schwerere Strafe verwirkt ist, bestraft.

Riga, den 23. Oktober 1941.
Der Gebietskommissar Riga-Stadt.

A n o r d n u n g
über die Umsiedlung der Juden ins Ghetto.

Sämtliche im Gebiet der Stadt Riga lebenden Juden sind verpflichtet, bis zum 25. Oktober 1941. 18 Uhr, soweit sie sich nicht schon im Ghetto befinden, dorthin umsiedeln. Nichtbefolgung dieser Anordnung wird strengstens bestraft.

Riga, den 23. Oktober 1941.
Der Gebietskommissar Riga-Stadt.

* * *

Abschrift.

Kommando der Schutzpolizei. R i g a, den 20. 11. 1941

Vorläufige W a c h t v o r s c h r i f t (2)
für die
Wache des Ghettos.

Stärke der Wache:

1 Offizier, 1 Vertreter, 1 Buchführer und 60 Mann. Es sind 28 ständige Posten zu stellen, die Postierungen werden nachts verstärkt und gleichzeitig Verbindungsstreifen eingesetzt.

Das Ghetto wird von folgenden Straßen umgrenzt:

Lettgaller, Witebeker, Lettgaller, Judenstraße, Löwenstraße, Gr. Bergstraße, Lasdonerstraße, Katholische Straße, Jakobstädterstraße, Carl Schirrenstraße.

Das Gebiet des Ghettos ist von einem Drahtzaun umschlossen.

Aufgaben der Wache:

1. Das Betreten des Ghettos ist jedem Nichtjuden bei strengster Bestrafung verboten.

2.a Berechtigung zum Betreten des Ghettos haben die mit einem Sonderausweis des Gebietskommissars Riga-Stadt versehenen Personen (Muster des Ausweises ist der Wachtvorschrift beigefügt). Andere Ausweise sind ungültig und abzunehmen.

b Angehörigen der Sicherheitspolizei und des SD ist der Zutritt zum Ghetto unter Vorzeigung ihrer Erkennungsmarke bzw. des Dienst-Ausweises (gleichgültig ob in Zivil oder Uniform) jederzeit gestattet, dasselbe gilt für die Angehörigen der lettischen Kriminal- und Geheimpolizei.

3. Juden dürfen das Ghetto einzeln nicht verlassen. Die zum Arbeitseinsatz eingeteilten Juden werden am Eingang des Ghettos ab 7.00 Uhr durch Beauftragte in Empfang genommen und nach Schluß der Arbeitszeit dortselbst bis spätestens 18.00 Uhr wieder abgeliefert. Für die Vollzähligkeit ist der Beauftragte verantwortlich.

4. Auf der Ghettowache wird nach folgendem Muster über Arbeitskommandos Buch geführt:

	Empfang:				Rückgabe:	
Datum Uhrzeit	Abholende Formation	Stelle	Anzahl d. Juden	Quittung	Datum Uhrzeit	Rückgabestelle

Quittung.	Bemerkung.

5. Die Posten haben jeden Versuch des Inverbindungtretens mit den Insassen des Ghettos zu verhindern. Nötigenfalls ist von der Schußwaffe Gebrauch zu machen.

6. Beim Übersteigen des Zaunes oder Durchklettern desselben haben die Posten ohne Anruf von der Schußwaffe Gebrauch zu machen.

7. Zur Unterstützung der lett. Schutzmänner werden ab sofort bis auf weiteres 2 Beamte des Kommandos der Schutzpolizei der Ghettowache zugeteilt. Die Beamten müssen Tag und Nacht zu erreichen sein.

8.a Der Sicherheitspolizei ist fortgesetzt über jeden Vorfall Meldung zu erstatten (Nachts Dauerdienst 34180).

b Seit dem 28. 10. 41 sind mit Einverständnis des Gebietskommissars Riga-Stadt und des Kommandeurs der Sicherheits-Pol. und des SD Lettland 80 jüdische Ordner im Ghetto tätig, die für Ruhe, Ordnung, Verdunkelung usw. zu sorgen haben, geleitet werden diese Ordner von dem Juden Rosenthal.

9. Bei Ausbruch von Feuer innerhalb des Ghettos ist dieses durch die Ghettoinsassen selbst zu löschen. Droht das Feuer größere Ausmaße anzunehmen oder auf Stadtteile außerhalb des Ghettos überzugreifen, ist die Feuerwehr durch die Wache herbeizurufen.

10. Entstehende Unruhen sind im Keim zu ersticken, es ist gegebenenfalls rücksichtslos von der Waffe Gebrauch zu machen. Es ist verboten, Juden zu mißhandeln.

(ZSA Riga, R69-1a-19; Kopie im Archiv des USHMM, RG 18.002M, Rolle 3)

92

Briefwechsel des Stadtkommissars Minsk (Janetzke) mit dem Generalkommissar Weißruthenien, Abt. II (Weber), vom Dezember 1941/ Januar 1942 betr. die jüdische Ärztin Dr. A. Gurewitsch

An den Herrn Generalkommissar
Abt. II d
Minsk

[...]
Die früher im hiesigen Kinderkrankenhaus beschäftigte jüdische Ärztin Dr. A. Gurewitsch hat dem Gesundheitsamt in Anbetracht der jetzt herrschenden Fleckfiebergefahr ihre Dienste angeboten. Dem Gesundheitsamt ist bekannt, daß die Genannte eine erfahrene Kinderärztin ist. Sie soll s. Zt. entlassen worden sein, weil sie Jüdin ist. Die Verwendung der genannten Ärztin scheint gegenwärtig angebracht zu sein, falls nicht politische Gründe entgegenstehen. Ich bitte um Entschließung, ob die jüdische Ärztin beschäftigt werden soll.

***

An den Gebietskommissar Minsk-Stadt
Herrn Stadtkommissar J a n e t z k e

[...]
Die ärztliche Versorgung der weißruthenischen Bevölkerung mit einheimischen Ärzten ist bei weitem sichergestellt. Ich lehne grundsätzlich die Verwendung von jüdischen Ärztinnen und Ärzten ab, solange mir ausreichend einheimische Ärzte zur Verfügung stehen.

(ZSA Minsk, 688-1-3, fol. 31, 33; Kopie im Archiv des USHMM, RG 53.002M, Rolle 12)

93

Briefwechsel des Stadtkommissars Minsk (Janetzke) mit dem Generalkommissar Weißruthenien, Abt. II (Weber), vom Januar 1942 betr. den jüdischen Arzt Dr. Berkowski

An den Herrn Generalkommissar für Weißruthenien
Abtl. II d
Minsk

[...]

Im 1. Krankenhaus liegt Bedarf vor, einen Nervenarzt (Psychotherapeut) anzustellen. Ich bitte um Prüfung und gegebenenfalls um Genehmigung zur

Beschäftigung des jüdischen Nervenarztes Berkowski (Psychotherapeut). Die Ehefrau des B., die Jüdin L o p o t k o , ist bereits mit Genehmigung des Generalkommissars als Augenärztin im 1. Krankenhaus beschäftigt und untergebracht.

* * *

An den
Herrn Stadtkommissar
in M i n s k .

Jüdische Ärzte sind ausnahmslos nicht mehr in Krankenhäusern oder Ambulatorien einzustellen.

(ZSA Minsk, 688-1-3, fol. 51 f.; Kopie im Archiv des USHMM, RG 53.002M, Rolle 12)

94

Schreiben des Generalkommissars Weißruthenien, Abt. II (Weber), an den Stadtkommissar Minsk (Janetzke) vom 28. Januar 1942 betr. die Ersetzung von jüdischen durch nichtjüdische Ärzte

Der von mir angeforderte Augenarzt, Dozent L o s j e w, ist aus Mogilew erschienen und ist von mir als Leiter der Augenabteilung im 1. städt. Krankenhaus mit Wirkung vom 1. 2. 1942 eingesetzt worden. Die jüdische Ärztin Dr. Liwschiz-Lapotko und Prof. Dworschez sind aus ihren Diensten entlassen und werden dem Ghetto zugeführt.

(ZSA Minsk, 688-1-3, fol. 56; Kopie im Archiv des USHMM, RG 53.002M, Rolle 12)

95

Auszüge aus einem Schreiben des Hauptkommissars Baranowitschi, Abt. II (Wiechmann), an den Gebietskommissar Baranowitschi vom 12. und 16. März 1942 betr. jüdische Ärzte und ihre Ersetzung

Die Stadt Baranowitsche besitzt ein Krankenhaus, zwei Polikliniken, eine Seuchenstation, eine venerische Station und ein epidemiologisches Institut. Die in diesen Instituten beschäftigten Ärzte sind in keiner Weise voll ausgenutzt, sie arbeiten nur wenige Stunden am Tage. Z. B. hat die geburtshilflich-gynäkologische Abteilung des Krankenhauses 25 Betten, die von 2 Ärzten be-

treut werden! Der größte Teil der Ärzte sind Juden. Deshalb wird vorgeschlagen, die zweite Poliklinik in Neu-Baranowitsche zu schließen. Die Ärzte arbeiten genau wie die deutschen Ärzte im Reich 10 Stunden. Durch Austausch der Spezialisten zwischen Ambulatorium (Poliklinik) und Krankenhaus gelingt es, einen Teil der jüdischen Ärzte auszuschalten. Ähnlich liegen die Verhältnisse in den Rayons. Auch dort läßt sich durch personelle Verschiebung und Herausziehung überflüssiger Juden eine Bereinigung durchführen.
[...]
Für die Bereinigung der Rayons werden folgende Vorschläge gemacht:
Rayon Horoditsche: Rayonarzt Dr. Saftschick. Liquidiert wurde bereits der Arzt Miron Micicinski (Jude). Als nicht notwendig sind die Juden Moses Lapidus und Otto-Georg Weil zu erachten.
Rayon Novamisch:
Rayonarzt Dr. Milenzew. Überflüssig sind die Juden Rosa Libermann und Movscha Hilerovitsch.
Rayon Kleck:
Rayonarzt Dr. Kraschevski. Überflüssig sind die Juden Forzeih und Dluhatsch
Rayon Lachowitsche:
Rayonarzt Dr. Jaholkowski. Ausgemerzt kann die Jüdin Sarah Grinberg werden.
Rayon Mir:
Muß unverändert bleiben. Rayonarzt Dr. Lischub.
Rayon Neswitz:
Rayonarzt Dr. Jakobovski. Überflüssig sind die Juden Adela Reich, Scholm Kessel und Levi Stulmann.
Rayon Stolpce:
Rayonarzt Dr. Pietschul. Entfernt werden können die Juden Mietschislav Arbus, Schymon-Wolf Sisskind, Jakob Axelrod und Abraham Sisskind. Für den Letztgenannten müßte entweder der Arzt Dr. Horbatienko oder Dr. Laniuhov aus Stolpce nach Nikolajewtschina geschickt werden.

***

Zu meinem Schreiben vom 12. 3. 42 (Abtlg. IIc, 38 42) ist noch folgendes nachzutragen:
Eine nochmalige Überprüfung der Verhältnisse hat ergeben, daß die Poliklinik II in Neu-Baranowitsche nicht völlig geschlossen werden kann. Es muß des großen Anfalls von Zahnkranken wegen die Zahnstation in Betrieb und wie bisher mit den jüdischen Ärzten (Dr. Jesinowski, Dr. Mirska) und dem jüdischen Zahntechniker Levinbuk besetzt bleiben. Weiterhin ist erforderlich, daß folgende Ärzte dort ihre Tätigkeit fortsetzen. Frau Dr. Tscherucuko

als Leiterin, Frau Dr. Runcewitsch und der Jude Dr. Bratkowski. Die Juden Lubranitzki, Sawtschyk und Oscherowski sind überflüssig. Es können also noch nicht abgelöst werden die Juden:

1.	Dr. Schapiro, Hals-Nasen-Ohren-Arzt,	Poliklinik I	u. Krankenhaus
2.	Dr. Aronsohn, Röntgenologe	"	" "
3.	Dr. Schenitzki, Hautarzt	"	u. Venerische Station
4.	Dr. Kaplan, Kinderarzt	"	u. Krankenhaus
5.	Dr. Levinbuk, Chirurg	"	" "
6.	Dr. Bratkowski, Urologe u. Internist,	Poliklinik II	

(ZSA Minsk, 370-1-138; Kopie im Archiv des USHMM, RG 53.002M, Rolle 11)

96

Schreiben des Gebietskommissars Baranowitschi, Arbeitsamt, an den Generalkommissar Weißruthenien, Abt. II, vom 13. Februar 1942 betr. jüdische Ärzte und ihre Ersetzung

Die Einsatzlage im Gesundheitswesen erfordert die restlose Ausscheidung der jüdischen Ärzte, Apotheker, Heilgehilfen usw. Wie mir bekannt wurde, sind im Bezirk des Generalkommissariates Litauen eine größere Anzahl weißruthenischer Ärzte, sowie Apotheker ansässig, die dort keine Genehmigung zur Ausübung ihres Berufes erhalten. Um den jüdischen Einfluß im Gesundheitswesen ausschalten zu können, bitte ich von dort aus zu prüfen, ob die in Litauen brach liegenden Kräfte für den Einsatz in Baranowitsche gewonnen werden können.

(ZSA Minsk, 370-1-138; Kopie im Archiv des USHMM, RG 53.002M, Rolle 11)

97

Auszug aus dem Merkblatt des Wehrmachts-Ortskommandanten Minsk (Sperling) vom Juli 1942 u. a. betr. Verbot, das Ghetto zu betreten

3. Betreten des Ghetto

Das Betreten des Ghettos sowie jede Unterhaltung mit Juden ist allen Wehrmachtangehörigen (Offizieren, Uffz. und Mannschaften) und Angehörigen des Wehrmachtgefolges verboten.

(ZSA Minsk, 379-2-45, fol. 28; Kopie im Archiv des USHMM, RG 53.002M, Rolle 3)

98

Fahrplananordnung Nr. 62 der Reichsbahndirektion Königsberg vom 13. Juli 1942 betr. Deportationszüge nach Minsk

Zur Abbeförderung von Aussiedlern verkehren folgende Sonderzüge, Zugg. 30,9 mit je 1000 Personen aus dem Altreich über Platerow – Czeremcha nach Wolkowysk, Ziel Minsk nach folgendem Fahrplan:
Platerow an 10,11, ab 10,30 im Plan 92247 B nach Buchfahrplan Heft 22, Wolkowysk an 16,35. Weiter nach Fahrplan der HBD Mitte.

Im vorstehenden Plan verkehren:

P	Da 220	am	16. 7.	von	Theresienstadt,
P	Da 219	am	22. 7.	von	Köln Deutz,
P	Da 221	am	30. 7.	von	Theresienstadt,
P	Da 222	am	6. 8.	von	Theresienstadt.

Lok und Zug stellt Bf und Bw Czeremcha von Platerow bis Wolkowysk, Bw und Hbf Wolkowysk bis Baranowicze.

In Wolkowysk steigen die Insassen der Sonderzüge in Güterwagenparks um. Gedeckte Güterwagen sind rechtzeitig anzufordern und bereitzustellen. Zur Aufrechterhaltung der Ordnung beim Umsteigen ist erforderlichenfalls Bahnschutz- und örtliche Polizei heranzuziehen. Abfahrbereitschaft nach Minsk gegen 21,00 Uhr sicherstellen.

Hbf Wolkowysk veranlasse Reinigung der Wagen (besenrein) ggf durch die Insassen. Die Personenwagenleerzüge sind in folgendem Plan abzubefördern: Wolkowysk Hbf ab 9,55 im Plan 92232 B nach Buchfahrplan Heft 22, Platerow an 16,05. Hiernach verkehren:

Lp	Da 1220	am	17. 7.	(aus Da 220)	Wolkowysk	– Köln Deutz,
Lp	Da 1219	am	24. 7.	(" " 219)	"	– Breslau Odertor,
Lp	Da 1221	am	31. 7.	(" " 221)	"	– Theresienstadt,
Lp	Da 1222	am	8. 8.	(" " 222)	"	– Dresden Hbf

Die Leerzüge führen Zugg. 30,11. Eine Entnahme von Wagen aus diesen Zugparks ist verboten. Für pünktliche Durchführung der Voll- und Leerzüge ist zu sorgen, weil die Wagenzüge in einem festen Umlaufplan mehrfach verwendet werden. Bei Schwierigkeiten ist Rbd Bfp 9, Fernruf 483 anzurufen.

(ZSA Minsk, 378-1-784, fol. 38; Kopie im Archiv des USHMM, RG 53.002M, Rolle 2)

99

Schreiben des KdS Weißruthenien, Abt. IVB (Heuser), an die Haupteisenbahndirektion Mitte (in Minsk) vom 21. Juli 1942 betr. Zug DA 221

Betr.: Judentransport Da 221 (Theresienstadt)
Bezug: Ohne.
Aus technischen Gründen habe ich meine Außendienststelle Baranowitschi, SS-Untersturmführer Amelung, angewiesen, den vorbezeichneten Judentransport bereits in Baranowitschi auszuladen.
Ich bitte, der Transportleitung Bahnhof Baranowitschi entsprechende Anweisungen zu geben. Die weiteren Judentransporte werden dann wieder hier in Minsk von mir übernommen.

(ZSA Minsk, 378-1-784, fol. 59; Kopie im Archiv des USHMM, RG 53.002M, Rolle 2)

100

Auszug aus einem Telegrammbrief der Generalbetriebsleitung Ost an die Haupteisenbahndirektion Mitte (in Minsk) u. a. vom 8. August 1942 betr. „Sonderzüge für Umsiedler, Erntehelfer und Juden"

Die Zugbildung ist bei jedem Umlauf angegeben und zu beachten. Die Beleuchtungs- bzw. Verdunkelungseinrichtung der Wagen muß fortlaufend überwacht und in gutem Zustand gehalten werden. Nach jeder Vollfahrt sind die Wagen gründlich zu reinigen und etwaige kleinere Schäden sofort auszubessern. Wenn aus den eingesetzten Garnituren einzelne Wagen aus besonderen Gründen (Schadwagen zur Untersuchung usw) ausgesetzt werden müssen, so muß hierfür sofort voller Ersatz gestellt werden. Bei außergewöhnlicher Verunreinigung oder Beschädigung der Wagen durch die Reiseteilnehmer sind die Ersatzkosten bei den zuständigen Stellen einzufordern.

(ZSA Minsk, 378-1-784, fol. 28; Kopie im Archiv des USHMM, RG 53.002M, Rolle 2)

101

Schreiben des Gebietskommissars Wilna-Land an die Kreis-Chefs vom 21. August 1942 betr. Fluchtgefahr bei Juden

Es ist mir zu Ohren gekommen, daß in der letzten Zeit öfter Kriegsgefangene flüchtig geworden sind. Diese Gefahr besteht nunmehr auch bei den Juden. Es liegen bereits Fälle vor, in denen Juden sich den Stern, den sie tragen müssen, entfernt haben und aus dem Ghetto entschwunden sind. Sie treiben sich nun irgendwo umher. Dieser Zustand ist selbstverständlich unmöglich.

Die Kreischefs werden ersucht, ihre Polizeikräfte darauf aufmerksam zu machen, daß Juden, die ohne Stern oder ohne Beschäftigung angetroffen werden, die außerdem nicht identifiziert werden können, sofort zu verhaften und dem SD zu übergeben sind.
Ich wünsche in jedem einzelnen Vorfall Bericht.

(ZSA Vilnius, R685-5-10, fol. 56)

102

Briefwechsel des KdS Minsk, IV B (Müller), mit der Stapoleitstelle Düsseldorf vom Juli 1943 betr. Wilhelmine P.[26]

SIPO MINSK- NR 3285 22. 7. 43 2100- TIE
AN STAPOL. DUESSELDORF. IN RATINGEN. —
BETR.: JUEDIN WILHELMINE SARA P., GEB. AM 25. 2. 22 IN DDORF. IN DUESSELDORF, HORST-WESSELSTR. 49 WOHNH. GEWESEN. —
VORG.: OHNE —

DIE P. WURDE IM NOVEMBER 1941 MIT IHRER MUTTER VON DUESSELDORF NACH MINSK EVAKUIERT. HIER HAT SIE WIEDERHOLT MIT EINEM REICHSDEUTSCHEN GESCHLECHTLICH VERKEHRT. IN IHRER VERNEHMUNG GIBT SIE AN, DASS SIE MISCHLING SEI. IHR VATER SEI DER ARIER GUSTAV P., GEB. 31. 5. 98 IN INSTERBURG/OSTPR. SEIT 1918 WOHNH. IN DUESSELDORF, HORST-WESSELSTR. 49 — ICH BITTE UM FS-MITTEILUNG, OB DIE ANGABEN DER P. ZUTREFFEN ODER OB ES SICH BEI IHR UM EINE JUEDIN HANDELT.

* * *

Stapoleitstelle
[...]
Ratingen, den 20. 7. 1943.
Kdr. d. Sipo u. d. SD in Minsk.
[...]
Die P. ist rassemäßig Mischling 1. Grades. Sie wird nach § 5 Abs. 2 a der Ersten Verordnung zum RBG. dem Judentum zugerechnet.

(Hauptstaatsarchiv Düsseldorf, Gestapo-Akte 65528)

26 Anonymisierung der Namen durch die Herausgeber. Laut „Totenbuch" ist Wilhelmine P. in Minsk verschollen.

2. Ausbeutung

In keinem anderen Bereich der Verwaltung erreichten deutsche Bürokraten einen derartigen Grad an Perfektion wie bei der Ausbeutung der Juden. Die Aneignung jüdischen Eigentums – zu unterschiedlichen Konditionen und in unterschiedlicher Form – hatte den 1933 einsetzenden Verdrängungsprozeß von Beginn an begleitet. Beim raschen Nachholen dessen, was im Reich und in den anderen besetzten Gebieten Europas schon geleistet war, verfuhr man im Reichskommissariat Ostland im Rahmen der „Endlösung" wesentlich brutaler. Neben dem Kapitalvermögen der Juden wurde nun auch ihre persönliche Habe, ihre Arbeitskraft sowie – in Form des „Judennachlasses" bzw. „herrenlosen Vermögens" – die materielle Hinterlassenschaft der Ermordeten zum Objekt staatlicher und privater Begierde. Die systematische Expropriation brachte einen erheblichen Verwaltungsaufwand mit sich. Die Zahl der diesbezüglichen Richtlinien, Verordnungen und sonstigen Anordnungen, von denen hier nur ein kleiner Teil wiedergegeben ist [Dok. 103, 106, 109, 111, 113, 115, 125], verdeutlicht den vorherrschenden bürokratischen Aktionismus.

Im Rahmen der Ausbeutung spielten die Ghettos eine besondere Rolle: sie bildeten, solange sie bestanden, eine wichtige Quelle begehrter Arbeitskräfte und steter Einnahmen. Indem man die Ghettobewohner bewußt unterversorgte, zur Zwangsarbeit preßte und mittels häufiger, auch privat organisierter Raubzüge ausplünderte, wurden die letzten Reste verborgenen jüdischen Besitztums den Okkupanten und ihren einheimischen Helfern erschlossen [Dok. 110, 112, 118, 126, 127]. Je schwieriger sich die Lage auf dem Arbeitsmarkt angesichts der unersättlichen deutschen Kriegswirtschaft gestaltete, um so größere Bedeutung kam den Ghettos zu [Dok. 104, 105, 108, 114, 123, 124, 130]. Bisweilen sahen sich deutsche Stellen sogar veranlaßt, im Interesse des „Arbeitseinsatzes" über eine Erhöhung der Hungerrationen nachzudenken, damit die Juden nicht bei der Arbeit zusammenbrachen [Dok. 107, 121]. Dies bedeutete jedoch nicht, daß – wie Himmler und Rosenberg fürchteten [Dok. 128, 129] – die Behandlung der Juden anderen als nationalsozialistischen Grundsätzen folgte oder gar der Primat der „Endlösung" gefährdet war. Daß die „Aktionen" für Störungen im geregelten Dienstbetrieb der Wirtschaftsverwaltung sorgten, war unübersehbar [Dok. 116, 117, 119]. Am Ende fügten sich auch deutsche Arbeitgeber in das ihrer Ansicht nach Unvermeidliche – die Städte „judenfrei" zu machen und trotz aller Schwierigkeiten ohne die Arbeitssklaven aus dem Ghetto auszukommen.

103

Auszug aus der zweisprachigen (deutsch und russisch) Anordnung des Stadtkommissars Minsk vom 14. Oktober 1941 betr. die Anmeldung des jüdischen Vermögens

Das gesamte Vermögen der jüdischen Bevölkerung ist bis zum 1. 11. 41 anzumelden. Zur Anmeldung ist jeder verpflichtet, der jüdisches Vermögen in Besitz oder Verwahrung hat; ferner jeder, der – ohne Eigentümer, Besitzer oder Gewahrsamsinhaber zu sein – rechtlich oder tatsächlich über jüdisches Vermögen verfügt oder verfügen kann. Ich fordere danach insbesondere diejenigen zur Anmeldung auf, die jüdisches Vermögen zur Aufbewahrung übernommen oder auf andere Weise erlangt haben. Die Anmeldepflichtigen haben sich beim Rayonbürgermeister zu melden.

(ZSA Minsk, 623-2-1; Kopie im Archiv des USHMM, RG 53.002M, Rolle 12)

104

Auszüge aus dem Bericht vom 17. November 1941 über eine Inspektionsreise von Mitarbeitern des Generalkommissariats Weißruthenien nach Glebokie

Zentralverwaltung (Personalien, Unterkunft, Geschäftswesen, Registratur, Rechnungs- und Haushaltswesen, Kassenführung).
Bis jetzt sind 8 Reichsdeutsche beim Gebietskommissar tätig. Der zugesicherte Dolmetscher steht noch aus. Die Arbeitsräume bedürfen noch einer Erweiterung bezw. eines Ausbaues. Die Gefolgschaftsmitglieder sind vorläufig getrennt untergebracht, anderweitige gemeinsame Unterkunft wird bald erfolgen können. – Geschäftsverteilungsplan vorhanden. – Registratur im Aufbau. – Kasse wird im großen und ganzen ordentlich geführt. In Ermangelung geeigneter Unterbringungsräume sind Pelze usw. an Wehrmacht verkauft worden. Der Verkauf ist nun gestoppt worden. Das Vermögen wird nächstens dem Herrn Generalkommissar zur Verfügung gestellt. – Judenvermögen ist inventarisiert und listenmäßig erfaßt.
[...]
Politische Verhältnisse (Konfessionelle Verbände, Judentum, Propaganda und Presse).
Gegensätze zwischen Polen und Weißruthenen genau wie im Gebiet Wilejka. Die von der Wehrmacht eingesetzten polnischen Rayonbürgermeister und Bürgermeister werden nach und nach durch geeignete Weißruthenen ab-

gelöst, teilweise sind geeignete Leute schon vorhanden. Weißruthenen genießen, wenn sie auch häufig weniger geeignet sind, den Vorzug. Juden stellen die unbedingt notwendigen Handwerker und Arbeitskräfte, eine Liquidierung kann daher noch nicht erfolgen.

(ZSA Minsk, 370-1-55, fol. 21; Kopie im Archiv des USHMM, RG 53.002M, Rolle 11)

105

Auszüge aus einem Bericht des Generalkommissars Lettland an den RKO vom 20. November 1941 mit Anlage zur „Beschäftigung von Juden"

Der Arbeitseinsatz der Rigaer Juden.

Für alle Juden wurde eine Kartei angelegt, die folgendes Bild ergibt:

a) Kinder bis zu 14 Jahren	
Knaben	2794
Mädchen	2858
	5652
b) arbeitsfähige von 14 bis 65 Jahren	
Männer	6143
Frauen	9507
	15650
c) arbeitsunfähige Männer	2069
" Frauen	6231
	8300
Zusammen:	29602

Die Gliederung nach Berufsgruppen stellt sich wie folgt dar:

Schuster	110
Schneider	300
Schneiderinnen	1300
Mützenmacher und Modistinnen	120
Zunahtmacher	200
Kürschner	50
Graveure	15
Beutel- Handschuh- und Koffermacher	40
Uhrmacher	50
Klempner	75
Glaser	50
Tapezierer und Sattler	40

Kartonagenarbeiter	15
Buchbinder	15
Zahntechniker	10
Gerber	25
Weber	40
Tischler	70
Stricker	135
im ganzen	2660

Beim Gebietskommissar in Riga-Stadt, Abteilung Arbeitsamt ist eine besondere Arbeitseinsatzstelle für Juden geschaffen worden, um den Einsatz der Juden planmäßig zu gestalten, d. h. die Juden so einzusetzen, daß ihre Arbeitskraft restlos für deutsche Zwecke ausgenutzt wird, sie soll aber andererseits keine Konkurrenz für Deutsche oder Letten bedeuten. Um der Gefahr der Spionage und Sabotage von Seiten der Juden zu begegnen, ist ab 1. 11. 1941 der Arbeitseinsatz von einzelnen Juden fast vollkommen eingedämmt worden. In allen Fällen, wo lettische Arbeitskräfte zur Verfügung standen, sind diese an Stelle der einzeln arbeitenden Juden eingesetzt worden. Nach Verhandlungen mit den zuständigen Wehrmachtsdienststellen müssen die Juden ab 1. 11. 1941 tariflich entlohnt werden. Der gesamte Lohn wird vom Arbeitgeber dem Finanzamt der Stadt Riga überwiesen. Eine Auszahlung an Juden erfolgt nicht. Mit den eingezahlten Geldern werden Lebensmittel und andere Bedürfnisse für die Ghettoinsassen bestritten.
[...]
Um die Zahl der außerhalb des Ghettos beschäftigten Juden noch mehr einzuschränken, werden im Ghetto Werkstätten eingerichtet (vorläufig Schuster und Schneider). Diese Werkstätten werden ausschl. für Belange der Wehrmacht arbeiten. Die Wehrmachtsdienststellen lassen dort reparaturbedürftige Bekleidungs- und Ausrüstungsgegenstände unter Belieferung von Rohmaterial ausführen. Diese Einrichtung wurde von den zuständigen Wehrmachtsdienststellen begrüßt.
Im Augenblick werden mit der Hauptabteilung IV (Technik und Verkehr) Verhandlungen geführt, um größere Kontingente von Juden den Winter über bei Schneeräumungsarbeiten auf Landstraßen einzusetzen.
Ähnlich wie in Riga gestaltet sich auch in Libau der Arbeitseinsatz der Juden.
An Juden sind in Libau vorhanden:

a) Kinder bis zu 14 Jahren	
Knaben	409
Mädchen	373
	782

b) arbeitsfähige Männer von 14 – 65 Jahren	617
arbeitsfähige Frauen	2385
	3002
c) nichtarbeitsfähige Männer	29
nichtarbeitsfähige Frauen	77
	106
	3890

Diese Juden werden größtenteils durch die Marinefestungskommandantur Libau beschäftigt.
Im Ghetto Dünaburg sind folgende Juden vorhanden:

a) Kinder bis zu 14 Jahren	
Knaben	86
Mädchen	87
	173
b) arbeitsfähige Männer von 14 bis 65 Jahre	298
arbeitsfähige Frauen	421
	719
c) nichtarbeitsfähige Männer	8
nichtarbeitsfähige Frauen	17
	25
d) über 65 Jahre arbeitsfähige Männer	4
über 65 Jahre arbeitsfähige Frauen	-
	4
e) nichtarbeitsfähige Männer	10
nichtarbeitsfähige Frauen	4
	14
	935

Um auch hier zu verhindern, daß die Juden zu Einzelarbeiten bei Wehrmacht- und Privatstellen eingesetzt werden, wurde durch jeden Juden ein Betrag von pro 1.– RM festgesetzt. Dieser Betrag wird bei der Amtskasse in Dünaburg eingezahlt. Aus den eingezahlten Beträgen wird eine Verpflegungsstelle für die Ghettoinsassen eingerichtet. Das Ghetto in Dünaburg ist in der ehemaligen Zitadelle auf dem gegenüberliegenden Ufer der Düna eingerichtet worden.

* * *

Anordnung

Betrifft: Beschäftigung von Juden.

1. Sämtliche bisher vom Arbeitsamt Riga für Juden ausgestellten Arbeitsausweise verlieren am 31. Oktober 1941 ihre Gültigkeit.

Ab 1. November 1941 werden neue gelbe Ausweise nur noch für Einzelgänger (Spezialisten) ausgestellt. Begründete Anträge auf Weiterbeschäftigung von Juden nach dem 31. Oktober 1941 sind sofort dem Arbeitsamt Riga Abt. Judeneinsatz, Yorkstr. 29/31, schriftlich einzureichen.

2. Wer nach dem 1. November 1941 Juden beschäftigt, muß den tariflichen Lohn bezahlen.

Der gesamte Arbeitsverdienst der Juden ist wöchentlich an die Stadtverwaltung Riga, Abtlg. Finanzamt, Königstr. 5 abzuführen. Die Auszahlung von Lohngeldern an Juden ist untersagt.

R i g a, den 27. Oktober 1941.

Der Gebietskommissar Riga-Stadt

I. V.

Altmeyer.

(ZSA Riga, R269-1a-19; Kopie im Archiv des USHMM, RG 18.002M, Rolle 3)

106

Gebietskommissar Pernau (Estland)
an die Kreisältesten vom 23. Dezember 1941
betr. „Erfassung des jüdischen Eigentums"

Zur Erfassung des jüdischen Besitzes bitte ich alle Ihnen unterstellten Bürgermeister und Gemeindeältesten anzuweisen, eine Nachweisung nach anliegendem Muster[27] aufzustellen. Und zwar habe ich als Stichtag den 20. Juni 1941 gesetzt, wobei natürlich auch die nationalisierten jüdischen Grundbesitze und Betriebe Berücksichtigung finden sollen. In Spalte 3 bitte ich mir jeweils die genaue Lage: Straße und Hausnummer anzugeben. In Spalte 5 ist eine kurze Angabe über die Gebäudezahl und die Zahl der Zimmer, Stockwerke usw. erforderlich.

Die Nachweisungen der einzelnen Gemeinden bitte ich kreisweise gesammelt zurückzugeben. Es ist wichtig, daß jede einzelne Gemeinde berichtet. Gemeinden, in denen kein jüdischer Grundbesitz vorhanden ist, müssen unbedingt und zwar schriftlich Fehlanzeige erstatten.

(ZSA Tallinn, R3142-2-17, fol. 25)

27 Muster hier nicht abgedruckt.

107

Schreiben des Generalkommissars Weißruthenien, Abt. III, an den Gebietskommissar Baranowitschi vom 9. Februar 1942 betr. „Verpflegung jüdischer Arbeiter“

An den Durchgangsstraßen (Dg) VII Brest – Sluzk und VIII Slonim – Baranowitsche – Sluzk – Minsk hat die Feldkommandantur 250 Baranowitsche bei den einzelnen Ortskommandanturen (O. K.) Juden und einheimische Arbeiter zur Einrichtung der Unterkünfte für die Truppen der West-Ostbewegung beschäftigt. Die O. K. klagen darüber, daß die Juden nicht leistungsfähig sind und vielfach bei der Arbeit zusammenbrechen. Da die Durchführung dieser Arbeiten äußerst wichtig ist, wollen Sie veranlassen, daß zur Erhaltung der Arbeitskraft der bei diesen Arbeiten eingesetzten Arbeiter nachstehende, für die Zivilbevölkerung geltende Verpflegungssätze bereitgestellt werden:

pro Kopf und Tag 250 gr. Brot,
" " " " 500 gr. Kartoffeln.

Darüber hinaus kann aus einer Gemeinschaftsküche täglich eine warme Suppe gereicht werden.

(ZSA Minsk, 393-3-16, fol. 11; Kopie im Archiv des USHMM, RG 53.002M, Rolle 4)

108

Schreiben des Gebietskommissars Wilna-Land an die Kreis-Chefs vom 4. Juni 1942 betr. den Einsatz jüdischer Arbeitskräfte

Zu Beginn der Frühjahrs- und Sommerzeit ergibt sich auf dem Gebiet der Landwirtschaft ein gewaltiger Anfall von durchzuführenden Arbeiten. Infolge der gespannten Arbeitslage im Gebiet Wilna-Land ist es oft kaum möglich, den Bedarf an Arbeitskräften aus dem vorhandenen Angebot zu decken. Daher ordne ich an, daß unter allen Umständen die vorhandenen jüdischen Arbeitskräfte beschleunigt zu Arbeiten in der Landwirtschaft bzw. bei anderen anfallenden wirtschaftlichen Arbeiten herangezogen werden.

Die Kreischefs werden beauftragt, diesen Arbeitseinsatz beschleunigt vorzunehmen und dafür Sorge zu tragen, daß die Unterbringung und Verpflegung der eingesetzten jüdischen Arbeiter ordnungsgemäß durchgeführt wird.

Es kommen für diesen Einsatz nur die männlichen Arbeitskräfte in Frage, Frauen und Kinder verbleiben im Ghetto. Die Unterbringung der abgestellten jüdischen Arbeitskräfte erfolgt geschlossen. Die Bezahlung regelt sich nach den allgemein gültigen Sätzen, d. h. der Arbeitgeber bezahlt den vollen Arbeitslohn, von dem 50 % an die Gebietskasse abzuführen sind, während der Rest den Juden auszuhändigen ist.

(ZSA Vilnius, R685-5-10, fol. 43)

109

Schreiben des Generalkommissars Weißruthenien, Treuhandverwaltung, an die Gebietskommissare vom 23. Juni 1942 betr. „Erfassung und Verwaltung des beweglichen jüdischen Vermögens" mit den für das RKO geltenden Richtlinien vom 19. Mai 1942

Die Erfassung und Beschlagnahme des beweglichen jüdischen Vermögens wurde in den einzelnen Gebieten nach den vorläufigen Richtlinien vom 9. August 1941 in die Wege geleitet und durchgeführt. Der Herr Reichskommissar für das Ostland, Abteilung Treuhandverwaltung, hat nun die nachfolgend wiedergegebenen Grundsätze aufgestellt und Richtlinien über die Erfassung, Verwaltung und Verwertung des beweglichen jüdischen Vermögen erlassen. Wie schon wiederholt ausgeführt, gehören das jüdische und das herrenlose Vermögen zur Treuhandmasse; Erträgnisse aus diesem Vermögen sind auf das Konto der Treuhandverwaltung zu buchen und nicht mehr an die Amtskasse bezw. Zahlstelle abzuführen; die Bearbeitung der gesamten damit zusammenhängenden Fragen sind nunmehr von dem Referenten der Treuhandverwaltung zu bearbeiten.

In seinem Erlaß vom 19. Mai 1942 führt der Reichskommissar für das Ostland folgendes aus:

„Die Erfassung und Verwaltung des jüdischen Vermögens gemäß der Verordnung über die Behandlung des jüdischen Vermögens im Reichskommissariat Ostland vom 13. 10. 41 (VBL. RKO. S. 27) gehört nach der ersten Durchführungsbestimmung zu der Verordnung über die Einrichtung einer Treuhandverwaltung im Reichskommissariat Ostland vom 1. 12. 41 (VBL. S. 84) zu den Aufgaben der Treuhandverwaltung. Das jüdische Vermögen ist zu einem großen Teil bereits durch Aufrufe und Anordnungen der Gebietskommissare erfaßt worden. Soweit es die einheitliche Erfassung in Ihrem Bezirk erforderlich macht, bitte ich, das jüdische Vermögen durch einen besonderen Aufruf oder Anordnung zu erfassen, in dem die nachstehenden Punkte zu berücksichtigen sind:

1) Anmeldepflichtig ist jeder, der aus jüdischem Besitz stammende Gegenstände im Besitz oder Gewahrsam oder nach dem 20. 6. 41 erworben hat.

2) Jeder, der nach dem 20. 6. 41 aus jüdischem Besitz stammende Gegenstände entgeltlich oder unentgeltlich veräußert hat, hat den Erwerber und die Art der veräußerten Gegenstände anzuzeigen.

3) Soweit Gegenstände bereits auf Grund von Aufrufen der Gebietskommissare angemeldet worden sind, ist eine nochmalige Anmeldung nicht notwendig.

4) Soweit bereits nach den Aufrufen der Gebietskommissare Gegenstände anmeldepflichtig waren, aber trotzdem nicht angemeldet worden sind, hat

die Anmeldung auf Grund dieses Aufrufes zu erfolgen, ohne daß der Anmelder wegen der früheren Nichtanmeldung Nachteile erleidet.
5) Wertgegenstände, Zahlungsmittel und Wertpapiere sind abzuliefern.
6) Die Anmeldung hat bei den untersten landeseigenen Behörden, die Ablieferung bei den Gebietskommissaren oder den von ihnen beauftragten Stellen zu erfolgen.
7) Aus der Anmeldung, für die zweckmäßig ein Vordruck hergestellt wird, muß ersichtlich sein: Name und Wohnort des Anmeldenden, die genaue Bezeichnung der Gegenstände und gegebenenfalls ihr Aufbewahrungsort.
8) Für den Fall der Nichtanmeldung sind Strafen anzudrohen.
Die in der Anlage beigefügten Richtlinien sind für die Gebietskommissare bestimmt; sie beschränken sich bewußt nur auf die allgemeinen Grundsätze, um eine Anpassung an die örtlichen Verhältnisse im einzelnen zu ermöglichen.
Für die Behandlung des beweglichen nationalisierten Vermögens sowie für Forderungen gegen jüdische Vermögen ergehen noch besondere Bestimmungen."
Über den Stand und die Auswirkung der Erfassung (und Verwertung) des beweglichen jüdischen Vermögens nach den vorstehenden Richtlinien und die dabei gemachten Erfahrungen bitte ich, mir bis zum 20. Juli 1942 zu berichten. Da ich termingemäß zu berichten habe, bitte ich um genaue Einhaltung des Termins.

* * *

R i c h t l i n i e n
über die Erfassung, Verwaltung und Verwertung des beweglichen jüdischen Vermögens im Gebiet des Reichskommissariats Ostland
1) Zuständig für die Erfassung, Verwaltung und Verwertung des beweglichen jüdischen Vermögens sind die Gebietskommissare. Sie haben sich zur Durchführung Ihrer Aufgabe weitgehend der landeseigenen Verwaltung zu bedienen.
2) Herrenloses Vermögen ist wie jüdisches Vermögen zu behandeln.
3) Grundlage für die Erfassung des jüdischen beweglichen Vermögens sind die von den Gebietskommissaren bereits erlassenen Aufrufe. Soweit das bisher nicht geschehen ist, dürfen neue Aufrufe nur mit Zustimmung des Generalkommissars ergehen.
4) Die Erfassung hat in einer möglichst einfachen und übersichtlichen Weise zu erfolgen. Die Regelung im einzelnen bleibt den Gebietskommissaren überlassen.
5) Die Verwertung des erfaßten beweglichen jüdischen Vermögens hat grundsätzlich durch Verkauf zu geschehen, soweit nicht im Einzelfall oder allgemein ausdrücklich durch die Generalkommissare etwas anderes bestimmt ist. Eine Versteigerung ist nicht zulässig.

6) Beim Verkauf ist der gegenwärtige Wert zu Grunde zu legen. Die Schätzung ist durch einen vereidigten Taxator vorzunehmen.
7) Der Erfassung und Verwaltung unterliegen auch die von Dienststellen oder deren Angehörigen benutzten Gegenstände. Über ihre Behandlung ergehen noch besondere Bestimmungen.
8) Die Verwaltung der brauchbaren Einrichtungsgegenstände für Wohnungen und Büros ist dem Quartier- und Wohnungsamt zu unterstellen. Ihre Verwertung hat nach dem Ermessen des Quartier- und Wohnungsamtes durch Verkauf oder Vermietung zu erfolgen.
9) Die aus der Verwertung eingehenden Erlöse sind auf die Sonderkonten des Generalkommissars, Abteilung Treuhandverwaltung, einzuzahlen. Für die Behandlung der abgelieferten Wertgegenstände, Zahlungsmittel und Wertpapiere sind die hierfür ergangenen Vorschriften maßgebend
Riga, den 19. Mai 1942

(ZSA Minsk, 370-1-468, fol. 16–18; Kopie im Archiv des USHMM, RG 53.002M, Rolle 11)

110

Auszüge aus einem Schreiben des Gebietskommissars Petersen (in Glebokie) an den Generalkommissar Weißruthenien, Treuhandverwaltung, vom 22. Juni 1942 betr. die „Erfassung des beweglichen jüdischen Vermögens“

Auf Grund der Anordnung des Herrn Reichskommissars für das Ostland Abt. IIa 38/41, Kauen, den 18. VIII. 41, bezüglich jüdischen Vermögens wurde am 2. u. 3. X. 41 die Judenschaft des Gebietes zur Abgabe von Gold, Silber, Bargeld usw. aufgefordert (siehe Anlage 1 u. 2). Bei diesen Aktionen wurde von den Juden an Bargeld nicht einmal so viel gebracht, wie der Erlaß des Herrn Reichskommissars ihnen zu belassen vorsieht. Angestellte Haussuchungen blieben erfolglos. Nach Einrichtung der Ghettos wurde nun versucht, Gold und Bargeld durch Auferlegung von Kontroputionen aus der Judenschaft herauszuziehen (Anl. 3 u. 4). Die gestellten Forderungen wurden vereinzelt bis zu 70 % erfüllt. Die auf diese Art eingegangenen Waren und Wertmengen wurden der Zahl bezw. dem Gewicht nach in einem besonders dazu angelegten Buche geführt (siehe Anl. 5).
Das vor Einzug der Zivilverwaltung von Seiten der Wehrmacht zur Einrichtung von Quartieren ohne besondere Genehmigung entnommene Judenvermögen wurde, soweit noch eine Möglichkeit vorlag, von den Amtsvorstehern listenmäßig gemeldet (siehe Anl. 6, Abs. 6). Große Mengen an beweglichem Judenvermögen wurden von durchziehenden Truppen und zeitweilig ansässigen Dienststellen außerhalb der Gebietsgrenzen gebracht.

[...]
Bargeld sowie sämtliche Einnahmen aus dem Verkauf von Gegenständen aus den jüdischen Vermögen sowie die Einnahmen für die von Juden geleistete Arbeit (s. Anl. 10 u. 11) wurden auf Verwahrkonto bei der Kasse des Gebietskommissariats eingezahlt.
Auf Anweisung vom 27. V. 42 der Amtskasse des Herrn Generalkommissars wurden 169908,47 RM mit allen Belegen auf Konto Nr. 34 an die Reichskreditkasse in Minsk überwiesen. In dieser Summe ist der Gegenwert der abgelieferten Goldgegenstände sowie der Silber- und Nickelmünzen nicht enthalten.
Eine Erfassung des jüdischen Vermögens nach der Verordnung des Herrn Reichskommissars für das Ostland Abt. IIa 38/41 Kauen den 18. VIII. 41 war für uns undurchführbar. 1. Die Juden hätten ihr tatsächliches Vermögen genau so wenig angegeben, wie sie uns auf Anforderung hin ihr Geld, Gold, Pelze usw. abgegeben haben.
2. Eine Möglichkeit der Verwaltung des Vermögens nach dem von dem Herrn Reichskommissar herausgegebenen Muster (Anl. 1 der oben bezeichneten Verordnung) bestand für hier nicht.
3. Auf Grund der Quartierleistung mußte das bewegliche Judenvermögen laufend angegriffen werden. Ferner war es bis zum Tage nicht möglich eigenmächtige Handlungen der Juden bezüglich ihres Vermögens zu unterbinden. Die gestern angegebenen Vermögenswerte hatten heute schon nicht mehr gestimmt, ein Überblick wäre demnach kaum zu gewinnen gewesen.
Nach der Zusammenführung der Juden in Ghettos wären die Angaben 100 % hinfällig gewesen.

(ZSA Minsk, 370-1-483; Kopie im Archiv des USHMM, RG 53.002M, Rolle 11)

111

Abschrift eines Schreibens des SSPF Weißruthenien (Zenner) an den KdO vom 2. Juli 1942 betr. die Erfassung jüdischen Vermögens

Der Generalkommissar für Weißruthenien, Abt. HA III Treuhandverwaltung, hat unter dem 23. 6. 42 eine Verfügung über die Erfassung und Verwaltung des beweglichen jüdischen Vermögens herausgegeben. Danach ist für die Erfassung und Verwaltung des beweglichen jüdischen Vermögens der Gebietskommissar zuständig.
Es sind daher alle von der Polizei erfaßten jüdischen beweglichen Vermögensteile jeweils an den zuständigen Gebietskommissar gegen Quittung abzugeben.
Zum 1. eines jeden Monats ist mir Meldung über Vermögensablieferung vorzulegen.

(ZSA Minsk, 389-1-3, fol. 84; Kopie im Archiv des USHMM, RG 53.002M, Rolle 4)

112

Schreiben des Gebietskommissars Petersen (in Glebokie) an den RKO, Treuhandverwaltung, vom 2. Juli 1942 betr. das nach Riga übergebene jüdische Vermögen

Mit Schreiben vom 2. Juli 1942 übergab das Gebietskommissariat in Glebokie mit der Bitte um Weiterleitung an die Abt. III. – Treuhandverwaltung des Herrn Reichskommissars bezw. an die Reichskreditkasse in Riga der HA. III – Treuhandverwaltung beim Herrn Generalkommissar in Minsk aus dem beschlagnahmten Judenvermögen 3610 Goldrubel = 3,069 kg, 20 Goldrubel älterer Ausgabe = 0,026 kg, 210 Golddollar = 0,351 kg, eine Kiste mit 4,267 kg Goldgegenstände der verschiedensten Art.
Die Kiste ist außen mit dem Kennwort „Fisch" gekennzeichnet. Als Anschrift trägt die Kiste:
– An das Depot der Reichskreditkasse Riga – Absender: Gebietskommissariat Glebokie, Weißruthenien. – Gesamtgewicht der Kiste: 5,594 kg.

(ZSA Minsk, 370-1-483; Kopie im Archiv des USHMM, RG 53.002M, Rolle 11)

113

Schreiben des Gebietskommissars Wilna-Land an die Kreischefs vom 10. Juli 1942 betr. Behandlung von Juden

Ich mußte des öfteren feststellen, daß die Erfassung und der Arbeitseinsatz der Juden nicht immer nach den von mir des öfteren herausgegebenen Richtlinien vorgenommen wird.
Ich ersuche daher schnellstens, sämtliche in meinem Gebiet befindlichen Juden, getrennt nach den Ghettos und den bei einzelnen Arbeitgebern abgestellten jüdischen Arbeitskräften zu erfassen. Arbeitsunfähige Juden, worunter auch Kinder fallen, sind anzuführen, ebenso diejenigen, die noch nicht bei den kriegswichtigen und kriegsbeeinflussenden Arbeiten beschäftigt sind.
Zur Durchführung der Judenmaßnahmen bringe ich Ihnen nochmals beiliegende Anordnung über Juden in Erinnerung.

* * *

Anordnung.
Betr.: Juden.

§ 1.
Die gesamte jüdische Bevölkerung ist laut Anordnung des Herrn Gebietskommissars Wilna-Land getrennt von der übrigen Bevölkerung in Ghettos unterzubringen. Diese Ghettos werden ausschließlich von Juden bewohnt.

§ 2.
Die Angehörigen der jüdischen Volksgruppe tragen innerhalb und außerhalb des Ghettos auf der linken Brustseite und auf dem Rücken deutlich sichtbar den gelben Judenstern.
§ 3.
An der Spitze der Judenbevölkerung steht ein Judenrat. Er setzt sich zusammen aus drei Mitgliedern. In seinen Händen liegt die Verwaltung des Ghettos und die Erledigung aller anfallenden organisatorischen Aufgaben (Sauberkeit des Ghettos). Der Judenrat ist für die genaue Durchführung und Innehaltung aller Befehle verantwortlich. Er hat dem Bürgermeister täglich über alle besonderen Vorkommnisse, sanitären Zustand und anfallende Schwierigkeiten unaufgefordert bis 10,00 Uhr zu berichten.
§ 4.
Zwecks Aufrechterhaltung der Ruhe und Ordnung im Ghetto wird eine jüdische Polizeigruppe gebildet in Stärke von 6 – 12 Mann. Diese jüdischen Polizisten tragen auf dem linken Oberarm eine weiße Armbinde mit der Aufschrift „Jüdische Polizisten". Ihre Funktion erstreckt sich nur auf das Ghetto.
§ 5.
Die Arbeitszeit der Juden ist ganztägig. Bis zum Einbruch der Dunkelheit – spätestens bis 20,00 Uhr – müssen die Juden zurückgekehrt sein. Allen Juden ist das Betreten der Straßen zwischen 20,00 und 6,00 Uhr verboten.
§ 6.
Alle Juden im arbeitsfähigen Alter sind zur Arbeit verpflichtet.
§ 7.
Jede unerlaubte Entfernung oder Flucht aus dem Ghetto wird mit den schärfsten Maßnahmen gegen den zurückgebliebenen jüdischen Bevölkerungsteil geahndet.
§ 8.
Allen Juden ist der persönliche sowie geschäftliche Verkehr mit Nichtjuden streng verboten. – Wer als Nichtjude mit den Juden privaten Umgang pflegt, muß entsprechend als Jude behandelt werden.
§ 9.
Außerhalb des Ghettos haben sich alle Juden auf der rechten Straßenseite zu bewegen. Die Benutzung der Bürgersteige ist untersagt.
§ 10.
Alle Anforderungen zur Arbeitsleistung sind an den Gebietskommissar Wilna-Land – Sozialamt – und dessen Nebenstellen zu richten. Die Ausführung der von dort gegebenen Befehle wird in Übereinstimmung mit dem Bürgermeister und den zuständigen Ortspolizeiorganen vorgenommen.
§ 11.
Die Zuweisung von jüdischen Arbeitskräften darf nur bei Anforderung von mindestens 10 Arbeitskräften erfolgen. Einzelanforderungen darf nur statt-

gegeben werden, wenn es sich um qualifizierte Arbeitskräfte handelt. Einzelne, ohne Genehmigung des Gebietskommissars umherlaufende Juden, machen sich strafbar, ebenso der Arbeitgeber.

§ 12.

Der An- und Abmarsch zur bzw. von der Arbeitsstätte vollzieht sich in geschlossenen Gruppen.

§ 13.

Der Arbeitgeber hat dafür Sorge zu tragen, daß die bei ihm arbeitenden Juden keine Geschäfte betreiben und zu verhindern, daß sie Lebensmittel, Holz und anderes mehr einkaufen und in das Ghetto mitnehmen. Die Mitnahme von Bedarfsgütern, insbesondere von bewirtschafteten Artikeln, ist strengstens untersagt.

§ 14.

Die beschäftigten Juden haben Anspruch:

a) auf Lohn und zwar Männer vom 16. Lebensjahre an aufwärts RM 0,15, Frauen vom 16. Lebensjahr an aufwärts RM 0,12 und Jugendliche unter 16 Jahren RM 0,10 pro Arbeitsstunden. Private Zivildienststellen, Truste, Genossenschaften usw., mit Ausnahme der deutschen Dienststellen und der Stadtverwaltung, bezahlen außer den oben angeführten Lohnsätzen an die Juden denselben Betrag an die Kasse des Gebietskommissar Wilna-Land.

b) Um die Arbeitskraft des Juden zu erhalten, ist ihm eine zusätzliche Verpflegung zu gewähren. Der Arbeitsgeber hat daher für eine warme Mittagssuppe zu sorgen im Werte bis zu RM 0,30. Der Betrag hierfür kann vom Lohne abgezogen werden.

Der Gebietskommissar Wilna-Land.

Wilna, den 10. Juli 1942.

(ZSA Vilnius, R685-5-10, fol. 46–50)

114

Auszüge aus dem Bericht des Hauptkommissars Minsk (Paulsen) vom 25. Juli 1942 über eine Dienstreise zum Gebietskommissar Glebokie

Im Gegensatz zu den Verhältnissen in Wilejka gewann man von der inneren Verwaltung den Eindruck, daß auf den verschiedenen Sachgebieten eine tadellose Arbeit geleistet wird. Es findet laufend eine Überprüfung der gesamten Finanz- u. Steuerverhältnisse in den Rayons statt.

[...]

Eine eingehende Erörterung über das Judenvermögen fand mit dem Ordensjunker Hebel statt. Referent Hebel wies darauf hin, daß ein Sachbearbeiter für die Treuhandverwaltung fehlt. Bei der näheren Aussprache über die Verwaltung des Judenvermögens wurde festgestellt, daß der Gebietskommissar auf Aufforderung des Generalkommissars, Abteilung Treuhandverwaltung, das gesamte bare Judenvermögen auf das Konto der Treuhandgesellschaft überwiesen hat. Dabei sind auch die vom Gebietskommissar den Juden auferlegten Kontributionen in Höhe von rund 200.000,— RM. mit an die Treuhandverwaltung abgegeben worden. Nach Auffassung des Unterzeichneten gehören diese Beträge nicht dem allgemeinen Judenvermögen an, sondern stellen Einnahmen des Gebietskommissars dar, über deren Verwendung dieser alleine zu verfügen hat. Im Wege von Verhandlungen mit der Treuhandverwaltung soll diese für das Gebiet Glebokie sehr dringende Frage geklärt werden.

[...]

Nachmittags wurden unter Herzuziehung des Referenten Heberling die vom Gebietskommissar ins Leben gerufenen gewerblichen Unternehmungen besichtigt. Es muß hervorgehoben werden, daß auf diesem Gebiet geradezu Mustergültiges vom Referenten Heberling geschaffen worden ist.

Auch die Ansetzung der Juden in der Verrichtung der einzelnen Arbeiten ist so tadellos, daß sie vielen anderen Gebieten als Beispiel dienen kann.

(ZSA Minsk, 370-1-55, fol. 1 f.; Kopie im Archiv des USHMM, RG 53.002M, Rolle 11)

115

Aufruf des Gebietskommissars Pernau (Estland) vom 28. Juli 1942 betr. Anmeldung und Ablieferung jüdischen Vermögens

A u f r u f

zur Anmeldung des jüdischen Vermögens und zur Abgabe von jüdischen und herrenlosen Gold-, Silber- und sonstigen Wertgegenständen.

Gemäß § 7 der Anordnung des Herrn Reichskommissars für das Ostland über die Behandlung des jüdischen Vermögens im Reichskommissariat Ostland vom 13. Oktober 1941 und der hierzu ergangenen Durchführungsbestimmung des Herrn Generalkommissars in Reval vom 30. April 1942 wird hiermit zur Anmeldung des jüdischen Vermögens aufgerufen.

Vermögen sind bewegliche und unbewegliche Sachen nebst Zubehör, Forderungen, Beteiligungen, Rechte und Interessen aller Art.

Der Anmeldung unterliegen auch sämtliche seit dem 22. Juni 1941 von Juden auf Nichtjuden übertragenen Vermögenswerte.

Anmeldepflichtig ist derjenige, der
a) aus jüdischem Besitz stammende Gegenstände in Besitz oder Gewahrsam, oder
b) nach dem 21. Juni 1941 solche Gegenstände erworben, oder
c) nach dem 21. Juni 1941 solche Gegenstände entgeltlich oder unentgeltlich veräußert hat, wobei der Erwerber und die Art der veräußerten Gegenstände anzuzeigen sind.
Die Anmeldung hat binnen einer Frist von 3 Tagen nach der Veröffentlichung dieses Aufrufs unbeschadet bereits früher ergangener Anmeldungen schriftlich bei dem Bürgermeister bezw. Gemeindeältesten zu erfolgen.
Sämtliche Gold-, Silber- und sonstigen Wertgegenstände, Zahlungsmittel und Wertpapiere aus jüdischem Besitz oder aus einem Erwerb von Juden nach dem 21. Juni 1941 sind bei meiner Dienststelle innerhalb einer Frist von 3 Tagen gegen Empfangsbescheinigung abzuliefern.
Diese Ablieferungsfrist bezieht sich auch auf herrenlose Wertgegenstände, gleich welcher Herkunft.
Ich mache ganz besonders darauf aufmerksam, daß derjenige, der diesem Aufruf nicht nachkommt, gemäß § 9 der erwähnten Anordnung des Herrn Reichskommissars für das Ostland mit Gefängnis und Geldstrafe oder einer dieser Strafen bestraft wird, in schweren Fällen ist die Strafe Zuchthaus und es kann, falls der Täter dazu noch aus Widersetzlichkeit handelt, auf Todesstrafe erkannt werden.
Pernau, den 28. 7. 1942.
Der Gebietskommissar Pernau.

(ZSA Tallinn, R65-1-2176, fol. 58)

116

Schreiben des Stadtkommissars Riga, Arbeitsverwaltung, an den RKO, Abt. III, vom 29. Juli 1942 betr. „Judeneinsatz" auf dem SS-Gut Jungfernhof

Ich habe weiter festgestellt, daß zu dem Kasernierungslager Jungfernhof außer der Landwirtschaft eine Wäscherei und eine Schmiede gehören, in denen die Bekleidungs- und Ausrüstungsgegenstände für die SS-Bekleidungs- und Waffenkammern in Ordnung gehalten werden. Zu diesen Arbeiten wird ein Teil der im Lager befindlichen Juden eingesetzt. In der Landwirtschaft selbst ist von den im Lager untergebrachten Juden nur etwa die Hälfte beschäftigt.
Ich habe mich davon überzeugt, daß selbst bei Anlegung eines sehr strengen Maßstabes ein weiterer Abzug von Juden nicht zu vertreten ist.

(NARA, T459, R19, 385.)

117

Auszug aus dem Kriegstagebuch Nr. 5 des Rüstungskommandos Minsk mit Eintrag für den 1. August 1942 über eine „Judenaktion"

1. 8. Judenaktion in Minsk beendet. In von Rü Kdo betreuten Betrieben wurden die Facharbeiter während der 5 Tage in den Betrieben zurückbehalten und dadurch als Arbeitskräfte erhalten.

(NARA, T77, R1138, 890)

118

Schreiben des Gebietskommissars Borissow an den Generalkommissar Weißruthenien vom 9. August 1942 betr. das jüdische Vermögen

Die Judenaktionen in den jetzt der Zivilverwaltung bereits übergebenen Rayons meines Gebiets, Begomi und Pleszenice, sind vor Einsetzung der Zivilverwaltung durchgeführt worden. Über das vorhandene bewegliche nichtgewerbliche jüdische Vermögen hat zum größten Teil wahrscheinlich der S D und die Wehrmacht verfügt. Den Rest haben die Rayonbürgermeister zu Gunsten der Rayonkassen verwertet. Mobiliarvermögen und Gebrauchsgüter sind sämtlich an Wehrmacht- oder sonstige Deutsche Dienststellen abgegeben worden. Vorräte hiervon sind nicht mehr vorhanden.
[vorangehender Teil der Zahl nicht lesbar] 5 Rubel in Gold wurden vom Rayonbürgermeister anfangs Dezember 1941 an die Reichskreditkasse in Minsk abgeliefert.
Irgendwelche Anordnungen meinerseits über die Beschlagnahme und Erfassung des beweglichen nichtgewerblichen jüdischen Vermögens waren deshalb nicht mehr erforderlich.
Ob Beschlagnahme und Erfassung mittels öffentlicher Aufforderung erfolgt ist, entzieht sich meiner Kenntnis.

(ZSA Minsk, 370-1-486, fol. 25; Kopie im Archiv des USHMM, RG 53.002M, Rolle 11)

119

Auszug aus dem Vierteljahresbericht des Rüstungskommandos Minsk für Juli bis September 1942 über effizienzhemmende Faktoren

Von hemmenden Einflüssen auf die Arbeit des Rü Kdo ist noch zu erwähnen, daß im Gebiet Lida von seiten des Gebietskommissars den Wehrmachtsaufträgen mehrfach nicht die erforderliche Sorgfalt und Bevorzugung zuteil wurde, die sie im Interesse der Versorgung der Fronttruppen beanspruchen mußten. Ferner verursachten die Judenaktionen in fast allen Gebieten Unruhe und

Ausfall von Fachkräften. Treib- und Brennstoffknappheit im Allgemeinen, Kohlen- und Torfmangel im Besonderen waren neben den Ernährungsschwierigkeiten der Anlaß für manche zusätzliche Arbeit des Rü Kdos, um Schwierigkeiten aus dem Wege zu räumen.

(NARA, T77, R1138, 906)

120

Auszüge aus dem Erlaß des RKO, Abt. Finanzen (Vialon), an die Generalkommissare vom 27. August 1942 betr. „Verwaltung der jüdischen Ghettos"

In Riga, Kauen, Wilna und Minsk sind größere jüdische Ghettos errichtet, an einigen anderen Plätzen (Sitz von Gebietskommissaren) kleinere. Die Verwaltung der Ghettos ist nicht einheitlich geregelt. Ungeklärt ist insbesondere auch die finanzielle Trägerschaft.

Die Generalkommissare haben nach den nachstehenden Richtlinien zu verfahren. Eine Bindung an alle Einzelheiten der Richtlinien wird nicht ausgesprochen, da die örtlichen Verhältnisse vielfach verschieden sind.

Es ist zu unterscheiden zwischen der Verwaltung des Ghettos und der Vermögensverwaltung (Verwaltung des im Ghetto angefallenen Vermögens).

I.

1. Die Errichtung des Ghettos ist eine politische Maßnahme. Verantwortlich hierfür ist die Abteilung Politik. Zur Verwaltung gehören neben der Errichtung die Unterhaltung des Ghettos und die Maßnahmen für die Erhaltung der Arbeitskraft der Juden (Ernährung und Bekleidung, bauliche Ausbesserungen im Ghetto). Die Aufrechterhaltung der Substanz der vorhandenen Bauwerke gehört ebenfalls zur Verwaltung. Die sicherheitsmäßige Betreuung ist Aufgabe der SS und Polizei.

Die Verwaltung ist in den Städten regelmäßig dem Stadtkommissar zu übertragen, der sie als Hoheitsaufgabe durchführt. Die jeweilige Stadtverwaltung hat demnach mit der Verwaltung des Ghettos nichts zu tun.

2. Die Kosten für die Errichtung und Unterhaltung des Ghettos fallen dem Haushalt des Reichskommissars zur Last. Der Stadtkommissar (außerhalb der großen Städte der Gebietskommissar) bewirtschaftet die ihm zugewiesenen Mittel. Er hat einen Voranschlag einzureichen, der dem Generalkommissar zugeleitet und von diesem den Voranschlägen für den Haushalt des Reichskommissars beigefügt wird.

3. Es bestehen keine Bedenken dagegen, daß anstelle des Stadtkommissars der Generalkommissar (wie in Riga) die Verwaltung des Ghettos unmittelbar führt. Wünschenswert ist aber aus allgemeinen Gründen, den Stadtkommissar mit der Verwaltung zu betrauen.

[...]

II.

1. Die Verwaltung des im Ghetto vorhandenen Immobiliarvermögens wird vorläufig von der Ghettoverwaltung, nicht von den Grundstücksgesellschaften oder der Treuhandverwaltung ausgeübt. Im Falle der ganzen oder teilweisen Auflösung des Ghettos werden die Häuser und Grundstücke wie der Grund und Boden außerhalb des Ghettos von den zuständigen Stellen oder Eigentümern bewirtschaftet.

2. Gegenstand der Vermögensverwaltung ist hiernach in erster Linie das vorhandene Mobiliarvermögen. Hierzu tritt die Ausnutzung der Arbeitskraft der Juden, die insoweit als angefallenes Vermögen gilt.

Die Vermögensverwaltung ist durch den Reichsminister für die besetzten Ostgebiete den Finanzabteilungen übertragen, die diese Aufgabe unmittelbar oder über die Stadt- und Gebietskommissare erfüllen. Auch hier ist es aus allgemeinen Gründen erwünscht, daß nicht der Generalkommissar, sondern der Stadt- oder Gebietskommissar die Vermögensverwaltung tatsächlich ausübt und der Generalkommissar sich nur auf die Überwachung beschränkt.

Das angefallene Mobiliarvermögen ist alsbald zu erfassen und zu sichern. Die zur Ausstattung von Dienststellen oder Amtswohnungen in Frage kommenden Gegenstände sind den Beschaffungsabteilungen anzubieten. Über die sonstige Verwertung des angefallenen Vermögens sind Richtlinien von dem Reichsminister für die besetzten Ostgebiete in Aussicht gestellt. Gegen eine Veräußerung von Gegenständen, die im öffentlichen Interesse an irgend einer Stelle dringend gebraucht werden, bestehen keine Bedenken. Als Preis kommt nur der volle Gegenwert in Betracht. Ratenzahlungen dürfen nicht gewährt werden.

Alle Gold- und Silberwaren sind genau zu erfassen, näher zu bezeichnen und durch Absendung an die Reichskreditkasse in Riga zu meiner Verfügung zu stellen. Eine Doppelschrift des Bestandsverzeichnisses ist mir vorzulegen. Die Ablieferung an die Verwertungsstelle in Berlin wird zentral von Riga aus durchgeführt. Die anfallenden Spinnstofferzeugnisse sind, soweit sie nicht von den Beschaffungsabteilungen übernommen werden, der örtlich zuständigen Hauptstelle der Ostlandfaser G.m.b.H. anzubieten.

3. Bei der Veräußerung von Gegenständen ist der Gegenwert unverzüglich der zuständigen Amtskasse zuzuführen. Die Einnahmen fließen dem Einzelplan Finanzverwaltung des Haushalts des Reichskommissars zu. Die Errichtung von Sonderkonten ist unzulässig.

4. Die Nutzung der Arbeitskraft der Juden geht in zweierlei Form vor sich:
   a) durch Vermietung an öffentliche oder private Arbeitgeber,
   b) durch Betrieb von Werkstätten (Regiebetrieb).

5. Die Vermietung der jüdischen Arbeitskräfte wird im Auftrage des Stadt- oder Gebietskommissars durch das örtlich zuständige Arbeitsamt durchge-

führt. Dieses weist dem Arbeitgeber die angeforderten Juden zu und teilt dies der Vermögensverwaltung des Ghettos (Stadt- oder Gebietskommissar) mit. Der Stadt- oder Gebietskommissar erteilt hierauf dem Arbeitgeber eine Rechnung, deren Begleichung zu überwachen ist.

6. Unter der Voraussetzung, daß die zugewiesenen jüdischen Arbeitskräfte voll arbeitsfähig sind, ist für die Miete von Facharbeitern der übliche Lohn zu entrichten. Die Generalkommissare erlassen über die Höhe der Löhne für Fachkräfte und Ungeschulte nähere Bestimmungen. Es muß vermieden werden, daß die Unternehmer aus der Beschäftigung von Juden zusätzliche Vorteile ziehen.

7. Die Ghettoverwaltung prüft, ob und welche Werkstätten innerhalb oder außerhalb des Ghettos als Regiebetriebe aufgezogen werden können. In Betracht kommen Schneider-, Schuster-, Tischler-, Schlosser-, Elektroinstallations- und sonstige Werkstätten. Sie haben in erster Linie Wehrmachtaufträge, in zweiter Linie den Bedarf der deutschen Dienststellen und der Reichsdeutschen zu decken. Die Erlöse fließen ebenso wie für die Vermietung von Juden an private Unternehmer in den Haushalt des Reichskommissars. Bereits vorhandene Werkstätten sind unverändert der Ghettoverwaltung zu übergeben. Die Vorschrift gilt nicht für Treuhandbetriebe, die mit Juden arbeiten.

(ZSA Riga, R69-1a-19; Kopie im Archiv des USHMM, RG 18.002M, Rolle 3)

121

Auszug aus dem Kriegstagebuch Nr. 5 des Rüstungskommandos Minsk für den Zeitraum 31. August bis 5. September 1942 über die Lage jüdischer Arbeiter

Bei den Juden macht sich eine gewisse Schlappheit, Kränkeln und Unlust zur Arbeit bemerkbar. Der Grund hierfür ist wohl die schlechte und bestimmt nicht ausreichende Verpflegung. Die Juden sind natürlich isoliert und können sich außerhalb nichts beschaffen. Besprechungen mit dem Gebietskommissar ergaben, daß eine Verbesserung der Verpflegung von seiner Seite nicht zu erwarten sei. Eines Tages wird daher doch Ersatz für die Juden beschafft werden müssen, um die Werkstätten im Interesse der Wehrmachtaufträge in Gang halten zu können.

(NARA, T77, R1138, 960)

122

Auszug aus einem Schreiben des Gebietskommissars Glebokie an den Generalkommissar Weißruthenien, Treuhandverwaltung, vom 4. September 1942 betr. Höhe des erfaßten jüdischen Vermögens

Das Konto „Judenvermögen" hatte am 31. 8. 1942 einen Stand von 358.032,35 RM erreicht. Dieser Betrag ist aber bereits gemäß einer Anweisung der Amtskasse in Minsk vom 31. 5. 1942 auf das Konto 34 der Amtskasse bei der Reichskreditkasse in Minsk überwiesen worden, und zwar mit:

169.909,47 RM	am	4. 6. 1942
115.247,11 RM	"	6. 7. 1942
36.486,92 RM	"	4. 8. 1942
36.388,85 RM	"	3. 9. 1942
358.032,35 RM		

Bei der Zahlstelle befinden sich somit nur noch die seit dem 1. 9. 1942 eingegangenen Einnahmen aus Judenarbeit bzw. eingezogenem jüdischen Vermögen.

(ZSA Minsk, 370-1-483; Kopie im Archiv des USHMM, RG 53.002M, Rolle 11)

123

Anlage Nr. 1 zum Kriegstagebuch Nr. 5 des Rüstungskommandos Minsk über die Anzahl jüdischer Arbeiter nach dem Stand vom 20. Oktober 1942

Anzahl der jüdischen Arbeitskräfte,

die in den mit Wehrmachtsaufträgen belegten Betrieben beschäftigt sind (getrennt nach Facharbeitern und ungelernten Arbeitern).

Nach dem Stande v. 20. 10. 42

Lfde Nr.	Name des Betriebes	Juden Facharb.	Juden Ungel. Arb.
	Außenstelle Baranowitsche.		
1.	Mechan. Werkstätten	40	15
2.	Gerberei	18	–
3.	Chem. Fabrik	26	9
4.	Tischlerei, Chausseestraße	39	27
5.	Sattlerei, Wilnaerstraße 27 b	10	3
6.	Tischlerei, Wilnaerstraße	69	27
7.	Seilerei	9	9
8.	Hobag – Novi Svierzen	140	113
	Außenstelle Glebokie		
9.	Seilerei	12	12
10.	Spinnerei u. Filzstiefelfabrik	121	103
11.	Werkstätten u. Schmieden für Panjewag.bau	40	1

12.	Holzschuhfabrik und Tischlerei	57	31
13.	Gerberei	84	-
14.	Schuhmacherei	49	16
15.	Strickerei	500	359
16.	Schlosserei u. Klempnerei	24	-
17.	Pelznäherei	31	-
18.	Schneidereien	144	4
19.	Sägewerke	-	15
	Außenstelle Wilejka		
20.	Sattlerei	10	-
21.	Seifensiederei	1	-
	Stützpunkt Slonim.		
22.	Möbelfabrik	12	-
23.	Textilfabrik und Spinnerei	9	-
	Stützpunkt Nowogrodek.		
24.	Bürstenmacherei	2	40
25.	Fellschneiderei	60	24
26.	Filzstiefel-Rep. Werkstatt	60	48
27.	Tischlerei	58	11
28.	Gerberei	3	4
29.	Gerberei – Jaslova	3	1
30.	Seifenfabrik – Nowogrodek	7	-
[...]			
	Stützpunkt Lida		
31.	Landmaschinenfabrik I	24	12
32.	Landmaschinenfabrik II	7	-
33.	Nagelfabrik	4	-
	M i n s k		
34.	Telefunken-Gerätewerk	52	8
35.	Lederwerke u. Heereswäscherei	20	19
36.	Werkzeugmaschinenfabrik	4	1
37.	Fabrik für Heeresausrüstungen	31	-
38.	Werkzeugfabrik und Gießerei	-	8
39.	Schuhinstandsetzungswerkstatt einschließl. Uniform- und Wäscheinstandsetzungswerkstatt	100	-
40.	Fernmeldewerk	6	-
41.	OT-Filzfabrik (für alle OT-Betriebe)	67	55
42.	Möbelfabrik „Stalina“	12	40
43.	Mech. Werkstätten	5	2
		1970	1017

(NARA, T77, R1138, 996 f.)

124

Auszüge aus Schreiben des Kommandostabs RFSS (Rode) und des BdS Ostland an den HSSPF Ostland vom Oktober/November 1942 betr. „Beschäftigung von Juden und deren Unterbringung"

Fernschrift.
[...] 26. 10. 42 [...]

Reichsführer-SS wünscht bis spätestens 10. 11. 42 genaue zahlenmäßige Meldung, wieviele Juden in den Bereichen der Höh. SS- und Polizeiführer bei SS bezw. Polizeidienststellen beschäftigt sind, getrennt nach:
a.) in geschlossenen Lagern untergebracht und dort arbeitenden Juden,
b.) außerhalb von geschlossenen Lagern für SS und Polizei beschäftigte Juden.

***

Der Befehlshaber
der Sicherheitspolizei und des SD
– Ostland –
19. November 42

[...]
Im Bereich des Befehlshabers der Sicherheitspolizei und des SD sind bei den örtlichen Polizeidienststellen zu
a.) in geschlossenen Lagern untergebrachte und dort arbeitende Juden:

Estland	203
Lettland	598
Litauen	—
Weißruthenien	330
	1131

b.) außerhalb von geschlossenen Lagern für SS und Polizei beschäftigte Juden:

Estland	135
Lettland	793
Litauen	442
Weißruthenien	188
	1558

Personen tätig.

(ZSA Riga, R1021-1-3, fol. 332, 344; Kopie im Archiv des USHMM, RG 18.002M, Rolle 16)

125

Auszüge aus der Anweisung des KdO Lettland vom 22. Dezember 1942 betr. „Anmeldung des jüdischen, staatsfeindlichen und herrenlosen Vermögens" mit Merkblatt

Der Generalkommissar in Riga wird an die Dienststellen der Ordnungspolizei mit dem Ersuchen herantreten oder ist bereits an sie herangetreten, auf Grund der obigen Verordnungen des Reichskommissars für das Ostland das im Besitz dieser Dienststellen und deren Gefolgschaftsmitglieder befindliche jüdische, staatsfeindliche und herrenlose Vermögen zu melden.

[...]

Die vom Generalkommissar übersandten Fragebogen sind von den Angehörigen der Dienststellen ausfüllen zu lassen. Als Anleitung hierzu wird ein Merkblatt übersandt, das hier Verwendung findet.

* * *

M e r k b l a t t

zum Fragebogen für die Anmeldung des beweglichen nichtgewerblichen jüdischen staatsfeindlichen und herrenlosen Vermögens

Gem. Verordnung des Reichskommissars für das Ostland vom 13. 10. 1942 (VBL. RKO. Seite 27).

1.) Jeder Angehörige der Dienststelle ist zur Abgabe der im Fragebogen abzugebenden Erklärung verpflichtet.

2.) Vor Abgabe der Erklärung ist das auf dem Vordruck befindliche Vorwort genauestens durchzulesen.

3.) Auf der Vorderseite des Fragebogens ist unter Wohnung anzugeben, ob eigene Wohnung, Leerzimmer oder möbliertes Zimmer.

4.) Die Fragebogen sind in deutlicher Schrift, möglichst mit Schreibmaschine, auszufüllen und zum Schluß mit Datum und Unterschrift zu versehen.

5.) Die Anmeldung ist auch dann vorzunehmen, wenn schon zu einer früheren Zeit [irgend?]eine Anmeldung vorgenommen worden ist oder die [auszugebenden?] Gegenstände vom Amt VuR. oder einer anderen Dienststelle ausgegeben sind. Wer keinerlei anmeldepflichtige Gegenstände besitzt, hat die am Schlusse des Fragebogens vorgesehene Erklärung b) abzugeben und die Ziffer a) zu durchstreichen.

6.) Zusammen mit dem jüdischen Vermögen sind gleichzeitig Vermögenswerte aus staatsfeindlichem (auch kommunistischem und herrenlosem) Vermögen in dem Fragebogen anzugeben.

7.) Gegenstände, die sich in amtlichen Unterkünften oder Geschäftszimmern befinden, sind nicht von den betr. Benutzern sondern von der betreffenden Dienststelle anzugeben.

8.) Falls mehrere eine Wohnung oder Räume zusammenbewohnen, ist die Vermögensanmeldung von demjenigen vorzunehmen, dem die Räume zugewiesen sind bezw. vom Wohnungsinhaber. Mitbewohner melden dann nur diejenigen Gegenstände an, die sie persönlich in Benutzung haben. Eine gegenseitige Verständigung der Betreffenden ist erforderlich.
9.) Die ausgefüllten Fragebogen sind sofort an die Dienststelle zurückzugeben.

(ZSA Riga, R82-1-20, fol. 11–13; Kopie im Archiv des USHMM, RG 18.002M, Rolle 8)

126

Schreiben (auf Vordruck) des Stadtkommissars Minsk, Abt. III, an das Luftwaffen-Kommando Ost vom 23. März 1943 betr. „Zuweisung von Kleidungsstücken aus dem Judennachlaß"

Auf Ihren Antrag vom .... weise ich Ihnen für 5 Frauen Wäsche u. Verschiedenes zu. Die Sachen können im Lager Gartenstr. 3 gegen Vorlage dieses Schreibens bis zum ... in Empfang genommen werden. Der von der Lagerverwaltung festzusetzende Betrag ist an die Reichskreditkasse Minsk, Konto Nr. 13, zu zahlen.

(ZSA Minsk, 688-3-4, fol. 26; Kopie im Archiv des USHMM, RG 53.002M, Rolle 12)

127

Mahnung (auf Vordruck) des Generalkommissars Weißruthenien, Abt. II, an die Wehrmachts-Ortskommandantur 257 vom 7. August 1943 zur Begleichung einer Rechnung „für Lieferungen aus dem Judenvermögen"

Nach Feststellung meiner Oberkasse haben Sie meine Rechnung vom 17. II. 43 über 100,– RM für Lieferungen aus dem Judenvermögen noch nicht beglichen. Fälligkeitstag war der 10. III. 43.
Ich bitte erneut, die Begleichung nunmehr binnen einer Woche vorzunehmen. Die Zahlung hat auf das Konto „Judenvermögen" bei der Oberkasse zu erfolgen.

(ZSA Minsk, 370-1-221, fol. 30; Kopie im Archiv des USHMM, RG 53.002M, Rolle 11)

128

Auszug aus dem Rundschreiben des RFSS u. ChdDtPol. vom 13. August 1943 betr. „Arbeitseinsatz der Juden in den besetzten Ostgebieten"

Ich bin von verschiedenen Seiten darauf hingewiesen worden, daß das Verhalten deutscher Dienststellen gegenüber den Juden in den besetzten Ostgebieten in den letzten Monaten eine Entwicklung genommen habe, die zu Bedenken Anlaß gibt. Insbesondere sollen Juden von verschiedenen Dienststellen zu Arbeiten und Dienstleistungen verwendet werden, die mit Rücksicht auf die notwendige Geheimhaltung nur ganz zuverlässigen Personen übertragen werden sollten und die sie vor der einheimischen Bevölkerung als vertraute Beauftragte der deutschen Stellen erscheinen lassen. Darüber hinaus soll es leider vorkommen, daß der persönliche Verkehr von Reichsdeutschen mit Jüdinnen jene Schranken überschreitet, die aus weltanschaulichen und rassischen Gründen besonders streng beachtet werden müssen. Neben den ortsansässigen Juden soll es sich hierbei auch um die aus dem Altreich nach den besetzten Ostgebieten überführten Juden und Jüdinnen handeln. Diese Zustände sollen bereits dazu geführt haben, daß Juden sich unter Ausnutzung ihrer angeblichen Vertrauensstellung von den Einheimischen bevorzugt mit Lebensmitteln usw. versorgen lassen. Als vor einiger Zeit im Osten Befürchtungen über den Rückzug der Deutschen laut wurden, sollen Einheimische versucht haben, sich gerade bei den von den deutschen Dienststellen beschäftigten Juden beliebt zu machen, um sich auf diese Weise eine bessere Behandlung durch die Bolschewisten zu sichern. Der anständige Teil der einheimischen Bevölkerung beobachtete diese Erscheinungen mit großem Befremden, weil er darin einen Widerspruch zwischen den nationalsozialistischen Grundsätzen und der tatsächlichen Haltung der Deutschen zu sehen glaubt.

Durch einen falschen Arbeitseinsatz der Juden werden das Ansehen des Großdeutschen Reiches und die Stellung seiner Vertreter geschädigt und die Notwendigkeiten einer wirksamen polizeilichen Sicherung der besetzten Ostgebiete beeinträchtigt. Schwere Gefahren können insbesondere dadurch entstehen, daß die Juden die ihnen übertragenen Stellungen zur Spionage und Propaganda im Dienste unserer Feinde benutzen.

Ich bitte daher, die nachgeordneten Dienststellen in den besetzten Ostgebieten mit folgenden Weisungen zu versehen:

1. Juden und ihnen gleichgestellte Personen dürfen nur mit körperlichen Arbeiten beschäftigt werden. Ihre Verwendung zu Büroarbeiten (wie Buchführung, Maschinenschreiben, Karteiführung, Registratur) ist untersagt. Es ist streng darauf zu achten, daß ihnen aus der Art ihrer Arbeit keine Rückschlüsse auf geheimzuhaltende Dinge ermöglicht werden.

2. Es ist verboten, Juden zur allgemeinen oder persönlichen Bedienung, zur Erledigung von Aufträgen, zur Vermittlung von Geschäften oder zur Beschaffung von Waren zu verwenden.

3. Der private Verkehr mit Juden, Jüdinnen und ihnen gleichgestellten Personen sowie jeder Umgang mit ihnen, der über das dienstlich bedingte Maß hinausgeht, ist untersagt.

(ZSA Riga, R1026-1-3, fol. 200; Kopie im Archiv des USHMM, RG 18.002M, Rolle 16)

129

Abschrift eines Schreibens des RMfdbO an die Reichskommissare vom 8. September 1943 betr. Arbeitseinsatz von Juden

Wie mir berichtet wird, sollen in den letzten Monaten zahlreiche deutsche Dienststellen in den besetzten Ostgebieten den Arbeitseinsatz der Juden in einer Form durchführen, die nicht nur geeignet ist, Befremden bei der einheimischen Bevölkerung hervorzurufen und das Ansehen des Großdeutschen Reiches und seiner Vertreter zu schädigen, sondern auch der Spionage und Sabotage neue Kanäle zu öffnen. Ich ordne daher für alle mir unterstehenden Dienststellen in den besetzten Ostgebieten folgendes an:

1.) Juden und ihnen gleichgestellte Personen dürfen nur mit körperlichen Arbeiten beschäftigt werden. Ihre Verwendung zu Büroarbeiten (wie Buchführung, Maschinenschreiben, Karteiführung, Registratur) ist untersagt. Es ist streng darauf zu achten, daß ihnen aus der Art ihrer Arbeit keine Rückschlüsse auf geheimzuhaltende Dinge ermöglicht werden.

2.) Es ist verboten, Juden zur allgemeinen oder persönlichen Bedienung, zur Erledigung von Aufträgen, zur Vermittlung von Geschäften oder zur Beschaffung von Waren zu verwenden.

3.) Der private Verkehr mit Juden, Jüdinnen oder ihnen gleichgestellte Personen, sowie jeder Umgang mit ihnen, der über das dienstlich bedingte Maß hinausgeht, ist untersagt.

Ich bitte, die unterstellten Dienststellen des dortigen Amtsbereichs von Vorstehendem zu verständigen.

(ZSA Riga, R1026-1-3, fol. 346; Kopie im Archiv des USHMM, RG 18.002M, Rolle 16)

130

Tätigkeitsbericht des OT-Einsatzes Weißruthenien vom November 1943 mit Angaben zur Zahl der jüdischen und nichtjüdischen Arbeiter

A r b e i t s e i n s a t z

Die nachstehende Tabelle gibt eine Übersicht über die Entwicklung des Arbeitseinsatzes:

	tsch.	Einh.	Sonst. Ausl.	Kgfg.	Juden	Zus.	Verh. Dtsch. : Fremden
Juli 1942	240	5832	155	534	1142	7903	1 : 32
Mai 1943	630	14746	566	1021	1852	18815	1 : 29
Oktober 1943	1735	17736	12??	62?	1576	22861	1 : 12

Mit besonderer Befriedigung kann auf die von Reichsminister Speer immer wieder geforderte sparsame Verwendung deutscher Kräfte hingewiesen werden. Bei den umfangreichen und vielfältigen Aufgaben des OT-Einsatzes Weißruthenien bedeutet das günstige Verhältnis deutscher zu fremder Arbeitskraft eine besondere Leistung, die kein anderer OT-Einsatz im Osten erreicht hat.

(ZSA Minsk, 370-1-53, fol. 21; Kopie im Archiv des USHMM, RG 53.002M, Rolle 11)

3. Terror und Kontrolle

Um den Charakter des Ghetto-Systems angemessen zu beschreiben, reichen die Kategorien Erfassung, Konzentration und Ausbeutung nicht aus. Die deutschen Zwangsmaßnahmen zielten letztlich immer auf eine gewaltsame „Lösung der Judenfrage", selbst wenn sich ihre Zweckrationalität oft erst in der Rückschau erschließt. Hinzu kommt, daß die Reglementierung nicht nur die Verhältnisse im Ghetto, sondern auch die nichtjüdische Außenwelt betraf, sei es in Gestalt von Kontaktverboten, Strafbestimmungen oder Belobigungen. Die ausgewählten Zeugnisse verdeutlichen, daß es Schwierigkeiten bereitete, aus Deutschland mitgebrachte ideologisch hergeleitete Verhaltensnormen in der Praxis des Besatzungsalltags durchzusetzen. Anders lassen sich die wiederholten Mahnungen, den Kontakt mit Juden auf das dienstlich Notwendige einzuschränken, nicht verstehen; selbst die Nürnberger Gesetze – das rassenpolitisch grundlegende Regelwerk des Nationalsozialismus – scheinen bisweilen verletzt worden zu sein [Dok. 141, 146].

Es gilt jedoch zu beachten, daß Fälle von „Rassenschande", anderen verbotenen Beziehungen zu Juden oder Korruption nicht zwangsläufig bewußter Ablehnung des NS-Systems oder Mitgefühl gegenüber den Opfern entsprangen. Die spezifische Situation der Deutschen im Osten, die Nähe zur Front und das Fehlen zivilisierter Umgangsformen gegenüber der einheimischen Bevölkerung verleiteten einzelne Angehörige der Wehrmacht und anderer deutscher Dienststellen zu der Annahme, daß im besetzten Gebiet zu tun erlaubt war, was im Reich unter Strafe stand. Deutsche wie Einheimische, die illegal mit Juden verkehrten oder sich von ihnen bestechen ließen, handelten oft aus Eigeninteresse und waren bereit, zur Vertuschung strafbarer Tatbestände jüdische Mitwisser den Behörden auszuliefern. Was vordergründig wie Systemkritik wirkte und von NS-Instanzen auch so verstanden wurde [Dok. 145], konnte durchaus ähnlichen Erwägungen entspringen, wie sie der „Endlösung" zugrundelagen.

131

Auszug aus dem Merkblatt des Ortskommandanten Minsk (v. d. Marwitz) vom September 1941 u. a. betr. Verbot, das Ghetto zu betreten

10. Ghetto.
Das Betreten des Ghettos ist allen Militärpersonen verboten.
Die Zugänge zum Ghetto sind mit Schildern versehen, die auf das Verbot hinweisen.
Keine Handelsgeschäfte mit Juden abschließen oder Juden Aufträge zur Beschaffung von Waren geben!

(ZSA Minsk, 379-2-45, fol. 19; Kopie im Archiv des USHMM, RG 53.002M, Rolle 3)

132

Schreiben des Generalkommissars Weißruthenien, Abt. II (Weber), an den Stadtkommissar Minsk (Janetzke) vom 20. November 1941 betr. Infektionskrankheiten im Ghetto Minsk

Betr.: Infektionskrankenhaus und Apotheke im Ghetto.
Der Leiter des Gesundheitsamts der Stadt Minsk teilte mit, daß seit dem 21. 10. 41 aus dem Ghetto keine Meldungen mehr über die Seuchenlage eingegangen ist. Die dort befindliche Apotheke ist in den letzten Wochen ausgeplündert worden, und das Seuchenkrankenhaus soll ebenfalls bei der Plünderung im Ghetto in Mitleidenschaft gezogen sein. Ich habe nun zur Zeit keinen Überblick über die Seuchenlage im Ghetto. Das Ghetto ist stets als ein ernster Seuchenherd zu betrachten. Ich bitte Sie, den Leiter des Gesundheitsamtes zu beauftragen, umgehend die Verhältnisse im Ghetto zu prüfen und entsprechende Maßnahmen einzuleiten. Über die getroffenen Maßnahmen ist mir Bericht zu erstatten.

(ZSA Minsk, 688-1-3, fol. 76; Kopie im Archiv des USHMM, RG 53.002M, Rolle 12)

133

Auszug aus Kommandanturbefehl Nr. 2 des Wehrmachts-Ortskommandanten Riga (Bamberg) vom 20. Januar 1942, der die Übernachtung von Juden außerhalb des Ghettos verbietet

Übernachtung der Juden.
Es ist festgestellt worden, daß in der letzten Zeit in großem Umfange Juden nach Beendigung der Arbeit abends nicht ins Ghetto zurückkehren. Aus politischen und Sicherheitsgründen ist es aber unbedingt notwendig, daß jeden Abend die Juden ins Ghetto zurückgeführt werden. Es wird allen Dienststellen, die Juden beschäftigen, zur Pflicht gemacht, sie nach Beendigung der Arbeit unverzüglich ins Ghetto zurückzuführen, wobei die Dienststellen die für sie arbeitenden jüdischen Männer und Frauen geschlossen im Ghetto unterbringen können.

(ZSA Riga, R80-3-2, fol. 14; Kopie im Archiv des USHMM, RG 18.002M, Rolle 7)

134

Auszug aus Befehl Nr. 11 des Stadtkommandanten Minsk (Winter) vom 25. Februar 1942 u. a. betr. „Judenkommandos“

Es wird darauf hingewiesen, daß Einheiten, die Judenkommandos zur Arbeit anfordern, diese selbst abzuholen und zurückzuführen haben. Die Einheiten sind dafür verantwortlich, daß die Kommandos geschlossen und in Begleitung abgeholt und zurückgeführt werden, wie auch dafür, daß die Juden nicht einzeln oder gruppenweise ohne Begleitung ihre Arbeitsstätten verlassen.

(ZSA Minsk, 379-2-45, fol. 2; Kopie im Archiv des USHMM, RG 53.002M, Rolle 3)

135

Auszug aus Kommandanturbefehl Nr. 13 des Wehrmachts-Ortskommandanten Riga (Bamberg) vom 1. April 1942 mit Bekanntgabe eines Todesurteils gegen einen Wehrmachtsangehörigen, der mit Juden im Ghetto verkehrt hatte

Durch rechtskräftiges Feldurteil des Gerichts der Wehrmacht-Ortskommandantur Riga vom 5. 2. 42. ist der Schütze Helmut Roggow, Stab/Abwehrstelle Ostland wegen Fahnenflucht zum Tode, zum dauernden Verlust der bürgerlichen Ehrenrechte und zur Wehrunwürdigkeit verurteilt worden. Das Urteil ist am 27. März 1942 in Riga durch Erschießen vollstreckt worden.

Der Verurteilte verkehrte im Ghetto mit Jüdinnen und wurde von der Feldgendarmerie im Ghetto gefaßt und festgenommen. Aus dem Arrestlokal brach der Verurteilte aus, ging wiederum ins Ghetto zurück, ließ sich Zivilkleidung von Juden geben und verließ Riga. Nach einigen Tagen wurde er erneut in der Umgebung von Riga festgenommen.

(ZSA Riga, R80-3-2, fol. 34; Kopie im Archiv des USHMM, RG 18.002M, Rolle 7)

136

Tagesbefehl Nr. 3 des KdO Weißruthenien (v. Heimburg) vom 18. April 1942 u. a. mit Belobigung von Schutzpolizisten für ihren Einsatz im Ghetto Minsk

1.) (II) Belobigung.
Dem Meister d.SchP. Bruno V i e r t l e r, Hptw.d.SchP. Otto H a t t e n b a c h und Wachtm.d.SchP.d.Res. Willi M e n z e l Kdo.d.Schutzpol.Minsk, spreche ich für ihr umsichtiges, unerschrockenes und tatkräftiges Verhalten bei der Festnahme je einer Partisanenbande am 11. 4. und 15. 4. 1942 im Ghetto Minsk meine besondere Anerkennung aus.

(ZSA Minsk 389-1-1, fol. 1; Kopie im Archiv des USHMM, RG 53.002M, Rolle 3)

137

Auszug aus Kommandanturbefehl Nr. 12 des Wehrmachts-Ortskommandanten Minsk (Sperling) vom 17. Juni 1942 u. a. betr. „jüdische Hilfskräfte"

Es ist verboten, jüdische Hilfskräfte die Nacht über in den Quartieren zurückzuhalten.
Die Truppenteile haben dafür zu sorgen, daß alle Juden im Ghetto abgeliefert werden.

(ZSA Minsk, 379-2-45, fol. 27; Kopie im Archiv des USHMM, RG 53.002M, Rolle 3)

138

Auszug aus Tagesbefehl Nr. 10 des KdO Weißruthenien (v. Heimburg) vom 18. Juli 1942 u. a. mit Verbot, das Ghetto zu betreten

Betreten des Ghetto.
Das außerdienstliche Betreten des Ghetto, sowie jede private Unterhaltung mit Juden ist allen Angehörigen der Polizei und den Angehörigen des Polizeigefolges verboten.

(ZSA Minsk 389-1-1, fol. 28; Kopie im Archiv des USHMM, RG 53.002M, Rolle 3)

139

Auszug aus Tagesbefehl Nr. 12 des KdO Weißruthenien vom 8. August 1942 u. a. betr. „unberechtigtes Betreten von Ghettos"

Anläßlich einer polizeilichen Absperrung eines Ghettos ist es wiederum zu Plünderungen durch Angehörige eines Schutzmannschafts-Batl. gekommen, trotzdem vor Durchführung der Absperrung scharf auf das Verbot des Betretens des Ghettos hingewiesen wurde. Die plündernden Soldaten sind standrechtlich erschossen worden.
Ich ersuche die Angehörigen der Batl. und der Schutzmannschaften, auf das Verbot des Betreten des Ghettos und das Plündern in demselben aus nichtdienstlichen Gründen nochmals hinzuweisen.

(ZSA Minsk 389-1-1, fol. 34; Kopie im Archiv des USHMM, RG 53.002M, Rolle 3)

140

Kommandantur-Sonderbefehl des Wehrmachts-Ortskommandanten Riga (Bamberg) vom 15. September 1942 betr. „Judeneinsatz"

Kommandantur-Sonderbefehl.
Ein Sonderfall gibt Veranlassung, nochmals auf die über den Einsatz jüdischer Arbeitskräfte erlassenen Bestimmungen hinzuweisen:
1. Die zugeteilten Arbeitskommandos sind unter Bewachung zum Arbeitseinsatz aus dem Ghetto abzuholen und nach Beendigung der Arbeitszeit wieder in das Ghetto zurückzubringen.
2. Die Abholkommandos haben die ihnen zugewiesenen Juden am Ghetto zu übernehmen, ohne dasselbe zu betreten. Insbesondere ist es den Kommandos verboten, sich bestimmte Juden aus dem Ghetto zu holen. Evtl. Einwendungen gegen die Zuweisung sind nicht von den Abholkommandos beim Ghetto, sondern von den Dienststellen beim Arbeitsamt zu erheben. (Vergl. Kommandantur-Befehl Nr. 36/42 vom 14. 8. 42).
3. Der Transport von Juden von und zu der Arbeitsstelle in Riga ist nur in Ausnahmefällen, in denen ich eine Sondergenehmigung schriftlich erteilt habe, und auf den von mir vorgeschriebenen Wegen gestattet, um die Arbeitskraft voll auszunutzen. Fahrten zwischen verschiedenen Arbeitsstellen während des Einsatzes sind nach wie vor im Interesse der Arbeitsleistung gestattet.
4. Es ist verboten, jüdische Arbeitskommandos oder einzelne Juden ohne Begleitung die Straßen betreten zu lassen. Es ist jeder Dienststelle verboten, Bescheinigungen auszustellen, die den Inhaber berechtigen, sich in der Stadt

Riga frei zu bewegen. Wo dies geschehen sein sollte, sind sie sofort einzuziehen und zu vernichten.

5. Es ist streng darauf zu achten, daß innerhalb der Unterkünfte und sonstigen Arbeitsstellen die jüdischen Arbeitskräfte durch das vorgeschriebene Abzeichen (Judenstern) gekennzeichnet sind. Es genügt nicht, daß dieses Kennzeichen auf Mänteln vorhanden ist; es muß sich auch auf der Arbeitskleidung befinden.

6. Jüdische Arbeitskräfte dürfen nur aufgrund schriftlicher Genehmigung des Gebietskommissars Riga-Stadt nach der Arbeitszeit oder nachts über am Arbeitsort zurückbehalten oder untergebracht werden. Wird aus dienstlichen Gründen eine unvorhergesehene Zurückhaltung von Juden in Einzelfällen dringend erforderlich, so ist dies in jedem Falle der Ghettokommandantur so früh wie möglich fernmündlich mitzuteilen. (Rufnummer 30 192)

7. Die Juden sind bei der Arbeit streng zu beaufsichtigen. Es darf nicht die Ansicht aufkommen, daß es sich bei den Juden um billige Arbeitskräfte handele, deren volle Auslastung nicht erforderlich wäre. An einer Arbeitsstelle traf ich Juden in Büchern und Zeitungen lesend an. Im Wiederholungsfalle werde ich den für die Aufsicht Verantwortlichen zur Rechenschaft ziehen.

8. Zuwiderhandlungen gegen vorstehende Bestimmungen ziehen die Zurückziehung der jüdischen Arbeitskräfte nach sich. Außerdem behalte ich mir vor, den Schuldigen zur Verantwortung zu ziehen.

Generalmajor und Kommandant.

(ZSA Riga, R80-3-2, fol. 54; Kopie im Archiv des USHMM, RG 18.002M, Rolle 7)

141

Auszug aus dem Kommandantur-Sonderbefehl des Wehrmachts-Ortskommandanten Riga (Bamberg) vom 5. Oktober 1942 u. a. betr. „verbotenen Umgang mit Juden"

Es mehren sich die Tatberichte gegen Wehrmachtangehörige wegen Rassenschande bzw. verbotenen Umgangs mit Juden und Jüdinnen. Die Gerichte sind zu strengster Bestrafung, besonders der Rassenschande, angewiesen. Aber auch jede nähere Beziehung zu Juden bzw. Jüdinnen, die allgemein verboten ist, wird als Ungehorsam gegen dieses Verbot kriegsgerichtlich schwerstens bestraft werden.

Eingehende Belehrung und ernstliche Verwarnung haben durch Offz. bei allen Einheiten und Dienststellen zu erfolgen.

(ZSA Riga, R752-2-1, fol. 42; Kopie im Archiv des USHMM, RG 18.002M, Rolle 14)

142

Auszug aus Tagesbefehl Nr. 7 des KdO Weißruthenien (Klepsch) vom 15. März 1943 u. a. mit Belobigung eines Angehörigen der Schutzmannschaft für seinen Einsatz bei der Vereitelung eines jüdischen Fluchtversuchs

Anerkennung.
Jüdische Arbeitskräfte, die in der Opernkaserne in Minsk beschäftigt waren, versuchten den Schutzmann Michael B i l u h a , ukr. Schutzm.-Batl.46, abgeordnet zur Abt. K meines Stabes als Kraftfahrer gegen Versprechung von 15000 Rubel zu bestechen, sie mittels eines Wkw. in ein bestimmtes Bandenlager zu fahren. B. ging zum Schein auf den Vorschlag ein und meldete das Geschehene sofort seinem Dienstvorgesetzten. Hierdurch wurde die Ausführung des Planes verhindert und die Rädelsführer mit ihren Komplizen, die sich bereits im Besitz von Waffen befanden, konnten unschädlich gemacht werden.
Auf Anordnung des Bevollmächtigten des RFSS f. d. Bandenbekämpfung ist dem Schutzmann Biluha für sein mustergültiges Verhalten aus der Polizeikasse eine Belohnung in Höhe von 1000.00 Reichsmark gezahlt worden. Ich spreche meinerseits dem Kraftfahrer Biluha für seine Unbestechlichkeit, seine Umsicht und Unerschrockenheit, die er bei dem Vorfall bewiesen hat, meine vollste Anerkennung aus.
Dieser Befehl ist allen Schutzmannschaftsangehörigen bekanntzugeben. Eine Abschrift hiervon ist zu den Personalunterlagen des B. zu nehmen.

(ZSA Minsk 389-1-1, fol. 97; Kopie im Archiv des USHMM, RG 53.002M, Rolle 3)

143

Auszug aus dem Stimmungs- und Lagebericht des KdS Lettland für die Zeit vom 1. bis 31. März 1943 betr. Juden

4. Juden
In der Berichtszeit wurden 6 Personen, darunter 5 Juden, wegen Vergehens gegen die vom Reichskommissar erlassenen Judenbestimmungen festgenommen. Es wurden größere Mengen Judensachen, u. a. im Ghetto RM 2.000.—, Dollar 400.—, engl. Pfund 55.— und 20.— Schweizer Franken sowie bei einer Kontrolle des jüdischen Kasernierungslagers des Heereskraftfahrparks 64 über RM 1.800.— sichergestellt.
Exekutiert wurden wegen Tauschhandels 2 Juden, wegen Tauschhandels und Besitzes von Goldwerten und Devisen 4 Juden. Die gleiche Strafe traf 4 Juden wegen Diebstahls von Heeresgut und eine Jüdin wegen deutschfeindlicher Äußerungen.

In letzter Zeit sind durch verschiedene ausländische diplomatische Vertretungen eine Anzahl Anträge auf Rückführung von Juden in ihre sog. „Heimatländer“ gestellt worden.

(HK Warschau, 362-734, fol. 95; Kopie im Archiv des USHMM, RG 15.006M, Rolle 73)

144

Auszug aus Kommandanturbefehl Nr. 16 des Wehrmachts-Ortskommandanten Riga vom 8. April 1943 u. a. betr. Umgang von Soldaten mit Juden

3. Verhalten deutscher Soldaten zu Juden.
Es ist beobachtet worden, daß Wehrmachtangehörige, die zur Bewachung jüdischer Arbeiter abgestellt sind, mit Jüdinnen sogar auf der Straße Gespräche führen, die nichts mit Anordnungen oder Befehlen zu tun haben. In einer Zeit, in der die Vernichtung des Judentums zur Aufgabe des deutschen Volkes geworden ist, muß solches Verhalten bei jedem deutschfühlenden Menschen Unwillen erregen. Scharfe Überwachung und schärfste Bestrafung der Schuldigen ist geboten.

(ZSA Riga, R752-2-1, fol. 93; Kopie im Archiv des USHMM, RG 18.002M, Rolle 14)

145

Auszüge aus dem Todesurteil des Sondergerichts beim Deutschen Gericht in Minsk gegen Heinrich N. wegen „schwerer passiver Bestechung“ durch Juden vom 13. April 1943[28]

IM NAMEN DES DEUTSCHEN VOLKES!

In der Strafsache gegen den Schachtmeister Heinrich Karl N., geboren am 18. 9. 1897 in Heidersdorf Kreis Reichenbach/Schles., wohnhaft in Steinseitten, Kreis Hirschberg/Rsgb., Reichsdeutscher, verheiratet, 8 Kinder, zuletzt im Osteinsatz bei der OT-Firma Trepitz, Minsk/Ostland, Postfach [?], vorbestraft,
wegen schwerer passiver Bestechung
hat das Sondergericht beim Deutschen Gericht in Minsk in der Sitzung am 13. April 1943, an der teilgenommen haben
Amtsgerichtsrat H.
als Vorsitzender,
Stadtinspektor P.,

28 Anonymisierung der Namen durch die Herausgeber.

Regierungssekretär R.
als Beisitzer,
Reichsangestellte R.
als Protokollführerin
für Recht erkannt:
Der Angeklagte wird als Volksschädling wegen schwerer passiver Bestechung
z u m T o d e
verurteilt. Die Kosten des Verfahrens trägt der Angeklagte.
[...]
Aufgrund des glaubhaften Geständnisses des Angeklagten hat das Sondergericht daher für erwiesen erachtet, daß der Angeklagte von den ihm zugeteilten Juden für eine Handlung bezw. Unterlassung die eine Verletzung seiner Dienstpflicht darstellte, laufend Geldgeschenke angenommen hat.
[...]
Diese Tat hat der Angeklagte unter Ausnutzung der durch den Kriegszustand verursachten besonderen Verhältnisse begangen. Allein diese Verhältnisse brachten es mit sich, daß der Angeklagte als OT-Angehöriger im Osteinsatz mit der Beaufsichtigung einer Judenkolonne betraut wurde. Die besonderen Kriegsverhältnisse brachten es ferner mit sich, daß dem Angeklagten die Beaufsichtigung dieser Juden aus Mangel an deutschen Arbeitskräften allein übertragen wurde. Während nun Millionen anständiger Deutscher entweder an den Fronten täglich ihr Leben einsetzen oder als Rüstungsarbeiter unter vollem Einsatz ihrer Kräfte ihre harte Pflicht erfüllen, hat der Angeklagte es verstanden, die sich ihm durch seinen Kriegseinsatz bietende besondere Gelegenheit auszunutzen, um sich mühelos in strafbarer Weise zu bereichern. Es mußte daher auf ihn die Vorschrift des § 4 der Volksschädlingsverordnung vom 5. 9. 1939 Anwendung finden.
Wer in einer Zeit, in der unzählige deutsche Männer, Frauen und Kinder an der Front und in den luftbedrohten Gebieten der Heimat in einem heroischen Kampf gegen das Weltjudentum ihrem Volke ihr Leben oder ihre Gesundheit zum Opfer bringen, in der Tausende deutscher Frauen und Mütter einen lieben Angehörigen betrauern, der bereits in diesem Kampfe geblieben ist, wer in einer solchen Zeit die Schamlosigkeit besitzt, von eben diesen Juden Bestechungsgelder anzunehmen, verrät die deutsche Volks- und Kampfgemeinschaft und darf von ihr keine Schonung erwarten. Eine solche Tat in solcher Zeit ist nach dem gesunden Volksempfinden als eine besonders verwerfliche im Sinne des § 4 letzter Halbsatz der Volksschädlingsverordnung anzusehen. Sie kann im vorliegenden Falle auch nicht deshalb milder beurteilt werden, weil das ständige, gezwungene Zusammensein mit den Juden eine besondere Versuchung und Gefahr für den Angeklagten bedeutete, der er sich nicht gewachsen zeigte. Gerade hier im Osten, in dem die Juden aus weiten Gebieten

Europas zu praktischer Arbeitsleistung in großen Gettos zusammengezogen sind, muß von jedem Deutschen eine unbedingt klare und eindeutige Haltung in der Judenfrage verlangt werden. Die Strafen für Verfehlungen vorliegender Art müssen daher gerade hier besonders hart und abschreckend sein, um Artvergessene, die in ihrer Haltung wankend werden wollen und zu straucheln beginnen, wieder zur Besinnung zu bringen und eindrücklichst an ihre Pflicht gegenüber ihrem Volke zu gemahnen.

(ZSA Minsk, 379-1-149, fol. 36 f.; Kopie im Archiv des USHMM, RG 53.002M, Rolle 3)

146

Rundschreiben des Generalkommissars Weißruthenien (Kube) an die deutschen Dienststellen in Minsk vom 9. August 1943 betr. die Beschäftigung von Juden

Mit Wirkung vom 20. August 1943 verbiete ich, in den Unterkünften und Haushaltungen J u d e n zu beschäftigen. Das Arbeitsamt ist angewiesen, die Einhaltung dieser Bestimmungen zu überwachen und bei Verstößen sämtliche bei den beteiligten Dienststellen, Einheiten und Firmen beschäftigten Juden sofort zurückzuziehen.
Diese Anordnung ist sowohl aus Sicherheitsgründen notwendig; sie ist aber auch besonders dadurch veranlaßt, daß in der letzten Zeit gegen einige Reichsdeutsche härteste Strafen ausgesprochen werden mußten, weil die Nürnberger Gesetze nicht eingehalten worden sind.
Ich bitte, die Ihnen unterstellten Dienststellen, Einheiten und Firmen entsprechend zu verständigen.

(ZSA Minsk, 370-1-2128, fol. 8; Kopie im Archiv des USHMM, RG 53.002M, Rolle 16)

4. Fallbeispiel Kaunas

Die Problematik, daß sich hinter der Fassade der deutschen Dokumente die reale Situation der Opfer bestenfalls indirekt erkennen läßt, gilt besonders für die Ghettos. Das Beispiel Kaunas ist in seiner Einzigartigkeit charakteristisch; bestimmende Elemente des Gesamtprozesses werden hier ebenso erkennbar wie örtliche Spezifika. Es bietet sich zudem deshalb an, weil das Schicksal der litauischen Juden während des Holocaust bisher kaum untersucht worden ist. Der zutreffenden Ansicht folgend, die „Judenfrage“ in Litauen sei für die Täter bereits im Verlauf der ersten Tötungswelle weitgehend gelöst gewesen [Dok. 147], hat die Forschung, zumal die deutsche, den Überlebenden in den Ghettos wenig Aufmerksamkeit geschenkt.[29]

Das von Pogromen geprägte Chaos der ersten Tage nach Kriegsbeginn bedingte, daß die knapp 30 000 Juden in Kovno (Kaunas bzw. deutsch: Kauen) von den Deutschen Hilfe erhofften [Dok. 147–150]. Wenngleich die „Selbstreinigungsversuche", wie Heydrich Anfang Juli 1941 feststellte, durchaus im Interesse der Sicherheitspolizei und daher zu fördern waren,[30] bargen sie die Gefahr in sich, deutscher Kontrolle zu entgleiten; die im Juli 1941 verfügte Ghettoisierung im Stadtteil Vilijampole/Slobodka bot sich auch hier als eine Art Zwischenlösung an. Litauische Nationalisten versuchten erfolglos, mit den Ereignissen Schritt zu halten [Dok. 151, 153, 154, 156]. Ab Juli hatten Jägers Sicherheitspolizei und Stadtkommissar Cramer die Zügel fest in der Hand [Dok. 155]. Anfangs noch von der Hoffnung geleitet, daß die vermeintlichen Repräsentanten der Kulturnation Deutschland bereit seien, den Juden „eine menschenwürdige Lebensmöglichkeit" zu bieten [Dok. 152], sah sich die jüdische Führung unter Elkhanan Elkes mit einer Welle einschneidender Maßnahmen konfrontiert. Das Ghettotor wurde am 15. August 1941 hinter den etwa 28 000 Juden geschlossen, drei Tage später ermordeten Jägers Männer in einer der alten Befestigungsanlagen der Stadt (Fort IX) mehr als 1800 Männer, Frauen und Kinder [Dok. 158]. Andere Massenerschießungen folgten; die größte „Aktion" mit knapp 10 000 Opfern fand Ende Oktober statt [Dok. 164, 165, 167, 169].

Die ab November 1941 einsetzende rund zweijährige „ruhige Phase" in der Geschichte des Ghettos war geprägt von Zwangsarbeit, Hunger und der Angst vor Überfällen von außen [Dok. 161, 163, 166, 168, 171, 172, 188]. Die von Elkes' Ältestenrat geleitete Administration einschließlich der Polizei bemühte sich, im engen Rahmen des Möglichen Normalität zu erzeugen [Dok. 159, 160, 170, 185, 186]. Nicht nur die Fülle und Rigidität der deutschen Anordnungen [Dok. 175 ff.], sondern auch ihre Widersprüchlichkeit stellten den Ältestenrat vor unlösbare Probleme: Die für den 11. Januar 1942 angekündigten deutschen Juden wurden wie die bereits im November 1941 Deportierten umgehend im Neunten Fort erschossen; keiner erreichte das Ghetto [Dok. 173, 174].

Die Mehrheit der Juden in Kaunas arbeitete außerhalb des Ghettos, etwa auf dem von der Wehrmacht ausgebauten Flughafen, was die Mög-

29 Vgl. Yitzhak Arad, Ghetto in Flames: The Struggle and Destruction of the Jews in Vilna in the Holocaust, New York 1982; Avraham Tory, Surviving the Holocaust: The Kovno Ghetto Diary (hrsg. von Martin Gilbert), Cambridge/London, 1990.

30 Schreiben Heydrichs an die HSSPF vom 2. Juli 1941, BA, R70 Sowj./32; abgedruckt in Rürup, Sowjetunion, S. 103 f.

lichkeit zum Schmuggel, zur Kontaktaufnahme mit der Außenwelt und zur Flucht erhöhte, gleichzeitig aber auch erhebliche Risiken mit sich brachte [Dok. 180, 184]. Im Sommer 1942 verschärften Stadtverwaltung und Sicherheitspolizei die Lebensbedingungen im Ghetto; Schwangerschaften wurden verboten und die Rationen weiter gekürzt [Dok. 187, 191 ff.]. Während innerhalb der Zivilverwaltung noch über versicherungstechnische Detailfragen gestritten wurde [Dok. 201], zeichnete sich mit dem Befehl Himmlers vom 21. Juni 1943 zur Umwandlung der Ghettos im Reichskommissariat Ostland in Konzentrationslager bereits das Ende ab.[31] Die für die deutschen Aufsichtsinstanzen bestimmten Erfolgsbilanzen des Ältestenrats konnten die Ausführung dieses Befehls ebensowenig verhindern wie das Stadtkommissariat, das nur ungern seine Hauptbereicherungsquelle versiegen sah: Am 15. September 1943 wurde das „KL Kauen" eingerichtet [s. Kap. V]. Von den etwa 30 000 im Juni 1941 in Kaunas lebenden Juden überlebten nur wenige Ghetto, Konzentrationslager und die nachfolgende Deportation nach Dachau oder Stutthof.

Dokumente

147

Auszüge aus einem undatierten Berichtsfragment des Einsatzkommandos 3 (von Anfang 1942) betr. Juden

Als das EK 3 in Kauen einrückte, bewegten sich die Juden noch völlig frei in den Haupt- und Kreisstädten. Als erste Maßnahme wurde die Kennzeichnung der Juden eingeführt und in Kauen die Bildung eines Ghettos in Angriff genommen. In der Zeit vom 15. Juli bis 15. August 1941 hatten 35 000 Juden in Kauen das Stadtgebiet zu verlassen und in ein als Ghetto erklärtes Stadtviertel zu ziehen. Aus diesem Stadtviertel wurden 8–10 000 Litauer ausgesiedelt. Diese Aktion war noch vor dem 15. August 1941 beendet. Die Ghettos in Wilna und Schaulen wurden einige Zeit später nach den Erfahrungen in Kauen gebildet. Die Insassen der 3 Ghettos sollten ebenfalls liquidiert werden, dies war jedoch unerwünscht und mußte abgestoppt werden. Die Juden wurden als Arbeitskräfte gebraucht. Durch Liquidierungen wurde die Zahl der Juden im Ghetto in Kauen auf etwa 15 000, in Wilna auf etwa 15 000 und in Schaulen auf etwa 4 500 vermindert. Am Leben blieben einsatzfähige Juden

31 Vgl. Arad, Ghetto in Flames, S. 401 f.

mit ihren Familienangehörigen. Es hat sich als sehr zweckmäßig erwiesen, den Arbeitsjuden ihre Angehörigen vorläufig zu lassen. Die Arbeitsfreudigkeit wurde hierdurch wesentlich gehoben. Vom Ghetto in Kauen werden, je nach Witterung, bis zu 6 000 Juden in 3 Schichten auf dem Flugplatz zu Erdarbeiten und dergleichen eingesetzt. Weitere Juden arbeiten bei Stadtbehörden, Wehrmachtsdienststellen und beim Straßenbau. Z. Zt. ist mit der Errichtung von Auto- und Bekleidungswerkstätten und mit Wäschereien im Ghetto begonnen worden. In den Ghettos in Wilna und Schaulen werden die Juden mit ähnlichen wehrwirtschaftlichen Arbeiten beschäftigt. Eine Aufstellung der durchgeführten Aktionen ist aus der beigefügten Aufstellung – G. Rs. 2076/41/3 – ersichtlich. Nach dem 1. 12. 41 wurden in Kauen, Wilna, Wilkowiski und Rosainiki noch weitere 857 Juden liquidiert.
Nach Errichtung der Zivilverwaltung wurde der Stadtkommissar in Kauen mit der Beschäftigung und Ernährung der Juden beauftragt. Die Oberaufsicht über das Ghetto blieb nach wie vor bei der Sicherheitspolizei. Dieses Verfahren hat sich auch in den übrigen Ghettos in Litauen bewährt. Es ist auch völlig ausgeschlossen gewesen, die Ghettos selbst zu verwalten, da der vorhandene Beamtenapparat nicht einmal zur Bewältigung der dringenden dienstlichen Arbeiten ausreicht.

Mängel.

Die Bewachung das Ghettos in Kauen mußte nach Abberufung des Res.-Pol. Batl. 11 den litauischen Hilfspolizeiformationen (Partisanen) unter Aufsicht der deutschen Schutzpolizei übertragen werden. Die litauischen Einheiten haben sich jedoch als sehr unzuverlässig erwiesen. Es kam wiederholt zu Plünderungen und Überfällen auf Juden. Nachrichtenübermittlung, Schleichhandel und illegale Entfernungen aus dem Ghetto setzten ein. Die Umzäunung des Ghettos wurde stellenweise niedergerissen und die Juden aufgefordert, sich zu entfernen, sich mit Waffen zu versorgen um zur gegebenen Zeit gegen die deutschen Stellen vorzugehen. In einer Besprechung mit den zuständigen Stellen ist jetzt die Bewachung des Ghettos einer NSKK-Kompanie übertragen worden. Seit dieser Zeit sind Übergriffe nicht mehr vorgekommen.
Die Ernährung der Juden besteht z. Zt. aus 100 Gramm Brot, etwas Kartoffeln und gefrorenem Kraut.
[...]
Den Arbeitsjuden, denen es bisher gestattet war, markenfreie Waren (Kartoffeln, Karotten) im geringen Umfange in das Ghetto zu nehmen, wurde die Einführung von Nahrungsmitteln in das Ghetto gänzlich untersagt. Juden, die wegen Schleichhandels eingeliefert wurden, sind, soweit sie den Davidstern trugen, mit Prügelstrafe belegt worden, Juden, die ohne Davidstern gingen, wurden regelmäßig erschossen.

Durch die laufenden Liquidierungen im Ghetto ist die Stimmung bei den Juden sehr gedrückt. Sie sind in der großen Masse arbeitswillig und führen die übertragenen Aufgaben, besonders als Handwerker, gut aus. Als Folge der Exekutionen ist bei einigen Juden die Neigung festzustellen, sich illegal aus dem Ghetto zu entfernen und sich mit falschen Pässen zu versehen.

(ZSA Riga, R1026-1-3, fol. 268–273; Kopie im Archiv des USHMM, RG 18.002M, Rolle 16)

148

Auszug aus einem zweisprachigen Schreiben (litauisch/deutsch) des litauischen Stadtkommandanten, Gesundheitsamt, vom 26. Juni 1941 über die Beseitigung von Leichen

Sämtliche Administrationsorgane der Städte, Kreise, Gemeinden und Dörfer sind verpflichtet, eine nötige Zahl von Leuten zu werben, um sämtliche Leichen aufzuräumen, sie zu erkennen, darüber einen entsprechenden Akt aufzustellen und dieselben sofort zu bestatten.
Das lokale Sanitärspersonal ist verpflichtet, ihnen behilflich zu sein.

(ZSA Vilnius, R1444-1-13, fol. 3)

149

Auszug aus einem zweisprachigen Aufruf (litauisch/deutsch) des litauischen Stadtkommandanten vom 28. Juni 1941

Litauer, hütet euch vor wütenden russischen Soldaten und jüdischen Kommunisten.
1) Die von den Bolschewiken-Horden in Praveniškiai veranstaltete Massen-Mordung von unschuldigen zivilen Menschen und die Hinmetzelung vieler Bauernfamilien zeigt, daß dem Leben unserer Mitmenschen große Gefahr seitens der wütenden russischen Soldaten droht.
2) Sämtliche Personen des Sanitätsdienstes, die auf dem Arm das Band mit dem Zeichen des Roten Kreuzes tragen, sind verpflichtet die noch nicht gestempelten Bänder bis zum 30. Juni d. J. 15 Uhr zu stempeln bezw. Personalausweise bei der Verwaltung des Litauischen Roten Kreuzes, Kęstučzio g. 6, zu erhalten. Die Armbänder werden nur solchen gestempelt werden, die von ihren Organisationen oder Ämtern, wo sie arbeiten, Bescheinigungen zustellen. Personen, welche dieser Anordnung zur festgelegten Zeit keine Folge leisten, werden von der Polizei festgenommen.

(ZSA Vilnius, R1444-1-8, fol. 37)

Bittbriefe an die deutsche Sicherheitspolizei in Kaunas vom 2. Juli 1941 betr. Freilassung inhaftierter Juden

Brief 1

An Chef der Siecherheitspolizei
im Kowno

Bürgeren Mira Scher;
Daukschos str Nr 35

Bitte

Freitag am 26 Juni 1941 Jahr wurden ohne Ursachen aus unserer Wohnung, Daukschos str Nr 35/5 durch die litauische Partisane: Leiba Kaplan höcher 50 Jahr alt Herzleidende, seine Frau Sara 32 Jahr alt Zucker-leidende, Tochter Mala 13 Jahr alt, Frida 8 Jahr alt und Sohn Benjamin 4 Jahr alt, weggeführt. Die alle drei Kinder sind krank und schwach. Wie ich mir erkundigt habe finden sich alle drei ins Gefängnis, Mickeviciaus str.

Da die oben ernannten Leute ganz unschuldig sind, bitte ich höflich ~~meine~~ die Familie freilassen.

Hochachtungsvoll
M. Scher

Kowno, 1941-VII-2.

* * *

Brief 2

An Chef der Siecherheitspolizei in Kowno

Bürger Friedmann Berkus
Wohnort: Kowno, Daukšos strasse Nr. 3
gewesen. Inhaber der Pelzfabrik
„Tigras" Pilvisky.

Bitte

Freitag am 26 Jüni 1941 Jahr wurden ohne welche Ursache aus unserer Wohnüng, Daukšos strasse Nr. 35 durch die litauische Partisane meine Frau Ida 42 Jahre alt, Tochter Ester 16 Jahre alt, Sohn Elijahu 2½ Jahre alt und Verwandte Ester Slonimsky weggeführt.

Wie ich mir erkundigt habe finden sich die selbe ins Gefängnis Mickevičiaus strasse.

Da die oben ernannten Leute zu keiner Partei angehörten und lojale Bürger sind bitte ich höflich meine unschuldige Familie freilassen.

Hochachtungsvoll
B. Friedman

Kowno. 1941. VII. 2.

***

Der Sicherheits Polizei

Mein Mann, Skorulskis Mauša-Icikas wurde den 25-ten Juni auf der Strasse durch den litauschen Partisanen Posten verhaftet, den er versteht kein Litauisch und verstand nicht den Befehl stehenzubleiben.
Er ist ein alter, schwacher Mensch (67 Jahre alt) und unschuldig, was der Hausmeister und Frau meines Hauses bestätigen kann.
Er befindet sich jetzt im Gefangenen-Lager des VI Forts, so bitte ich gefälligst das nachzuforschen und ihm ermöglichen nach Hause zurückzukommen

Hochachtungsvoll
R. Skorulskiene

Kaunas den 2-Juli 1941.

/ Kaunas, Vilniaus g. 45/10 but. 9 /
Skorulskiene Rozalija

(ZSA Vilnius, R973-3-2, fol. 1–3)

151

Befehl der litauischen Stadtverwaltung an das Jüdische Komitee vom 7. Juli 1941

Die in Veršvai und Grištupis befindlichen Juden müssen auch nach dem Kauener Ghetto umsiedeln.
Es wird in der Altstadt eine Verkaufsstelle bestimmt, in welcher die Juden Lebensmittel erwerben dürfen.

(USHMM, SVJÄ, Teil 1)

152

Memorandum des Jüdischen Komitees an die deutsche Sicherheitspolizei vom 10. Juli 1941 zur Umsiedlung ins Ghetto im Stadtteil Vilijampole

Im Zusammenhang mit dem Vorschlag den jüdischen Teil der Bevölkerung Kovnos innerhalb einer noch zu bestimmenden Frist nach Vilijampole umzusiedeln, erlauben wir uns allerhöflichst folgendes vorzutragen:
Vilijampole ist eine kleine Vorstadt in der bisher insgesamt circa 12 000 Personen wohnten, davon 5–6000 Juden und 6–7000 Litauer. Die Bevölkerung dort wohnt in den engsten, unhygienischsten Verhältnissen (vielleicht 3–5 Menschen auf je ein Zimmer von ca. 9 Qm.). Diese Vorstadt besitzt auch keine Heime, keine Krankenhäuser, keine Wasserleitung, keine Kanalisation, also kein Wasser, wie überhaupt keine Bedingungen, um einen geordneten Aufenthalt von circa 25 000 neu hinzu kommenden Menschen zu ermöglichen. Eine Zusammenballung von so vielen Personen unter diesen Bedingungen würde eine Krankheits- und Seuchengefahr herauf beschwören, die von vornherein nicht abgewendet werden kann. Die nichtjüdische Bevölkerung, die in diesem Vorort Haus- Werkstatt- und Landwirtschaft Besitz hat, würde diesen nicht aufgeben wollen. Die in Vilijampole befindlichen größeren Industrieanlagen wie Guma, Boston, Inkaras und viele andere würden nicht in andere Stadtteile verlegt werden können. Eine Isolierung dieses Vororts wird sich daher nicht durchführen lassen.
Der Bau neuer Wohnstätten und Beschäftigungsstätten wird sich aus finanziellen Gründen nicht ausführen lassen. Wie bekannt, hat die Sowjetmacht das gesamte unbewegliche wie vor allem auch bewegliche Vermögen fortgenommen. Die in den Banken und Sparkassen befindlichen Gelder wurden gesperrt und soweit sie den Betrag von Rubel tausend gleich Reichsmark hundert überstiegen ebenfalls eingezogen, das frühere litauische Geld wurde für ungültig erklärt und eingezogen. Der Besitz aller auch der Juden, besteht da-

her nur noch aus dem Wohnungsmobiliar sowie etwas Bargeld je 2–500 Rubel gleich 20–50 Rmk.
Die Juden in Kovno sind in der Hauptsache Händler, Angestellte und Handwerker gewesen, die Umschichtung dieser Menschen in Vilijampoler Verhältnisse ist unmöglich, sie würden in der Zwischenzeit ohne Arbeit ohne Lebensmittel der Hunger- und Seuchengefahr ausgesetzt sein.
Unter Berücksichtigung des Vorgetragenen bitten wir inständig Mitleid uns gegenüber walten zu lassen, den beabsichtigten Erlaß vorläufig zurück zu stellen beziehungsweise abzuändern, um uns die Möglichkeit zu geben mit den entsprechenden litauischen Stellen und Persönlichkeiten zusammen zu kommen und mit diesen organisatorische, wirtschaftliche und hygienische Formen zu finden, welche eine geordnete und mit einem Minimum von Schäden für die Allgemeinheit verbundene Durchführung der Übersiedlung nach noch zu bestimmenden Stellen ermöglichen.
Wir hoffen und sind überzeugt, daß Sie die Vertreter eines so kultivierten und starken Volkes mit uns Unglücklichen schon vorher von der Sowjetmacht entrechteten und beraubten Menschen Erbarmen haben werden und uns eine menschenwürdige Lebensmöglichkeit garantieren.

(YV, B/12-4)

153

Verordnung der litauischen Stadtverwaltung an das Jüdische Komitee vom 18. Juli 1941

In den Straßen Jurbarko, Degtukų, Raudondvario, Tilžės, Kėdainių, Josvainių in Vilijampolė dürfen Juden nicht angesiedelt werden.
Das Eigentum der verhafteten und umgebrachten Juden geht in den Besitz der Stadtverwaltung über.

(USHMM, SVJÄ, Teil 1: „Mündliche Verordnungen und Verfügungen der Machtorgane“)

154

Verordnungen der litauischen Stadtverwaltung an das Jüdische Komitee vom 23., 24. und 27. Juli 1941

Die Juden haben ihre Wohnungen in der Italijos und Jonavos Str. im Laufe von zwei Tagen zu räumen. Es wird den Juden verboten aus Kowno in die Provinz zu fahren.

***

Die Juden sind verpflichtet den Zaun um das Ghetto selbst herzustellen.

***

Sämtliche in den Kinderheimen von Litauen befindlichen jüdischen Kinder sind an das jüdische Kommité in Vilijampolé zu übergeben.

(USHMM, SVJÄ, Teil 1: „Mündliche Verordnungen und Verfügungen der Machtorgane")

155

Anordnung Nr. 1, Öffentliche Bekanntmachungen Nr. 2 und 5 des Stadtkommissars Kauen (Cramer) vom Juli/August 1941 betr. die jüdische Bevölkerung, abgedruckt im Amtsblatt des Generalkommissars in Kauen Nr. 2 vom 1. November 1941

ANORDNUNG

Nr. 1

1. Der jüdischen Bevölkerung wird das Betreten der Gehsteige untersagt. Die Juden haben den rechtsseitigen Rand der Fahrstraße einzuhalten und hintereinander zu gehen.
2. Der jüdischen Bevölkerung wird der Aufenthalt auf Promenadenwegen und in allen öffentlichen Grünanlagen verboten. Desgleichen wird der jüdischen Bevölkerung die Benutzung der aufgestellten Ruhebänke untersagt.
3. Der jüdischen Bevölkerung wird die Benutzung aller öffentlichen Verkehrsmittel wie Autotaxen, Pferdedroschken und Autobusse, Personendampfer und ähnlicher Fahrzeuge untersagt. Die Eigentümer bezw. Halter aller öffentlichen Fahrzeuge sind verpflichtet, an sichtbarer Stelle der Fahrzeuge ein Plakat zu befestigen mit der Aufschrift: „Für Juden verboten".
4. Zuwiderhandelnde gegen diese Verordnung werden schärfstens bestraft.
5. Diese Verordnung tritt mit dem heutigen Tage in Kraft.

Der Stadtkommissar
gez. Cramer
SA.-Oberführer.
Kauen, den 28. Juli 1941.

ÖFFENTLICHE BEKANNTMACHUNG

Nr. 2

1. Demjenigen Teil der jüdischen Bevölkerung, der bei Ausbruch oder im Verlauf des Krieges geflohen war und bis heute nicht zurückgekehrt ist, wird die Rückkehr nach Kauen verboten. Allen Hausbesitzern und Hausverwaltern wird hiermit verboten, zurückkehrenden Juden Unterkunft zu gewähren.

2. Die jüdische Bevölkerung ohne Unterschied von Alter und Geschlecht ist verpflichtet, auf der linken Brustseite sowie auf dem Rücken einen gelben Davidstern im Durchmesser von 8–10 cm zu tragen.
3. Die mit Verordnung des Bürgermeisters der Stadt Kauen Nr. 15 vom 10. Juli 1941 verfügte Umsiedlung der jüdischen Bevölkerung aus dem Stadtinnern in die Vorstadt Vilijampole, muß bis spätestens 15. August 1941 abgeschlossen sein. Nähere Auskünfte werden vom städtischen Quartieramt erteilt.
4. Der jüdischen Bevölkerung wird hiermit verboten, ihr gesamtes bewegliches und unbewegliches Vermögen zu verkaufen, zu vertauschen oder sonstwie zu verwerten. Auch die Vernichtung von Einrichtungs- oder sonstigen Wertgegenständen wird ausdrücklich verboten.
5. Die mit Verordnung des Bürgermeisters der Stadt Kauen Nr. 15 vom 10. 7. 1941 festgesetzte Polizeistunde für die jüdische Bevölkerung wird auf das Gebiet der Vorstadt Vilijampole einschließlich des jüdischen Wohnbezirks ausgedehnt.
6. Die Verordnung des Bürgermeisters der Stadt Kauen Nr. 15 vom 10. Juli 1941 wird im übrigen aufgehoben.
7. Zuwiderhandlungen gegen die Bestimmungen dieser Bekanntmachung werden schärfstens bestraft.
8. Die Bestimmungen dieser Bekanntmachung treten mit dem heutigen Tage in Kraft.
9. Der Gebietskommissar in Kauen-Stadt
gez. Cramer
SA.-Oberführer.
Kauen, den 31. Juli 1941.

ÖFFENTLICHE BEKANNTMACHUNG

Nr. 5
1. Der jüdischen Bevölkerung wird hiermit verboten, vor 10 Uhr vormittags auf den öffentlichen Märkten zu erscheinen und einzukaufen. Das Gleiche gilt auch für alle Ladengeschäfte.
Juden, die vor 10 Uhr vormittags beim Einkauf angetroffen werden, haben mit schärfster Bestrafung zu rechnen.
2. Diese Bestimmung tritt mit dem heutigen Tage in Kraft.
Der Gebietskommissar in Kauen-Stadt
gez. Cramer
SA.-Oberführer.
Kauen, den 6. August 1941.

(ZSA Minsk, 370-4-3, fol. 6 f.; Kopie im Archiv des USHMM, RG 53.002M, Rolle 17)

156

Mitteilung der litauischen Stadtverwaltung (Kaminskas) an das Jüdische Komitee vom 31. Juli 1941

Die Bitte des Jüd. Kommités vom Bürgermeister empfangen zu werden – ist von demselben abgelehnt worden.

(USHMM, SVJÄ, Teil 1: „Mündliche Verordnungen und Verfügungen der Machtorgane")

157

Mündliche Mitteilung des SA-Hauptsturmführers Jordan (vom Stadtkommissariat Kauen) an das Jüdische Komitee vom 7. August 1941

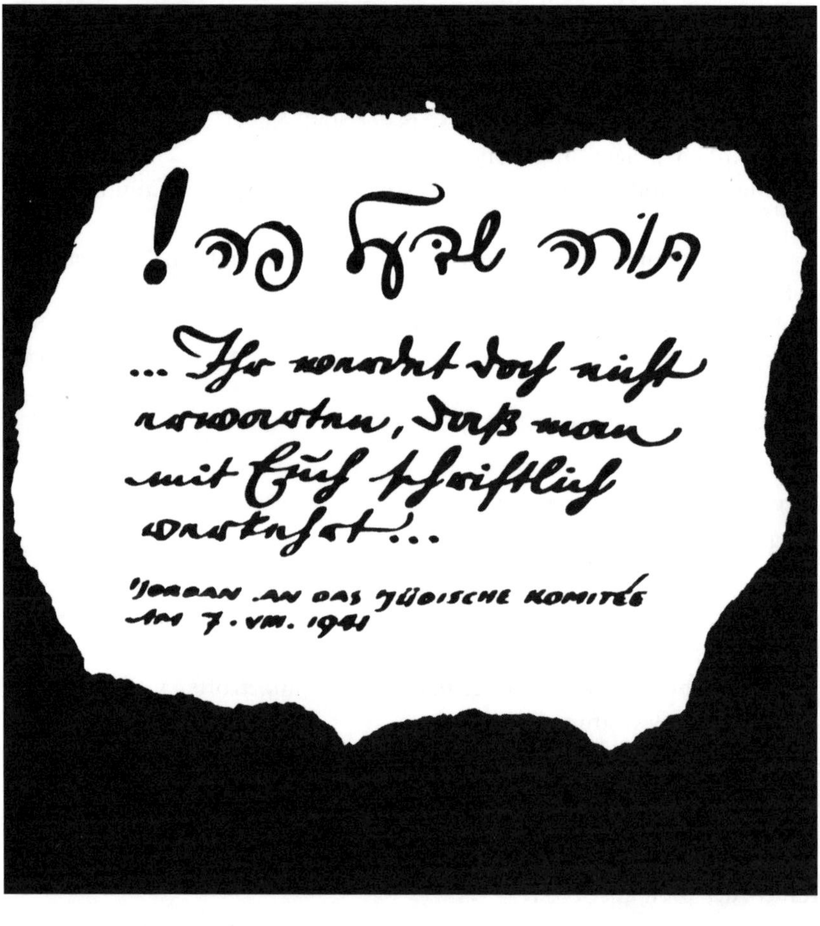

תורה שבעל פה!

... Ihr werdet doch nicht erwarten, daß man mit Euch schriftlich verkehrt!...

Jordan an das Jüdische Komitee am 7.VIII.1941

(USHMM, SVJÄ, Teil 1: „Mündliche Verordnungen und Verfügungen der Machtorgane")

158

Befehle und Anordnungen des Stadtkommissariats an das Jüdische Komitee von August/September 1941

Mitteilung des Hauptsturmf. Jordan vom 8. 8. 41

Auf seine Veranlassung sind 26 Juden wegen Ankaufs von Lebensmitteln auf der Chaussee erschossen worden. Wegen eines von einem Juden begangenen Verbrechens werden 10 Juden erschossen werden.

Befehl des Stadtkommissars durch Hauptsturmf. Jordan vom 8. 8. 41

Die Juden: Dr. Elkes, L. Garfunkel, Goldberg, Dr. Rabinowitsch, Rabb. Snieg und Rabb. Schmukler werden in den jüdischen Ältestenrat bestimmt. Sie sind verpflichtet einen Ältesten, seinen Stellvertreter und einen Polizeichef für das Ghetto zu bestimmen.

Befehl des Stadtkommissars vom 8. 8. 41 durch Hauptsturmf. Jordan

Alle Verordnungen betreffs der Kauener Juden sind auch auf die ausländischen Juden, sowie Kinder der Mischehen anzuwenden. Dieselben müssen auch nach dem Ghetto umsiedeln.

Befehl des Hauptsturmf. Jordan vom 10. 8. 41

Es ist den Juden verboten sich an der Ufern der Wilija zu bewegen. Es ist ferner den Juden verboten sich mit den Händen in den Taschen auf den Straßen zu bewegen.

Verordnung des Hauptsturmf. Jordan vom 15. 8. 41

Das Ghetto ist zu schließen. Es ist verboten das Ghetto eigenmächtig zu verlassen.

Befehl des Hauptsturmf. Jordan vom 18. 8. 41

Der jüdische Ältestenrat ist verpflichtet, heute 500 Juden, u. zw. Männer aus der Intelligenz – am Ghettotor den Machtorganen zuzustellen.

Befehl des Hauptsturmf. Jordan vom 24. 8. 41

Es ist den Juden im Ghetto verboten Hunde zu halten, die nicht an der Leine befestigt sind, ebenso Katzen auf die Straße zu lassen.

Befehl des Stadtkommissars vom 29. 8. 41

Es wird verboten Zeitungen bezw. Lebensmittel ins Ghetto einzuführen.

Befehl des Hauptsturmf. Jordan vom 30. 8. 41

Sämtliche Ghetto-Bewohner sind verpflichtet ihre elektrischen Apparate, wie Küchen, Pressen, Öfen usw. abzuliefern.

Befehl des Stadtkommissars vom 7. 9. 41

Es ist den Juden verboten in der Stadt Lebensmittel und andere Sachen einzukaufen.

Befehl des Stadtkommissars vom 10. 9. 41

Sämtliche Pferde, Kühe, Wagen und Gespanne, sowie Geflügel, die sich bei den Juden im Ghetto befinden, sind dem Stadtkommissar abzuliefern.

Befehl des Stadtkommissars vom 12. 9. 41

Wertpapiere, Schulden und Depots, welche von Ghetto-Bewohnern bei dritten Personen hinterlegt sind, sind anzumelden.

(USHMM, SVJÄ, Teil 1: „Mündliche Verordnungen und Verfügungen der Machtorgane")

159

Bekanntmachung des Chefs der Jüdischen Ghettopolizei (Kopelmann) vom 17. August 1941

Auf Beschluß des Ältestenrates der jüdischen Gemeinde im Ghetto Vilijampolé ist die Ghettopolizei gegründet worden zur Aufrechterhaltung der öffentlichen Ordnung und zur Beaufsichtigung der Durchführung der von der Macht und dem Ältestenrate erlassenen Verordnungen.
Zur Bildung der Polizeiämter ist es dem Chef der Polizei gestattet nach Bedarf die erforderlichen Männer durch Erlaß eines Befehles zum Polizeidienst einzuziehen.
Bis zur Bildung eines Standesamtes werden alle entsprechenden Urkunden/Geburts-, Sterbe- und Eheurkunden/von der Dienststelle des Polizeichefs ausgegeben.
Das ganze Ghetto-Gebiet wird in 4 Polizeiviertel eingeteilt, deren Amtstellen später bekanntgegeben werden.
Die Bevölkerung wird aufgefordert durch Disziplin und gewissenhafte Erfüllung aller Verordnungen die Tätigkeit der Polizei zu unterstützen und zur Aufrechterhaltung von Ruhe und Ordnung beizutragen.
Jede Zuwiderhandlung wird streng bestraft werden.

(ZSA Vilnius, 973-2-7, fol. 51)

160

Bekanntmachung Nr. 9 der Jüdischen Ghettopolizei (von Anfang September 1941)

BEKANNTMACHUNG nr. 9

Männer, Frauen und Kinder, die von Mischehen abstammen, haben sich sofort in der Jüd. Ghettopolizei – Varnių g.49, Bl.A, b.11 – zu melden.

(ZSA Vilnius, 973-2-7, fol. 51)

161

Auszug aus dem Standortbefehl des Stadtkommandanten Kauen (Pohl) vom 3. September 1941 u. a. betr. die Verwendung jüdischer Arbeitskräfte

Die Einheiten, die Juden als Arbeitskräfte verwenden, werden angewiesen, diese wie russische Kriegsgefangene zu behandeln. Die Arbeitskräfte müssen geschlossen abgeholt und wieder abgeführt werden. Während des An- und Abtransportes sowie während der Arbeit selbst sind sie zu bewachen. Die Ausführung eines Auftrages durch einzelne Juden ohne Bewachung ist in jedem Fall verboten. Sollten auch in Hinkunft einzelne Juden ohne Bewachung im Stadtgebiet Kauen gesehen werden, ist unter Umständen mit der Einstellung der Verwendung von Juden für Arbeitszwecke zu rechnen.

(ZSA Riga, R80-3-2, fol. 4; Kopie im Archiv des USHMM, RG 18.002M, Rolle 7)

162

Befehl des Einsatzkommandos 3 (Hamann) an das Jüdische Komitee vom 6. September 1941

Das Jüdische Komitee wird hiermit aufgefordert, die dort abgelieferten Verdunkelungsstoffe usw. bei dem Befehlshaber der Sicherheitspolizei und des SD, Kauen abzuliefern.

(YV, B/12-4)

163

Schreiben des Stadtkommissars Kauen (Jordan) an den Ältestenrat vom 15. September 1941

Dem Ältestenrat werden 5000 Stück Handwerkerausweise übersandt. Diese Ausweise sind sofort laut vorgelegter Liste an die Handwerker zu verteilen. Die Verteilung der Ausweise ist so zu geschehen, daß jedes Familienmitglied je ein Ausweis erhält. Die Ausweise an Familienangehörige (I. Ehe) auszuhändigen. In keinem Falle dürfen aber die Ausweise an andere Familienangehörige, w. z. B. Großeltern oder andere Verwandte ausgehändigt werden.

(YV, B/12-4)

164

Befehl des KdS Litauen an den Ältestenrat vom 26. September 1941

Die Bewohner der Veliuonos Str. haben ihre Häuser heute, u. zw. sofort zu verlassen und sich auf dem Sąjungos Platz zu befinden.
P.S. ca 1000 Mann sind zum IX. Fort abgeführt worden.

(USHMM, SVJÄ, Teil 1: „Mündliche Verordnungen und Verfügungen der Machtorgane")

165

Befehl des KdS Litauen an den Ältestenrat vom 3. Oktober 1941

Das Infektionskrankenhaus im Ghetto ist nebst Einrichtung, Kranken und Med. Personal in Brand zu setzen. Die Säuglinge sind zum IX. Fort abzuführen.
P.S. Am 4. 10. 41 ist der Befehl vollstreckt worden. Die Bewohner des Kleinen Ghetto sind zum Teil zum IX. Fort gebracht und zum Teil im übriggebliebenen Ghettoteil untergebracht worden.

(USHMM, SVJÄ, Teil 1: „Mündliche Verordnungen und Verfügungen der Machtorgane")

166

Meldung der Jüdischen Ghettopolizei an den Chef der Ghettowache vom 15. Oktober 1941 mit Anlagen über Vergewaltigungen[32]

In der Anlage übersenden wir Ihnen 2 ärztliche Atteste in Angelegenheit der vergewaltigten K. F. und F. J.
Chef der Jüdischen Ghettopolizei

Abschrift
Vilijampolé, den 11. Oktober 1941
Die Untersuchung der F. J., 16 Jahre alt, wohnhaft Kulvos g. 28, ergibt: ihrem Alter nach physisch gut entwickeltes Mädchen. Die Untersuchung der äußeren Geschlechtsteile ergibt: im Vorhof an zwei Stellen längs verlaufende 1 cm. lange oberflächliche Wunden. Am Hymen rechts ein frischer, leicht blutender Riß, welcher bis zur Basis des Hymens geht. Der Zustand der Geschlechts-

32 Anonymisierung der Namen durch die Herausgeber.

organe weist darauf hin, daß das Mädchen vor kurzem den ersten Beischlaf gehabt hat.
gez. Dr. E. Rabinowitz, Frauenarzt

Abschrift
Vilijampole, den 11. Oktober 1941
Die Untersuchung der Geschlechtsorgane der K. F., 20 Jahre alt, ergibt folgendes: Der hintere Teil des Hymens zertrümmert, wobei rechts die Wunde tief ins Unterhautzellgewebe dringt. Diese Wunde blutet sehr stark. Das Mädchen hat ganz vor kurzem den ersten Beischlaf durchgemacht, welcher in sehr roher Weise ausgeführt worden ist.
gez. Dr. E. Rabinowitz, Frauenarzt

(ZSA Vilnius, 973-2-47, fol. 12 f.)

167

Befehl des KdS Litauen an den Ältestenrat vom 27. Oktober 1941

Alle Ghetto-Bewohner ohne Unterschied des Alters und Geschlechts müssen am 28. 10. 41 ihre Häuser verlassen und sich um 6 Uhr morgens auf dem Demokratų Platz befinden. Diejenigen, welche in den Häusern vorgefunden werden, werden auf der Stelle erschossen.

(USHMM, SVJÄ, Teil 1: „Mündliche Verordnungen und Verfügungen der Machtorgane")

168

Meldung der Jüdischen Ghettopolizei an den Chef der Ghettowache vom 12. November 1941 mit Anlagen über Überfall im Ghetto

Hierdurch erlauben wir uns, Ihnen eine Meldung eines unserer Polizisten zur gfl. Kenntnisnahme mit der Bitte um baldigste Abhilfe derartiger Vorkommnisse gehorsamst zu übersenden:
Bericht:
Am 8. November 1941 gegen 18 Uhr 10 min. erschienen in meiner Wohnung Mindaugos Strasse 29 3 Litauer in Zivil, die gebrochen deutsch sprachen und die Herausgabe von Gold und Geld verlangten. Die Hausbewohner riefen laut um Hilfe. Einer von den Tätern überfiel meine Frau mit dem Messer und verletzte sie schwer. Er brachte ihr 7 tiefe Stiche bei und zwar 2 am Kopfe, 3 im Rücken, einen an der linken Hand und einen am rechten Bein, woraufhin alle 3 Täter sofort verschwanden. Beim Fortlaufen verlor einer seine Mütze, die ich diesem Bericht beifüge.

(ZSA Vilnius, 973-2-47, fol. 6)

169

Auszug aus der „Gesamtaufstellung der im Bereich des Einsatzkommandos 3 bis zum 1. Dezember 1941 durchgeführten Exekutionen"[33]

26. 9. 41	Kauen – F. IV –	412 Juden, 612 Jüdinnen, 581 J.-Kind. (Kranke u. Seuchenverdächtige)	1 608
[...]			
4. 10. 41	Kauen – F. IX –	315 Juden, 712 Judinn., 818 J.- Kind. (Strafaktion weil im Ghetto auf einen deutsch. Polizisten geschossen wurde)	1 845
29. 10. 41	Kauen – F. IX –	2007 Juden, 2920 Jüdinnen, 4273 Judenkinder (Säuberung des Ghettos von überflüssigen Juden)	9 200
[...]			
25. 11. 41	Kauen – F. IX –	1159 Juden, 1600 Judinn., 175 J.- Kind. (Umsiedler aus Berlin, München u. Frankfurt a. M.)	2 934
29. 11. 41	" "	693 " , 1155 " , 152 " . (Umsiedler aus Wien u. Breslau)	2 000
29. 11. 41	" "	17 Juden, 1 Jüdin, die gegen die Ghettogesetze verstoßen hatten, 1 R.-Deutscher, der zum jüdischen Glauben übergetreten war und eine Rabbinerschule besucht hatte, dann 15 Terroristen der Kalinin-Gruppe	34

(AHD, 500-1-25, fol. 113; Kopie im Archiv des USHMM, RG 11.001M.01, Rolle 183)

170

Pflichtverordnung der Jüdischen Ghettopolizei vom 29. Oktober 1941

§ 1.

Um das Eigentum der aus dem Ghetto Fortgeführten zu verhüten wird es bis zur besonderen Verordnung der Machtorgane in den Schutz der Polizei genommen.

33 F = Fort, R.-Deutscher = Reichs-Deutscher.

§ 2.
Die hinterlassenen leeren Wohnungen werden versiegelt, und es ist strengstens verboten, die versiegelten Wohnungen zu betreten.
§ 3.
Es ist verboten, ohne Erlaubnis der Polizei, sich Lebensmittel, Holz, Kleider, Möbel und anderes Gut der Fortgeführten anzueignen.
§ 4.
Für das hinterlassenen Eigentum der Fortgeführten haften die Haus- und Wohnungsverwalter und alle Miteinwohner der Wohnung bezw. des Hauses.
§ 5.
Wer dieser Verordnung zuwiderhandelt, wird von den Machtorganen bestraft werden.

(ZSA Vilnius, 973-2-7)

171

Anordnungen deutscher Dienststellen an den Ältestenrat vom Oktober 1941 bis Juli 1942

Befehl des Hauptsturmf. Jordan vom 1. 10. 1941
Ab heute sind 1000 Männer bei Tag und 1000 Männer bei Nacht zur Arbeit auf dem Flugplatz zu stellen.

Befehl des Hauptsturmf. Jordan vom 6. 2. 42
Alle Ghetto-Bewohner haben sich auf dem Demokratų Platz zu versammeln, damit 500 Arbeiter zum Abtransport nach Riga ausgesucht werden können.

Verordnung des Stadtkommissars vom 8. 11. 41 durch Kaminskas
Sämtliche Ghetto-Einwohner sind verpflichtet Wagen, Droschken und Schlitten abzuliefern.

Befehl des Kommandeurs des SD vom 27. 12. 41
Die Juden müssen ihre Pelze und Pelzwaren heute auf dem Demokratų Platz an die Machtorgane abliefern.

Verordnung des Ghetto-Kommandanten vom 5. 1. 42
Es ist verboten Häuser oder Teile derselben ebenso Zäune im Ghetto niederzureißen.

Verordnung des Stadtkommissars vom 14. 1. 42
Alle Ghetto-Bewohner sind verpflichtet ihre Hunde und Katzen in der Synagoge Veliuonos Str. abzuliefern.
P.S. Dort wurden sie alle an Ort und Stelle erschossen.

Verordnung des Ghetto-Kommandanten vom 26. 1. 42
Es ist verboten nach 21 Uhr die Straßen im Ghetto zu betreten. Der Raum innerhalb 3 Mtr. vom Zaun wird als Todesstraße erklärt. Wer sich dem Zaune nähert, wird ohne vorherige Warnung erschossen.

Verordnung des Stadtkommissars vom 10. 2. 42
Die Ghetto-Einwohner sind verpflichtet sämtliche Drahtscheren abzuliefern.

Befehl des Deutschen Arbeitsamtes Kauen vom 19. 2. 42
Alle arbeitspflichtigen Männer im Ghetto müssen sich im jüd. Arbeitsamt im Ghetto registrieren lassen.
Im Ghetto ist ab heute eine Abteilung des Deutschen Arbeitsamtes Kauen einzurichten.

Verordnung des Deutschen Arbeitsamtes Kauen vom 20. 5. 42
Der Ältestenrat ist verpflichtet 200 Arbeiter für die Torfgruben in Palemonas zu stellen.

Erklärung von Wiedmann vom 16. 6. 42
Es wird erklärt, daß die vom Ältestenrat errichteten Ghettowerkstätten in den Besitz bezw. Verwaltung des Stadtkommissars übergehen. Die Beziehungen des Ältestenrates zu den Werkstätten haben damit ein Ende gefunden.

Verordnung des Kommandeurs des SD vom 17. 6. 42
Der Ältestenrat ist verpflichtet ein Verzeichnis der im Ghetto vorhandenen Zahnärzte, welche früher ihren Beruf in Kauen ausgeübt haben, zuzustellen.

Verordnung von Wiedmann vom 20. 6. 42
Es wird dem Ältestenrat angeordnet eine große Möbelfabrik im Ghetto zu errichten.

Befehl des Kommandeurs des SD vom 1. 7. 42
Die Zahl der Beamten und Arbeiter der Ämter und Anstalten im Ghetto ist um die Hälfte zu reduzieren.

Verordnung des Deutschen Arbeitsamtes Kauen vom 17. 7. 42
Es sind 40–50 Juden zu Waldarbeiten in Jonava zu stellen.

(USHMM, SVJÄ, Teil 1: „Mündliche Verordnungen und Verfügungen der Machtorgane")

172

Auszüge aus der Meldung der Jüdischen Ghettopolizei an den Chef der Ghettowache vom 9. Januar 1942 mit Anlagen über Raubmord im Ghetto

Hierdurch bringen wir folgenden Raubmord nebst sämtlichen Untersuchungsergebnissen zur gfl. Kenntnis mit der ergebensten Bitte, uns in unserer Bemühung, der Täter habhaft zu werden, gütigst zu unterstützen:
A. Bericht des wachhabenden Polizeibeamten:
„Ich teile hierdurch mit, daß gestern, am 8. Januar 1942, ungefähr um 22 Uhr in die Wohnung des Polizeibeamten Nr. 38 /Vidoklé/ 2 Personen in litauischer Militäruniform und 3 Zivilisten in der Absicht zu rauben, eingedrungen sind. 2 wurden erschossen /die Frau des Vidoklé und Wolff, der dort wohnte /und 2 weitere Personen /Vidoklé selbst und seine Tochter/ wurden verwundet. Die Wohnung ist offensichtlich ausgeraubt worden. Ich bitte um Anordnung zwecks Aufklärung des Sachverhalts.
[...]
B. Besichtigung des Tatortes:
Am 9. Januar 1942 9^{30} Uhr habe ich mich im Auftrage des Chefs der Kriminalpolizei zusammen mit dem wachhabenden Polizeibeamten Cernes, dem Polizeiarzt Eisenstadt, dem Chef des II. Polizeireviers Tamšé und den hinzugezogenen Personen Stark und Aronovičitté Etta an den Tatort Margio Straße 11 in die Wohnung des Vidoklé begeben und festgestellt:
Das ganze Gebäude besteht nur aus einem Zimmer und einer Küche. Es steht völlig abgesondert da. Das nächste Haus befindet sich in einer Entfernung von 15 m. und in einer Entfernung von zirka 300 m. von dem Zaune Margio – Gimbuto Straße.
Die Wohnung hat nur einen Eingang und zwar durch die Küche. Letztere hat ein, das Zimmer 2 Fenster. Die Türen weisen keine Aufbruchsspuren auf. Im Zimmer liegen 2 Leichen. Der eine Leichnam wurde identifiziert als Sally Wolff, der auf dem Divan mit dem Gesicht nach oben liegt, die Füße hängen über das Ende des Divans hinunter. Die Hände sind mit dem Gürtel eines Kleides auf dem Rücken zusammengebunden.
[...]
Die 2. Leiche ist als Bassia Vidoklé geb. Aronowitz identifiziert. Sie liegt auf dem Fußboden auf der linken Seite zwischen 2 Betten, die rechte Hand geballt am Munde. Ein grüner Mantel mit Kragen ist auf die rechte Schulter gewor-

fen. Sie trägt Gummibotten. Das Kleid ist geöffnet und bis zur Körperhälfte hochgezogen, während der Unterkörper unbekleidet ist. Die Kugel hat die linke Kopfhälfte in das Ohr getroffen. [...]

C. Vernehmungsprotokolle:

Am 9. 1. 1942 ist in dieser Raubmordsache der verwundete im Krankenhause Vygrių Straße 32 befindliche Polizeibeamte Schmuelis Vidoklé vernommen worden, der nicht spricht und folgendes schriftlich erklärte:

„Ich war auf den Abort gegangen und hatte die Tür offengelassen. Als ich zurückkam, fand ich neben meiner Wohnungstür 5 Personen stehen, die litauisch sprachen. 2 von ihnen waren in Militärkleidung, einer von ihnen im Grade eines Gefreiten, die anderen 3 waren Zivilisten ohne Mäntel, unter ihnen einer mit Mütze. Die Uniformierten hatten Militärmäntel mit Riemen ohne Gewehr. Als ich hinzukam, zogen die Uniformierten Pistolen, der eine eine längere, der andere eine kürzere und zwangen mich, mit ihnen ins Zimmer zu gehen. Als wir in die Wohnung gegangen waren, befahl der Gefreite allen in der Wohnung befindlichen Personen sich mit dem Gesicht zur Wand zu stellen. [...]

Den 1. Schuß gab der Gefreite auf mich ab. Ich fiel verwundet auf den Rücken, aber ich hatte nicht das Bewußtsein verloren und sah folgendes: Den 2. Schuß gab der Gefreite auf meine Frau ab, die vom Bette auf den Fußboden fiel. Den 3. Schuß erhielt meine 6jährige Tochter, die verwundet neben mir auf den Boden fiel und mich umarmte. Der 4. Schuß wurde auf Wolff abgegeben, dessen Hinfallen ich nicht bemerkt habe.

Während der Gefreite auf uns schoß, nahmen die übrigen 4 Personen die Sachen an sich.

[...]

Ärztlicher Befund.

In der Raubmordsache Vudoklé-Volff (Margio-Str. 11) wurde folgender ärztlicher Befund festgestellt:

In der Wohnungsstube, in die man vom Hofe durch die Küche gelangt, liegt auf dem an der Tür befindlichen Divan auf dem Rücken mit auf diesem mit einem Gürtel gefesselten Händen ein Toter, der als der frühere Kaufmann Sally Wolff identifiziert wurde. Er ist mit Hose und Weste bekleidet.

Das Gesicht ist völlig blaß. Aus dem Munde ist Schaum getreten. Eine große Blutlache befindet sich unter dem Kopfe, die sich bis unter den Divan erstreckt.

Die Schußwunde geht durch das rechte Ohr und mündet am rechten Kieferwinkel oberhalb des Halses aus.

Ergebnis der ärztlichen Untersuchung:

Der Tod ist auf der Stelle eingetreten und zwar durch Verletzung des Gehirns.

Der Tod ist erfolgt Donnerstag Abend ca. 22 Uhr.
Die ermordete Frau Bassia Vidoklé, geb. Aronowitz, liegt in demselben Zimmer in einer Entfernung von ca. 2 Metern [handschriftlicher Zusatz unleserlich] am Boden zwischen 2 Betten in gekrümmtem Zustande mit geballten Fäusten auf der linken Seite. Drei Schußwunden ohne Ausgang, zwei an der linken Hand vorbei in die Gegend des linken Ohres haben den augenblicklichen Tod durch Gehirnverletzung herbeigeführt.
Unter ihrem Kopfe befindet sich ebenfalls eine große Blutlache. Der Tod ist eingetreten unmittelbar nach den Schüssen am selben Tage gegen 22 Uhr abds.
Die Leiche ist mit einem Kleide (ohne Unterwäsche) und mit Gummibotten bekleidet. Die Füße sind nackt.

(ZSA Vilnius, 973-2-46, fol. 118–120)

173

Bekanntmachung des Ältestenrats vom 11. Januar 1942 über die Aufnahme deutscher Juden

M E L D U N G
LAUT BEFEHL DER MACHTORGANE MÜSSEN SÄMTLICHE EINWOHNER DER UNTEN ANGEFÜHRTEN HÄUSER BZW. STRASSEN IHRE WOHNUNGEN BIS HEUTE, DEN 11. JANUAR 1942 16 UHR VERLASSEN UND IN DEN ANDEREN TEIL DES GHETTOS UMSIEDELN.
1/ DEMOKRATŲ STR. ALLE GERADEN NUMMERN (VON 2 BIS 30 INCL.)
2/ GANZ KULVOS STR.
3/ GANZ VIENOŽINSKIO STR.
4/ GANZ STRAZDELIO STR.
5/ PANERIŲ STR. VON NR. 132 BIS 146 INCL.
6/ RAMYGALOS STR. VON NR. 11 BIS 19 INCL. UND VON 10 – BIS 2[restliche Zahl fehlt].
ES IST GESTATTET ALLE SACHEN, AUCH HOLZ MITZUNEHMEN. DIEJENIGEN SACHEN, BIS ZUR FESTGESETZTEN FRIST INFOLGE DER KÜRZE DER ZEIT NICHT MEHR HERAUSGEBRACHT WERDEN, KÖNNEN LAUT ZUSICHERUNG DER MACHTBEHÖRDEN IM LAUFE DER MORGIGEN UND ÜBERMORGIGEN TAGE GEHOLT WERDEN.
IN DIE GERÄUMTEN HÄUSER WERDEN LAUT MITTEILUNG DER MACHTORGANE 1000 JUDEN AUS DEUTSCHLAND, WELCHE HEUTE UM 16 UHR EINTREFFEN UNTERGEBRACHT WERDEN.
UM SCHWERE KOMPLIKATIONEN ZU VERMEIDEN WERDEN ALLE GHETTO-EINWOHNER AUFGEFORDERT, DIE UMSIEDELNDEN NACH

MÖGLICHKEIT SOFORT AUFZUNEHMEN. IM LAUFE DER NÄCHSTEN TAGE WERDEN DIE ZUR UMSIEDLUNG BESTIMMTEN NACH MASSGABE DER VORHANDENEN RÄUME UNTERGEBRACHT WERDEN.

(ZSA Vilnius, R1390-3-7, fol. 6)

174

Bekanntmachung (der Jüdischen Ghettopolizei) vom 11. Januar 1942 über die Aufnahme der deutschen Juden

I. Heute den 11. Januar 1942 bis 16 Uhr muß der ganze Bezirk rechts der Demokratų Straße geräumt werden.

II. Alle Sachen und sonstigen Gegenstände /Umzugsgut/ können mitgenommen werden.

III. Sämtliche Transportmittel und Hilfskräfte werden sofort mobilisiert und zum Zwecke des Umzugs zur Verfügung gestellt.

IV. In dem oben erwähnten Bezirk werden deutsche Juden angesiedelt.

V. Die deutschen Juden dürfen diesen Bezirk nicht verlassen. Die jüdische Ghettopolizei hält die Wache und zwar entlang der Demokratų Straße an 3 Stellen zu je 2 Polizisten Tag und Nacht.

VI. Die deutschen Juden treffen entlang der Panerių ein und werden an der Ecke Panerių und Demokratų Str. in Empfang genommen.

VII. Beim Eintreffen im Ghetto werden den deutschen Juden die Kennkarten abgenommen, anhand welcher nachträglich ein Verzeichnis /Kartothek/ angelegt wird.

VIII. Zum Arbeitseinsatz werden die deutschen Juden nicht herangezogen.

IX. Verpflegung wird ihnen nicht gewährt, da die selben für die Dauer von 3 Wochen versorgt sind.

X. Eine Kommission von 10 Mann aus unserem Ghetto wird gebildet, welche sofort Pelze sämtlicher Art ihnen abzunehmen hat. Die Zahl der abgenommenen Pelze ist bis morgen mitzuteilen.

XI. Gebrechliche und kranke Juden unter den Eintreffenden werden in separaten Räumen einquartiert.

XII. Die gesamte Ordnung wird von der jüdischen Ghettopolizei aufrechterhalten.

XIII. Der Bezirk, in welchem die deutschen Juden angesiedelt werden, darf nur vom Vorsitzenden des Ältestenrates und Chef der jüdischen Ghettopolizei betreten werden.

XIV. Verstöße gegen diese Anordnungen werden strengstens bestraft.

(ZSA Vilnius, 973-2-33)

175

Verordnung des Ghetto-Kommandanten vom 13. Januar 1942

Die Bewohner der Blockhäuser im Ghetto Stulginskio Str. 20 sind verpflichtet binnen 3 Stunden ihre Wohnungen zu verlassen. In diesen Blocks wird die Ghetto-Wache, welche sich bis jetzt außerhalb des Ghettos befand, ab heute im Ghetto eingerichtet.

(USHMM, SVJÄ, Teil 1: „Mündliche Verordnungen und Verfügungen der Machtorgane")

176

Befehl des Einsatzstabs Reichsleiter Rosenberg an den Ältestenrat vom 27. Februar 1942

Alle Ghetto-Bewohner sind verpflichtet ihre sämtlichen Bücher abzuliefern, ohne Rücksicht auf Inhalt und Sprache.

(USHMM, SVJÄ, Teil 1: „Mündliche Verordnungen und Verfügungen der Machtorgane")

177

Schreiben des KdS Litauen (Jäger) an den Ältestenrat vom 11. März 1942 über die Erschießung von Juden

Am 10. 3. 42 wurden auf meine Veranlassung 24 Juden erschossen, weil sie den für die Juden erlassenen Bestimmungen zuwider ohne Kennzeichnung mit der litauischen Bevölkerung in erheblichem Maße Schleichhandel getrieben haben. Diese Mitteilung ist den Juden in geeigneter Weise bekanntzugeben.

(YV, B/12-4)

178

Bekanntmachung des Ältestenrats vom 18. März 1942

Der Ältestenrat ist von den Machtorganen schriftlich aufgefordert worden den Ghettobewohnern bekannt zu geben, daß am 10. März dieses Jahres 24 Juden erschossen worden sind, weil sie zuwider den für die Juden erlassenen Bestimmungen ohne Kennzeichnung mit der litauischen Bevölkerung in erheblichem Maße Schleichhandel getrieben haben.

(ZSA Vilnius, 973-3-11, fol. 3)

179

Verordnung des Ghetto-Kommandanten vom 23. März 1942

Die Davidsterne müssen in die Kleider mit Garn eingestickt werden, damit sie nicht entfernt werden können.

(USHMM, SVJÄ, Teil 1: „Mündliche Verordnungen und Verfügungen der Machtorgane")

180

Auszüge aus einer Aufstellung der von der litauischen Polizei festgenommenen Personen vom 27. März 1942

Lfd. Nr.	Personalien der festgenommenen Personen	Grund der Festnahme und Tatbestand	Wo und wann die Festnahme durchgeführt wurde	Verbleib der festgenommenen Person	Name des für die Festnahme verantwortlichen Polizeibeamten
1.	Navikas Antanas, S. des Mateušas, geb. am. 17.2.1898 in Bulinskiai, Kr. Utena, wohnh. dort, verh., Landarbeiter,	Während der bol. Okkupation hat sich aktiv an der kom. Tätigkeit beteiligt	In Utena am 23.3.42	Ins Arrestlokal in Utena untergebracht	Čésna, Rayonschef der lit. Sipo in Utena
2.	Rancovas Teodoras, S. des Vosylius, geb. 1894 in Strevininkai, Kr. Ukmergé, wohnh. in Gelvoniai, Kr. Ukmergé, verh., Arbeiter,	Verbreitete aufwiegelnde Gerüchte	In Vyšnialaukis, Kr. Ukmergé am 21.3.42	Ins Gefängnis in Ukmergé untergebracht	Gauchef der lit. Sipo in Ukmergé.
3.	Stakevičius Ignas, S. des Ignas, geb. in Pagrinda, Kr. Ukmergé, wohnh. dort, ledig, Landarbeiter,	Wird an der kom. Tätigkeit verdächtigt	In Pagrinda am 20.3.42	Ins Gefängnis in Ukmergé untergebracht	– " –
[…]					
12.	Kveskis Kopelis, S. des Šliomas, geb. am 7.12.1912 in Vilkija, wohnh. in Kauen, im Judenviertel, Arbeiter, Jude,	Er hat die Sterne entfernt	In Kauen am 26.3.42	Ins Zentralgefängnis in Kauen untergebracht	Kvalita, Wachtmeister des 6 Polizeireviers in Kauen.
[…]					

(ZSA Vilnius, 972-1-387)

181

Schreiben des Stadtkommissars,
Hauptabt. II (Wiedmann),
an den Ältestenrat vom 1. April 1942

betr.: Metallsammlung

1.) Ab sofort ist im Ghetto eine Metallsammlung durchzuführen.

2.) Folgende Gegenstände werden gesammelt:

a.) Kupfer,
b.) Zinn,
c.) Nickel,
d.) Blei,
e.) Messing,
f.) Bronze
g.) Neusilber,
h.) Rotguss.

3.) Für die Erfassung kommen alle losen und eingebauten Gegenstände in Frage, z. B.:
Aschenbecher, Tischaufsätze, Zierstücke, Bronzen, Handschmuck, Kannen und Kessel, Tablette, Eß-, Trink- und sonstiges Tafelgerät, Haushaltsgegenstände, insbesondere Kochgeschirre, Vogelkäfige, Türschilder und Beschläge, Leisten, Klinken, Fenstergriffe, Haken, Konsole, Gitter, Türen, Geländer, Figuren, Wagen, Reliefs, Bekleidung, Wand- und Türplatten, fernerhin kommen in Frage sämtliche vorhandenen Münzen, Kupferdächer, Wandbekleidungen, Treppenabsätze, Messinggewichte, Haken jeder Art, Wärmeflaschen, Musikinstrumente, Petroleumsleitungen aus Blei, unbrauchbares Gießblei und überhaupt alle in den Haushaltungen und Werkstätten vorhandenen Gegenstände aus den oben bezeichneten Metallen und Legierungen.

4.) Sie haben dafür zu sorgen, daß sämtliche zur Metallsammlung aufgerufenen Metallgegenstände abgeliefert werden. Wegen des Ersatzes von abgelieferten Tür- und Fenstergriffen können Sie sich mit dem Leiter der Ghettowerkstätten in Verbindung setzen.

5.) Die Metallsammlung muß am 11. April abgeschlossen sein. Die organisatorischen Maßnahmen müssen von Ihnen getroffen werden. Die Ghetto-Wache hat mich zu verständigen, von welcher Stelle aus die Metalle abgeholt werden können.

6.) Nichtablieferung von den zur Erfassung aufgerufenen Metallgegenständen sowie sonstige Unregelmäßigkeiten werden strengstens bestraft.

(YV, B/12-4)

182

Bekanntmachung des Ältestenrats vom 5. April 1942

Im Auftrage der Machtorgane gibt der Ältestenrat bekannt, daß bis zum 11. April 1942 18 Uhr sämtliche Einwohner verpflichtet sind folgende Gegenstände abzuliefern: Kupfer, Zinn, Nickel, Blei, Messing, Bronze, Neusilber und Rotguß.

Ablieferungspflichtig sind alle losen und eingebauten Gegenstände, z. B.: Aschenbecher, Zierstücke, Bronzen, Kannen und Kessel, Haushaltsgegenstände, insbes. Kochgeschirre, Türschilder, Klinken, Fenstergriffe, Haken, Waagen, Münzen, Messinggewichte und überhaupt alle in den Haushalten und Werkstätten vorhandenen Gegenstände aus den oben bezeichneten Metallen.

Diese Gegenstände werden entgegengenommen in der Rabinų Str. 1 und Pykuolio Str. 18. Diejenigen, welche diesem Befehle nicht Folge leisten, werden durch die Machtorgane strengstens bestraft werden.

(ZSA Vilnius, 973-3-11, fol. 5)

183

Bekanntmachung des Ältestenrats vom 14. April 1942
über Registrierung von US-Staatsbürgern

MELDUNG!

Auf Anordnung der Machtorgane fordert der Ältestenrat sämtliche im Ghetto anwesenden U.S.A.-Bürger auf sich im Sekretariat des Ältestenrates nicht später als bis zum [?] aus zu registrieren.

(ZSA Vilnius, R1390-3-10, fol. 4)

184

Aussageprotokoll eines Ghettobewohners gegenüber der
Jüdischen Ghettopolizei vom 20. April 1942

P R O T O K O L L

In der Torwache der Jüdischen Ghettopolizei erschien heute der Ghettoeinwohner Naum KOPELMANN, der folgendes erklärte:

Zur Person: Ich heiße wie erwähnt, bin 50 Jahre alt, von Beruf Dr. rer. pol. /Nationalökonom/, verheiratet, unvorbestraft und wohne Varnių Str. 31.

Zur Sache: Ich arbeite zur Zeit in der Brigade „Stab Major Schuh". Ich wurde heute zum ersten Male nach der Bahnrampe Nr. 1 im Schanzen mit noch anderen 9 Mann zur Arbeit abkommandiert. Dort arbeiteten wir zusammen mit 3 Personen in litauischer Militäruniform. Sie waren mit Pferd und Wagen er-

schienen. Die Wagen hatten wir mit Eisen zu beladen. Nach der Mittagspause erschienen 4 andere litauische Militärpersonen ebenfalls mit Fuhrwerken. Obgleich wir eifrig gearbeitet hatten, wurden wir dauernd mit Stöcken und Peitschen geschlagen und die ganze Zeit über beschimpft. Besonders tat sich hierbei ein 18 jähriger Bursche hervor, der zunächst Borstein ohne jeden Grund brutal schlug. Sodann trat er an mich heran und schlug mich dauernd mit Stock und Peitsche und hinderte mich am Arbeiten. An jedem Wagen nahm er seine Uhr aus der Tasche und erklärte, daß die Wagen in etwa 10 Minuten beladen sein sollten, andernfalls bekäme jeder 20 Stockhiebe. Nach 10 Minuten kam er zurück und obgleich die Wagen immer vollgeladen waren und ich angestrengt gearbeitet hatte, schlug er mich in rabiatester Weise über Gesicht und Kopf und Hände. Ein ärztliches Attest über meine Verletzungen füge ich bei. Das Schlagen begleitete er mit den übelsten russischen Schimpfwörten in russischer Sprache. Plötzlich rief er mich zur Seite und forderte mich auf, die Hosen auszuziehen. Als ich mich dagegen wehrte, zog er sein Seitengewehr aus der Scheide und unter dieser Drohung mußte ich seinem Befehle nachkommen. Er verlangte sogar noch das Abziehen der Unterhose und versetzte mir noch 10 Hiebe auf das nackte Gesäß mit einem schweren Stocke und verlangte von mir noch intensivere Arbeit, und drohte mir, mich nochmals zu schlagen. Daraufhin begab ich mich wieder zur Arbeitsstätte. Ich arbeitete weiter, während er mich dauernd weiter schlug. Er verlangte von mir fast übermenschliche Arbeit, aufheben von Tankteilen, die über 100 kg. wogen, die ich ganz alleine heben sollte. Als ich noch andere Arbeiter zur Hilfe rief, verweigerte er diese und schlug mich weiter unbarmherzig.
Ich erhielt von ihm außer den Schlägen noch Tritte mit dem Stiefel in die Hoden. Ich bin vollkommen zusammengebrochen und kann mich morgen nicht zur Arbeit begeben.

(ZSA Vilnius, 973-2-46, fol. 58)

185

Vom Ältestenrat erstelltes „Statut der jüdischen Ghettogemeinde in Vilijampole" (von Mai/Juni 1942)

Statut der jüdischen Ghettogemeinde in Viliampolé

§ 1. Sämtliche in dem den Juden als Wohnbezirk zugewiesenen Teil von Wiliampolé (Ghetto) wohnenden Personen gehören der jüdischen Gemeinde an.

§ 2. Die Gemeinde wird vom Ältestenrat vertreten, der aus dem Vorsitzenden – Dr. Elkes, seinem Stellvertreter – L. Garfunkel und Mitgliedern – J. Goldberg, Dr. E. Rabinowitsch, S. Snieg und M. Kopelmann besteht.

§ 3. Dem Ältestenrat liegt es ob, sämtliche Geschäfte, die das Ghettoleben mit sich bringt, zu erledigen: a) die jüdische Ghettopolizei zur Aufrechterhaltung der öffentlichen Ordnung zu organisieren und zu unterhalten b) die Kommunalwirtschafts- und die Wohnungsangelegenheiten zu erledigen, es sei denn daß sie von der Kauener Selbstverwaltung erledigt werden. c) die Verteilung von Lebensmitteln und sonstigen Waren unter Ghettoeinwohnern zu leiten. d) den Ghettoeinwohnern Arbeit zu verschaffen, Arbeitskräfte registrieren und zu verteilen; e) das soziale Hilfswesen zu organisieren und zu regeln f) die öffentliche Gesundheitspflege zu fördern und zu diesem Zwecke Krankenhäuser, Ambulatorien, Apotheken usw. zu errichten g) die sanitäre Aufsicht auszuüben h) Bildungsangelegenheiten zu erledigen i) die Kultusbedürfnisse der Einwohner zu befriedigen k) eine juristische Abteilung zwecks Regelung der rechtlichen Verhältnisse der Einwohner sowie zwecks juristischer Beratung der Einwohner zu gründen; l) diverse Bau- und Renovierungsangelegenheiten zu erledigen, Feuerwehr zu errichten u. zu unterhalten sowie Feuerschutzmaßnahmen zu treffen; m) Handels- Industrie- Handwerks und sonstige wirtschaftliche Zweige zu verwalten n) ein Statistisches Büro zu gründen o) zwecks Revidierung der Tätigkeit des Ältestenrats und seiner Organe eine entsprechende Revisionsstelle zu gründen.

§ 4. Zwecks Erledigung sämtlicher vorgenannten Angelegenheiten steht dem Ältestenrat das Recht zu, die Ghettoeinwohner und Unternehmen mit Steuern, Abgaben sowie Naturalleistungen zu belegen und deren Höhe bzw. Umfang sowie deren Beitreibungsordnung festzusetzen.

§ 5. Der Ältestenrat tritt mindestens einmal wöchentlich zusammen. Die Sitzungen des Ältestenrates sind rechtsgültig, wenn mindestens eine Hälfte der Mitglieder des Ältestenrates darunter der Vorsitzende oder sein erster Stellvertreter, an den Sitzungen teilnehmen. Der Ältestenrat wird von seinem Vorsitzenden, der bei den Sitzungen den Vorsitz führt einberufen.

§ 6. Der Ältestenrat wird vom Vorsitzenden des Ältestenrates vertreten, der die Beschlüsse, Verordnungen und sonstige Urkunden veröffentlicht und sämtliche Gemeindegeschäfte führt. Auf Grund der Beschlüsse des Ältestenrates erläßt der Vorsitzende des Ältestenrates Verordnungen und Richtlinien.

§ 7. Der Gemeindesekretär, die Abteilungsleiter sowie sämtliche sonstige Gemeindebeamten werden vom Vorsitzenden d. Ältestenrates ernannt und entlassen. Die Zahl der Ämter, die Amtsbezeichnungen u. die Gehälter werden vom Ältestenrat festgestellt.

§ 8. Die Stellvertreter des Vorsitzenden des Ältestenrates erfüllen die ihnen vom Vorsitzenden auferlegten Pflichten. Falls der Vorsitzende aus irgendwelchem Grunde an der Erfüllung seiner Pflichten verhindert ist, so wird er von seinem ersten Stellvertreter vertreten.

§ 9. Dem Vorsitzenden d. Ältestenrates steht das Recht zu, die Einwohner wegen Nichtbefolgung der Beschlüsse d. Ältestenrates mit Geldstrafe bis zur Höhe von 200 Rubeln oder mit Naturalleistungsstrafe zu belegen.

§ 10. Gegen einen Strafbeschluß d. Vorsitzenden des Ältestenrates kann binnen 5 Tagen vom Tage seiner Bekanntgabe beim Ältestenrat Beschwerde erhoben werden. Die Entscheidung des Ältestenrates ist endgültig. Die Strafen werden nach den Vorschriften der Steuererhebungsordnung eingezogen.
§ 11. Der Einnahmen- u. Ausgabenvoranschlag wird für die Mindestdauer von 3 Monaten aufgestellt vom Ältestenrat genehmigt. Die Ausgaben werden gemäß dem vom Ältestenrat bestätigten Ausgabenvoranschlag gemacht. Bis zur Aufstellung u. Genehmigung des 1. Voranschlages werden die Einnahmen u. Ausgaben durch Beschlüsse d. Vorsitzenden d. Ältestenrates festgesetzt.
§ 12. Nach Ablauf d. Voranschlagsperiode wird der Finanzbericht dem Ältestenrat zwecks Bestätigung vorgelegt. -
§ 13. Die Gemeinde hat einen Siegel mit der Inschrift: „Ältestenrat der Jüdischen Gemeinde in Viliampolé".
§ 14. Amtssprachen der jüdischen Ghettogemeinde in Viliampolé sind deutsch, litauisch und jüdisch.

(ZSA Vilnius, 973-3-4, fol. 188–189)

186

Auszüge aus dem Tätigkeitsbericht des Ältestenrats für Juni 1942

Soziale Hilfe.
Die soziale Hilfeleistung ist im Monat Juni in normaler Weise durchgeführt worden. Die Volksküche hat ihre Tätigkeit ausgedehnt und nach Möglichkeit auch die Qualität der Mahlzeiten verbessert, welche oft die Zahl 1000 bereits übersteigen. Doch bleibt nach wie vor die Frage ungelöst wegen der Schaffung von Produkten für die Volksküche, wie überhaupt für die Kranken und Unterernährten. Die Berichte, die dem Ältestenrat von den Arbeiterkolonnen, Ambulatorien und den leitenden Ärzten zugehen, geben Veranlassung zu ernstlicher Besorgnis über die Gesundheitslage im Ghetto und die Leistungsfähigkeit der schwer arbeitenden Bevölkerung. Dieses fällt umsomehr ins Gewicht, als die Arbeitsdienststellen an die Leistungen unserer Arbeiter große Ansprüche stellen, denen sie gerecht werden müssen. Auf der anderen Seite ist es um die Ernährungslage unserer Arbeiter so schlecht bestellt, daß man von einem Verhältnis zwischen Versorgung und Leistung überhaupt nicht sprechen kann.
Das Amt für soziale Fürsorge steht oft den vielen Anforderungen machtlos gegenüber, welche von allen Seiten gestellt werden.
[...]
Eine wesentliche Änderung in dem wirtschaftlichen Leben des Ältestenrates bedeutet die Mitteilung der Machtbehörden, daß die Verwaltung der großen

Werkstätten nunmehr aus dem Aufgabenbereich des Ältestenrates auszuscheiden hat und einem von den Machtorganen eigens dazu ernannten Verwalter übertragen worden ist. Es ist dabei zu berücksichtigen, daß die Werkstätten von dem Ältestenrat zum allergrößten Teil aus seinen Mitteln ins Leben gerufen worden sind und daß auch die frühere Leitung auf Wunsch der Machtbehörden seinerzeit von dem Ältestenrat bestellt worden ist. Auf diese Weise ist der Ältestenrat aus der Verwaltung eines großen wirtschaftlichen Unternehmens ausgeschaltet worden. Diese Feststellung ist insofern von besonderer Wichtigkeit, als die großen Werkstätten sich in einem gewissen engen Konnex mit verschiedenen anderen Anstalten des Ältestenrates befinden.

[...]

Unter Berücksichtigung der außerordentlich mangelhaften Wohnverhältnisse im Ghetto, können die Ärzte in ihren Behausungen keine Patienten aufnehmen und sind darauf angewiesen ihre Praxis fast ausschließlich in den Ambulatorien und im Krankenhaus auszuüben. Im Ghetto-Krankenhaus, welches über 50 Betten verfügt, sind besondere Abteilungen für Chirurgie, innere und Kinderkrankheiten geschaffen worden. In der chirurgischen Abteilung sind im Monat Juni 35 Operationen vollzogen worden. In der angegebenen Zahl befinden sich auch 16 Schwangerschafts-Unterbrechungen, welche gemäß Verordnung der Machtorgane durchgeführt werden mußten.

[...]

<u>Verpflegung</u>.

Die Verpflegung der Ghetto-Einwohner hat im Monat Juni fast keine Änderung aufzuweisen. Die Zuckerration ist bereits seit dem 7. des Berichtsmonats nicht mehr verabfolgt worden. Auch die Ration an Graupen ist dem Ältestenrat bereits seit dem 17. v. Mts. bis Ende ds. Mts. nicht zugegangen. Anstelle der zu liefernden ca 3300 kg. Graupen, sind im Ganzen nur 300 kg. Roggenmehl von den Behörden zugestanden worden. Diese Schwierigkeiten der Lebensmittelbelieferung bedeuten eine schwere Belastung unter Berücksichtigung des Umstandes, daß auch ohnehin die Lebensmittelrationen als völlig unzureichend anzusehen sind.

[...]

<u>Fachausbildung-Schule und Kurse, sowie Grundschulen.</u>

Anfang Juni sind auch Kurse zur Ausbildung von Maurern eröffnet in welchen 20 Jugendliche ihre Aufnahme gefunden haben. Erfahrene Fachmänner sind mit der Ausbildung dieser Schüler beschäftigt. Nach Beendigung ihrer Ausbildung werden diese Schüler in den hierfür in Frage kommenden Dienststellen Verwendung finden. Während der Zeit ihrer Ausbildung verrichten die Schüler schon gewisse Hilfsdienste in den Anstalten des Ältestenrates und bringen auf diese Weise dem Ghetto schon jetzt einen gewissen Nutzen.

Die Fachschule hat im Juni ihre Tischlereiabteilung durch Anschaffung neuer Werkzeuge erweitert. Der Mangel an Holz, besonders an Brettern behindert die Tätigkeit der Fachschule und die Eröffnung der vorgesehenen Tischlerei.
Die Schlossereiabteilung hat sich in dem Berichtsmonat zufriedenstellend entwickelt.
Dank dem Entgegenkommen der Sicherheitspolizei hat der Ältestenrat einen Teil der seinerzeit abgelieferten Bücher zurückerhalten, was die Arbeit in den Schulen wesentlich erleichtert hat.
Bei den Schulen befinden sich auch Gärten, welche von den Schülern bearbeitet werden.

(ZSA Vilnius, 973-2-40, fol. 73 ff.)

187

Befehl des KdS (Rauca) vom 24. Juli 1942 über das Verbot von Geburten im Ghetto

Schwangerschaften und Geburten im Ghetto sind verboten. Schwangerschaften müssen unterbrochen werden. Schwangere Frauen werden erschossen.

(USHMM, SVJÄ, Teil 1: „Mündliche Verordnungen und Verfügungen der Machtorgane")

188

Meldung der Jüdischen Ghettopolizei an den Chef der Ghettowache vom 29. Juli 1942 mit „Mitteilungs-Protokoll"

M I T T E I L U N G S - P R O T O K O L L .

Heute, den 28. Juli 1942, 18[10] Uhr, kam ins III. Polizeirevier unvorgeladen die Ghettoeinwohnerin ŠLIMANIENĖ Basia, wohnh. Panerių Str. 108, und erklärte:
Schon einige Tage haben es sich litauische Kinder, die unserem Hause gegenüber jenseits des Zaunes auf der Panerių Str. Nr. 91 und 93 wohnen, zur Gewohnheit gemacht, unsere Fensterscheiben mit großen Steinen auszuschlagen, so daß die Einwohner unseres Hauses unter die Gefahr gesetzt werden, verletzt zu werden.
Ich bitte den Revierchef Maßnahmen dagegen zu ergreifen, damit es sich nicht mehr wiederhole.
[...]
Wir übersenden Ihnen obige Mitteilung zur gfl. Kenntnisnahme und bitten ergebenst um Ihre weitere Veranlassung.

(ZSA Vilnius, 973-2-46, fol. 44)

189

Rundschreiben des Stadtkommissars Kauen, Ref. II, vom 30. Juli 1942 betr. „Bedingungen für die Vermittlung jüdischer Arbeitskräfte"

1. Die Abgabe von Juden aus dem Getto erfolgt nur gegen Vorlage einer Zuweisungsbescheinigung durch das Arbeitsamt des Gebietskommissars Kauen-Stadt.
2. Es werden nur die in dieser Zuweisungsbescheinigung aufgeführten Juden herausgegeben. Eine eigenmächtige Auswahl von Kräften durch die Bedarfsstelle ist unzulässig.
3. Die Bedarfsstellen haben die Juden unter Bewachung durch Wehrmacht und Polizei von der Ausgabestelle im Getto abzuholen. Die Rückführung der Juden in das Getto hat in derselben Weise zu erfolgen. Bis spätestens um 20 Uhr haben alle Juden im Getto zu sein außer denjenigen, die zu Nachtschichten herangezogen werden.
4. Die jüdischen Kolonnen haben in geordneten Reihen durch die Straßen der Stadt zu marschieren, damit sie kein Verkehrshindernis bilden. Die Laisves-Allee ist für Judenkolonnen gesperrt.
5. Während der Arbeitszeit sind die Juden unter Bewachung zu halten, damit sie sich nicht von der Arbeitsstelle entfernen, um Handels- oder Tauschgeschäfte zu machen. Es ist unzulässig, den Juden Erlaubnis zum Einkauf von Waren zu erteilen.
6. Es ist verboten, mit den Juden selbst Tausch- und Handelsgeschäfte abzuschließen oder den Juden etwaige Wertsachen und Gegenstände abzunehmen.
7. Es ist grundsätzlich verboten, Bescheinigungen für Juden auszustellen, damit sich diese ohne Bewachung von der Arbeitsstelle entfernen können.
8. Die Bewachungsmannschaften haben dafür zu sorgen, daß die Juden von niemanden belästigt werden und nicht der Willkür fremder Personen ausgesetzt sind.
9. Es ist anzustreben, die Juden an Ort und Stelle zu verpflegen und zwar in einer Art Werkküche. Von den Berufsverbänden kann auf Antrag eine Bescheinigung ausgestellt werden, daß solche Dienststellen, wo Juden zu wehrwirtschaftlichen Arbeiten herangezogen werden, eine Zusatzverpflegung für Juden erhalten. Nach Vorlage dieser Bescheinigung beim Ernährungs- und Wirtschaftsamt kann eine Zusatzverpflegung für die Juden bezogen werden. Von den Tagessätzen wird dann für die tägliche Zusatzverpflegung 0,25 RM in Abzug gebracht.
10. Die Zuweisung gilt nur für die in der Zuweisungsbescheinigung angegebene Zeit. Sie muß rechtzeitig verlängert werden, wenn die Juden weiter dort beschäftigt werden sollen.

11. Bei Verstößen gegen diese Bedingungen ist mit der Einstellung weiterer Zuweisungen zu rechnen.
Gültig ab 1. August 1942.

(ZSA Vilnius, 616-1-11, fol. 25)

190

Befehl des Stadtkommissars an den Ältestenrat vom 20. August 1942

Der gesamte Geldbesitz des Ältestenrates in Höhe von 31.000.– RM. ist abzuliefern. Alle Geldzahlungen durch den Ältestenrat im Ghetto sind einzustellen.

(USHMM, SVJÄ, Teil 1: „Mündliche Verordnungen und Verfügungen der Machtorgane")

191

Auszüge aus der Verfügung Nr. 1 und 2 des Stadtkommissars (Cramer) an den Ältestenrat (vom 25. August 1942) über die Verpflegung und Unterstellung des Ghettos

Am 26. 8. 1942 tritt betreffend Verpflegung der Juden eine Neuregelung in Kraft:
1/. Die für die Ghetto-Insasssen bestimmte Verpflegung wird wöchentlich in folgender Höhe pro Kopf dem Ältestenrat zur Verfügung gestellt:

Brot	700	gr.
Fleisch	125	gr.
Mehl	112,5	gr.
Nährmittel	75	"
Salz	50	"

[...]
4/. Über den unter 2 genannten Verpflegungssatz hinaus wird für den arbeitenden Teil der jüdischen Bevölkerung eine Zusatzverpflegung gewährt.
5/. Die Zusatzverpflegung besteht bis auf weiteres pro Kopf und Woche aus

Brot	700	gr.
Fleisch	125	"
Fett	20	"

6/. Die Zusatzverpflegung wird in der Regel an den Arbeitsstellen verabreicht.
7/. In Ausnahmefällen geht die Zusatzverpflegung in Verbindung mit einer namentlichen Liste an den Ältestenrat, der für schnellste Verteilung an die Bezugsberechtigten verantwortlich ist.
8/. Jede eigenmächtige, wilde Beschaffung von Lebensmittel ist ab sofort verboten.

9/. Jeder Versuch, in Zukunft irgendwelche Lebensmittel ins Ghetto hineinzubringen, wird streng bestraft.

* * *

Das Ghetto in Kauen untersteht der ausschließlichen Verwaltung durch den Stadtkommissar. Der Stadtkommissar versorgt das Ghetto mit allen zum Lebensunterhalt notwendigen Nahrungsmitteln und anderen Bedarfsgegenständen. Dem Ältesten Rat wird ebenso wie den einzelnen Juden hiermit verboten, auf eigene Faust eine eigene Versorgungswirtschaft zu betreiben. Im einzelnen ergehen dazu folgende Vorschriften:

1/. Die Verpflegung der Ghettoinsassen ist durch die Verfügung Nr. 1 vom heutigen Tage geregelt. Die Lebensmittel werden wöchentlich auf Rechnung des Stadtkommissars an den Ältesten Rat geliefert und sind von diesem gleichmäßig an die Bezugsberechtigten unentgeltlich zur Verteilung zu bringen.

2/. Auch die Versorgung der Ghettoinsassen mit Arbeitskleidung, Schuhwerk usw. wird durch den Stadtkommissar sichergestellt. Der dringendste Bedarf an diesen Verbrauchsgütern ist zu Beginn eines jeden Monats vom Ältesten Rat bei der Ghettoverwaltung des Stadtkommissars anzumelden. Der Ältesten Rat haftet für eine gleichmäßige Versorgung der Ghettoinsassen und insbesondere dafür, daß alle arbeitenden Juden bevorzugt mit Kleidung und Schuhwerk ausgestattet werden.

3/. Jeder Geldverkehr im Ghetto ist mit sofortiger Wirkung verboten. Die beim Ältesten Rat geführte Kasse ist aufgelöst. Dem Ältesten Rat ist ab sofort verboten, irgendwelche Steuern und Gebühren einzuheben, Löhne und Gehälter zu bezahlen und für die vom Stadtkommissar gelieferten Waren irgend einen Entgelt zu fordern.

4/. Alle im Ghetto vorhandenen öffentlichen Einrichtungen wie Apotheke, Krankenhaus und Ambulatorien, Bade- und Entlausungsanstalt, Fuhrhalterei, Handwerkstuben und Reparaturwerkstätten usw. sind Eigentum des Stadtkommissars. Alle Lieferungen und Leistungen dieser Stellen zugunsten der Ghettoinsassen erfolgen unentgeltlich. Vorhandene Schulen sind ab sofort zu schließen, das in den Schulen beschäftigte Personal ist sogleich in den Arbeitseinsatz zu überführen. Jede Erteilung von Unterricht ist ebenso wie die Abhaltung von Religionsübungen ab sofort verboten.

5/. Der gesamte Materialbedarf aller im Ghetto vorhandenen öffentlichen Einrichtungen ist zum 1. eines jeden Monats, getrennt nach Einrichtungen, bei der Ghettoverwaltung des Stadtkommissars anzumelden.

(ZSA Vilnius, R973-2-35, fol. 235 f.)

192

Auszüge aus der Bekanntmachung des Ältestenrats vom 31. August 1942

BEKANNTMACHUNG 1

Mit dem 26. ds. Mts. ist im Ghetto eine radikale Änderung auf fast allen Gebieten eingetreten. Jeder Geldverkehr innerhalb des Ghettos ist untersagt, und die Kassenbestände des Ältestenrates sind eingezogen worden. Auf der anderen Seite hat der Stadtkommissar nunmehr die Versorgung des Ghettos mit Lebensmitteln aller Art übernommen, wie auch die Beschaffung von Arbeitskleidung, Schuhwerk und anderen Bedarfsartikeln. Es ist strengstens untersagt Lebensmittel, ganz gleich welcher Art, ins Ghetto zu bringen. Gleichzeitig ist die wöchentliche Lebensmittelration der Ghetto-Bewohner festgesetzt worden mit der Maßgabe, daß jeder Arbeiter, ganz gleich ob er innerhalb oder außerhalb des Ghettos arbeitet eine Zusatzration erhalten wird.
Diese Verordnungen haben im ganzen Ghetto-Leben grundlegende Änderungen hervorgerufen und stellen sowohl den Ältestenrat wie auch das ganze Ghetto vor neue, schwer zu lösende Probleme. Um all diese jetzt neu erstandene Aufgaben in befriedigender Weise erfüllen zu können ist es erforderlich, daß jeder Ghetto-Bewohner strengste Disziplin wahrt und sich seiner Pflichten, insbesondere in Bezug auf seine Arbeit, voll bewußt wird, und alles aufbietet, um diesen Pflichten in jeder Hinsicht gerecht zu werden.
[...]
Es ist den Angestellten wie auch den Arbeitern des Ältestenrates strengstens untersagt die Arbeit einzustellen, wie überhaupt etwas zu unternehmen, was die Erträge der Arbeit irgendwie beeinträchtigen könnte. Jeder, der versuchen wird gegen dieses Gebot zu handeln, wird als Schädling angesehen. Es werden gegen ihn die strengsten Strafmaßnahmen ergriffen und er wird als schädliches Volkselement den Machtorganen übergeben werden.

(ZSA Vilnius, R1390-3-14)

193

„Extrameldung" des Ältestenrats vom 6. September 1942

Es wird bekanntgegeben, daß für das ganze Ghetto sowohl die Grund- als auch Zusatzrationen mit sofortiger Wirkung gesperrt werden, falls nicht ab morgen den 7. September d. J. der Arbeitseinsatz für den Flugplatz vollzählig antreten wird. In diesem Sinne hat [Text fehlt] der Leiter des Flugplatzes Herr Oberinspektor Geiling im Auftrage des Stadtkommissars Herrn Brigadeführer Cramer den Ältestenrat gewarnt.

Sollte diese Warnung zur Wirklichkeit werden, so wird das ganze Ghetto dem Hunger preisgegeben. Es liegt an Euch diese Gefahr abzuwenden, wenn Ihr ab morgen Eurer Arbeitsdienstpflicht in Bezug auf den Flugplatz pünktlich und regelmäßig nachkommen werdet.
Mitbürger! Ihr müßt die schreckliche Gefahr verstehen, die uns und unseren Kindern droht und tut alles um zu verhindern, daß dieses schreckliche Unglück über uns hereinbricht.
Erfüllt restlos und mit Eifer Eure Arbeitspflicht. Es darf kein Mann und keine Frau versäumen zur Arbeit auf dem Flugplatz aufzutreten.

(ZSA Vilnius, R1390-3-15, fol. 3)

194

Befehle des Stadtkommissars an den Ältestenrat vom 11. September und 16. Oktober 1942 über die Gestellung von Arbeitern

Es sind für Arbeiten in Palemonas 150 Arbeiter zu stellen.

***

Der Ältestenrat ist verpflichtet 300 jüdische Arbeiter zur Arbeit nach Riga zu senden.

(USHMM, SVJÄ, Teil 1: „Mündliche Verordnungen und Verfügungen der Machtorgane")

195

Mitteilung des Stadtkommissars an den Ältestenrat vom 13. Oktober 1942 über die Zuteilung von Medikamenten

Für die Ghetto-Bevölkerung sind monatlich nur 50 Positionen Medikamente anzufordern. Die Anforderung erfolgt am Ersten eines jeden Monats.

(USHMM, SVJÄ, Teil 1: „Mündliche Verordnungen und Verfügungen der Machtorgane")

196

Bescheid des Arbeitsamts Kauen (Hörmann) vom 16. Oktober 1942 zur „Abreise nach Riga"

Name Eizerovičius Jakob
Adresse Varnių 33
Sie werden aufgefordert, sich am Montag den 19. ds. Mts. 6 Uhr morgens beim Ältestenrat, Varnių 49, zur Abreise nach Riga zur Arbeit bei der Feldbauleitung zu melden. Mitnahme von Wäsche und Kleidung ist gestattet.

Sie sind verpflichtet, Sonnabend den 17. ds. Mts. zwischen 16 und 20 Uhr bezw. Sonntag den 18. ds. Mts. von 9 bis 15 Uhr die Arbeitskarte bei der jüdischen Arbeitseinsatzstelle, Varnių 49, abzuholen. Ausweis und Arbeitsdokumente sind mitzubringen.
Das Nichterscheinen hat die Auslieferung an die SD/Gestapo/zur Folge.

(ZSA Vilnius, 973-3-3, fol. 2)

197

Auszüge aus dem Schreiben des Generalkommissars Litauen, Hauptabt. III, an den Stadtkommissar Kauen vom 23. Oktober 1942 betr. die Leistung jüdischer Arbeiter

Betrifft: Bereitstellung und Lagerhaltung von Arbeitskräften für den Bau der Memelbrücke bei der Fa. Grün und Bilfinger in Kauen
[...]
Nach Berichten der Baufirma soll die Arbeitsleistung der Juden in der Kiesgrube nicht ausreichend sein, weil infolge mangelhafter Beaufsichtigung und knapper Verpflegung die Juden jede Gelegenheit ausnutzen, um sich dem Schleichhandel zu widmen. Dem Vorschlag der Baufirma, diese Juden abzuziehen und dafür 30 Kriegsgefangene einzusetzen, kann nicht entsprochen werden, da der Anmarschweg vom Kriegsgefangenenlager bis zur Kiesgrube etwa 2 Stunden beträgt. Herr Hörmann ist anzuweisen, für genügende Beaufsichtigung der Juden und zusätzlich Verpflegung zu sorgen. Bei Schwierigkeiten ist sofort zu berichten.

(ZSA Vilnius, R1474-1-18, fol. 65 f.)

198

Auszug aus dem Tätigkeitsbericht des Ältestenrats für Oktober 1942 über die Polizei

Die Zahl der bei der Polizei beschäftigten Personen, einschließlich Telefonzentrale, Strafabteilung, Sanitätsdienst und administr. Apparat belief sich im Berichtsmonat auf 147. Wie in früheren Monaten ist die Polizei auch in der Berichtsperiode auf allen Gebieten des Ghettolebens, insbesondere jedoch bei der Mobilisierung des Arbeitseinsatzes tätig gewesen.
Zu einer besonders schwierigen Aufgabe für die Polizei hat sich die Mobilisierung und Sicherstellung von mehreren Hundert Arbeitern für den Abtransport nach Riga gestaltet. Voll 7 Tage, u. zw. vom 16.–23. 10. wurde die ganze Polizei mit der Durchführung dieser schwierigen Aufgabe in Anspruch genommen. Nach endgültiger Feststellung der Frist für den Abtransport ist es die Aufgabe

der Polizei gewesen den in Betracht kommenden Personen bei dem Zusammenpacken ihrer Sachen behilflich zu sein und sie am 23. 10. vollzählig zur Bahn zu bringen und dem Vorsteher der Feldbauleitung in Riga zu übergeben. Es ist offenbar, daß die Durchführung dieser Arbeit sich zu einer besonders schwierigen gestaltet hat, dieses umsomehr, als sich infolge dieser Vorgänge eine große Unruhe im Ghetto bemerkbar gemacht hat. Diese Aufgabe hat die Polizei bei Tag und Nacht in Anspruch genommen, ohne jedoch eine Vernachlässigung der anderen laufenden Obliegenheiten der Polizei zu bewirken.

(ZSA Vilnius, 973-2-40)

199

Verfügung Nr. 10 und 11 des Stadtkommissars (Müller) an den Ältestenrat vom 4. und 17. November 1942

Betr. Verfügung Nr. 10

Ab 5. 11. 42 tritt für die Viehhaltung /6 Kühe/ und Verwendung der Produkte folgende Anordnung in Kraft:

1. Die Tiere sind wie bisher durch Sie abzufüttern und ganz besonders zu pflegen.
2. Die Produkte – Milch – sind restlos nur der Ghetto-Wache, deutsche Polizei und litauische Schutzmannschaften, und zwar dem Herrn Wachtmeister Litschauer, abzuliefern. Herr Litschauer ist berechtigt, die Überprüfung des einwandfreien Zustandes der Milch /Bakterien/ anzuordnen. Sie haben sich bezüglich dieser Verfügung mit Herrn Litschauer in Verbindung zu setzen.

* * *

Betr. Verfügung Nr. 11

Ab sofort darf außer für die Materialheranschaffung für die Ghettowerkstätten kein Pferd für Verwaltungszwecke innerhalb des Ghettos eingeschirrt werden. Leichenwagen, Umzugswagen usw. sind durch Juden selbst zu ziehen.

(USHMM, SVJÄ, Teil 2: „Mündliche Verordnungen und Verfügungen der Machtorgane")

200

Befehle des KdS an den Ältestenrat vom 17. bis 19. November 1942 über die Exekution der Meck-Familie

Meck ist am 18. 11. im Ghetto öffentlich zu hängen. Der Galgen ist im Ghetto zu errichten und die Hinrichtung ist von der Jüd. Ghettopolizei auszuführen.

***

Meck soll 24 Stunden am Galgen hängen bleiben.
Sämtliche Ghetto-Bewohner sind verpflichtet Gewehre abzuliefern.

***

Die Mutter und Schwester des erhängten Meck sind zur Hinrichtung zum IX. Fort zu bringen.

(USHMM, SVJÄ, Teil 1: „Mündliche Verordnungen und Verfügungen der Machtorgane")

201

Auszugsweiser Schriftwechsel des Stadtkommissars Kauen, Referat I/o, vom November 1942 bis Juni 1943 über den Abschluß von Versicherungen, u. a. für das Ghetto

Der Stadtkommissar in Kauen
[...]
Kauen, den 6. November 1942
An den Herrn Generalkommissar
– H.A. IV –
in
Kauen

[...]

Für meinen Geschäftsbereich habe ich folgende Versicherungen abgeschlossen:

I. Ghettoverwaltung:
A) Ghettowerkstätten I (Feuerversicherung)

	RM	RM
Gebäude	105.700,—	
technische u. kaufmännische Betriebseinrichtungen	30.000,—	
Rohstoffe, unfertige und fertige Erzeugnisse, Betriebsstoffe, verwertbare Abfälle	155.000,—	290.700,—

Versicherungsbeitrag jährlich: 1.172,80 RM
Versicherungsdauer: vom 23. 5. 42 bis 23. 5. 43

Kündigungsbestimmungen: Der Vertrag verlängert sich stillschweigend von Jahr zu Jahr, wenn er nicht spätestens 3 Monate vor Ablauf schriftlich gekündigt wird.

~~Einbruch-Diebstahl-Versicherung~~

Geschäftseinrichtungen und Utensilien

	RM	
Werkstätteneinrichtung		
Versicherungssumme	30.000,—	
Rohstofferzeugnisse und Betriebsstoffe		
Versicherungssumme	155.000,—	185.000,— RM

Versicherungsbeitrag jährlich 507,45 Rmk.
einschl. 10,— Ausfertigungsgebühr und 7,40 Stempelsteuer.

Versicherungsdauer: vom 23. 5. 1942 bis 23. 5. 1943.

Kündigungsbestimmungen: Der Vertrag verlängert sich stillschweigend von Jahr zu Jahr, wenn er nicht spätestens 3 Monate vor Ablauf schriftlich gekündigt wird.

Gebäudeversicherung für die im Ghettobezirk liegenden Gebäude
Versicherungssumme: steht noch nicht fest
Versicherungsbeitrag: 818 Grundstücke jährlich 12.020,10 RM
Bei vorstehender Versicherung handelt es sich um eine Zwangsversicherung.

E r l ä u t e r u n g e n :

Bei den im Ghettobezirk liegenden Wohngebäuden und Werkstättengebäuden handelt es sich um nationalisierte Gebäude und Privatgebäude. Die nationalisierten Gebäude unterstehen der Verwaltung der Grundstücksgesellschaft. Ob und in welcher Höhe hierfür Mieten zu zahlen sind, steht noch nicht fest, da der Herr Generalkommissar – H.A. II F – zu meinem Vorschlag noch nicht Stellung genommen hat. Falls für diese Gebäude Mieten gezahlt werden sollten, werden diese u. a. in Höhe der von uns bezahlten Gebäudebrandversicherung gekürzt.
Die in den Ghettowerkstätten lagernden Waren stammen zum Teil aus jüdischem Besitz, zum Teil wurden sie von mir erworben oder sind von Auftraggebern, die in den Ghettowerkstätten arbeiten lassen, dorthin gebracht worden. Die aus jüdischem Besitz stammenden Waren und Einrichtungsgegenstände rechnen zum Wirtschafts/Sondervermögen.

***

Die in meinem Bericht vom 6. November 1942 mitgeteilten Versicherungsverträge mit der Staatlichen Versicherungs-Verwaltung in Kauen habe ich zum nächst zulässigen Termin gekündigt.
Für die in den Ghettowerkstätten lagernden Rohstoffe sowie wegen der Einbruch- und Diebstahlsversicherung von Rohstoffen, Erzeugnissen und Betriebsstoffen in den Ghettowerkstätten bitte ich den Herrn Reichsminister darauf aufmerksam zu machen, dass für die Bewachung des Ghettos mit 16.000 Personen nur 3 bis 4 deutsche Polizeibeamte und eine kleine Anzahl von einheimischen Polizisten zur Verfügung stehen, während alle übrigen Aufgaben der Ghettopolizei, die sich nur aus Juden zusammensetzt, obliegt.
In den Ghettowerkstätten wird fast ausschließlich für das Rüstungskommando sowie für die Polizei gearbeitet die Rohstoffe und sonstige Waren nach dem Ghetto bringen und die bis zur Aufarbeitung dort lagern. Bei den wenigen deutschen und einheimischen Polizeikräften ist es unmöglich, irgend eine Gewähr für die richtige Bewachung der Gebäude und Warenvorräte zu übernehmen.

***

Der Stadtkommissar in Kauen
[...]
Kauen, am 16. März 1943

An
den Herrn Reichskommissar
für das Ostland in R i g a
Betr.: Abschluß von Versicherungen durch das Reich.
Zum Erlaß vom 20. Dezember 1942 – Abt. II E (R) -8 A 1-

In Vollzug des oben erwähnten Erlasses habe ich die Feuerversicherung und Einbruchdiebstahlversicherung für die Ghettowerkstätten I sowie die Einbruch- und Diebstahlversicherung, Beraubungsversicherung und Feuerversicherung für Waren, Inventar und Einrichtungen des Deutschen Kaufhauses gekündigt.
In Anbetracht der sich steigernden Einbrüche in Geschäften und Wohnungen möchte ich nochmals zu der Kündigung vorstehend genannter Versicherungen Stellung nehmen.
[...]
Besonders bedenklich erscheint mir die Kündigung der Feuerversicherung der Ghettowerkstätten, in denen 1.400 jüdische Arbeiter beschäftigt sind und erhebliche Warenmengen, die von der Kundschaft eingebracht werden, lagern. Oftmals liegen 20.000 Wehrmachtsuniformen, 10.000 Decken der Wehrmacht sowie sonstige Rohmaterialien zwecks Verarbeitung in den Ghetto-

werkstätten, womit ich wahrscheinlich auch die Haftung für diese Waren übernehme. Dabei sind die Feuerlöscheinrichtungen der Stadt Kauen ungenügend und für einen Großbrand nicht ausreichend. Die Feuerlöscheinrichtungen des Ghettos reichen nur für Bekämpfung eines kleinen Brandherdes aus.
Mit Rücksicht auf diese besonderen Verhältnisse bitte ich in eine nochmalige Prüfung der Frage über die Kündigung der Versicherungen einzutreten.

***

Der Reichsminister
für die besetzten Ostgebiete
[...]
Berlin W 35, den 12. Juni 1943
[...]

Herrn
Reichskommissar für das Ostland
in Riga

[...]
Nach den durch meinen Erlaß vom 8. 10. 1942 – II 6 f 6116 – 2121 veröffentlichten Grundsätzen des Reichsministers der Finanzen sind auch erhöhte Risiken, wie sie vom Stadtkommissar in Kauen vorgebracht werden, kein Grund, Versicherungen für Betriebe der bezeichneten Art einzugehen. Nachdem jetzt die bestehenden Versicherungen gekündigt sind, sehe ich die Angelegenheit als erledigt an.

(ZSA Riga, R70-5-11, fol. 241, 245, 247, 253; Kopie im Archiv des USHMM, RG 18.002M, Rolle 5)

202

Auszug aus dem Tätigkeitsbericht des Ältestenrats für Dezember 1942 über die Versorgung[34]

Ab 14. 12. 42 ist das Ghetto statt mit Butter wieder mit Pferdefleisch beliefert worden.
(Die erste Partie Pferdefleisch bezw. Pferdeinneres ist von so schlechter Beschaffenheit gewesen, daß ein Teil derselben, u. zw. 3054 kg., vergraben werden mußte, weil derselbe für menschliche Nahrung nicht verwendet werden durfte. Einen Ersatz für diese Menge hat der Ältestenrat bisher nicht erhalten.)
Auf das uns in Aussicht gestellt Kartoffelkontingent in Höhe von ca 1500 To.

34 Die in Klammern gesetzten Passagen sind im Original gestrichen.

sind bis zu Ende des Berichtsmonats nur ca 270 To. angeliefert worden. Infolge des Umstandes, daß die gelieferten Kartoffeln angefroren und naß waren, kam eine Lagerung derselben nicht in Frage. Die Kartoffeln mußten daher unverzüglich an die Bevölkerung verteilt werden. (Bis jetzt sind 20 kg. Pro Kopf zur Verteilung gelangt.)
Kaffeeersatz ist ab 23. 11. 42 nicht mehr angeliefert worden. Auch ein Ersatz für diese Menge ist bis jetzt ausgeblieben.
Von der dem Ältestenrat zugesagten Brennholzmenge ist bislang nur etwa 1/5 angeliefert worden. Seit etwa zwei Monaten ist Brennmaterial dem Ältestenrat überhaupt nicht mehr zur Verfügung gestellt worden. Die Versorgung der Ghetto-Bevölkerung, wie auch der Anstalten des Ältestenrates mit Brennstoff muß als äußerst dringend bezeichnet werden. Das ganze Ghetto hat zur Zeit unter großer Kälte zu leiden, und verschiedene Anstalten des Ältestenrates mußten ihre Tätigkeit einschränken.
[...]
Die Strafabteilung bei der Polizei hat im Berichtsmonat 18 Streitsachen behandelt und 38 Streitsachen durch Schlichtung erledigt. Der Polizeichef hat auf administrativem Wege 20 Personen in Strafe genommen. Im Ghetto-Gefängnis haben ihre Strafen verbüßt – einer – auf Anordnung des SD und 8 – auf Anordnung der Ghetto-Wache, ferner 2 Personen – laut Verfügung des Vertreters des Stadtkommissariats Herrn Müller. Mehrere Personen sind mit kurzen Haftstrafen wegen nicht Befolgung der sanitären Vorschriften belegt worden. Im Ghetto-Gefängnis haben im Durchschnitt täglich 9 Personen ihre Strafen verbüßt.
Das Polizeihaus, in welchem erzieherische Arbeit, insbesondere in Bezug auf Organisation geleistet wird, ist im Berichtsmonats renoviert und instandgesetzt worden. (Das Polizei-Orchester hat mit Genehmigung des SD einige Konzerte für die arbeitende Bevölkerung veranstaltet.
Im Berichtsmonat hat die Polizei verschiedentlich Nachtkontrollen durchgeführt, um festzustellen, ob sämtliche Ghetto-Bewohner ihrer Arbeitsdienstpflicht pünktlich nachkommen.)

(ZSA Vilnius, 973-2-40, fol. 26, 27)

203

Auszug aus einem Bericht des Ghetto-Gesundheitsamts an den Ältestenrat vom 8. Mai 1943

Am 6. ds. Mts besuchte das Ghetto die litauische sanitäre Kommission Kauen und fand einige Mißzustände, auf welche wir schon bereits aufmerksam gemacht hatten, und die baldmöglichst ausgebessert werden müßten.

1) Die Müllgruben in den Höfen müssen tiefer und schmäler gemacht und mit einem Deckel versehen werden. Sie müssen nur bis 90 cm. von der Erdoberfläche gefüllt werden und dann mit einer Erdschicht bedeckt werden.
2) Auf der Našlaičių Str. läuft aus den Ghetto-Werkstätten eine übelriechende Flüssigkeit, die von den Müllkästen und Aborten herstammt.
3) Auf dem Platz hinter der Gärtnerei in der Nähe der Assenationsgruben werden von den Ghetto-Werkstätten verschiedene Abfälle herausgeworfen. Diese Abfälle müssen sofort vergraben oder verbrannt werden. Sie dürfen nicht auf der Erdoberfläche liegen bleiben.
4) Die neugegrabene Assenationsgrube muß in Ordnung gebracht werden um die Exkremente aufzunehmen. Letztere wurden bis jetzt auf den Gärten und Feldern verwendet.
Außerdem bitten wir nochmals den Graben auf der Varnių Str. in Ordnung zu bringen.
Die Handpumpe beim Brunnen auf Kriščiukaičio Str. 62 zu verbessern.
Diese alle Mißzustände müssen schleunigst in Ordnung gebracht werden. Wir bitten ihre Anordnung an den Polizeirevieren die betreffende Anstalten und Häuser zu veranlassen die Mißzustände zu beseitigen.

(ZSA Vilnius, 973-3-19, fol. 1)

204

Auszug aus dem Tätigkeitsbericht des Ältestenrats für Mai 1943 über den Arbeitseinsatz

Im Berichtsmonat betrug der gesamte Arbeitseinsatz, einschließlich der Ghettowerkstätten, 212.480 Arbeitstage, hiervon 124.845 Außen- und 87.635 im Inneneinsatz. Der durchschnittliche Tageseinsatz nach vollen Arbeitstagen gerechnet, ist von 7418 im April bis auf 7817 im Berichtsmonat gestiegen, was einer Erhöhung von mehr 300 Arbeitern täglich gleichkommt. Wie aus dem Obenerwähnten zu sehen ist, ist diese Erhöhung auf den Außeneinsatz zurückzuführen.
Der Arbeitseinsatz auf dem Flugplatz hat sich auch in dieser Berichtsperiode auf der Höhe von ca 1100 Arbeitern gehalten, davon waren einige Kolonnen in der Provinz beschäftigt, u. zw. in Kédainiai, Garliava und Gaižiunai.
Von den neu entstandenen 12 Brigaden sind folgende anzuführen: Eisenbahn-Neubauamt, Deutsches Rotes Kreuz, Dachpappenfabrik, Eisengießerei, Tollfabrik 2 und 3, Bauhütte Litauen, u. a. Um diese Brigaden schaffen zu können, ist es nötig geworden immer mehr Personen, Frauen in höherem Alter und Jugendliche in den Einsatz einzubeziehen. Es ist auch eine Brigade zum Torf-

stechen nach Kaišiadorys abgeschickt worden, zur Verfügung der Heeresunterkunftsverwaltung.
Von der Fachabteilung sind ca 300 Fachleute den verschiedenen Arbeitsstellen zur Verfügung gestellt worden, u. zw. 43 Schlosser, 25 Tischler, 25 Glaser, 22 Textilspezialisten, 16 Schneider u. a.
In der Berichtsperiode ist es erforderlich gewesen die Arbeiter vor allem mit Holzschuhen und Holzsandalen zu versorgen. Dieselben wurden teilweise von den Reparaturwerkstätten angefertigt. Abgesehen hiervon besteht ein dringender Bedarf an Hosen und Arbeitsjacken. Wegen Mangels an entsprechendem Material können dieselben aber nicht angefertigt werden. Das Gleiche gilt auch für die Versorgung der Arbeiter mit Socken.
Der Arbeitseinsatz in den Ghettowerkstätten hat auch eine gewisse Steigerung gegenüber der vorigen Berichtsperiode zu verzeichnen.
Die Verpflegung der Arbeiter in den Arbeitsstellen verlief in dem Berichtsmonat in normaler Weise. Die im Ghetto beschäftigten Arbeiter wurden auch in diesem Berichtsmonat von der Werkküche der Ghettowerkstätten und der Arbeiterküche mit einer warmen Suppe versorgt.
An den Arbeitsstellen waren 81 Verletzungen zu verzeichnen, davon 3 schwere.

(ZSA Vilnius, 973-2-40, fol. 45)

TABELLE

Aufstellung der Operationen und Abtreibungen im Ghetto für den Zeitraum von Juni 1942 bis Juli 1943 aufgrund der Monatsberichte des Ältestenrats

ZAHL DER VOM ÄLTESTENRAT GEMELDETEN OPERATIONEN (ABTREIBUNGEN):

Juni 1942:	35	(16)
Juli 1942:	55	(27)
Aug. 1942:	40	(31)
Sept. 1942:	29	(22)
Okt. 1942:	41	(25)
Nov. 1942:	30	(18)
Dez. 1942:	35	(27)
Jan. 1943:	41	(35)
Feb. 1943:	55	(39)
April 1943:	44	(35)
Mai 1943:	54	(39)
Juli 1943:	82	(55)

ZAHL DER VOM ÄLTESTENRAT GEMELDETEN TODE (GEBURTEN)/HEIRATEN/SCHEIDUNGEN:

Juni 1942:	26	(15)		
Sept. 1942:	25	(3)	/18	
Okt. 1942:	13	(/)	/14	/1
Dez. 1942:	24	(0)	/9	/2
Jan. 1943:	30	(/)	/6	/2
Feb. 1943:	18	(/)	/9	
April 1943:	15	(/)	/15	/4
Mai 1943:	15	(/)	/10	/1
Juli 1943:	13	(/)	/9	/2

(ZSA Vilnius, 973-2-40)

IV. Zweite Tötungswelle

Ausgehend von den gegen Ende der ersten Tötungswelle angestellten Überlegungen, wie bei den weiteren Liquidierungen im Reichskommissariat Ostland zu verfahren sei, nahmen die deutschen Besatzungsinstanzen im Frühjahr 1942 den großangelegten Massenmord wieder auf. Die Ereignisse in den Ghettos machen deutlich, daß selbst in der Übergangsphase das Morden nirgends ganz eingestellt, sondern bestenfalls lediglich weniger intensiv betrieben worden war. In der zweiten Tötungswelle konzentrierten sich die Deutschen und ihre einheimischen Helfer neben den noch bestehenden Ghettos auf ländliche Gebiete insbesondere im Generalkommissariat Weißruthenien. Massenerschießungen und Gaswagen standen den Gaskammern in den Vernichtungslagern im besetzten Polen an tödlicher Effizienz nicht nach.[35]

Kennzeichnend für die zweite Tötungswelle war, daß sich das Spektrum der Zielgruppen koordinierter, mit allen verfügbaren Mitteln durchgeführter „Aktionen" zunehmend verbreiterte. Dies gilt weniger für den Mord an den Juden, da schon ab Mitte August 1941, als Alte, Frauen und Kinder in den Kreis der Opfer einbezogen worden waren, eine Verschärfung deutschen Handelns nicht mehr möglich schien – sie stellte sich dann doch ein, indem in den verbliebenen Ghettos mittels Geburtsverboten und erzwungenen Abtreibungen auch ungeborenes Leben ausgelöscht wurde. Sichtbar verheerendere Folgen hatte der ab Mitte 1942 an Umfang und

35 Zur zweiten Tötungswelle vgl. Hilberg, Vernichtung, S. 386–410.

Härte zunehmende Kampf gegen die Partisanen in Verbindung mit der Situation an der Front. Das verschwommene Bild, das sich die Besatzer von der einheimischen Bevölkerung machten, wich nun völlig einem Freund-Feind-Stereotyp, wobei man selbst im Falle der tief in die deutschen Verbrechen verstrickten einheimischen Hilfspolizisten in den Reihen der Schutzmannschaft kaum noch unbedingte Verläßlichkeit voraussetzte. Am Ende sahen sich Zivilverwaltung, Polizei, SS und Wehrmacht im besetzten Gebiet einer weitaus größeren Zahl von potentiellen „Bandenhelfern“ gegenüber, als Kollaborationswillige verfügbar waren. Entsprechend unterschiedlos wurde verfahren; allein in Weißrußland fielen dem deutschen „Bandenkampf“ sowjetischen Angaben zufolge 2,23 Millionen Menschen zum Opfer.[36]

1. Verlaufsmuster

Die mit Kriegsbeginn von deutschen Instanzen auf dem Gebiet des Reichskommissariats Ostland gesammelten Erfahrungen bewirkten, daß die Vernichtungsmaschinerie im Frühjahr 1942 rasch auf Hochtouren lief. Man wußte zusammenzuarbeiten und sich gegenseitig auszuhelfen [Dok. 205, 211]. Schwerer als die Definition der Zielgruppen organisierten Mordens fiel die Zurückstellung jener wenigen, die vorübergehend noch unverzichtbar schienen [Dok. 206–208, 210, 211, 218]. Nach wie vor wurde es als wichtig erachtet, die Illusion bürokratischer Korrektheit aufrechtzuerhalten, wenngleich die Unterscheidung zwischen rechtmäßig erworbenem „Judenvermögen“ und Plünderung jeder realen Basis entbehrte [Dok. 213, 214].

Die Juden in den Ghettos waren sich ihrer bedrohten Lage bewußt, ohne im Einzelfall vorhersehen zu können, wann sie an die Reihe kommen sollten. Wie die Dinge lagen, waren Versuche, Widerstand zu leisten, sich zu verstecken oder die Kette der Wachmannschaften zu durchbrechen, nahezu aussichtslos; selbst in den deutschen Akten lassen sich jedoch Beispiele hierfür finden [Dok. 209, 212]. Systematisch durchkämmten deutsche Dienststellen Stadt und Land. Waren die Zentren jüdischer Siedlung zerschlagen, so fand man Opfer zur „Sonderbehandlung“ innerhalb anderer Personengruppen oder schlug Juden dem amorphen Kreis der „Banditen“ zu [Dok. 215–217]. Auch ließen es sich die Sachwalter der „Endlösung“ nicht nehmen, ihre ruhelosen Aktivitäten als Vorbedingung einer nach-

36 Paul Kohl, „Ich wundere mich, daß ich noch lebe“: Sowjetische Augenzeugen berichten, Gütersloh 1990, S. 107. Vgl. auch, mit Schwerpunkt auf der Wehrmacht, Hannes Heer, Die Logik des Vernichtungskrieges, in: Hannes Heer/Klaus Naumann (Hrsg.), Vernichtungskrieg. Verbrechen der Wehrmacht 1941–44, Hamburg 1995, S. 104–138.

haltigen „Befriedung“ des Landes zu präsentieren [Dok. 219]. Überzeugungstäter wie Kurt von Gottberg, SSPF Weißruthenien und Kubes Nachfolger als Generalkommissar [Dok. 220], oder Eduard Strauch, KdS in Minsk [Dok. 221, 222], gaben sich mit dem Erreichten nicht zufrieden. Erst wenn der letzte Jude „verschwunden“ war, schien ihnen ein Erfolg im Kampf gegen die wachsende Partisanenbewegung vorstellbar.

Dokumente

205

Auszug aus einem Schreiben des KdG Weißruthenien (Diermann) an die Gendarmerie-Gebietsführer vom 15. Mai 1942 mit Abschrift eines Gesuchs des KdS Weißruthenien vom 11. Mai 1942 betr. Mithilfe bei der „Auslese von jüdischen Facharbeitern“

Abschrift übersende ich zur Kenntnis und genauen Feststellung. Die Meldungen sind unmittelbar an den Kdr.d.Sich.-Pol. abzugeben.

***

Der Kommandeur
der Sicherheitspolizei u.d.SD.
Weißruthenien
[...]
Minsk, den 11. Mai 1942.

An
den Herrn Kommandeur der Gendarmerie
für Weißruthenien
in M i n s k .
Betrifft: Auslese von jüdischen Facharbeitern.
Vorgang: Ohne

Zur genauen Erfassung der jüdischen Bevölkerungsteile in Weißruthenien bitte ich baldmöglichst über die Gendarmerie-Posten festzustellen, in welchen Ortschaften sich Judengruppen befinden. In der listenmäßigen Aufstellung sind den Orten die genauen Stärkeangaben hinzuzufügen.
Mit Rücksicht auf die Eilbedürftigkeit der Angelegenheit bitte ich um tunliche Beschleunigung.

(ZSA Minsk, 389-1-3, fol. 66; Kopie im Archiv des USHMM, RG 53.002M, Rolle 4)

206

Funkspruch des RSHA (Müller) an den KdS Litauen (Jäger) vom 18. Mai 1942 betr. die „endgültige Lösung der Judenfrage“

Nach Mitteilung des OKH sind beim HKP 630 in Minsk als Fachhandwerker beschäftigte Juden, trotz gegenteiliger Zusage kürzlich Sonderbehandlungen unterzogen worden, wodurch angeblich Leistungspotential dieser Stelle wesentlich beeinträchtigt wurde. Zutreffendenfalls bitte ich künftig in Ausführung einer generellen Anordnung des Reichsführers SS und Chefs der deutschen Polizei, arbeitsfähige Juden und Jüdinnen im Alter von 16 bis 32 Jahren, bis auf weitere Weisung von Sonderausnahmen, auszunehmen. Diese Juden sind dem geschlossenen Arbeitseinsatz zuzuführen. KZ oder Arbeitslager.

(AHD, 500-1-25; Kopie im Archiv des USHMM, RG 11.001M.01, Rolle 183)

207

Auszug aus einer Vortragsnotiz des SS-Obersturmführers Bergmann vom 27. Mai 1942 über die Behandlung von Homosexuellen und Zigeunern

B.) Über die Bekämpfung der Homosexualität, die in Estland nur strafbar war, wenn sie unter Anwendung von Gewalt ausgeübt wurde, sind noch keine diesbezüglichen Verordnungen oder Gesetze erlassen.
Es steht jedoch zu erwarten, daß in der nächsten Zeit ein Gesetz erlassen wird, das homosexuelle Handlungen unter Anlehnung an die Reichsstrafgesetze (§ 175) bestraft. Bis zu diesem Zeitpunkt ist die Vornahme homosexueller Handlungen dadurch zu unterbinden, daß die Beteiligten in Vorbeugungshaft genommen werden (die Vorgänge sind als „Geheim“ zu behandeln).
C.) Die Zigeuner sind wie Juden zu behandeln, wenn es sich um asoziale Personen handelt, die ohne festen Wohnsitz sind und nach Nomadenart im Lande umherziehen. Seßhafte und in Arbeit stehende Zigeuner sind zu überwachen und ihnen entsprechende Auflagen zu erteilen.

(ZSA Tallinn, 2819-1-11, fol. 24)

208

Mitteilung (auf Vordruck) des Stadtkommissars Minsk, Arbeitsamt, an die Firma Hochbau Bendowski vom 5. Juni 1942 betr. Abzug jüdischer Arbeiter

Im Interesse des Arbeitseinsatzes sehe ich mich leider gezwungen, Ihnen [...]

5 Hilfsarbeiter

beschäftigt bei Hochbau Bendowski

eine gewisse Zeitdauer in Abzug zu bringen. Diese Maßnahme ist absolut notwendig im Interesse der Arbeitsmarktlage sowie im Interesse der Erhaltung der deutschen Wehrkraft. Die Dienststellen wie Betriebe werden gebeten, die jeweilig abgezogenen Kräfte zur Verfügung zu stellen.

(ZSA Minsk, 370-1-486, fol. 27; Kopie im Archiv des USHMM, RG 53.002M, Rolle 11)

209

Schreiben des Gebietskommissars Petersen (in Glebokie) an den Generalkommissar Weißruthenien vom 1. Juli 1942 betr. „Judenaktion"

Am 27. Mai 1942 erschien der Untersturmführer Tangermann vom SD Lebel, Fpn. 37857, um mit dem Gebietskommissariat bezüglich der im Gebiet vorhandenen Juden in Verbindung zu treten. Er hatte den Auftrag, die Grenze des rückwärtigen Heeresgebietes zu dem von der Zivilverwaltung übernommenen Gebiete zu säubern. Es bestand allgemein die berechtigte Annahme, daß die Juden mit den verhältnismäßig stark auftretenden Partisanen gerade in dieser Zone in Verbindung ständen.
Am 29. V. 42 wurde das Ghetto in Dokszyce mit 2653 Juden liquidiert. Die Juden hatten sich innerhalb des Ghettos so gut zu verstecken verstanden, daß es einer ganzen Woche bedurfte, um die letzten zu finden. Beim Judenältesten wurden 15 Schuß russische Munition gefunden.
Am 1. VI. 42 wurden die Ghettos Luzki mit 528 Juden und Plissa mit 419 Juden liquidiert und einen Tag später das Ghetto Miory mit 779 Juden. Hierselbst versuchten die Juden einen Ausbruchsversuch größeren Stils. 70 bis 80 Personen dürften entkommen sein.
Am 3. VI. 42 wurde das Ghetto in der nordwestlich gelegenen Kreisstadt Braslaw mit 2000 Juden ohne besondere Zwischenfälle liquidiert. Nach einer Unterbrechung von 8 bis 9 Tagen erschien der SD. Lebel zum zweiten Male verstärkt durch die Gendarmerie Wilejka zur Liquidation weiterer im Ostteil unseres Gebietes gelegener Ghettos. Kurz nach der Umstellung der Ghettos in Dzisna mit 2182 Juden und Druja mit 1318 Juden brach auf verschiedenen Stellen innerhalb der beiden Ghettos zur gleichen Zeit Feuer aus. Die beiden Ghettos brannten restlos nieder [...]. Auch hier gelang es einigen Juden, die Sperrkette zu durchbrechen und zu entkommen. Als Abschluß wurde die Aktion in Glebokie durchgeführt. Hier blieben Handwerker und Spezialisten, die fast restlos für die Wehrmachtsversorgung arbeiten, verschont. Über 2200 Juden wurden erschossen.
Ghettos befinden sich z. Zt. noch in Dunilowicze mit 979 Juden, Postawy mit 848 Juden, Glebokie mit 2200 Juden und ein kleines Ghetto in Opsa mit 300 Juden.

Die bei dieser Liquidation angefallenen Vermögenswerte wurden soweit wie möglich sichergestellt und gelagert.

(ZSA Minsk, 370-1-483; Kopie im Archiv des USHMM, RG 53.002M, Rolle 11)

210

Briefwechsel des Hauptkommissars Minsk (Paulsen) mit dem Gebietskommissar Sluzk und dem Generalkommissar Weißruthenien vom August/September 1942 betr. die Beschäftigung jüdischer Übersetzer beim Gebietskommissar Sluzk

Minsk 4. August 42
An den
Herrn Gebietskommissar
in S l u z k
Betr.: Beschäftigung von Juden im Übersetzungsbüro.

Bei meinem letzten Besuch habe ich auch noch darauf aufmerksam gemacht, daß es eine gefährliche Angelegenheit ist, daß Sie Juden Übersetzungsarbeiten in Ihrer Dienststelle machen lassen. Weil ich eine große Gefahr darin erblicke, habe ich mit dem Generalkommissar die Angelegenheit besprochen. Er erinnerte sich nicht daran, Ihnen die Genehmigung s. Zt. dazu erteilt zu haben, daß die Juden weiter im Übersetzungsbüro arbeiten können und stellt sich heute auf den Standpunkt, daß die Juden so schnell wie möglich aus dem Übersetzungsbüro heraus und umgesiedelt werden müssen, denn es kann weiter nicht angehen, daß sie dort bei Ihnen auf der Dienststelle wohnen.
Es ist selbstverständlich, daß Sie nicht sofort auf die Juden verzichten können. Ich werde aber in die Wege leiten, daß Sie vom Generalkommissar Übersetzer gestellt bekommen.

***

Minsk 8. Spt. 1942
An den
Herrn Generalkommissar
für Weißruthenien
in M i n s k

Betr.: Beschäftigung von Juden im Übersetzungsbüro beim Gebietskommissar in Sluzk.

Obige Angelegenheit habe ich dem Herrn Generalkommissar persönlich vorgetragen und Anweisung erhalten, daß der Abteilungsleiter IIa, Herr Jurda, die Gestellung von Ersatz für die noch in Sluzk beschäftigten Juden im Über-

setzungsbüro übernehmen müsse. Ich habe dieserhalb Anfang August mit Herrn Jurda Rücksprache genommen, der mir zusicherte, die nötigen Schritte zu unternehmen und für Ersatz zu sorgen. Mündlich habe ich etwa Mitte August Herrn Jurda an die Erledigung erinnert. Bis heute ist es scheinbar noch nicht gelungen, die Juden im Übersetzungsbüro im Gebiet Sluzk durch zuverlässige deutsche oder einheimische Kräfte zu ersetzen.
Ich möchte bei dieser Gelegenheit noch einmal darauf aufmerksam machen, daß die Beschäftigung von Juden in einem Übersetzungsbüro einer deutschen Dienststelle eine große Gefahr in sich birgt, auch wenn der Gebietskommissar bemüht ist, wirklich wichtige Schriftstücke von den Juden nicht übersetzen zu lassen. Es wird nicht zu vermeiden sein, daß hier und da den Juden einmal etwas zu Gesicht kommt, dessen Kenntnis deutschen Dienststellen nachträglich sein kann oder gefährlich werden muß. Ich bitte deshalb nochmals, die Angelegenheit voranzutreiben.

***

Der Generalkommissar
für Weißruthenien
Abt. II a Ju/Pa
Minsk, den 11. 9. 42

An den
Herrn Hauptkommissar
M i n s k
Betr.: Beschäftigung von Juden im Übersetzungsbüro beim Gebietskommissar in Sluzk.
Bezug: Ihr Schreiben P/Ma. vom 8. 9. 42

Ich stimme mit Ihnen vollkommen überein, daß eine Weiterbeschäftigung von Juden in einer deutschen Dienststelle als Übersetzer untragbar ist. Leider sind meine bisherigen Bemühungen, geeignete Ersatzkräfte für Sluzk zu beschaffen ohne Erfolg geblieben, da sich genügend sprachkundige Weißruthenen nicht auffinden lassen.
Ich vermag daher in absehbarer Zeit die Bereitstellung geeigneter Ersatzkräfte nicht zuzusagen und bitte Sie, auch Ihrerseits um die Auffindung geeigneter Übersetzer bemüht zu sein, sowie durch den Gebietskommissar Sluzk selbst die Möglichkeit eines sofortigen Ersatzes der Juden durch dortige Einheimische prüfen zu lassen.

(ZSA Minsk, 370-1-485, fol. 29–31; Kopie im Archiv des USHMM, RG 53.002M, Rolle 11)

211

Schreiben des Generalkommissars Weißruthenien, Abt. IIa, an den HSSPF Ostland vom 8. September 1942 betr. „Auftreten von Juden bei den Banditen“

Dem starken Auftreten der Juden bei den Banditen kann nachhaltig nur entgegengewirkt werden, wenn die Säuberung des Landes von Juden überhaupt in beschleunigtem Maße weiter durchgeführt wird.
Die Gebietskommissare sind angewiesen, die jüdischen Facharbeiterkontingente auf das wirklich notwendige Maß herabzudrücken und die Weiterbeschäftigung von strengster Kasernierung in den Ghettos abhängig zu machen. Weitere Maßnahmen zur Lösung der Judenfrage sind von mir in Zusammenarbeit mit dem Kommandeur der Sicherheitspolizei und des SD beabsichtigt.

(AHD, 504-1-7; Kopie im Archiv des USHMM, RG 11.001M.01, Rolle 74)

212

Auszug aus den Tagesmeldungen des Rüstungskommandos Minsk vom 25. Juli 1942 über „Judenaktion“ in Kopyl

25. 7.
Am 23. 7. wurde bei Unternehmen der Polizei von einem Lettenbataillon der von Partisanen besetzte Ort Naliboki gestürmt und gegen 18 Uhr besetzt. Am 24. 7. 5 Uhr wurde der Ort durch Banden von 400–500 Mann von 3 Seiten angegriffen, in 6-stündigem Feuergefecht wurde der Angriff abgeschlagen. Die Partisanen hatten nach bisherigen Feststellungen 68 Tote. 3 Partisanen wurden gefangen genommen. Eigene Verluste: ein Mann gefallen, 6 Mann verwundet. Unternehmen noch nicht abgeschlossen.
Bei Aktion in Kopyl in der Nacht vom 22/23. 7. schossen Juden aus dem Ghetto auf die Polizei. Das Ghetto wurde in Brand gesteckt. Durch das sich ausbreitende Feuer wurden etwa 2/3 des Ortes vernichtet. Eigene Verluste: 3 Schutzmänner gefallen.

(NARA, T77, R1138, 930)

213

Schreiben des Hauptkommissars Minsk (Paulsen) an den Gebietskommissar Sluzk vom 7. August 1942 betr. Plünderungen anläßlich der „Judenaktion“ in Kopyl

Gestern war der Leiter der ZO. Sluzk, Herr Schiess, bei mir und trug mir vor, daß bei der letzten Judenaktion in Kopyl der dortige Verkaufsladen der ZO.

vollständig ausgeplündert worden sei. Er machte geltend, daß die Bevölkerung nicht in Frage kommen kann, da derselben das Betreten der Straße verboten war. Er beschuldigt als Täter die eingesetzte Polizei und die Wehrmacht. Von der Polizei des Rayons Gresk wurden am nächsten Tage 2.000 Schachteln Papyrossi = 40.000 Stück zurückgefordert und auch zurückgegeben. Bei der dort liegenden Wehrmachtseinheit sollen ebenfalls Papyrossi aus den Beständen der ZO. festgestellt worden sein.
Ich habe Herrn Schiess gesagt, daß er sich unverzüglich mit Ihnen in Verbindung setzen soll, und daß Sie eine Untersuchung einleiten werden. Herr Schiess wird sich wahrscheinlich persönlich mit Ihnen in Verbindung setzen, und ich bitte Sie, der Sache nachzugehen und geeignete Schritte von sich aus zu unternehmen.

(ZSA Minsk, 370-1-485, fol. 40; Kopie im Archiv des USHMM, RG 53.002M, Rolle 11)

214

Auszug aus dem Tagesbefehl Nr. 13 des KdO Weißruthenien (Klepsch) vom 28. August 1942 u. a. betr. „Sicherstellung des Judenvermögens"

Die Erfahrungen, die bei der Sicherstellung des bei der letzten Aktion freigewordenen beweglichen Judenvermögens gemacht wurden, geben mir Veranlassung, erneut und eindringlichst darauf aufmerksam zu machen, daß jedwede eigenmächtige Aneignung von Gegenständen aus jüdischem oder weißruthenischem Besitz – auch für frag. dienstliche Zwecke – verboten ist und als Plünderung usw. geahndet wird. Wer sich Gegenstände eigenmächtig aneignet oder jemandem abnötigt, wird mit Gefängnis, in schweren Fällen mit Zuchthaus bestraft.
Das Ansehen des Deutschtums, insbesondere der Deutschen Polizei, erfordert auch in diesem Punkt eine einwandfreie Haltung jedes Einzelnen.

(ZSA Minsk 389-1-1, fol. 39; Kopie im Archiv des USHMM, RG 53.002M, Rolle 3)

215

KdS Estland, Abt. IV, an die Politische Abteilung (Vicks) vom 22. September 1942 betr. die „Sonderbehandlung" zweier Juden

K a s k m a a Elvine, geb. am 6. 6. 1900 und
S a l o m e Rebeka, geb. am 1. 1. 1890
sind der Sonderbehandlung zu unterziehen. Der Strafvollzug ist mir zu berichten.

(ZSA Tallinn, R64-4-800, fol. 30)

216

Auszug aus dem Tätigkeits- und Lagebericht der Einsatzgruppe B für die Zeit vom 16. bis 30. September 1942 betr. Zahl der „Sonderbehandelten"

IV. Sonderbehandelt wurden vom:

Sonderkommando 7 a	54 Zigeuner,
	21 Banditen,
	10 Kommunisten
	3 Kriminelle
	1 Geisteskranker.
Sonderkommando 7 b	46 Zigeuner,
	3 Kommunisten,
	13 Geisteskranke.
Sonderkommando 7 c	90 Zigeuner,
	101 Banditen,
	19 Kommunisten,
	9 asoziale u. Geisteskranke
Einsatzkommando 8	3 Zigeuner,
	70 Banditen,
	25 Kommunisten,
	8 Kriminelle,
	5 Geisteskranke
Einsatzkommando 9	10 Zigeuner u. Asoziale
	79 Banditen,
	1 Kommunist,
	10 Kriminelle
Trupp Smolensk	98 Zigeuner,
	43 Banditen,
	3 Kommunisten,
	12 Asoziale u. Kriminelle.

(ZSA Minsk, 655-1-3, fol. 196; Kopie im Archiv des USHMM, RG 53.002M, Rolle 5)

217

Auszug aus dem Tätigkeits- und Lagebericht der Einsatzgruppe B für die Zeit vom 15. November bis 15. Dezember 1942 betr. Zahl der „Sonderbehandelten"

V. Sonderbehandelt wurden:

Sonderkommando 7 a	160	Personen, darunter
	14	Juden
	97	Banditen
	5	Geisteskranke
	44	sonstige Reichsfeinde
Sonderkommando 7 b	86	Personen, darunter
	15	Juden
	2	Banditen
	10	Geisteskranke
	59	sonstige Reichsfeinde
Sonderkommando 7 c	530	Personen, darunter
	17	Juden
	458	Banditen
	33	Geisteskranke
	22	sonstige Reichsfeinde
Einsatzkommando 8	376	Personen, darunter
	51	Juden
	290	Banditen
	7	Kommunisten
	28	Reichsfeinde
Einsatzkommando 9	1167	Personen, darunter
	38	Juden
	1083	Banditen
	2	Geisteskranke
	44	Reichsfeinde
selbst. Trupp Smolensk	108	Personen, darunter
	19	Juden
	12	Banditen
	16	Kriminelle
	61	Reichsfeinde.

Gesamtzahl der Sonderbehandelten:

Sonderkommando 7 a	6 788
Sonderkommando 7 b	3 816
Sonderkommando 7 c	4 660
Einsatzkommando 8	74 740
Einsatzkommando 9	41 340
Selbst. Trupp Smolensk	2 954
insges.	134 198

(ZSA Minsk, 655-1-3, fol. 18 f.; Kopie im Archiv des USHMM, RG 53.002M, Rolle 5)

218

Schreiben der 281. Sicherungs-Division an die Feldkommandantur 822 vom 24. März 1943 betr. „Zigeuner und Juden"

Nach dem Befehl der Kdr.Gen. v. 21. 11. 41 – VII 1045/43 – sind seßhafte Zigeuner, die bereits 2 Jahre an ihrem Aufenthaltsort wohnen und politisch und kriminell unverdächtig sind, dort zu belassen, während herumziehende Zigeuner dem nächsten Einsatzkommando des S.D. zuzuführen sind.
Die Bearbeitung von Judenangelegenheiten ist ebenfalls Sache des S.D. Hinsichtlich der jüdischen Ärzte wäre jedoch Stellungnahme der Abt. IV b erforderlich, ob sie als Schlüsselkräfte nicht unentbehrlich sind.
Die Zuständigkeit der militärischen Dienststellen beschränkt sich darauf, daß Zigeuner und Juden dem S.D. „zuzuführen" sind, der das weitere nach den für ihn geltenden Bestimmungen veranlaßt. Eine Mitwirkung militärischer Dienststellen bei etwa durch den S.D. vorzunehmenden Liquidierungen von Zigeunern und Juden als politische Maßnahme ist nirgends vorgesehen und wird abgelehnt.
Auch Ziffer V des Befehlshabererlasses vom 13. 3. 43 bringt diesbezüglich keine Änderung der bisherigen Bestimmungen, da sie nur besagt, daß der S.D. zur Erschießung von Landeseinwohnern wegen kriminеller Taten nicht berechtigt ist.

(BA-MA, RH26-281/10)

219

Redebeiträge der Gebietskommissare von Lida und Wilejka auf einer Arbeitstagung des Generalkommissariats Weißruthenien vom 8. April 1943 u. a. betr. Juden und Partisanen

Die Banden setzen sich zusammen erstens aus ehemaligen russischen Soldaten, verstärkt durch im Laufe des Sommers abgesetzte russische Fallschirmspringer

bezw. Offiziere. Zum zweiten aus freiwilligen oder gezwungenen Zwangsarbeitern, zum dritten aus geflohenen Juden, zum vierten aus Landeseinwohnern, die zum Arbeitseinsatz nach Deutschland geschickt werden sollten.
Das Gebiet Lida hatte eine Zahl von 20.000 Juden. Sie wurden in einer einmaligen Aktion von fünf Tagen im Mai vorigen Jahres bis auf einen Rest von 4.500 erledigt. Der zur Zeit noch bestehende Rest hält sich in zwei Ghettos auf, in Lida selbst und in Tschutschin.
[...]
Gebietskommissar H a a s e z. Zt. in Wilejka:
Der politische Zustand meines Gebietes wird in erster Linie durch drei Erscheinungen gekennzeichnet, die den Ergebnissen unserer Arbeit in vielen Fällen das Gepräge geben. Hierbei sind die beiden Ersteren von größerer, die Letztere von geringerer Bedeutung. Es handelt sich hierbei
1.) um das Bandenunwesen,
2.) um die Polenfrage,
3.) um die Judenfrage.
[...]
Die Judenfrage: Im Gebiet Wilejka leben etwa noch 3000 Juden gegenüber rund 20.000 (einschl. derer die durch Abtretung meiner nordwestlichen Kreise an Litauen von dort mit übernommen wurden und die die Mehrzahl stellten) im Jahre 1941. Von diesen 3000 befindet sich keiner mehr am alten Wohnsitz. Alle Ghettos sind aufgelöst. Die vorhandenen 3000 verteilen sich auf den Feldzeugpark und die große Heeresbaudienststelle in Krasne mit etwa 2850. Etwa 50 Juden stehen dem SD zur Verfügung, während rund 100 in einem meiner Dienststelle angeschlossenen Klein-Ghetto untergebracht sind, die in meinen Werkstätten beschäftigt werden.
Abgesehen von einigen Fachleuten für eine Gerberei in Radoskowice, eine Sattlerei und eine Flachsschwingerei in Wilejka, sowie den für meine Werkstätten erforderlichen Juden besteht kein Anlaß die in Krasne beizubehalten. Diesbezügliche Besprechungen mit meinem SD-Obersturmführer ergaben Übereinstimmungen der beiderseitigen Auffassungen, wonach Krasne so schnell wie möglich bereinigt werden soll.
Demnach dürfte die Judenfrage in meinem Gebiet in Kürze endgültig erledigt sein.
Allerdings sind nicht die Juden eingerechnet, die noch in den Wäldern bei den Banden stecken.
Das den Juden abgenommene Vermögen (Geld und Wertsachen) ist durch meinen Kasseninspektor den zuständigen Dienststellen des Herrn Generalkommissars bezw. des Herrn Reichskommissars überwiesen worden.

(ZSA Minsk, 370-1-1262, fol. 103, 107, 118; Kopie im Archiv des USHMM, RG 53.002M, Rolle 13)

220

Auszüge aus dem Protokoll der Rede des SSPF Weißruthenien (v. Gottberg) auf einer Arbeitstagung des Generalkommissariats Weißruthenien vom 10. April 1943 u. a. betr. Juden und Partisanen

Gauleiter, Obergruppenführer, Parteigenossen!
Der SS-Obergruppenführer von dem Bach ist lt. Befehl des Reichsführer SS. Bevollmächtigter für die gesamte Bandenbekämpfung geworden und hat insofern seinen Sitz im Hauptquartier des Führers. Es ist damit gewährleistet, daß die gesamte Bandenbekämpfung über alle Grenzen hinaus in eine Hand gelegt ist und auf diese Weise die Führung über alle Schwierigkeiten hinweg den Erfolg bringen wird, den wir alle erwarten.
[...]
Die Aufgaben der Polizei sind durch unseren Herrn Reichskommissar Lohse klar herausgestellt. Ich glaube, Obergruppenführer, daß ich diese Aufgaben nicht vorzulesen brauche, da sie bekannt sind. Eins ist klar, die Polizei hat hier die Aufgabe, das Land zu befrieden und die Sicherheit herzustellen.
Nachdem Stalin Herrn Woroschilow als Führer der Banden klar herausgestellt hat, ist nicht mehr daran zu zweifeln, daß die Bandentätigkeit nicht allein eine örtlich bedingte ist, sondern von der Feindseite aus absolut strategisch gesehen wird. Wenn man sich fragt, warum ausgerechnet der Raum Weißruthenien vorgesehen ist, größere Bandenaufmärsche zu verwirklichen, dann liegt das erstens daran, daß diese Brüder nicht dort arbeiten können, wo die Sonne scheint, sondern dort, wo sie sich verstecken können, um ihren Aufbau durchzuführen. Der Weg geht von Wjasma bis Borissow und nach unten bis Byten und ostwärts durch die Pripjet-Sümpfe. Dies ist ein Kreis, der sich besonders dafür eignet, derartige Dinge aufzuziehen. Nachdem der Obergruppenführer von dem Bach uns die Kräfte zur Verfügung gestellt hat, konnten wir in dieses Wespennest stoßen und wir haben versucht, ihnen an den wichtigen Stellen diesen Aufmarsch zu zerschlagen. Dabei sind bis einschl. März 1943 an Erfolgen zu verbuchen: bei uniformierten oder militärischen Banden Tote im ganzen 9.432, bei Bandenverdächtigen 12.946 Tote. Unter letzteren verstehen wir alle diejenigen, die durch die militärische Organisation gegangen sind, gleichgültig ob sie durch Fallschirm abgesetzt wurden, oder ob sie aus den übrig gebliebenen Resten russischer Truppen stammen; ferner diejenigen, die an sich mit der Waffe in der Hand angetroffen werden, die aber nicht als reine Soldaten festgestellt werden konnten. An Verlusten kommen noch hinzu: über 11.000 Juden und 233 Gefangene. Es wurden nur solche Partisanen gefangengenommen, die unserem SD von Wichtigkeit waren. 81 Bandenlager und 1.064 Bunker wurden vernichtet. Die eigenen Verluste betragen 342 Tote und 338 Verwundete. Im übrigen wurden an Arbeitskräften 3.589 für die Sauckel-

Aktion erfaßt. Erfaßt wurden ferner durch die Truppe an Getreide 15.944 to und 5.432 to Kartoffeln. Stroh, Heu, Lein und Hanf wurden ihrem Auftreten nach in geringeren Mengen erfaßt. Ferner wurden erfaßt: 22.504 Rinder, 2.372 Schweine, 15.373 Schafe, viel Geflügel, andere Sachen und auch Pferde. [...]

Ich glaube, daß, wenn den Gebietskommissaren etwas mehr Freiheit gelassen wird, auch für unseren Einsatz als Polizei in den Gebieten manches leichter zu erliegen und durchzuführen ist. Eins ist für die gesamten Gebiete nach unseren Feststellungen entscheidend: die Judenfrage.

Wenn auch der Jude im Bandenkampf nicht der Führer ist, so ist er aber der Nachrichtenträger und -übermittler und ich kann eins nicht verstehen, daß es heute noch deutsche Dienststellen gibt, die der Auffassung sind, sie könnten ohne den Facharbeiter „Jude" nicht auskommen. Ich glaube auch den Ausführungen der Gebietskommissare, soweit dieses Thema angeschnitten wurde, zu entnehmen, daß dort, wo auf die Bitte der Gebietskommissare die Frage gelöst wurde, es sich zeigt, daß trotzdem die Wirtschaft nicht steht und es ist erforderlich und notwendig, daß gerade auch bei den Herren der Wehrmacht einmal klar zum Ausdruck kommt, daß es Faulheit ist, wenn man sich hinter dem Facharbeiter „Jude" verkriecht und keinen Ersatz bringt, denn alle Nachrichtenübermittlungen, soweit wir sie in den Büchern der Banditen gefunden haben, beruhen in erster Linie auf Judentätigkeit. Ich kann mir denken, daß, wenn es in Weißruthenien keine Juden mehr gibt, mancher deutsche anständige Soldat vor dem Tode bewahrt wird. Es ist ein unmöglicher Zustand, wenn man durch die Lande als Soldat zieht und feststellt, daß ausgerechnet die Brennstoffempfangsstelle von einem Juden geleitet wird, wenn Nachrichten- und sonstige Büros von Juden geleitet werden und wenn in den Zentralbüros in Minsk Juden sitzen. Aber nicht nur an diesen Stellen findet man sie, sondern auch die Idee des Hofjuden lebt immer noch! Gauleiter, ich bitte gehorsamst, daß in aller Schärfe auch bei der Wehrmacht durchgegriffen wird und so etwas aufhört.

(ZSA Minsk, 370-1-53, fol. 126–131; Kopie im Archiv des USHMM, RG 53.002M, Rolle 11)

221

Auszüge aus dem Protokoll der Rede des KdS Weißruthenien (Strauch) auf einer Arbeitstagung des Generalkommissariats Weißruthenien vom 10. April 1943 u. a. betr. Juden und Partisanen

Gauleiter, Obergruppenführer!

Ich habe über die Aufgaben, die Arbeitsweise, die Erfolge und Mißerfolge des SD zu berichten. Ich will mich bemühen, aktuell zu sein und bitte um Nachsicht, wenn ich Dinge berichte, die schon aufgetaucht oder allgemein bekannt sind.

[...]

Zur Judenfrage wurde schon Stellung genommen. Ich brauche nichts mehr zu sagen, nur noch das: Als die Zivilverwaltung kam, fand sie Betriebe vor, die von der Wehrmacht mit Juden in Gang gebracht waren. Während die Weißruthenen die Juden totschlagen wollten, hat die Wehrmacht die Juden an die Spitze gebracht. So kamen die Juden in Schlüsselstellungen und es ist heute schwierig, sie wieder völlig herauszubekommen, denn sonst werden Betriebe von heute auf morgen zerschlagen und das können wir uns nicht leisten. Ich glaube, wir können trotzdem beruhigt sein, denn vorhanden waren schätzungsweise 150.000 und es sind nun schon 130.000 verschwunden. Wir haben noch etwa 22.000 im Bereich des Generalkommissariates. Meines Wissens ist allein diese Anzahl in Kauen vorhanden. Immerhin bitte ich Sie dahin zu wirken, daß der Jude zum mindesten da verschwindet, wo er überfällig ist. Wir können nicht einsehen, daß es jüdische Putzfrauen, Telefonistinnen usw. geben soll und können auch nicht einsehen, daß so viele Stiefelputzer gebraucht werden, diese sind überflüssig und müssen daher verschwinden. Wir kommen auch da ohne Juden weiter. Wir werden die Zahl auf die Hälfte erniedrigen, ohne wirtschaftliche Schwierigkeiten zu haben.

(ZSA Minsk, 370-1-53, fol. 137, 144; Kopie im Archiv des USHMM, RG 53.002M, Rolle 11)

222

Abschrift einer Personalbeurteilung des KdS Weißruthenien (Strauch) durch den BdS Ostland (Pifrader) vom 1. April 1943

SS-Obersturmbannführer Strauch ist seit Februar 1942 Kommandeur der Sicherheitspolizei und des SD – Weißruthenien – in Minsk. Er ist verheiratet und Vater zweier Kinder. Er sowie seine Familie sind gottgläubig.

Er ist Besitzer des Eisernen Kreuzes II. Kl., des Kriegsverdienstkreuzes II. Kl. mit Schwertern und der Dienstauszeichnung der NSDAP in Bronze. [handschr. Vermerk am Textrand: „auch Inhaber des EK I.“]

Seine Persönlichkeit ist am stärksten bestimmt durch eine bis zur Derbheit gesteigerte Kompromißlosigkeit, insbesondere in der Verfechtung und Durchsetzung weltanschaulicher Fragen. Seine hierfür notwendigen Überlegungen und Folgerungen sind einfach und unkompliziert.

Er hat sich in allen schwierigen Situationen stets als tapferer und außerordentlich kaltblütiger Führer gezeigt.

Sein Gemütsleben ist nicht sonderlich stark entwickelt. Er vermag sich schlecht in andere Menschen einzufühlen und kann sie daher selten gewinnen

und richtig beurteilen. Daraus mag wohl auch sein Mißtrauen gegenüber seiner Gefolgschaft begründet sein, was ihn wiederum für Zuträgereien empfänglich macht. Seine Handlungen sind vorwiegend triebhaft und oft wenig verstandesmäßig beeinflußt.
Seine Reaktionsweise ist impulsiv und explosiv. Daraus ergibt sich eine starke Unausgeglichenheit seines Charakters, Ungerechtigkeit in der Menschenführung sowie eine Inkonsequenz zwischen grundsätzlicher Einstellung und Handlungsweise. Daraus erklären sich auch oftmals seine allzu schnellen und nicht durchdachten Entschlüsse.
Am stärksten wirkt sich diese Seite seines Wesens unter der enthemmenden Wirkung des Alkohols aus.
Das persönliche Verhalten des Leiters der Dienststelle in Minsk ist, insbesondere durch alkoholische Exzesse, nicht ohne Einfluß auf seine Gefolgschaft geblieben. Für die ungesunde Atmosphäre innerhalb der Dienststelle des Kommandeurs der Sicherheitspolizei und des SD – Weißruthenien – in Minsk ist SS-Obersturmbannführer Strauch verantwortlich zu machen.
Zu berücksichtigen ist allerdings, daß die Verhältnisse in Weißruthenien in keiner Weise den drei Baltenländern gleichkommen. Weißruthenien ist unbefriedet. Minsk bietet nichts. Die Angehörigen der Dienststelle sind wiederholt fast ausnahmslos zur Bandenbekämpfung eingesetzt. Das ständige Gefahrenmoment, die unregelmäßige Lebensweise und Sexualnot sind wohl Ursache alkoholischer Exzesse.
Seine fachlichen Leistungen sind gut.
Organisatorische Fähigkeiten sind nicht besonders ausgeprägt.
Ich halte aus dienstlichen Erwägungen eine sofortige Ablösung des SS-Obersturmbannführers Strauch für unbedingt notwendig und schlage vor, ihn wieder geordneten Verhältnissen zuzuführen.

(NARA, BDC A3343 Akte Strauch)

2. „Bandenkampf" und „Judenjagd"

Die Liquidierung der Ghettos im Zuge der zweiten Tötungswelle trieb den Partisanen in Gestalt geflohener Juden entschlossene, wenngleich nur selten gern gesehene Mitkämpfer zu. Den Deutschen lieferte das verstärkte Auftreten jüdischer „Banditen" einen weiteren Vorwand, mit größter Härte gegen die Partisanen und ihre vermeintlichen Helfer vorzugehen, um damit zwei Übel gleichzeitig loszuwerden [Dok. 223–225, 228]. Daß sich gerade unter den Juden, die in den Wäldern Schutz suchten, viele unbewaffnete Frauen und Kinder befanden, tat dem Diensteifer der deutschen „Bandenkämpfer" keinen Abbruch [Dok. 229, 231].[37] Bisweilen mußten sie allerdings nichtdeutschen Aktivisten den Vortritt lassen, deren Haß auf die einheimischen Juden dem auf die Besatzer um nichts nachstand [Dok. 232–234].

Indem die Okkupationsmacht noch vor Herannahen der Roten Armee zur Strategie der verbrannten Erde überging, gestand sie das Scheitern ihrer Besatzungspolitik ein. Angesichts der Erosion deutscher Macht regte sich Mißmut von seiten jener, die im Umgang mit Einheimischen neben der Peitsche auch propagandistisches Zuckerbrot eingesetzt sehen wollten [Dok. 227, 230]. Allerdings hatten die Deutschen in dieser Hinsicht wenig zu bieten. So konnte die Propagandathese vom „Judenterror" als Urheber des Krieges, selbst eine diesbezügliche Empfänglichkeit der Bevölkerung vorausgesetzt, angesichts der ganz anders gearteten Realität im Reichskommissariat Ostland und an der Front nur unter radikalsten Antisemiten die gewünschte Wirkung erzeugen [Dok. 235].

Dokumente

223

Auszüge aus dem Bericht (des RKO) „Zentralinformation I/1b" über die Entwicklung der Partisanenbewegung vom 1. Juli 1942 bis zum 30. April 1943

A. Überblick über die Partisanenbewegung in der Berichtszeit.

Aus den vorliegenden Berichten über die Entwicklung der Partisanenbewegung während der Berichtszeit wird herausgestellt, daß eine wesentliche Verstärkung der militärischen und Polizeikräfte dringend notwendig und auch eine Bewaffnung dieser Kräfte mit schweren Waffen erforderlich ist. Es ist vielfach die irrige Ansicht verbreitet, daß die weißruthenische Bevölkerung, in Sonderheit die ländliche, nichts mit den Partisanen gemein habe, während der Bauer im altrussischen Gebiet zweifellos den Partisanen ferner steht, sympathisiert der weißruthenische Bauer im altpolnischen Gebiet mit den Partisanen. Immer wieder kann man hören, daß mit Propaganda und Aufklärung hinsichtlich der Bekämpfung des Partisanentums nie etwas erreicht werden kann, im Gegenteil man sich dadurch nur lächerlich macht. Wollen wir das Partisanenunwesen im ehemals polnischen Teil von Weißruthenien wirksam bekämpfen, so muß gegen die weißruthenische Landbevölkerung in der Wei-

37 Vgl. Konrad Kwiet, „Juden und Banditen": SS-Ereignismeldungen aus Litauen 1943/1944, in: Wolfgang Benz (Hrsg.), Jahrbuch für Antisemitismusforschung 2 (1993), S. 405–420.

se vorgegangen werden, daß zunächst einmal aus den einzelnen Ortschaften Geiseln festgesetzt werden, die erschossen werden, falls ein Überfall auf die betreffenden Ortschaften stattfindet bezw. Plünderungen und Zerstörungen auf den Staatsgütern erfolgen. Hilft das noch nicht, so muß man sich dazu entschließen, ganze Ortschaften zu liquidieren.

[...]

Ein Großteil der Bauern sympathisierte mit den Partisanen und ging teilweise offen zu ihnen über. Heute liegen die Dinge so, daß ein großer Teil der vorjährigen Ernte vernichtet, Güter verbrannt, Mühlen, Molkereien, Industrie- und Gewerbebetriebe zerstört und fast der gesamte von uns aufgestellte Verwaltungsapparat in den Rayonstädten, Gemeinden und Dörfern einfach nicht mehr vorhanden ist. Die Bevölkerung ist restlos verschüchtert und hat durch die lange Partisanenherrschaft vielfach das Vertrauen auf die Macht der Deutschen verloren. Das alles muß in mühsamer Kleinarbeit völlig von neuem aufgebaut werden. Der Gebietskommissar [in Slonim] mißt der Mentalität der Weißrussen die Schuld zu, daß die wenigen sowjetischen Führer einen so starken Zulauf finden konnten, um das Bandenunwesen in dem erlebten Umfange organisieren zu können. Eine einzige durchgeführte Tagesaktion zeigte unter 233 getöteten Banditen 80 bewaffnete Juden. Die bisher vorhanden gewesenen 25.000 Juden in diesem Gebiet sind auf 500 zusammengeschmolzen. Nur ein rücksichtsloses Durchkämmen der Dörfer wird eine restlose Bereinigung des Gebietes von allen arbeitsscheuen Elementen bringen können.

Ähnliche Klagen wie oben führt der Gebietskommissar von Glebokie.

[...]

Als Hauptergebnis des Großeinsatzes in Weißruthenien kann die Tatsache gewertet werden, daß die Bevölkerung langsam wieder Vertrauen zu den deutschen Ordnungskräften gewinnt. Auf der anderen Seite muß aber dem Umstand Rechnung getragen werden, daß das Unternehmen „Sumpffieber" nicht die restlose Vernichtung und Ausrottung der Banditen erzielen konnte, wie überhaupt die völlige Befriedung eines von Banditen durchsetzten Landes auf die Dauer nicht allein durch einmalige Großaktionen bewirkt werden kann. Die Erfolgsaussichten erscheinen am besten durch den Einsatz von motorisierten, schnell beweglichen und reichlich mit Maschinenwaffen ausgerüsteten kleineren Verbänden in Zug- und Kompaniestärke gewährleistet. Hand in Hand mit diesen Maßnahmen müßte durch die politische Leitung eine äußerst geschickte Propaganda betrieben werden mit dem Ziel, die Einheimischen zur aktiven Mitarbeit bei der Bandenbekämpfung z. B. durch Meldung an deutsche Dienststellen zu veranlassen.

Vom Unternehmen „Nürnberg" hat die Kampfgruppe Gottberg das Durchkämmen der Wälder am 26. 11. 42 beendet. Zwei bisher nicht bekannte gut

ausgerüstete Winterlager wurden vom Polizeiregiment 14 vernichtet. Gesamtverluste des Feindes waren am 26. 11. 42: 789 Banditen, 353 Bandenverdächtige, 1.826 Juden, eigene Verluste 2 Tote.
[...]
B. Wichtige Ereignismeldungen über den Bandenterror in der Berichtszeit.
[...]
In der Zeit vom 23.–25. 12. 1942 wurden im Raum von Slonim 98 Banditen, 126 Juden, 24 Zigeuner und 742 Bandenverdächtige erschossen.
In der Gegend von Morgi haben sich laut SD.-Meldung vom 26. 12. 1942 mehrere Banditen-Gruppen, darunter viele Juden zu einer etwa 1 000 Mann starken Bande zusammengeschlossen.

(ZSA Minsk, 370-1-386a, fol. 24, 26–28; Kopie im Archiv des USHMM, RG 53.002M, Rolle 11)

224

Auszug aus der Ereignismeldung Nr. 18 des KdO Weißruthenien vom 30. Juni 1942 über den „Bandenkampf" in den Gendarmerie-Gebieten

Gend.-Gebietsführer Slonim:
22. 6. Über 100 Mann starke Gend.- und Schutzm.-Streife erschoß bei ihrem Einsatz gegen ein Partisanenlager im Dorfe Korbowitsche (P.Q.bl. 1803) 9 Aktivisten, 1 Frau und eine ganze Familie wegen Partisanenunterstützung. 1 Kuh, 1 Schwein und 2 Schafe der Familie wurden dem Gut Rystschytze übergeben, der Hausrat an die arme Bevölkerung verteilt. Die Partisanen zogen sich in die Wälder (P.Q.bl. 1818/19/31/32) zurück.
24. 6. Große Gen.- und Schutzm.-Streife erschoß 2 Juden ohne Passierschein und nahm 2 männliche und 1 weibliche Person fest. 1 Gewehr, 1 MP und 1 Trommelrevolver wurden sichergestellt.

(ZSA Minsk, 370-1-53, fol. 160; Kopie im Archiv des USHMM, RG 53.002M, Rolle 11)

225

Auszüge aus dem Abschlußbericht des HSSPF Ostland (Jeckeln) an den Kommandostab RFSS vom 6. November 1942 betr. „Unternehmen Sumpffieber"

Abschlußbericht „S u m p f f i e b e r".
Auf Befehl des Reichsführers-SS und Chef der Deutschen Polizei wurde das Unternehmen „Sumpffieber" am 21. 9. 42, 12.00 Uhr, abgeschlossen.

Zusammenfassend ist über die in der Zeit vom 21. 8. bis 21. 9. 42 durchgeführten Aktionen zur Vernichtung der im Generalbezirk Weißruthenien aufgetretenen Banden folgendes zu sagen:

[...]

Als Tatsache muß festgestellt werden, daß Weißruthenien durch das Überhandnehmen der Banditen zu einem Unruheherd geworden war, der Sofortmaßnahmen dringend erforderlich machte. Die gemachten Stärkeangaben sind jedoch, wie die Erfahrungen immer wieder zeigten, mit Vorbehalt aufzunehmen. Sie erwiesen sich sämtlich als zu hoch, was seine Erklärung z.T. darin findet, daß sie auf Schätzungen von Ortseinwohnern beruhen. Es ist keinesfalls so, daß sich Banditen in einer Anzahl von mehreren hundert Mann zusammentaten, sondern es kann auf Grund der während des Einsatzes gemachten Erfahrungen als feststehend angenommen werden, daß die meisten Terroraktionen von kleinen und kleinsten, über das ganze Land verteilten Gruppen ausgeführt wurden.

[...]

Aus den dargelegten Gründen erscheint die Annahme gerechtfertigt, daß eine wirksame Bekämpfung des Banditenunwesens nur durch eine Dezentralisierung der vorhandenen Kräfte und Aufteilung auf eine möglichst große Anzahl von Stützpunkten erreicht werden kann. Die Einheiten dürften sich dann allerdings nicht darauf beschränken, in ihren Standorten zu verbleiben, sondern müßten schlagartig überall da eingreifen, wo Gewaltmaßnahmen innerhalb des ihnen zur Befriedung zugewiesenen Raumes gemeldet werden.

[...]

Bei der Durchführung dieser Aktionen wurden nachstehend aufgeführte Erfolge erzielt:

a) 49 Bandenlager, Bunker und Stützpunkte sowie mehrere in den Sumpfgebieten gelegene Ortschaften, die als Unterschlupforte dienten, ausgeräuchert und zerstört.
b) 389 bewaffnete Banditen im Kampf erschossen,
   1274 Verdächtige abgeurteilt und erschossen,
   8350 Juden exekutiert
c) 1217 Personen evakuiert.
d) 3 Panzerabwehrgeschütze,
   2 schwere Maschinengewehre,
   3 leichte Maschinengewehre,
   1 Funkgerät (Sender und Empfänger), mehrere Radiogeräte, Gewehre und sonstige Handfeuerwaffen,
   größere Mengen Sprengstoff und Munition,
   Handgranaten, T-Minen, Ausrüstungsgegenstände

und sonst. Gerät, sowie
1 Lkw, 1 Pkw,
42 Fahrräder,
80 Panjefahrzeuge,
62 Pferde,
5 Kühe, sowie Lebensmittel
sind erbeutet worden.
[...]

Abschließende Bemerkungen.

Abgesehen von den unter Ziffer III a–d zahlenmäßig aufgeführten Erfolgen kann als Hauptergebnis des Großeinsatzes in Weißruthenien die Tatsache gewertet werden, daß die Bevölkerung, die sich bisher schutzlos den Terroraktionen der Banditen preisgegeben sah und nicht geringe Zweifel an der Schlagkraft der deutschen Sicherungsverbände hegte, wieder Vertrauen zu den deutschen Ordnungskräften gewonnen hat. Hiermit wurde vor allem erreicht, daß sich die einheimische Zivilbevölkerung, nachdem die Banden im wesentlichen zersprengt und nachdem ihre Kampfkraft gebrochen ist, nicht in dem bisherigen Maße den Banditen anschließt und nicht mehr mit ihnen konspiriert, da die Gefahr von Vergeltungsmaßnahmen zu einem nicht unwesentlichen Teil herabgemindert ist.
Auf der anderen Seite muß aber dem Umstand Rechnung getragen werden, daß das Unternehmen „Sumpffieber", obwohl die schwerste Gefährdung der Nachschubwege und der Wirtschaft gebannt wurde, nicht die restlose Vernichtung und Ausrottung der Banditen erzielen konnte, wie überhaupt die völlige Befriedung eines von Banden durchsetzten Landes auf die Dauer nicht allein durch einmalige Großaktion bewirkt werden kann.
Hieraus ergibt sich zwangsläufig die Notwendigkeit, durch eine Dezentralisierung der zur Verfügung stehenden Kräfte die endgültige Befriedung voranzutreiben, wozu das zum Abschluß gebrachte Großunternehmen erst die Voraussetzungen geschaffen hat. Der Zusammenrottung der Banditen und den Terror- und Sabotageakten wird daher, nachdem die besonders bandendurchsetzten Gebiete jetzt durchkämmt sind, am wirksamsten durch Einrichtung von über das ganze Land verteilten Stützpunkten Einhalt zu gebieten sein. Die Erfolgsaussichten erscheinen am besten durch den Einsatz von motorisierten, schnell beweglichen und reichlich mit Maschinenwaffen ausgerüsteten kleineren Verbänden in Zug- bis Kompaniestärke gewährleistet. Die Entblößung der größeren Städte im Interesse der Durchsetzung des ganzen Landes mit Polizeikräften dürfte mit dazu beitragen, das schlagartige Eingreifen von kampfkräftigen Einheiten zu ermöglichen.
Hand in Hand mit diesen Maßnahmen müßte durch die politische Leitung eine geschickte Propaganda betrieben werden mit dem Ziel, die Einheimi-

schen zur aktiven Mitarbeit bei der Bandenbekämpfung z. B. durch Meldung an deutsche Dienststellen, zu veranlassen.

(MHA, RFSS KdoStab KR 26; Kopie im Archiv des USHMM, RG 48.004M, Rolle 1, Bild 200090-118)

226

Auszüge aus dem „7. Sonderbericht über das Bandenunwesen in Weißruthenien" des Rüstungskommandos Minsk an die Rüstungs-Inspektion Ostland vom 15. Februar 1943

Auch die Ende Dez. abgeschlossenen Unternehmen nördl. u. südl. v. Slonim zeitigten nennenswerte Erfolge, über die der Bericht v. 31. 12. 42 (Anl. Nr. 1) Einzelheiten u. genaue Ergebnisse mitteilt. Es ist ebenfalls die Zahl der eigentlichen Banditen (1676) verhältnismäßig niedrig u. wird um ein Vielfaches übertroffen von gleichzeitig beseitigten Juden (3658) u. Banditenverdächtigen (1510) für das Unternehmen im Norden. In ähnlichem Verhältnis stehen d. Ergebnisse im Süden v. Slonim.

[...]

Banden von Juden, die vor oder während der Aktionen geflohen sind, treiben sich noch in großer Zahl plündernd im Lande umher. In einzelnen Gebietsteilen halten die Banden regelrechte Felddienstübungen ab, verkünden Mobilmachungen und ziehen auch während ihrer Raubzüge die wehrfähigen Männer der Gegend, die sie durchziehen, ein.

(BA-MA, RW 30/30, fol. 32)

227

Auszug aus dem Bericht des Gebietskommissars Ehrenleitner an den Generalkommissar Weißruthenien vom 21. März 1943 über seine Erfahrungen im Gebiet Slonim, u. a. betr. den Partisanenkampf

Ich bin fest davon überzeugt, daß die Liquidierung der Bevölkerung von 2 Dörfern nicht nur nicht die Partisanen trifft, sondern im Gegenteil weite Kreise der Bevölkerung den Partisanen direkt in die Hände treibt.

Nach all dem, was ich gesehen habe, besteht das Bandentum im allgemeinen aus drei Schichten: a) jene kleinere Gruppe, die zweifellos aus sowjet-militärischen Gründen den Kampf führt, wozu insbesondere alle Ostrussen, Juden und kommunistischen Aktivisten gehören;

b) die wesentlich größere Gruppe der aus Verzweiflung zu den Partisanen gegangenen Menschen, die durch unsere eigenen Maßnahmen (Abbrennen von Dörfern, Wegnahme der letzten Kuh usw.) zu den Partisanen getrieben worden sind und

c) die große Masse der Gleichgültigen, insbesondere junge Bauernsöhne, die von den Partisanen einfach mitgenommen wurden.
Daraus ergibt sich ganz klar die Notwendigkeit, den Kampf gegen das Partisanentum nicht nur mit der Waffe, sondern vor allem wesentlich auch durch Propaganda und mit den Mitteln der Bestechung zu führen.

(ZSA Minsk, 370-1-480, fol. 5; Kopie im Archiv des USHMM, RG 53.002M, Rolle 11)

228

Auszug aus dem Protokoll der Rede Kubes auf einer Arbeitstagung des Generalkommissariats Weißruthenien (vom Frühjahr 1943) u. a. betr. Juden und Partisanen

Die Träger des Partisanentums sind asoziale Elemente, abgesehen hiervon überwiegend eingewanderte Großrussen und Juden. Als man im vorigen Sommer an die Lösung der Judenfrage heranging, und wir damals zum ersten Male mit der Umsiedlung anfingen, ging sofort das Partisanentum los. Teile der Juden rissen aus, gingen in die Wälder und verstärkten das sich immer mehr entwickelnde Partisanentum; damit mußte man rechnen.

(ZSA Minsk, 370-1-1262; Kopie im Archiv des USHMM, RG 53.002M, Rolle 13)

229

Fernschreiben des BdS Ostland, Abt. IV A (Jagusch), an den KdS Weißruthenien vom 2. März 1943 betr. „Bildung von Judenbanden"

Wie mir der Kommandeur der Sicherheitspolizei und des SD für den Bezirk Bialystok mitteilt, wurde am 18. 2. 1943 von der Gendarmerie in einem Waldstück ostwärts Puzewicze, etwa 3 1/2 km südlich Skidel, Kr. Grodno, eine aus Juden bestehende bewaffnete Bande in Stärke von etwa 25 Mann gestellt. Die Gendarmerie eröffnete sofort das Feuer und vernichtete die Bande bis auf einen Juden, der festgenommen werden konnte. Bei seiner Vernehmung erklärte der Jude u. a., daß die Bande unter Führung des 18jährigen Juden Aron Armanowski, wohnhaft gewesen im Ghetto Bialystok, und von zwei unbekannten Polen über Grodno und Skidel sich nach Dubicz (Ostland) begeben wollte, um dort zu dem Bandenführer B u t z k o zu stossen. Angeblich soll Butzko eine Bande von etwa 5000 Mann führen. Bei der vernichteten Bandengruppe handelt es sich um Juden, die nach einer Teilevakuierung aus dem Ghetto Bialystok entwichen waren. Es ist zu erwarten, daß noch weitere aus dem Ghetto Bialystok geflüchtete Juden versuchen werden, zu dem Bandenführer B u t z k o zu stoßen. Ich gebe hiervon Kenntnis und bitte um Mitteilung, sofern dort diesbezügliche Feststellungen getroffen werden sollten.

(AHD, 501-1-7; Kopie im Archiv des USHMM, RG 11.001M.01, Rolle 74)

230

Auszüge aus dem Schriftwechsel des RKO, Abt. I, mit dem Generalkommissar Lettland vom Juli 1943 betr. „Unternehmen Winterzauber"

Der Reichskommissar
für das Ostland
[...]
Riga, den 6. Juli 1943.

An den
Herrn Generalkommissar
in R i g a

[...]
Der Herr Reichsminister für die besetzten Ostgebiete hat mir die in Abschrift anliegende ihm von zuverlässiger Seite übersandte Aufzeichnung über die Methoden der Partisanenbekämpfung an der Grenze des ehemaligen Lettland mit der Bitte um baldige Stellungnahme übersandt. Ich bitte, mir diese Stellungnahme baldigst einzureichen, wobei ich anheimstelle, zur Aufklärung des Sachverhalts mit den hierüber unterrichteten Stellen in Verbindung zu treten.

* * *

Abschrift von Abschrift.
Vertraulicher Bericht.
Zum Schutz der Grenze des ehemaligen Lettlands gegen Partisanenüberfälle, die aus den anliegenden weißruthenischen Gebieten kamen, unternahm der Höhere Polizei- u. SS-Führer Ostland, Gen. Jeckeln, in der Zeit von Anfang Februar 1943 bis Mitte April d.J. einen Feldzug mit dem Ziele, eine ca. 40 km breite Zone von Niemandsland zu schaffen. Dieser Streifen ohne Menschen und Unterkunftsmöglichkeiten sollte den Partisanen die Stützpunkte nehmen. Der Anlauf zum Einbruch in das Gebiet Lettland sollte um diese ca. 40 km vergrößert werden. Der Feldzug wurde von Gen. Jeckeln persönlich geführt. Die Truppen wurden in zwei Gruppen eingeteilt:
Gruppe Gen. Schröder:
3 lettische Bataillone,
1 ukrain. Kompanie,

1 litauische Kompanie
Gruppe Oberst Knecht:
4 lettische Bataillone.
Außerdem wurden noch Spezialtruppen zugeteilt. Die Gesamtstärke belief sich ca. auf 4000 Mann mit ca. 700 Fahrzeugen.
[...]
Der Feldzug wickelte sich auf folgende Art ab: Nach dem Einzug in das Dorf (im Anfang wurde kein Widerstand geleistet) wurden sofort die Partisanenverdächtigen erschossen. Als solche gelten fast alle noch vorhandenen männlichen Einwohner im Alter von 16 bis 50 Jahren. Dieses wurde durch die Tatsache begründet, daß sie seinerzeit nicht mit den Kommandanturen mitgegangen sind. Gleich nach den Truppen erschien der SD, der etwa folgend vorging: Alle weiteren Verdächtigen wurden erschossen. Alte und Körperbeschädigte, die einen Marsch nicht mitmachen konnten, wurden erschossen. Der Rest, der überwiegend aus Frauen und Kindern bestand, trat den Marsch zur s.g. zweiten Durchschleusung an. Diejenigen, die unterwegs nicht mehr mitkommen konnten, wurden erschossen. Aus den Sammellagern kamen die Leute in weitere Lager, z. B. Salaspils bei Riga, wo die Frauen von ihren Kindern getrennt wurden und zur Arbeit nach Deutschland verschickt wurden. Die Kinder (Alter: von Säuglingen bis 16 Jahren) wurden an die lettische Bevölkerung verteilt.
Die Dörfer wurden meistens noch vor dem Eintreffen des Wirtschaftskommandos, das die Werte sicherstellen sollte, geplündert und abgebrannt. Dabei gingen große Vorräte an Flachs, Wolle, Getreide, Holzmaterialien usw. verloren. Bei der Fortsetzung des Feldzuges wurde der Widerstand immer größer. In einigen Fällen entwickelten sich regelrechte Gefechte, in denen die Partisanen auch Artillerie einsetzten. Dabei gelang es fast immer den Partisanen, nach beendeter Schlacht zu entkommen und sogar Verwundete und Tote mitzunehmen. Zum Ende des Feldzuges kam es immer häufiger vor, daß die Dörfer bereits geräumt waren und von den Russen angezündet wurden. Es wurden insgesamt mehrere Hunderte von Dörfern vernichtet, darunter einige mit mehreren tausend Einwohnern.
[...]
Schon während der Anwesenheit der Truppen im Gebiet wimmelte dasselbe von Partisanen (alle übriggebliebenen Einwohner haben sich denselben angeschlossen). Die Felder sind sämtlich gut bestellt. In den Wäldern sind getarnte Unterkünfte (Erdlöcher) ausgebaut. Der Druck der Banden auf die lettische Grenze hat sich um vieles verstärkt. Das Ziel des Feldzuges, die Grenzen Lettlands vor den Banden zu schützen, ist somit verfehlt.
Die propagandistische Auswirkung des Feldzuges in negativer Hinsicht ist nicht zu bemessen. Man vergesse nicht die tausende der Kinder, die über die

Vorgänge erzählen, die ca. 700 Fahrer, die alles mit angesehen haben und jetzt in ihre Dörfer zurückgekehrt sind, die ukrainische Kompanie, die mit Verzweiflung (die Männer weinten wie Kinder) die Aktion mit angesehen hat und die lettischen Schutzleute, die mit reicher Beute zurückgekehrt sind und sich ihrer „Ruhmestaten" rühmen.
[...]
Weiter führe ich einige charakteristische Zwischenfälle, die die Art des Feldzuges gut charakterisieren:
Im Dorf „Kachanowitschi" wandte sich an die Leitung der deutschen Dienststelle im Dorf die Frau des Dorfpopen – eine ältere, gebildete, die deutsche Sprache beherrschende Frau – mit der Bitte, ihr Leben und ihr Haus zu verschonen. Ihr Mann, der Pope, sei von den Bolschewisten nach Sibirien verbannt. Ihrer Bitte wurde nicht stattgegeben.
[...]
Im Dorf „Muschino" wurden alle Einwohner insgesamt Frauen und Kinder in einer großen Scheune erschossen.
Als ein 71 Jahre alter Bauer der Angehörigkeit zu den Banditen beschuldigt wurde und er vor der sicheren Erschießung stand, gab er die Antwort: Wer 20 Jahre seinem Zaren treu gedient hat, kann kein Bandit sein. Der Bauer wurde erschossen.
Augenblicklich werden alle Vorbereitungen getroffen zur Wiederholung des Feldzuges.

* * *

[Generalkommissar Lettland]

23. 7. 1943

An den
Herrn Reichskommissar
für das Ostland
<u>Riga</u>
<u>Betr</u>.: Unternehmen „Winterzauber"
<u>Bezug</u>: Dort. Erlaß vom 13. 7. 1943 I Pol. Az.583/43 g. RS Tr/MZ

Wenngleich auch hier gelegentlich in Kreisen der russischen Bevölkerung scharfe Kritik an dem Unternehmen „Winterzauber" geübt worden ist, vermag ich zu diesem nicht Stellung zu nehmen, da die Aktion nicht in dem mir unterstellten Generalbezirk durchgeführt worden ist und darüber hinaus unter dem Befehl des Höheren SS- und Polizeiführers stand, der dem Herrn Reichskommissar unmittelbar unterstellt ist.

(BA, R92/9)

231

Auszug aus der Meldung zur „Bandenlage" des Wehrmachtsbefehlshabers Ostland vom 3. Januar 1944 über eine jüdische „Bandenführerin"

Verschiedenes:
Ende Dezember größere Banden-Bewegung über Slukany 76672, 20 km nno. Glebokie 76854, nach no. in Richtung Dzissna 86372. In Golelez 64638, 15 km o. Schazk 74627, Stab der Abteilung Timoschenko in Stärke von etwa 80 Mann im Lager 1 km s. Gorelez festgestellt. In Schlipki 74187, 9 km nno. Kojdanow hält sich ein Bandenstab in Stärke von 50 Mann auf. Die Führerin ist eine Jüdin.

(ZSA Riga, R70-5-42, fol. 98; Kopie im Archiv des USHMM, RG 18.002M, Rolle 6)

232

Auszug aus der Meldung zur „Bandenlage" des Wehrmachtsbefehlshabers Ostland vom 6. Januar 1944 über die Ermordung von Juden durch eine „polnische Bande"

Verschiedenes: Lt. E-Meldung ha[ben] polnische Banden am 3. 1. bei Sloki 55674, 39 km sso. Wilna, jüdischen Unterstand gestürmt und angeblich 17 Juden getötet. Sie zog[en] dann nach Klevica 55685, 18 km wnw. Holczany 65577. Angebliche Absicht, litauische Verwaltung in Grauzyski 55683, 13 km nw. Holczany zu überfallen und sso. Wilna Bande im Raum Holczany zu bekämpfen.

(ZSA Riga, R70-5-42, fol. 101; Kopie im Archiv des USHMM, RG 18.002M, Rolle 6)

233

Auszugsweise Abschrift eines Fernschreibens des SSPF Litauen (Harm) an den BdS Ostland vom 13. März 1944 über jüdische „Banditen"

Am 10. 4. 44 4,00 Uhr Oberförsterei Rudniki – k 84 – (1592) von 100 Mann starken jüdischen Banditen überfallen. 2 Forstbeamte verwundet. Bei Feuergefecht mit Gend. Zug(Mot) 28,16 Banditen darunter 2 Frauen erschossen. 1 Hauptm.(d) vom lett. Einsatzkommando verwundet. Bei Transport der Verwundeten nach Wilna wurde Transport von 100 polnischen Banditen überfallen. Bei Feuergefecht 3 Forstbeamte gefallen. Banditen entwaffneten Transportbegleitung und raubten Stiefel derselben. Am 10. 4. 44 Brückenwache der Wehrmacht bei Slobotka K 72 –1580 o.m. von polnischen Banditen überfallen. 1 Wehrmachtsangehöriger verwundet. Bande raubte: 1 SMG, 2 LMG, Gewehre und Munition.

(AHD, 504-1-10, fol. 39; Kopie im Archiv des USHMM, RG 11.001M.01, Rolle 74)

234

Auszugsweise Abschrift eines Fernschreibens des KdS Litauen (Schmitz) an den BdS Ostland vom 6. April 1944 über die Erschießung von Juden durch eine „polnische Bande"

In der Nacht zum 25. 3. 44 erschienen in Boruny – 1677, polnische Banden. Stärke unbekannt, die 7 Juden und 1 Jüdin mitführten. Juden wurden von der Bande erschossen.

(AHD, 504-1-10, fol. 42; Kopie im Archiv des USHMM, RG 11.001M.01, Rolle 74)

235

Deutsches Propagandaflugblatt „Tod den jüdischen Russenmördern im Kreml" (in russisch) nebst Aktenvermerk vom 10. August 1943 und deutscher Übersetzung

Betr.: Propagandaaktion im Rahmen des Unternehmens „Hermann" und der Aushebungsaktion von Arbeitskräften für das Reich im Juli/August 1943. – Hier: Flugblatt „Tod den jüdischen Rassenmördern im Kreml" – Das Partisanensterben vom Juli/August 1943
[...]
Gesamtauflage: 30 000 Exemplare

***

Tod den jüdischen Russenmördern im Kreml!
Das Partisanensterben vom Juli und August 1943!
Partisanen!
Die
Partisanenschlacht in Naliboki
ist geschlagen!
Hier habt Ihr das Ergebnis:

Vernichtet wurden	4356	Partisanen
Gefangen genommen wurden	634	Partisanen

Dazu wurden weit über 1000 Juden für ihr Rauben und Morden erschossen.
Erbeutet wurden:

	77	Geschütze und Granatwerfer
	94	Maschinengewehre
	884	Gewehre, Maschinenpistolen und Pistolen.

Dazu große Mengen an Granaten, Minen, Munition, Sprengstoff und sonstigem Kriegsgerät.

Zahlreiche Eurer Führer und Unterführer wurden erschossen.
Dies war der erste Schlag!
Die Mausefalle ist zugeschnappt!
Was bedeutet das?

4356 Russen und Weißruthenen sehen ihre Heimat nie wieder. Ihre Familien warten umsonst. Kein Mensch benachrichtigt sie!
4356 Russen wurden erneut Opfer des jüdischen Russenmörders Kaganowitsch im Kreml!
4356 Russen werden von Stalin betrogen!

Stalin und Eure Führer belügen Euch, wenn sie Euch sagen, daß sie Euch wieder aus dem Wald befreien!
Den Krieg verlieren die Juden im Kreml!
Den Krieg verliert Stalin!
In Rußland ist
Hungersnot!
Die Menschen gehen in Rußland zu Ende!
30 Millionen wurden in den letzten 2 Jahren geschlachtet!
Ganze Regimenter laufen zu unseren deutschen Fronten über!
Was sind es, die herüberkommen?
Kinder und Weiber sind es!
12–16-jährige sitzen in den Panzern Stalins und
seiner Juden
Die Männer Rußlands sind schon hingeschlachtet!
Grauenhafte Erlebnisse haben diese Kinder hinter sich. Sie erzählen nur von Hunger, Hunger und Judenterror in der russischen Heimat!
Überall müssen Revolutionsputsche blutig unterdrückt werden. Stalin ist die Zielscheibe von Attentaten!
Glaubt Ihr, daß diese Kinder Euch befreien werden?
Man hat Euch schon vor einem Jahr vorgelogen, daß die Rote Armee Smolensk erobert habe und vor Minsk stehe!
Glaubt Ihr, daß die russischen Kinder mit den viel schlechter gewordenen Waffen das erreichen, was die inzwischen abgeschlachteten russischen Männer ohne Erfolg mit dem Leben bezahlt haben?
Stalin ist am Ende!
Die Kaganowitschs haben mit Stalin kein anderes Kanonenfutter mehr, als Eure Kinder!
Auch sie werden gerade hingeschlachtet!
Partisanen!
Von Euch sieht keiner die Heimat wieder, wenn Ihr dieses sinnlose Treiben nicht aufgebt!

Ihr werdet weiter gejagt!
Weitere Schläge folgen!
Legt die Waffen nieder
Folgt dem Beispiel vieler Hunderter von Euch
macht Schluß mit den Juden!
Schlagt sie selbst tot, bevor sie Eure letzten Kinder vollends geschlachtet haben.
Bevor Eure russische Heimat dadurch vollends in den endgültigen Besitz der Juden Kaganowitsch und Genossen übergegangen ist.
Kämpft gegen die Juden auf Seiten der Deutschen!
Tod den jüdischen Russenmördern im Kreml!

Lesen, weitergeben und weitererzählen!

(ZSA Minsk, 370-1-1277; Kopie im Archiv des USHMM, RG 53.002M, Rolle 13)

3. Fallbeispiel Baranowitschi

Bisweilen ermöglicht es die Aktenlage, Charakteristika der zweiten Tötungswelle anhand örtlicher Vorgänge zu exemplifizieren. Für Baranowitschi (Baranowici, auch Baranowitsche), westlich von Minsk auf dem Gebiet des Generalkommissariats Weißruthenien gelegen, sind einige Schlüsseldokumente erhalten, die einen Einblick in das Verhalten nachgeordneter deutscher Akteure erlauben. Im Mittelpunkt stehen dabei die von der Gendarmerie des Gebiets durchgeführten „Aktionen". Unter aktiver Mitwirkung der den deutschen Gendarmen unterstellten Schutzmannschaft sowie in Absprache mit Sicherheitspolizei, SD und Zivilverwaltung wurden Ghettos liquidiert, die Insassen erschossen und die Jagd nach Überlebenden in den Wäldern organisiert [Dok. 236, 237, 239, 242–244, 246–249, 252, SCHEMA 2].
Wie überall beschränkten sich auch im Raum Baranowitschi die Morde nicht auf Juden, sondern umfaßten auch Zigeuner und „Banditen" [Dok. 238, 240, 241, 250]. Die gerade in den letzten Jahren häufig gestellte Frage, was die Täter motivierte, stellt sich hier verstärkt.[38] An Skrupellosigkeit und Brutalität standen weder deutsche Gendarmen noch ihre einheimischen Helfer der stärker nationalsozialistisch indoktrinierten SS nach. Ebensowenig scheint die große Entfernung zu den Verwaltungszentren und damit zu vorgesetzten Dienststellen eine abschwächende Wir-

38 Vgl. grundlegend Christopher R. Browning, Ganz normale Männer. Das Reserve-Polizeibataillon 101 und die „Endlösung" in Polen, Reinbek 1993.

kung ausgeübt zu haben. Ungeachtet einschneidender wirtschaftlicher Konsequenzen waren auch die rangniederen Vertreter deutscher Macht in den Gendarmerieposten bestrebt, ihren Einflußbereich als „judenfrei“ zu melden [Dok. 241, 251].[39]

Dokumente

236

Abschrift eines Berichts des Gendarmerie-Außenpostens Mir (Hein) an den Gendarmerie-Gebietsführer Baranowitschi vom 20. August 1942 über die Flucht des ehemaligen Dolmetschers Oswald Rufeisen und die Liquidierung des Ghettos in Mir[40]

Es ist richtig, daß der Rufeisen Oswald, welcher seit November 41 als Dolmetscher bei der Rayon-Schutzmannschaft Mir tätig war, am 12. 8. 42 nach dem er sich als Jude bekannt hatte, geflohen ist. Der Vorfall hat sich wie folgt zugetragen:
Am 11. 8. 42 im Laufe des Nachmittages wurde mir von einem Juden aus dem hiesigen Ghetto gemeldet, daß Rufeisen die am 13. 8. 42 gegen die Juden in Mir geplante Aktion verraten und sie auch dieserhalb gewarnt habe. Der Jude brachte hierbei zum Ausdruck, daß er den Rufeisen für einen Polen halte. Rufeisen wurde dieserhalb von mir sofort und unter dem Hinweis, daß er mir die Wahrheit sagen solle, verhört. Im Verlaufe des Verhörs brachte ich zum Ausdruck, daß ich ihn nach diesem Vorfall als einen Gegner von uns bezw. der Deutschen ansehen müsse und stellte weiter an ihn die Frage, ob er sich der Tragweite seiner Handlung bewußt sei. Er antwortete mir auf diese Frage folgendes: „Ich bin weder ein Gegner der Deutschen noch ein Pole, ich werde ihnen die Wahrheit sagen, denn ich habe bis z. Zt. immer aufrichtig und ehrlich mit ihnen gearbeitet, aber dennoch halte ich die gegen die Juden geführten Aktionen für ein großes Unrecht, denn ich selbst bin ein Jude. Und dies und nichts anderes waren die Motive meines Handelns.“ Daraufhin nahm ich ihm

39 Vgl. Jürgen Matthäus, „Reibungslos und planmäßig“ – Die zweite Welle der Judenvernichtung im Generalkommissariat Weißruthenien (1942–1944), in: Wolfgang Benz (Hrsg.), Jahrbuch für Antisemitismusforschung 4 (1995), S. 254–274; ders., What About the „Ordinary Men“?: The German Order Police and the Holocaust in the Occupied Soviet Union, in: Holocaust and Genocide Studies 10 (1996), S. 134–150; sowie, für die Ukraine, Martin Dean, The German Gendarmerie, the Ukrainian Schutzmannschaft and the „Second Wave“ of Jewish Killings in Occupied Ukraine, in: German History 14 (1996), S. 168–192.

40 Zu Rufeisen und den Ereignissen in Mir vgl. Nechama Tec, In the Lion's Den: The Life of Oswald Rufeisen, New York 1990.

die Waffen ab und brachte ihn selbst in den Arrest. Am nächsten Tage, am 12. 8. 42 im Laufe des Nachmittags holte ich mir den Rufeisen wieder aus dem Arrest zum weiteren Verhör. Ich gab ihm auf, das mir gestern abgegebene Geständnis schriftlich niederzulegen, was er dann auch in meinem Beisein tat. Nachdem er damit fertig war, es kann gegen 18 Uhr gewesen sein, brachte ich den Rufeisen aus meinem Amtszimmer in den Mannschaftsraum und übergab ihn den Wachtm.[eister] der Gend.[armerie] der Res.[erve] Marten mit dem Bemerken: „Herr Marten, hier ist Rufeisen, er hat mir ja zwar versprochen nicht wegzulaufen, aber dennoch passen Sie auf! Ich fahre jetzt raus in den Wald, wo die Grube gegraben wird." Nachdem ich nach etwa 1 1/2 Stunden aus dem Walde zurückkam, wurde mir gemeldet, Rufeisen sei weggelaufen.

Betr.: Beantwortung der Fragen zu dem Schreiben der Gend.-Hauptmannschaft Baranowitsche.

1.) Rufeisen kam etwa zur gleichen Zeit d. h. zu der Zeit, als der Gend. Posten Mir eingerichtet wurde, und zwar im November oder Anfang Dezember vorigen Jahres nach Mir. Er wurde noch von dem Rayonleiter der Schutzmannschaft Mir eingestellt. Rufeisen gab seiner Zeit an, Pole und Vollwaise zu sein. Er hatte absolut keine jüdischen Manieren und sprach ein reines Deutsch. Kein Mensch hatte in ihm einen Juden ersehen. Eine Prüfung in arischer Hinsicht war dem Gend.-Posten nicht möglich und [er] ist auch m. E. dafür nicht kompetent.

2.) Rufeisen genoß das Vertrauen aller Gendarmen und Vorgesetzten und saß auch zu Tisch mit dem Gend. Posten, da er keinerlei Anhang hatte. Die Gewehre (insgesamt 10, nicht wie angegeben 11) hatte sich Rufeisen von der auf dem Boden des Gend.-Postengebäudes lagernden Beutesammelstelle (da das Lager geräumt wurde) anfahren lassen, erschlichen. Die Waffen stammten also nicht aus dem Waffenbestande der Polizei, wie angegeben, sondern es handelte sich um neu angefahrene Waffen aus dem Beutesammellager, welche aber zum Teil auch unbrauchbar sind, und vorrätig lagern. Von den beiden russischen Trommelrevolvern, welche er entwendet hatte, hatte er einen dem Rayon-Leiter der Schutzmannschaft, bei welchen er wohnte, entwendet. Der zweite Trommelrevolver sei angeblich seiner gewesen. Die Kontrolle über die Waffen führt der Postenführer allein. Die entwendeten Waffen waren jedoch erst neu angefahren, noch nicht gereinigt, zum Teil auch noch unbrauchbar und auch noch nicht erfaßt.

3.) Verantwortlich für die Flucht des Rufeisen ist der Wachtm. d. Gend. d. Res. M a r t e n. Marten ist aufgefordert, sich hierzu zu äußern.

4.) Die Vernehmung des Dolmetschers hat der Unterzeichnete geführt. Ich habe mich mit dem Feldwebel Gietzelt vom hiesigen Störtrupp, mit welchem ich gut harmoniere über diesen Vorfall unterhalten. Gietzelt, von mir auf Vorhalt zur Sache befragt, gibt an, dieser Vorfall sei in Baranowitsche bei seiner Komp. schon bekannt gewesen und man habe ihn aufgefordert, dies schriftlich niederzulegen. Von wo sie dies wußten, sei ihm angeblich unbekannt.

Zusatz:

Da bei der durchgeführten Judenaktion in Mir 560 Juden erschossen wurden und inzwischen weitere 65 Juden aufgegriffen wurden, beträgt die Zahl der geflüchteten keine 200 auch keine 150, sondern allerhöchstens 90–100.

(Oblast Archiv Brest, 995-1-4)

237

Bericht (des Gendarmerie-Gebietsführers Baranowitschi) an den KdG Weißruthenien vom 26. August 1942 betr. die „Bereinigung des Gebiets von Juden"

Vom Gebietskommissar in Baranowitsche habe ich allgemein den Auftrag, soweit es meine Kräfte zulassen, das Gebiet, insbesondere das flache Land, von Juden zu befreien. Die in den letzten Monaten durchgeführten größeren Aktionen hatten zur Folge, daß in sehr starken Maße Juden geflüchtet und zu den Banditengruppen übergetreten sind. Um einer weiteren Flucht vorzubeugen, habe ich die in den Orten Polonka und Mir noch vorhandenen Juden beseitigt. Insgesamt wurden 719 Juden erschossen. Inzwischen konnten von den Gend.-Posten bereits 320 Juden, die bei den größeren Aktionen geflüchtet waren, wieder erfaßt und standrechtlich erschossen werden.

Die in Polonka und Mir durchgeführten Aktionen sind im allgemeinen reibungslos und planmäßig verlaufen.

In Polonka wurde 1 Schutzmann von einem Juden am Halse mit einem Schneidewerkzeug verletzt und mußte ins Krankenhaus gebracht werden. Ein in einer Scheune angelegter Brand konnte rechtzeitig entdeckt und auf seinen Herd beschränkt werden.

(Oblast Archiv Brest, 995-1-7, fol. 237)

238

Bericht des Gendarmerie-Postens Lachowitsche an den Gendarmerie-Gebietsführer Baranowitschi vom 26. August 1942 über die Erschießung von Zigeunern

Nach Mitteilung des Bürgermeisters von Saritowo Rayon Lachowitsche haben sich dort eine Familie Zigeuner (bestehend aus 6 Personen), angefunden. Diese wurden am 25. 8. 42 erschossen und an geeigneter Stelle beerdigt. Nach

Angaben des Zigeuners sei ihm vom Bürgermeister ein Pferd abgenommen worden. Dieses befände sich bei einem Bauer in Nowosolki, Gen. Darewo. Der Bauer konnte noch nicht ermittelt werden.

(Oblast Archiv Brest, 995-1-7, fol. 238)

239

Abschrift eines Berichts des Gendarmerie-Außenpostens Mir an den Gendarmerie-Gebietsführer Baranowitschi vom 9. September 1942

Am 8. 9. 42, gegen 16.00 Uhr, begab sich der Stützpunkt Staryna der Schutzmannschaft Stolpce auf Streife. Bei dem Dorfe Subierowo (Planquadrat 2355) etwa 5 km südwestlich von Staryna stieß die Streife in Stärke von 1 Stützpunktleiter und 19 Mann mit einer stärkeren Bande zusammen in deren Verlauf 13 Juden und 2 Partisanen erschossen wurden. Der Rest der Partisanen bezw. der Juden flüchtete gedeckt durch den dichten Wald in westlicher Richtung. Wie einwandfrei festgestellt werden konnte, befanden sich bei den flüchtenden Banden noch allerhand Juden. Die genaue Stärke konnte infolge der dichten Waldung nicht festgestellt werden. Der größte Teil der Juden war nicht bewaffnet. Eigene Verluste sind nicht eingetreten.

(Oblast Archiv Brest, 995-1-4, fol. 324)

240

Bericht des Gendarmerie-Postens Nieswiez vom 19. September 1942 betr. den Überfall einer „Bande"

Am 10. September 1942 gegen 10.00 Uhr war der Stützpunktleiter Solawiej vom Stützpunkt Siejlowitsche mit 14 Schutzmännern auf der Streife, sie stießen beim Forsthaus Winklerowschisna auf eine ungefähr 40 Mann starke Bande, die das Forsthaus plündern und in Brand stecken wollten. Er eröffnete sofort das Feuer, worauf die Bande die Flucht in den dichten Wald ergriff. Bei diesem Gefecht verlor die Bande 3 Tote und 4 Verwundete. Die Verwundeten wurden von der Bande mitgenommen. Erbeutet wurden ein Panzermaschinengewehr mit 2 Trommeln, ferner 1 Gewehr und ungefähr 300 Schuß russ. Inf.-Munition. Einer der erschossenen Banditen trug eine Uniform der jetzigen hiesigen Schutzmannschaft.
Beigefügt werden die Papiere der Erschossenen, ferner eine Anzahl Blätter mit hebräischen Aufzeichnungen, sowie ein russisches Hetzblatt.

(Oblast Archiv Brest, 995-1-4, fol. 227)

241

Auszug aus der Tagesmeldung des Kommandanten des Sicherungs-Gebiets Weißruthenien (Oberfeldkommandantur 392 in Minsk) vom 26. September 1942 u. a. betr. jüdisches Waldlager

1.) Festgestellte bezw. durchziehende Banden:
Abschnitt Baranowicze.
a) 23. 9. wurde im Walde nördl. Rzepiszcze =1735= (15 km so. Orla) eine Bande von 100–150 Juden, darunter Frauen und Kinder, festgestellt.
Abschnitt Sluzk
b) 23. 9. Die in der Tagesmeldung vom 16.9. in der Gegend von Hock gemeldete Bande soll ihre Lager über den Fluß Lau zwischen die Ortschaften Jaskojische und Rachowitsche =1516= (17 km s. Starobin) verlegt haben.
c) 22. 9. sollen sich in der Gegend nördl. und südl. Kopyl =2410–2423= größere Banden aufgehalten haben.
d) 23. 9. soll sich bei Bobownia =2410= (15 km nw. Kopyl) eine Bande in Stärke von 800 Mann, die 3 Panzer mit sich führten, aufgehalten haben.
e) 23. 9. soll sich im Walde bei Jakutowitsche =2423= (5 km westl. Kopyl) eine große Partisanenbande aufhalten, die 95 Panjewagen, beladen mit Lebensmittel und Munition, mit sich führt.

(ZSA Minsk, 378-1-789, fol. 11; Kopie im Archiv des USHMM, RG 53.002M, Rolle 2)

242

Bericht des Gendarmerie-Postens Mir an den Gendarmerie-Gebietsführer Baranowitschi vom 1. Oktober 1942 über die Erschießung von geflüchteten Juden

Am 29. 9. 42, gegen 7,30 Uhr, wurden von einer Streife der Rayonschutzmannschaft Mir unter Führung des Oberw. d. Sch. R o t h e die z. Zt. das Staatsgut Uscha im Rayon Mir bewacht, 6 Juden (4 Männer u. 2 Frauen) in einem Wäldchen in der Nähe des Gutes Uscha festgenommen. Die Juden waren bei den vorangegangenen Judenaktionen geflüchtet und trieben sich planlos in den Wäldern umher. Einer der Juden führte ein russisches Gewehr ohne Schloß mit sich. Sie wurden an Ort und Stelle standrechtlich erschossen und an einen für diesen Zweck besonders geeigneten Platz ordnungsmäßig vergraben. Die Erschossenen führten außer ein paar zerlumpten Bekleidungsstücken keinerlei Wertgegenstände mit sich. Das Gewehr wurde beim Gend.-Posten Mir sichergestellt.

(Oblast Archiv Brest, 995-1-4, fol. 210)

243

Bericht des Gendarmerie-Postens Baranowitschi an den SS- und Polizeigebietsführer vom 15. Oktober 1942 über Erschießungen

Am 15. 10. 42, geg. 9,45 Uhr, wurde von dem Forstmeister Fuldnar, Gebietskommissariat, Abt. Forst und Holz, gemeldet, daß sich bei dem Dorfe Grabowiec 2 angeschossene fremde männliche Personen umhertreiben sollen.
Bei den sofort angestellten Ermittlungen wurde bei dem Dorfe Malte Wolochwa, Rayon Nowo Misch, versteckt im Gebüsch ein etwa 14–15 Jahre alter Jude aufgefunden, der eine schwere Schußverletzung im Gesicht hatte. Die Personalien konnten nicht festgestellt werden, da der Jude infolge der Schußverletzung nicht mehr vernehmungsfähig war.
Nach weiterem Suchen wurde in Gralowiec, Rayon Nowa Misch, ebenfalls im Walde der nach eigenen Angaben aus einem Lager entwichene russische Kriegsgefangene Eugenius Baratschew, Sohn des Efim, geb. 1920, aufgefunden. Baratschow gab an vom S.D. in Baranowitsche festgenommen worden zu sein und am 14. 10. 42 mit noch anderen zum Erschießen in eine Grube in der Nähe des Flugplatzes geführt worden zu sein. Die Erschießung wurde auch vorgenommen. B. hat hierbei mehrere Schußverletzungen erhalten. Die Schüsse waren bei ihm sowie bei dem aufgefundenen Juden jedoch nicht tödlich. Sie haben sich dann beide nachts aus der Grube entfernt und die Flucht ergriffen.
Beide Aufgefundene wurden nun an geeigneter Stelle endgültig erschossen.

(Oblast Archiv Brest, 995-1-4, fol. 274)

244

Abschrift eines Berichts des Gendarmerie-Postens Stolpce an den Gendarmerie-Gebietsführer Baranowitschi vom 18. Oktober 1942 betr. die „Judenaktion in Stolpce"

Die am 23. 9. 42 stattgefundene Judenaktion, durch den S.D. Minsk, wurden rund 750 Juden beiderlei Geschlechts, jedoch mehr weibliche erschossen. Im großen und ganzen waren es Juden, die nicht mehr voll arbeitseinsatzfähig waren. Ungefähr 450 Juden beiderlei Geschlechts wurden am Morgen der Aktion zu ihren Arbeitsstellen, Firma Stöhr und Heeresunterkunft, laut Mitteilung des S.D. Baranowitsche, Hauptschf. Schmauch geschickt. Der Rest von ungefähr 1600 Juden verblieb im Ghetto. Von diesen Juden sind am 23. 9. 42, wie schon oben erwähnt, 750 erschossen [worden], während der Rest von ungefähr 850 sich in unterirdischen Verstecken im Ghetto, bezw. anderweitig

versteckt gehalten hat. Ein Teil ist auch in der Nacht vom 22. zum 23. 9. ausgerückt und ein Teil davon bis heute noch nicht wieder zurückgekehrt. Durch die am 24. 9. bis zum 2. 10. eingesetzte Suchaktion und Einbringung des jüdischen beweglichen Inventars wurden am 24. 9. 131, 25. 9. 103, 26. 9. 71, 27. 9. 32, 28. 9. 36, 29. 9. 38, 30. 9. 64 und am 1. 10. 13 Juden meistens Frauen und Kinder eingebracht, welche abends mittels L.K.W. zur Exekutionsstätte gebracht wurden und dort unter meiner Aufsicht erschossen wurden. Da während der Suchaktion die arbeitenden Juden nicht im Ghetto verbleiben konnten, wurden sie einstweilen in der Kaserne bezw. auf dem Bahnhof untergebracht. Am 2. 10. konnten die Juden den vorderen Teil des Ghettos an der Bergstr. rechte Seite, beziehen. Dieser Teil wurde am Ende des gepflasterten Teiles der Bergstraße neu mit Stacheldraht abgezäunt. Da nun vom 2. 10. ab ein ständiger Zuzug von Juden im Ghetto stattfand und die Zahl von 450 auf rund 560 anstieg, sah ich mich gezwungen, eine abermalige Aktion stattfinden zu lassen, um einem weiteren Zuzug entgegenzutreten. Unter Zuhilfenahme des lett. Batl. unter Führung von Herrn Hauptmann Markwardt, welcher mir eine Kompanie zur Verfügung stellte, wurde am 11. 10. eine abermalige Aktion durchgeführt wobei 350 Juden erschossen wurden. Der verbliebene Rest von 210 Juden, halb Männer, halb Frauen sind bei der Firma Stöhr Heeresunterkunft, Nachschublager der Luftwaffe und bei der Z.H.O. beschäftigt. Kinder sowohl wie nicht Arbeitseinsatzfähige sind nicht mehr vorhanden.
Um nun eine bessere Kontrolle des verbliebenen Teiles des Ghettos zu gewährleisten, ist es dringend erforderlich, daß Teil eine bessere Umzäunung zu geben, damit ein Zuzug bezw. ein Abzug vermieden wird. Ich halte eine Umzäunung mit einem 2,50 mtr Bretterzaun für erforderlich, ähnlich wie das Ghetto oder jüdisches Arbeitslager im Sägewerk Nowy Swierzen. Material für einen Bretterzaun ist vorhanden.

(Oblast Archiv Brest, 995-1-7, fol. 307)

245

Auszug aus dem Lagebericht der Außenstelle Baranowitschi des Rüstungskommandos Minsk für Ende 1942 über „Judenaktionen"

Aber auch die wiederholten Judenaktionen haben hemmend auf die Fertigung in den Betrieben eingewirkt. Im Lagebericht der Ast [Außenstelle] für Oktober 1942 ist darüber Folgendes gesagt:
„Eine am 22. 9. (in Baranowitsche) einsetzende Judenaktion brachte alle Betriebe auf mehrere Tage zum Stillstand. Die jüdischen Arbeiter hielten sich teils im Ghetto versteckt, teils waren sie versprengt und in fremde Arbeits-

kolonnen geraten. Erst nach etwa 8 Tagen trat wieder einigermaßen Ordnung ein, viele Juden sind indessen nicht an ihre Arbeitsplätze zurückgekehrt. – Diese fortgesetzten Erschütterungen im Arbeitsprozeß lassen den Wunsch laut werden, entweder mit den Aktionen aufzuhören oder die Juden endgültig und restlos zu entfernen. In letzterem Falle müßte allerdings eine vollständige Stockung jeder Fertigung in Kauf genommen und von Grund auf neu aufgebaut werden".
Genau so ist es gekommen! Die Aktion vom 22. 9. war in Baranowitsche die letzte vor der endgültigen Entfernung aller Juden aus den Betrieben am 17. 12. Daß hierbei auch alle jüdischen Facharbeiter verschwunden sind, die rund 50 % der Belegschaften ausmachten, ist im Interesse der Produktion bedauerlich, aber nicht zu ändern. Am schwersten wurde hierdurch die „Chemische Fabrik" betroffen, die ihren Leiter, sämtliche Chemiker und Laboranten und 80 % ihrer Belegschaft verlor.

(NARA, T77, R1159, 141)

246

Bericht des Gendarmerie-Postens Mir an den Gendarmerie-Gebietsführer Baranowitschi vom 15. November 1942 über die Erschießung von geflüchteten Juden

Am 14. 11. 42, gegen 6 Uhr, teilte mir der Waldwärter der Försterei Kiranka, Rayon Mir mit, daß er etwa 6 km nördlich der Stadt Mir und zwar in einem Walde eine Erdhöhle entdeckt habe, in der sich eine Judenbande aufhalte. Sofort wurden von mir 3 Gendarmen und 60 Schutzmänner unter Mitnahme des Waldwärters nach dorthin entsandt. Sie stellten fest, daß die von dem Waldwärter gemachten Angaben zutrafen. Es wurde eine Erdhöhle entdeckt, die mit einem Holzdeckel zugedeckt und gut getarnt war. Nach Entfernung des Deckels wurden die Insassen der Höhle aufgefordert, ohne Waffen herauszukommen andernfalls eine Hand-Granate in die Höhle geworfen würde. Dieser Aufforderung leisteten sie Folge und es kamen 3 Juden, darunter der Judenrat von Mir und 2 Jüdinnen aus der Höhle heraus. Nach kurzem Verhör wurden sie standrechtlich erschossen und ordnungsmäßig vergraben. Sie führten außer ein paar zerlumpten Bekleidungsstücken keinerlei Wertgegenstände mit sich. Sodann wurde die Höhle durchsucht. Es wurden etwa 100 klg. Kartoffeln, einige Brote und ein paar alte Kochtöpfe gefunden. Waffen sowie Munition wurden nicht gefunden. Die Höhle wurde hierauf von den Schutzmännern zerstört. Die Lebensmittel, sowie die zerlumpten Bekleidungsstücke wurden der Schutzmannschaft Mir übergeben.

(Oblast Archiv Brest, 995-1-4, fol. 216)

247

Bericht des Gendarmerie-Postens Mir an den Gendarmerie-Gebietsführer Baranowitschi vom 6. Dezember 1942 über die Erschießung von „Banditen" und Juden

Dem Gend.-Posten M i r war seit längerer Zeit bekannt, daß sich in den Dörfern Lubno und Bierbasche des öfteren eine starke Bandengruppe aufhalte und dort ihr Raubwesen treibt. Um diesen Banditen einmal entgegenzutreten begab ich mich am 4. 12. 42 gegen 3 Uhr durch die Wälder über Miranka nach dort. Gegen 5.30 Uhr kamen wir in Bierbasche an, besetzten das Dorf und nahmen eine planmäßige Durchsuchung sämtlicher Scheunen und sonstigen Lagerstätten vor. Als ich dabei war, die Zu- und Ausgänge des Dorfes abriegeln zu lassen stieß ein Trupp meiner Leute am Ausgang des Dorfes auf einen bespannten Panjeschlitten welcher mit 3 bewaffneten Banditen besetzt war. Es entspann sich sofort ein kurzes aber heftiges Feuergefecht in deren Verlauf die 3 Banditen erschossen wurden. Den erschossenen Banditen konnten 3 Infr.-Gewehre und 55 Schuß Infr.-Munition abgenommen werden. Die Waffen wurden beim Gend.-Posten M i r sichergestellt. Bierbasche liegt etwa 8 km. in nordöstlicher Richtung von Mir. (Pol.-Netzkarte Nr.) Nach Aussagen der Bauern war der eine Erschossene der Führer einer etwa 45 Mann starken Bandengruppe welche des öftern nach Barbasche kamen. Zwei der erschossenen Banditen trugen russische Uniform und einer trug Zivilkleidung.
Auf unseren Rückmarsch von Barbasche nach Mir konnten im Walde von Miranka noch 2 herumvagabundierende Juden aufgegriffen werden. Einer dieser Pharisäer war mit einem russischen Trommelrevolver bewaffnet. Sie wurden beide mit nach Mir genommen, kurz verhört und alsdann standrechtlich erschossen. Die Waffe wurde beim Gend.-Posten Mir sichergestellt.
Eigene Verluste sind nicht zu verzeichnen. Rückkehr in Mir am 4. 12. 42 gegen 10 Uhr.

(Oblast Archiv Brest, 995-1-4, fol. 469)

248

Schreiben des Gendarmerie-Postens Stolpce an den Gendarmerie-Gebietsführer Baranowitschi vom 30. Januar 1943 betr. eine „Aktion" in Stolpce

Am 29. 1. 43 wurde mir gegen 22,30 Uhr gemeldet, daß aus dem Ghetto Stolpce Schüsse gefallen sind und Juden durch ein Loch des 2,50 mtr hohen

Bretterzaunes entwichen sind. Eine sofortige Feststellung ergab die Nichtigkeit der Meldung. Dagegen erfuhr ich nach Rückkehr, daß aus dem Lager des Sägewerkes Nowy Swierzyn am Abend des 29. 1. 43 rund 200 Juden, beiderlei Geschlechts aus dem Lager unter Ausnutzung der Dunkelheit und einer mangelhaften Bewachung entwichen sind. Eine sofortige Verfolgung durch eine Abteilung der in Nowy Swierzyn liegenden Einheiten des Res.Pi. Batl. 1 war ergebnislos. Die flüchtenden Juden haben sich nach dem Verlassen des Lagers in zwei Gruppen geteilt, wovon eine nach Norden und die andere nach dem Süden gegangen sind. Diese Gruppen sollen sich wieder in kleinere Gruppen geteilt haben um somit ein Fortkommen zu erleichtern. Die nach Süden flüchtende Gruppe ist nach Mitteilung des Stützpunktes Howesna bis Pohorele gekommen und hat sich dort mit Schlitten versehen und ist in Richtung auf das Dorf Monilno, Kreis Kojdanow, gezogen. Die in nördlicher Richtung entwichene Gruppe ist von den der Abteilung des Res. Pi. Batl. 1 verfolgt worden, die die Spur bei Opietschki verloren hat. Eine Feststellung im jüdischen Arbeitslager ergab, daß die Tage zuvor unlautere Elemente den Juden erzählt haben, daß das Sägewerk Nowy Swierzyn am 1. 2. 43 eine andere Betriebsleitung erhält und die Juden daher überflüssig seien und am Sonntag des 31. 1. 43 erschossen werden. Ein Teil der flüchtenden Juden ist bis Morgen des 31. 1. wieder zurückgekehrt, so daß noch ungefähr 150 Juden dem Sägewerk verloren gegangen ist. Die Bewachung des jüdischen Arbeitslagers unterlag dem Sägewerk, welches zu diesem Zweck 1 Oberfeldwebel und 27 Mann eines Luftwaffenbaubatl. zur Verfügung hatte. Am Abend der Flucht ist die Bewachung eine unzureichende gewesen. Wie ich feststellte, hat an diesem Abend der Flucht nur ein Mann am Eingang des Lagers Wache gestanden. Die beiden am Lager befindlichen Ecktürme waren unbesetzt. Das Lager ist mit einem 2,50 mtr hohen Bretterzaun umgeben und vor diesem Bretterzaun noch ein Drahtverhau, ähnlich eines Gefangenenlagers. Da nun vorne am Eingang ein Posten stand, konnten die Juden unbehelligt nach Hinten heraus flüchten. Durch den hinteren Teil des Lagers fließt ein kleiner Bach, Sazieschewka. Über diesen Bach war eine Leiter gelegt, damit die Juden trockenen Fußes hinüber kamen. Von hier aus sind die Juden durch ein geschaffenes Loch neben dem Bretterzaun hindurchgekrochen, und haben einige Meter darauf einen zweiten Drahtzaun passieren müssen, wo sie ebenfalls ein Loch schaffen mußten. Die Löcher in diesen Drahtumzäunungen waren so groß, daß zur Zeit nur eine Person hindurchschlüpfen konnte. Diese Flucht über und durch diese Hindernisse muß meines Erachtens eine geraume Zeit in Anspruch genommen haben.

(ZSA Minsk, 389-1-4, fol. 23; Kopie im Archiv des USHMM, RG 53.002M, Rolle 4)

249

Schreiben des Gendarmerie-Postenführers Stolpce an den Gendarmerie-Gebietsführer Baranowitschi vom 5. Februar 1943 betr. eine „Aktion" in Stolpce

Auf Grund einer Judenflucht aus dem Ghetto des Sägewerks Nowy-Swierschen am Freitag den 29. 1. 43 wurde am Sonntag den 31. 1. 43 eine Judenaktion in Stolpce, umfassend die Ghettos Stolpce und Nowy-Swierschen durchgeführt. Anlaß zu dieser Aktion gab die Judenflucht am 29. 1. 43 in Nowy-Swierschen, wo in den Abendstunden, hervorgerufen durch unlautere Elemente, welche den Juden erzählt hatten, daß das Sägewerk mit dem 1. 2. 43 eine andere Werksleitung bekommt und die Juden daher überflüssig seien und am kommenden Sonntag erschossen werden. Ein diesbezüglicher Bericht ist vorgelegt. Die Aktion, welche am 31. 1. 43 gegen 9.45 Uhr ihren Anfang nahm, war mit der Überführung der restlichen Juden aus Nowy-Swierschen gegen 15.00 Uhr beendet. Insgesamt wurden am 31. 1. mit einigen bis in den Abendstunden noch aufgegriffenen Juden 254, beiderlei Geschlechts, erschossen. Eine von mir in die Wege geleitete Suchaktion innerhalb des Ghettos Stolpce erbrachte noch 18 Juden und hinzu kommen noch 6 Juden, welche sich im Ghetto verborgen gehalten hatten und des Nachts beim Verlassen des Ghettos von den Posten erschossen wurden. Von Wehrmachtsteilen wurden bis zum 4. 2. noch 15 Juden übergeben, welche bei Spähtruppsunternehmen und Streifengängen in den Waldungen bei Okinschize aufgegriffen wurden. Diese bei der Suchaktion aufgefundene und von der Wehrmacht aufgegriffenen Juden wurden am 4. 2. 43 gegen 16.00 Uhr erschossen. Somit sind bis heute insgesamt 293 Juden erschossen worden. Die Stadt Stolpce ist, da hier rund 290 Juden verzeichnet waren, von Juden bereinigt. Auf dem Sägewerk Nowy-Swierschen sind bis heute noch 12 Juden verblieben, die aber von der Werksleitung nicht frei gegeben werden. Begründet wird es damit, daß die Juden zu dringenden Arbeiten, welche noch für das Luftgaukommando Moskau und die hier liegenden Wehrmachtsteile ausgeführt werden /Barackenbau/, benötigt werden.

(ZSA Minsk, 389-1-4, fol. 24; Kopie im Archiv des USHMM, RG 53.002M, Rolle 4)

250

Abschrift eines Berichts des Gendarmerie-Postens Horoditsche an den Gendarmerie-Gebietsführer Baranowitschi vom 17. März 1943 betr. einen „Zusammenstoß mit Banditen"

Am 16. 3. 43 stieß eine Streife der Schutzmannschaft Horoditsche, bestehend aus 2 Gendarmen und 30 Schutzmännern in Krasiewitsche auf eine Bande in

Stärke von etwa 15 Mann. Die Banditen eröffneten das Feuer aus einer Entfernung von etwa 200 m. Die vorausgeschickte Kavalleriespitze verfolgte einige flüchtende Personen. Die von der Kavalleriespitze festgenommene männliche Person, ein Jude, erklärte, daß in dem Grundstück, rechts vom Eingang des Dorfes sich noch weitere 12 Juden in einer Scheune unter der Tenne verborgen halten. Die Angaben des Juden wurden nachgeprüft und entsprachen der Wahrheit. Die Juden wurden aufgefordert, aus ihrem Versteck herauszukommen; da sie dieser Aufforderung nicht nachkamen, wurden sie mittels Handgranaten erledigt. Der Besitzer des Grundstücks war zu dieser Zeit nicht anwesend. Eigene Verluste traten nicht ein.

(ZSA Moskau, 7021-148-316)

251

Schreiben des Gendarmerie-Postenführers Stolpce an den Gendarmerie-Gebietsführer Baranowitschi vom 8. August 1943 betr. „Bereinigung des Kreises Stolpce von Juden"

Am 8. 8. 1943 wurden die letzten 15 Juden, welche noch aus dem Sägewerk Nowy-Swierschen verblieben waren, gegen 4.00 Uhr standrechtlich erschossen. Der Kreis Stolpce ist somit von Juden frei.

(ZSA Minsk, 389-1-4, fol. 62; Kopie im Archiv des USHMM, RG 53.002M, Rolle 4)

252

Meldung des Gendarmerie-Postens Baranowitschi an den Gendarmerie-Gebietsführer vom 28. August 1943 über Erschießung eines Juden

Am 28. 8. 1943, gegen 20,30 Uhr, wurde auf der Feuerwehrstraße, neben dem Postengebäude vom Schutzmann Serwatko ein Jude festgenommen. Beim Verhör gab er an, daß er Hunger habe und betteln gehe. Auf dem Wege zum S.D. versuchte der Jude zu entfliehen und wurde dabei erschossen.

(ZSA Moskau, 7021-148-316)

SCHEMA 2

Unterstellungsverhältnis der Gendarmerie am Beispiel des Postens in Mir, Stand: Anfang 1942

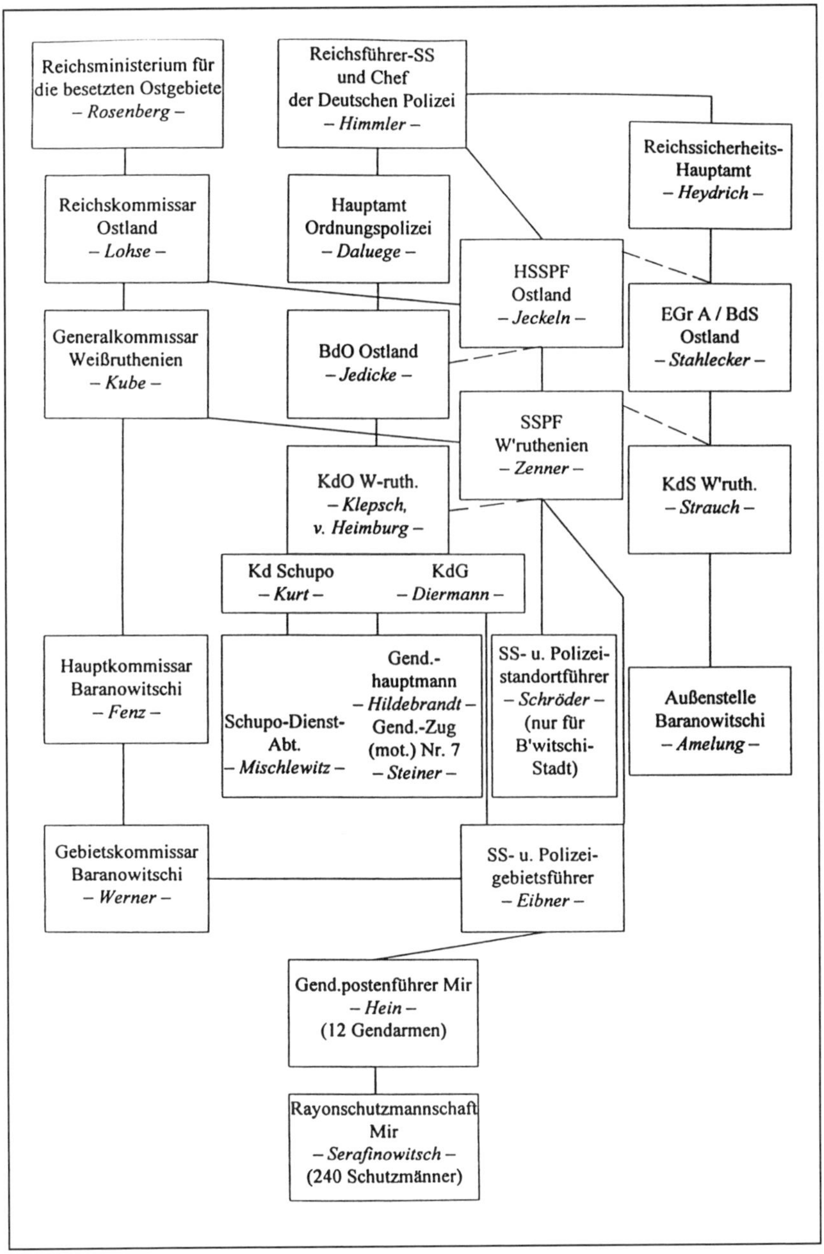

V. Konzentrationslager

Die zweite Tötungswelle leitete über in eine bis zum deutschen Rückzug anhaltende Phase intensivierten „Bandenkampfs" und endete in bezug auf die Ghettos mit deren Umwandlung in Konzentrationslager.[41] Im Juli 1943 lebten nach deutschen Angaben im Reichskommissariat Ostland noch 72 000 Juden in den Ghettos Wilna, Kauen (Kaunas), Shavli, Riga, Minsk und Lida.[42] Wenngleich der entsprechende Befehl Himmlers bereits vom 21. Juni 1943 datierte, verzögerte sich seine Ausführung aufgrund kriegswirtschaftlicher Faktoren und durch Einwände der Zivilverwaltung, die ihre Kontrollhoheit nur höchst ungern an Pohls Wirtschaftsverwaltungshauptamt (WVHA) abgab, erheblich, in Kaunas etwa bis zum 15. September 1943 [Dok. 253–256]. Die unmittelbaren Folgen für die betroffenen Juden waren unterschiedlich: Während von den etwa 20 000 Juden in Wilna bereits Ende September 1943 mehr als 5000 ermordet und die Mehrzahl der Überlebenden in die Zwangsarbeitslager nach Estland und Lettland deportiert wurden, hielten sich die Veränderungen in Kaunas in engeren Grenzen; neue Massenmorde und Deportationen setzten hier erst im Frühjahr 1944 ein. Unmittelbar vor Kriegsende brachte man die Überlebenden nach Dachau und Stutthof, von wo aus sie in Todesmärschen weiter evakuiert wurden. Die Befreiung erlebten nur wenige.

Auch in der Endphase der Besatzung sorgten sich deutsche Instanzen im Reichskommissariat Ostland um die Aufrechterhaltung des bürokratischen Scheins. Während die mit dem Überfall auf die Sowjetunion einsetzende Ermordung von Zivilisten weiterging, verbreitete man sich in deutschen Amtsstuben über Lagerhygiene, die Behandlung von Zigeunern oder Zuständigkeitsfragen im Zusammenhang mit „Judenangelegenheiten" [Dok. 257–259]. Erst die Befreiung durch die Rote Armee im Sommer 1944 setzte dem ein Ende.

41 Vgl. Alfred Streim, Konzentrationslager auf dem Gebiet der Sowjetunion, in: Dachauer Hefte 5 (1989), S. 174–187.

42 Vgl. Arad, Ghetto in Flames, S. 402.

253

Schreiben des Reichskommissars für das Ostland an die Generalkommissare vom August 1943, über die „Zusammenfassung von Juden in Konzentrationslagern"

Mit Schreiben vom 3. Juli 1943 teilt mir der Höhere SS- und Polizeiführer für das Ostland den Befehl des Reichsführers SS vom 21. 6. 43, über die Zusammenfassung der Juden in Konzentrationslagern gegeben, mit. Nach diesem Befehl werden die Juden künftig nur noch in Konzentrationslagern beschäftigt. Ein Herausbringen von Juden aus den Konzentrationslagern ist untersagt.
Der Höhere SS- und Polizeiführer für das Ostland hat zugesagt, daß solche Betriebe, deren Fertigung nicht in großen Konzentrationslagern erfolgen kann, zu kleinen Konzentrationslagern erklärt werden. Ich bitte, bei dieser Regelung vor allem darauf zu achten, daß auch für diese kleinen Konzentrationslager die gleichen Isolierungsmaßnahmen getroffen werden wie für die großen Konzentrationslager. Vor allen Dingen ist es politisch und propagandistisch unbedingt erforderlich, daß die jüdischen Arbeiterkolonnen aus dem Straßenbild der Städte des Ostlandes verschwinden. Ich bitte daher dafür zu sorgen, daß die jüdischen Arbeitskräfte auch in den kleinen Konzentrationslagern dauernd belassen werden und keine Hin- und Hertransporte auf öffentlichen Straßen erfolgen.

(ZSA Riga, R69-1A-6, fol. 129; Kopie im Archiv des USHMM, RG 18.002M, Rolle 2)

254

Auszüge aus einem Schreiben des Stadtkommissars Riga an den Generalkommissar, Abt. III, vom 18. August 1943 betr. „Umsetzung" von Juden in Konzentrationslager

Der Abzug der jüdischen Arbeitskräfte zum Zwecke der Großkasernierungen wird noch weiter fortgesetzt. Wie ich jetzt in Erfahrung bringe, ist durch den SD vorgesehen, in folgenden Betrieben Judenlager einzurichten:

		Angeford.[ert]	Gestellt	Fehlbed.[arf]
1.	Konzentrationslager Kaiserwald	2.000	1.950	50
2.	Dünawerk	1.500	398	1.102
3.	S.D. Werkstätte /Lenta/	2.000	1.053	947

4.	Truppenwirtschaftslager d. SS	700	419	281
5.	Flughafen Spilve	1.500	775	725
6.	HKP jetzt KPO	1.000	375	625
7.	Papierfabrik Schlock	250	250	-
8.	Reichsbahn	600	192	408
9.	Armeebekleidungs-Amt 701	1.300	737	563
10.	VEF /AEG/	300	80% Frauen	300
11.	Zementfabrik Riga	300	205	95
12.	Strazdenhof	3.000	820	2.120
13.	Generalkommissar Abt. Finanzen	2.000	700	1.300

[...]
Dem SD habe ich, wie vereinbart, eine Aufstellung der Dienststellen, welche jüdische Arbeitskräfte beschäftigen, eingereicht, soweit sie als Schonbetriebe anzusehen sind und von denen Abzüge der Juden vorerst nicht erfolgen sollen, was mir auch zugesagt wurde.
Bis zu welchem Termin sämtliche Juden in den K.L. untergebracht werden sollen, konnte mir nicht gesagt werden. Der voraussichtliche Termin soll jetzt der 30. September sein. Ob das technisch durchführbar sei, ist ebenfalls noch unbestimmt.
Mit weiteren Abzügen der bei den Dienststellen noch beschäftigten Juden ist zu rechnen.

(NARA, T459, R19, 503)

255

Rundschreiben des RSHA, Amt IV (Müller), vom 2. Oktober 1943 betr. Konzentrationslager Kauen und Vaivara

Mit Wirkung vom 15. 9. 1943 sind auf Befehl des Reichsführers und Chefs der Deutschen Polizei die Konzentrationslager

K a u e n und V a i v a r a

errichtet worden.
Die genauen Anschriften sind noch nicht bekannt und werden zu gegebener Zeit mitgeteilt werden. Vorläufig sind beide Lager über den SS-Wirtschafter beim Höheren SS- und Polizeiführer Ostland in Riga zu erreichen.
Als Lagerkommandant ist
in Kauen SS-Obersturmbannführer G o e c k e und
in Vaivara SS-Hauptsturmführer A u m e i e r
eingesetzt worden.

Als Einweisungslager kommen die Konzentrationslager Kauen und Vaivara vorläufig nicht in Frage.
Dieser Erlaß ist für die Kreis- und Ortspolizeibehörden nicht bestimmt.

(ZSL 408 AR-Z 233/59, fol. 5007)

256

Schreiben des Reichskommissars für das Ostland, Abt. II (Trampedach), an die Generalkommissare vom 14. Oktober 1943 über die „Zusammenfassung von Juden in Konzentrationslagern"

Betrifft: Zusammenfassung von Juden in Konzentrationslagern
Bezug Mein Erlaß vom 10. August 1943 – 6 J 1 – Tgb.-Nr. 649/43g St/Fr.

Ich bitte, den oben bezeichneten Erlaß nur als nachrichtliche Unterrichtung zu werten. Zuständig für die Konzentrierung ist ausschließlich die Sicherheitspolizei. Die Durchführung dieser vom Reichsführer SS angeordneten Maßnahme wird durch die Zentralstelle in Berlin überwacht.

(ZSA Riga, R69-1A-6, fol. 127; Kopie im Archiv des USHMM, RG 18.002M, Rolle 2)

257

Anweisungen des Lagerarztes im KL Kauen (von Ende 1943) über „allgemeine Lagerhygiene"

A l l g e m e i n e L a g e r h y g i e n e .

1.) Persönliche und Körperpflege.
Morgens beim Aufstehen bis zur Hälfte den Oberkörper waschen, Mund und Zähne putzen.
Im Laufe des Tages jedes Mal vor dem Essen Hände waschen, ebenso nach besonderer Verunreinigung.
Abends nach der Arbeit wieder den Körper und besonders die Füße waschen.
Mindestens einmal in 2 Wochen Entlausung oder Saunabad benutzen. Im Sommer, wenn möglich, Brausebad oder im Flusse baden.
Mindestens einmal wöchentlich Wäsche wechseln.
Bettzeug nach dem Aufstehen gleichzeitig mit dem Schlafraum lüften.
Mindestens einmal wöchentlich Bettzeug in der Sonne oder frischen Luft ausklopfen und einige Stunden lüften.

2.) W o h n u n g s p f l e g e .

Die Wohnräume müssen täglich mehrmals gelüftet und der Fußboden täglich gewaschen werden. Besonders in den Lagern mit sandigem Boden. (Floh-

plage!) Viel frische Luft und großer Wasserverbrauch vermindern die Zahl der Insekten und Fliegen.
Kurz vor Abmarsch zur Arbeit muß alles im Wohnraum sauber und aufgeräumt sein.
Von den Wänden müssen Staub und Spinnwebe entfernt werden. Fensterscheiben, Türen und Flur sauber halten!

3.) Allgemeine Hygiene.

a.) Gelände um die Häuserblocks.
Die Gelände um die Häuserblocks müssen sauber gehalten sein. Sie müssen jeden Tag gefegt, Abfälle und Papier entfernt werden. Es muß möglichst viel bepflanzt werden. (Pflanzen regulieren den Sauerstoffgehalt der Luft und reinigen diese).
b.) Trinkwasser Hygiene.
Das Gelände um den Brunnen muß sauber gehalten sein.
Wäsche, Geschirr etc. dürfen in der Nähe der Brunnen nicht gewaschen werden. Die Höhe der Brunnen muß mindestens 1 Meter über der Erdoberfläche sein. Vor dem Brunnen müssen Steine gepflastert und ein Gefälle für Abfluß des Wassers vorhanden sein.
Jeder Brunnen muß einen Deckel haben und einen angeschmiedeten Eimer, der auf der Innenseite des Brunnens angebracht sein muß. Mit eigenem Eimer darf niemand dem Brunnen Wasser entnehmen. Da wiederholte bakteriologische Untersuchungen des Wassers mit Schwierigkeiten verbunden sind, soll zum Trinken und Spülen des Eß- und Trinkgeschirrs nur gekochtes Wasser benutzt werden.
c.) Aborte.
Aborte sollen mindestens 20 Meter vom Brunnen entfernt angelegt werden. In den Lagern sind kollektive Aborte mit einer größeren Anzahl Löchern mit türkischem Sitz am geeignetsten. (Sparung von Material und leichtere Sauberhaltung).
Bei größerer Klosettanlage kann eine besondere Person zum Sauberhalten und zur Desinfektion mit Chlorkalk angestellt werden. Die Tiefe der Klosettgruben soll nicht weniger als 2 Meter betragen. Wenn die Klosettgrube bis zur Höhe 70 cm. von der Erdoberfläche voll ist, muß sie verschüttet und eine neue gebaut werden.
d.) Kehrichtgruben.
Gruben für Kehricht-Küchen- und andere Abfälle sollen nicht zu nahe an den Wohnblocks und Brunnen angelegt werden. Eine Entfernung von 20 Meter wäre angemessen. Die Größe der Gruben soll der Größe der Häuserblocks und Zahl der Bewohner entsprechen. Die Tiefe muß mehr als zwei Meter betragen.

Da Material zum Bedecken der Gruben schwer aufzutreiben sein wird, ist jeden Tag die Grube mit einer dünnen Sandschicht zu bedecken, um einer Fliegen- und Insektenplage sowie üblem Geruch vorzubeugen. Auch ist darauf zu achten, daß die Gruben von allen Seiten gleichmäßig und nicht nur von einer Seite beschüttet werden.
4.) Alle Infektionskranke, sowie alle akut Operationsbedürftige sind sofort, ohne vorherige Anfrage, dem K.L.-Krankenbau im Stammlager zu überweisen.

(ZSA Vilnius, R973-3-19)

258

Auszüge aus einem Schreiben des Reichskommissars für das Ostland, Abt. I, an die Generalkommissare vom 16. Dezember 1943 mit Abschrift einer Regelung des Reichsministeriums für die besetzten Ostgebiete betr. „Behandlung der Zigeuner" vom 15. November 1943

Anbei erhalten Sie Abschrift einer Regelung des Herrn Reichsministers für die besetzten Ostgebiete betreffend die Behandlung der Zigeuner mit der Bitte um Kenntnisnahme und Beachtung.

* * *

Der Reichsminister für
die besetzten Ostgebiete
[...]
Berlin, den 15. November 1943
[...]
Betr.: Behandlung der Zigeuner in den besetzten Ostgebieten.

Zigeuner und Zigeuner-Mischlinge, die ihren Wohnsitz oder gewöhnlichen Aufenthalt in den besetzten Ostgebieten haben und seßhaft sind, sind wie Landeseinwohner zu behandeln.
Alle umherziehenden Zigeuner und Zigeuner-Mischlinge in den besetzten Ostgebieten sind den Juden gleichzustellen und in Konzentrationslagern unterzubringen.
Die zur Durchführung dieses Erlasses erforderlichen Maßnahmen, insbesondere auch die Entscheidung über die Frage der Zugehörigkeit zum Zigeunertum, werden von den Kommandeuren der Sicherheitspolizei und des SD im Einvernehmen mit der politischen Abteilung des Generalkommissars getroffen. In der politischen Abteilung der Generalkommissare sind die rassenpolitischen Referenten, soweit sie vorhanden sind, für die Bearbeitung der Angelegenheit zuständig.

Die erforderliche Durchführungsanweisung erläßt das Reichssicherheitshauptamt.

(ZSA Riga, R69-1A-6, fol. 248 f.; Kopie im Archiv des USHMM, RG 18.002M, Rolle 2)

259

Auszüge aus einem Schreiben des KdS Lettland (Lange) an BdS Ostland vom 6. April 1944 betr. „Zuständigkeit in der Bearbeitung von Judenangelegenheiten"

In einer ganzen Reihe von Fällen wird von Juden, die ins Ghetto bezw. ins K.Z. eingewiesen worden sind, behauptet, daß sie Mischlinge seien. Ferner kommen immer noch Fälle zur Bearbeitung, in denen Juden oder Mischlinge sich den Judenbestimmungen entzogen haben und sich vor der Einweisung ins K.Z. dadurch zu schützen versuchen, daß sie behaupten, sie seien Mischlinge zweiten Grades oder überhaupt keine Juden. In fast allen diesen Fällen wird von den Betreffenden behauptet, sie seien das Produkt eines Fehltritts der mit einem Juden verheiratet gewesenen Mutter. Als angebliche Väter werden durchweg bereits Verstorbene angegeben. In anderen Fällen wird behauptet, daß Eintragungen in Melderegister und Kirchenbücher irrtümlich erfolgt oder gefälscht worden seien. Zur Feststellung der Rassezugehörigkeit sind in allen diesen Fällen meistens umfangreiche sicherheitspolizeiliche Ermittlungen erforderlich. In einer ganzen Reihe von Fällen haben sich nach Abschluß der Bearbeitung und erfolgter Einweisung des Betreffenden in das K.Z. Familienangehörige oder sonstige Fürsprecher an die Dienststelle des Generalkommissars gewandt und haben dort erneut versucht, glaubhaft zu machen, daß es sich bei den Betroffenen nicht um Juden oder Mischlinge 1. Grades handelt. Bei derartigen Fällen hat sich mehrfach die Dienststelle des Generalkommissars in die Bearbeitung eingeschaltet.
In einer kürzlich mit dem zuständigen Referenten des Generalkommissars durchgeführten Besprechung vertrat dieser die Auffassung, daß nicht die Sicherheitspolizei dafür zuständig sei zu entscheiden, wer Jude sei, sondern daß die Entscheidung beim Generalkommissar liege. Ich habe demgegenüber die Auffassung vertreten, daß hierfür die Sicherheitspolizei allein zuständig sei und daß evtl. in Zweifelsfällen eine Begutachtung durch den Rassereferenten des Generalkommissars eingeholt würde.
[...]
Ich darf anregen, den Reichskommissar zu veranlassen, sich ebenfalls die Auffassung zu eigen zu machen, daß die Sicherheitspolizei ausschließlich darüber zu entscheiden habe, ob eine Person Jude ist und ihn ferner zu veranlassen, die Generalkommissare entsprechend anzuweisen. Bis zum Eingang einer Ent-

scheidung werde ich gemäß der bisherigen Praxis weiterverfahren und den Generalkommissar von mir aus nicht an der Bearbeitung beteiligen, sondern selbst entscheiden und lediglich bei Rückfragen des Generalkommissars ihm Auskunft über den Sachverhalt geben.

(ZSA Riga, R1026-1-3, fol. 203; Kopie im Archiv des USHMM, RG 18.002M, Rolle 16)

260

Bescheinigung des Kommandanten des Konzentrationslagers Kauen vom 9. Juli 1944

B e s c h e i n i g u n g

Der/die Arbeiter/in Jozinas E.
ist für den letzten Transport wegen Räumung der KL Werkstätten von mir bestimmt.

(ZSA Vilnius, R973-3-24)

Verzeichnis der Dokumente

I. Rahmenplanungen und übergreifende Bestimmungen

1. Herrschaftsstruktur

1 Schreiben des Reichsministers und Chefs der Reichskanzlei (Lammers) an die obersten Reichsbehörden vom 18. Juli 1941 mit Abschrift des „ersten Erlasses des Führers über die Einführung der Zivilverwaltung in den neu besetzten Ostgebieten" vom 17. Juli 1941 (BA, R 43II/686a, fol. 3, 9 f.)

2 Aufruf des RKO (Lohse) vom 28. Juli 1941 betr. die Einsetzung von Drechsler als Generalkommissar Lettland (wortgleich für von Renteln in Litauen), abgedruckt im Verkündungsblatt des RKO Nr. 1 vom 30. August 1941 (ZSA Minsk, 623-2-1; Kopie im Archiv des USHMM, RG 53.002M, Rolle 12)

3 Aufruf des Generalkommissars Weißruthenien (Kube) vom 9. September 1941, abgedruckt im Amtsblatt des Generalkommissars für Weißruthenien Nr. 2 vom 13. Oktober 1941 (ZSA Minsk, 623-2-1; Kopie im Archiv des USHMM, RG 53.002M, Rolle 12)

4 Abschrift eines Schreibens des RMfdbO, Abt. III, an die Gebiets- und Stadtkommissare im RKO vom 10. September 1941 betr. „paßtechnische Regelung des Verkehrs mit dem RKO" (ZSA Minsk, 393-1-1; Kopie im Archiv des USHMM, RG 53.002M, Rolle 4)

5 Schreiben des RKO, Abt. II, an die Generalkommissare vom 5. November 1941 mit Abschrift eines Vermerks über die Organisation der Polizei vom 21. Oktober 1941 (ZSA Riga, R1026-1-17, fol. 152–154; Kopie im Archiv des USHMM, RG 18.002M, Rolle 17)

KARTE Vom RFSS u. ChdDtPol., Referat SIIB2, erstellte Karte über „das durchlaßscheinpflichtige Gebiet des Reichskommissariats Ostland nach dem Stande vom 1. Mai 1942" (ZSA Minsk, 393-1-1; Kopie im Archiv des USHMM, RG 53.002M, Rolle 4)

6 Abschrift eines Schreibens des CdS, Amt IV, an die HSSPF und Chefs der Einsatzgruppen vom 9. Februar 1942 mit Abschrift eines Schreibens Heydrichs an Rosenberg über Kompetenzabgrenzung vom 5. Januar 1942 (ZSA Riga, R1026-1-17, fol. 174–176; Kopie im Archiv des USHMM, RG 18.002M, Rolle 17)

7 Schreiben Brandts (RFSS/Pers.Stab) an Berger (SS-Hauptamt) vom 9. Oktober 1942 mit Entwurf des Erlasses des RMfdbO und des RFSS u. ChdDtPol. vom September 1942 über die Zuständigkeitsabgrenzung zwischen Dienststellen der Zivilverwaltung und der Polizei (BA, NS 19/1704, fol. 48-53)

8 Geheimer SS-Befehl des RFSS vom 12. Dezember 1941 über Truppenbetreuung nach Massenerschießungen mit Schreiben des SSPF Lettland (Schröder) an den SS- und Polizei-Standortführer Libau vom 20. Januar 1942 (ZSA Riga, R83-1-80, fol. 4 f.; Kopie im Archiv des USHMM, RG 18.002M, Rolle 11)

9 Direktive des KdO Lettland (Knecht) vom 9. Dezember 1942 betr. Verhalten von Ordnungspolizisten (ZSA Riga, R83-1-80, fol. 51 f.; Kopie im Archiv des USHMM, RG 18.002M, Rolle 11)

SCHEMA 1 Verwaltungsstruktur des RKO

2. „Behandlung der Judenfrage“

10 Vom RMfdbO herausgegebene Richtlinien über „die Zivilverwaltung in den besetzten Ostgebieten (Braune Mappe), Teil I: RKO“ vom Sommer 1941 betr. „Behandlung der Judenfrage“ (ZSA Riga, R70-5-7; Kopie im Archiv des USHMM, RG 18.002M, Rolle 4)

11 Schreiben des Reichskommissars Ostland, Abt. II, an den HSSPF vom 2. August 1941 mit „vorläufigen Richtlinien für die Behandlung der Juden“ (ZSA Riga, R1026-1-3, fol. 263 ff.; Kopie im Archiv des USHMM, RG 18.002M, Rolle 16)

12 Schreiben der Einsatzgruppe A (Tschierschky) an Einsatzkommando 3 (Jäger) vom 4. August 1941 betr. die „vorläufigen Richtlinien für die Behandlung der Juden“ (ZSA Riga, R1026-1-3, fol. 291; Kopie im Archiv des USHMM, RG 18.002M, Rolle 16)

13 Entwurf einer Stellungnahme Stahleckers vom 6. August 1941 zu den vom Reichskommissar Ostland entworfenen „vorläufigen Richtlinien für die Behandlung der Juden“ (ZSA Riga, R1026-1-3, fol. 234 ff.; Kopie im Archiv des USHMM, RG 18.002M, Rolle 16)

14 Abschrift eines Schreibens des Reichskommissars für das Ostland, Abt. II, an die Generalkommissare vom 18. August 1941 mit überarbeiteter Fassung der „Vorläufigen Richtlinien für die Behandlung der Juden“ (ZSA Riga, R1026-1-3, fol. 142–144; Kopie im Archiv des USHMM, RG 18.002M, Rolle 16) [vgl. Dokument 2 vom 2. August 1941; hier sind nur veränderte oder hinzugefügte Textpassagen abgedruckt]

15 Schreiben Stahleckers vom 29. August 1941 an die Einsatzkommandos betr. die „vorläufigen Richtlinien für die Behandlung der Juden“ (ZSA Riga, R1026-1-3, fol. 303; Kopie im Archiv des USHMM, RG 18.002M, Rolle 16)

16 Schreiben (des Generalkommissars in Lettland?) an den Reichskommissar für das Ostland vom 29. September 1941, über die Behandlung von „Mischehen“ (ZSA Riga, R69-1A-6, fol. 6; Kopie im Archiv des USHMM, RG 18.002M, Rolle 2)

17 Schreiben des Reichskommissars für das Ostland, Abt. II (Trampedach), an die Generalkommissare vom 1. November 1941, mit Anlage betr. „Behandlung der jüdischen Mischehen“ vom 7. Oktober 1941 (ZSA Riga, R69-1A-6, fol. 7–11; Kopie im Archiv des USHMM, RG 18.002M, Rolle 2)

18 Abschrift eines Schnellbriefs des RFSS u. ChdDtPol. vom 29. Januar 1942 an das RMfdbO (Wetzel) betr. „Richtlinien über die Behandlung der Judenfrage“ (BA, R 6/74, fol. 94–97) [vgl. Dokument 10 vom Sommer 1941]

19 Schreiben des BdS Ostland an die KdS vom 2. März 1942, mit Unterrichtung Heydrichs an die BdS u. a. betr. „Endlösung der Judenfrage“ vom 25. Januar 1942 nebst Bestellungsschreiben Görings vom Juli 1941 (ZSA Riga, R1026-1-3, fol. 160 ff.; Kopie im Archiv des USHMM, RG 18.002M, Rolle 16)

20 Abschrift eines Schreibens des Generalkommissars in Lettland, Abt. II, an den KdS Lettland vom 12. März 1942 betr. die „Vorläufigen Richtlinien für die Behandlung der Juden“ (ZSA Riga, R1026-1-3, fol. 152; Kopie im Archiv des USHMM, RG 18.002M, Rolle 16)

21 Schreiben des Reichsministeriums für die besetzten Ostgebiete (Leibbrandt) vom 27. April 1942, mit Entwurf zur „Bestimmung des Begriffs ‚Jude‘ in den besetzten Ostgebieten“ und Aufzeichnung der Besprechung vom 29. Januar 1942 (ZSA Riga, R69-1A-6, fol. 37, 39, 46–51; Kopie im Archiv des USHMM, RG 18.002M, Rolle 2)

22 Schreiben von Staatssekretär Meyer, RMfdbO, an das Auswärtige Amt u. a. Dienststellen vom 16. Juli 1942 betr. „Endlösung der Judenfrage" und die Behandlung von Mischlingen (PAA, Inl. IIg 177)

23 Schreiben des CdS (Kaltenbrunner), IV B 4 b, an die BdS u. a. vom 5. März 1943 betr. „Behandlung von Juden ausländischer Staatsangehörigkeit im Generalgouvernement und in den besetzten Ostgebieten" (ZSA Riga, R1026-1-3, fol. 177–180; Kopie im Archiv des USHMM, RG 18.002M, Rolle 16)

24 Abschrift eines Fernschreibens des BdS Ostland, Abt. IV B 6 (Panzinger), an die KdS vom 31. Januar 1944 über die Behandlung jüdischer Mischehen und Mischlinge (ZSL 207 AR-Z 14/58)

25 Fernschreiben des KdS Litauen (Schmitz) an den BdS Ostland vom 25. April 1944 über die Behandlung jüdischer Mischehen und Mischlinge (ZSL 207 AR-Z 14/58)

ABBILDUNG Anlage zum Bericht der Einsatzgruppe A vom 16. Oktober 1941 mit Darstellung der Bevölkerungsverteilung [im RKO] im Jahre 1935 (NARA, Nürnberg-Dokument L-180/USA-276)

3. Geheimhaltung

26 Weisung des CdS (Heydrich) an die KdS u. a. vom 3. September 1941 betr. Unterlassung eigenmächtiger „einschneidender Maßnahmen" (HK Warschau, 362-399, fol. 44; Kopie im Archiv des USHMM, RG 15.006M, Rolle 33)

27 „Grundsätzlicher Befehl" Hitlers zur Geheimhaltung vom 25. September 1941 (ZSA Minsk, 379-2-45, fol. 85; Kopie im Archiv des USHMM, RG 53.002M, Rolle 3)

28 Abschrift eines Funktelegramms des CdS (Heydrich) an die Einsatzgruppen vom 15. August 1941 (AHD, 500-1-25, fol. 118; Kopie im Archiv des USHMM, RG 11.001M.01, Rolle 183)

29 Abschrift eines Funktelegramms des RSHA, Amt IV (Müller), an die Einsatzgruppen vom 30. August 1941 (AHD, 500-1-25, fol. 424; Kopie im Archiv des USHMM, RG 11.001M.01, Rolle 183)

30 Abschrift einer Weisung des Polizeiregiments Mitte, Ia, vom 16. September 1941 betr. „Angaben, die nicht in Funksprüchen weitergegeben werden dürfen" (MHA, SS-Pol.Rgt. A-3-1-7/4 K.1; Kopie im Archiv des USHMM, RG 48.004M, Rolle 2, Bild 201256)

31 Merkblatt des Wehrmachts-Ortskommandanten Minsk (Sperling) vom Juli 1942 u. a. betr. Verbot, Exekutionen zu fotografieren (ZSA Minsk, 379-2-45, fol. 29; Kopie im Archiv des USHMM, RG 53.002M, Rolle 3)

32 Tagesbefehl Nr. 17 des KdO Weißruthenien (Klepsch) vom 14. August 1943 u. a. betr. die „Behandlung der Judenfrage" (ZSA Minsk 389-1-1, fol. 164; Kopie im Archiv des USHMM, RG 53.002M, Rolle 3)

33 Abschrift eines Schreibens von Himmler an die obersten Reichsbehörden vom 10. März 1944 betr. „plakatierte Verbote für Polen, Juden und Zigeuner" (AHD, 504-2-7, fol. 42; Kopie im Archiv des USHMM, RG 11.001M.05, Rolle 75)

II. Erste Tötungswelle

1. Verlaufsmuster

34 Abschrift eines Schreibens der Stapostelle Tilsit an das RSHA, Amt IV (Müller), u. a., vom 1. Juli 1941 über „Säuberungsaktionen jenseits der ehemaligen sowjetisch-litauischen Grenze“ (AHD, 500-1-758, fol. 2–5; Kopie im Archiv des USHMM, RG 11.001M.01, Rolle 10)

35 Ereignismeldung UdSSR Nr. 19 des CdS, IV A 1, vom 11. Juli 1941 (NARA, Nürnberg-Dokument NO-2934)

36 Befehl des Polizei-Regiments Mitte (Montua) an die Polizeibataillone 307, 316 und 322 vom 11. Juli 1941 betr. Erschießung von Juden (MHA, SS-Pol.Rgt. A-3-17/1, K.1; Kopie im Archiv des USHMM, RG 48.004M, Rolle 2, Bild 201180)

37 Funktelegramm des RSHA, Amt IV (Müller), an die Einsatzgruppen A und B vom 24. August 1941 über Aktionen gegen Juden und Kommunisten (ZSA Riga, R1026-1-3, fol. 302; Kopie im Archiv des USHMM, RG 18.002M, Rolle 16)

38 Aktennotiz über einen Kursus zur „Bekämpfung von Partisanen“ beim Befehlshaber des rückwärtigen Heeres-Gebiets Mitte (25./26. September 1941) vom 2. Oktober 1941 (ZSA Minsk, 655-1-1, fol. 279; Kopie im Archiv des USHMM, RG 53.002M, Rolle 4)

39 Befehl des Kommandanten in Weißruthenien (v. Bechtolsheim) vom 10. Oktober 1941 u. a. betr. die Behandlung von Polen und „Zigeunern“ (ZSA Minsk, 378-1-698, fol. 4 f.; Kopie im Archiv des USHMM, RG 53.002M, Rolle 2)

40 Befehl des Kommandanten in Weißruthenien (v. Bechtolsheim) vom 20. Oktober 1941 u. a. betr. Juden (ZSA Minsk, 378-1-698, fol. 18; Kopie im Archiv des USHMM, RG 53.002M, Rolle 2)

41 Befehl Nr. 24 des Kommandanten in Weißruthenien (v. Bechtolsheim) vom 24. November 1941 u. a. betr. „Juden und Zigeuner“ (ZSA Minsk, 378-1-698, fol. 32; Kopie im Archiv des USHMM, RG 53.002M, Rolle 2)

42 Kriegstagebuch der Wirtschafts-Inspektion Mitte mit Eintragung vom 25. Oktober 1941 (NARA, T 77, R1179, 781 f.)

43 Schreiben des Generalkommissar Weißruthenien, Abt. II (Weber), an den Stadtkommissar Minsk (Janetzke) vom 15. Januar 1942 betr. die Ermordung von Krankenhauspatienten (ZSA Minsk, 688-3-1, fol. 46; Kopie im Archiv des USHMM, RG 53.002M, Rolle 12)

44 Tätigkeits- und Lagebericht der Einsatzgruppe B für die Zeit vom 16. bis 28. Februar 1942 über den Einsatz von Gaswagen (AHD, 500-1-770, fol. 8 f.; Kopie im Archiv des USHMM, RG 11.001M.01, Rolle 10)

45 Briefwechsel des Gebietskommissars Wilna-Land mit dem Amtsvorsteher in Nementschine vom 17./28. Februar 1942 betr. „Einzäunung von Plätzen der Judenliquidation“ (ZSA Vilnius, R685-5-10, fol. 28, 31)

46 Schreiben des Gebietskommissars Wilna-Land an die Kreischefs vom 25. April 1942 betr. „Grabstätten der Juden“ (ZSA Vilnius, R685-5-10, fol. 41)

PLAKAT Programmankündigung des Zirkus Černiauskas für die Herbstsaison 1941 (ZSA Vilnius, R1390-1-90)

47 „Richtlinien für die Durchführung der Sicherungsaufträge" der Sicherungs-Division 207 vom 4. Juli 1941 u. a. betr. „Säuberung des Landes von Banden" (BA-MA, RH 20-18/90)

48 Direktive der Sicherungs-Division 207 vom 5. Juli 1941 über die „Durchführung von Sicherungsaufträgen" (BA-MA, RH 20-18/90)

49 Direktive des Befehlshabers des rückwärtigen Heeres-Gebiets Nord (v. Roques) vom 3. August 1941 betr. „Vornahme von Verhaftungen" (BA-MA, RH 26-281/254)

50 „Besondere Anordnung für die innere Verwaltung Nr. 1" der Sicherungs-Division 281 vom 11. August 1941 (BA-MA, RH 26-281/254)

51 Bericht des Gebietskommissars Mitau an den Generalkommissar Lettland vom 12. August 1941 (BA, R 92/467 [Kopie])

52 Schreiben des HSSPF Ostland (Prützmann) an den Befehlshaber des rückwärtigen Heeres-Gebiets Nord vom 21. August 1941 betr. „Bildung von Hilfspolizeiverbänden durch Landeseinwohner" (BA-MA, RH 22-271)

53 „Gesamtaufstellung der im Bereich des Einsatzkommandos 3 bis zum 1. Dezember 1941 durchgeführten Exekutionen" (AHD, 500-1-25, fol. 113a; Kopie im Archiv des USHMM, RG 11.001M.01, Rolle 183)

54 Kriegstagebuch Nr. 1 des SS- und Polizeistandortführers Libau für September 1941 (BA, R 70 Sowjetunion/12 [Kopie])

55 Bericht der Sipo-Außenstelle Libau an den SS- und Polizeistandortführer Libau vom 2. Oktober 1941 über Maßnahmen gegen Juden und Zigeuner (BA, R 70 Sowjetunion/20 [Kopie])

56 Lagebericht der Schutzpolizei-Dienstabteilung Libau an den KdO Lettland vom 5. Oktober 1941 (BA, R 70 Sowjetunion/20 [Kopie])

57 Bericht des Gebietskommissars Libau an den Generalkommissar Lettland vom 11. Oktober 1941 (BA, R 92/467)

58 Auszug aus dem Kriegstagebuch Nr. 1 des SS- und Polizeistandortführers Libau für Oktober 1941 (BA, R 70 Sowjetunion/12 [Kopie])

59 Bericht der Sipo-Außenstelle Libau an den SS- und Polizeistandortführer Libau vom 3. November 1941 (BA, R 70 Sowjetunion/20 [Kopie])

60 Schreiben des KdS Lettland an den Gebietskommissar Dünaburg vom 11. November 1941 betr. „Judenaktion in Dünaburg" (BA, R 70 Sowjetunion/ 20 [Kopie])

61 Bericht des Generalkommissars Lettland an den RKO vom 20. November 1941 über Maßnahmen gegen Juden (ZSA Riga, R 69-1a-19, fol. 1; Kopie im Archiv des USHMM, RG 18.002M, Rolle 3)

62 Kriegstagebuch Nr. 1 des SS- und Polizeistandortführers Libau für November 1941 (BA, R 70 Sowjetunion/12 [Kopie])

63 Ereignismeldungen UdSSR Nr. 151 und Nr. 155 des CdS, IV A 1, vom 5. und 14. Januar 1942 über Massenerschießungen im Ghetto Riga (NARA, Nürnberg-Dokumente NO-3257, NO-3279)

64 Lagebericht der Schutzpolizei-Dienstabteilung Libau an den SS- und Polizeistandortführer Libau vom 10. Dezember 1941 (BA, R 92/467)

65 Lagebericht des SS- und Polizeistandortführers Libau an den KdO Lettland vom 13. Dezember 1941 (BA, R 70 Sowjetunion/20 [Kopie])

66 Kriegstagebuch Nr. 1 des SS- und Polizeistandortführers Libau für Dezember 1941 (BA, R 70 Sowjetunion/12 [Kopie])

67 Abschrift eines Schreibens (des BdO Lettland?) an den SSPF Lettland vom 11. März 1942 betr. „Zigeunerfrage" (ZSA Riga, R83-1-119; Kopie im Archiv des USHMM, RG 18.002M, Rolle 11)

68 Schreiben der Sipo-Außenstelle Libau an den SS- und Polizeistandortführer Libau vom 18. März 1942 (BA, R 70 Sowjetunion/20 [Kopie])

69 Schriftwechsel zwischen dem KdS Lettland (Lange) und der Staatspolizeileitstelle Düsseldorf vom April/Mai 1942 betr. „Postverkehr mit evakuierten Juden" (Hauptstaatsarchiv Düsseldorf, Gestapo-Akte 50592)

70 Schriftwechsel zwischen dem KdS Lettland (Lange) u. a. Dienststellen vom April/Mai 1942 über Todesbenachrichtigungen (Hauptstaatsarchiv Düsseldorf, Gestapo-Akte 63117)

71 Kriegstagebuch Nr. 1 des SS- und Polizeistandortführers Libau für März und Mai 1942 (BA, R 70 Sowjetunion/12 [Kopie])

72 Benachrichtigungen des KdS Lettland, Abt. II (Kirste), an das Standesamt Riga von 1942/43 über den Tod von Anstaltsinsassen (ZSA Riga, 252-1-28, fol. 121 f.; Kopie im Archiv des USHMM, RG 18.002M, Rolle 13)

73 Bericht von Lilli Friedemann von der Hauptabteilung VII des DRK-Beauftragten für das Ostland in Riga vom April 1942 (AHD, 1383-1-1, fol. 24)

3. Bilanz

74 Tätigkeits- und Lagebericht Nr. 9 der Einsatzgruppen für die Zeit vom 1. bis 31. Januar 1942 betr. Juden (AHD, 500-1-770, fol. 51 f.; Kopie im Archiv des USHMM, RG 11.001M.01, Rolle 10)

75 Tätigkeits- und Lagebericht der Einsatzgruppe B für die Zeit vom 16. bis 28. Februar 1942 betr. „Sonderbehandlungen" (AHD, 500-1-770, fol. 15; Kopie im Archiv des USHMM, RG 11.001M.01, Rolle 10)

76 Jahresbericht des KdS Estland für den Zeitraum Juli 1941 bis Juni 1942 betr. Juden (ZSA Tallinn, R819-1-12, fol. 85)

77 Protokoll der (Haupt-)Abteilungsleitersitzung im Generalkommissariat Weißruthenien am 29. Januar 1942 u. a. mit Redebeiträgen von Kube, Zenner und Hoffmann (ZSA Minsk, 370-1-53, fol. 163–165; Kopie im Archiv des USHMM, RG 53.002M, Rolle 11)

78 Undatiertes Berichtsfragment des Einsatzkommandos 3 (von Anfang 1942) betr. Juden (ZSA Riga, R1026-1-3, fol. 265–275; Kopie im Archiv des USHMM, RG 18.002M, Rolle 16)

79 Undatiertes Berichtsfragment der Einsatzgruppe A (sog. Burkhardt-Bericht, Anfang 1942) über die bisherigen Maßnahmen zur „Endlösung der Judenfrage" im Generalkommissariat Weißruthenien (ZSA Riga, R1026-1-3, fol. 253–261; Kopie im Archiv des USHMM, RG 18.002M, Rolle 16)

III. Das Ghetto-System

1. Erfassung und Konzentration

80 Verwaltungs-Anordnung Nr. 1 des Befehlshabers des rückwärtigen Heeres-Gebiets Mitte (v. Schenckendorff) vom 7. Juli 1941 u. a. betr. Kennzeichnung von Juden, Verbot des Schächtens (ZSA Minsk, 370-1-487, fol. 20; Kopie im Archiv des USHMM, RG 53.002M, Rolle 11)

81 „Anordnung für die Befriedung Kurland Nr. 1" des Infanterie-Regiments 504 vom 12. Juli 1941 (BA-MA, RH 26-291/34, fol. 75–79)

82 Verwaltungs-Anordnung Nr. 2 des Befehlshabers des rückwärtigen Heeres-Gebiets Mitte (v. Schenckendorff) vom 13. Juli 1941 u. a. betr. Behandlung von Juden, Einsetzung von Judenräten und Beerdigung von Leichen (ZSA Minsk, 393-3-42, fol. 1; Kopie im Archiv des USHMM, RG 53.002M, Rolle 4)

83 Schreiben der Einsatzgruppe A an die Einsatzkommandos vom 1. August 1941, mit Abschrift einer Anordnung des Befehlshabers des rückwärtigen Heeres-Gebiets Nord über die Kennzeichnung von und den Kontakt mit Juden (ZSA Riga, R1026-1-3, fol. 140 f.; Kopie im Archiv des USHMM, RG 18.002M, Rolle 16)

84 Verwaltungsanweisungen der Sicherungs-Division 281 vom 30. Juli 1941 betr. Juden (BA-MA, RH 26-281)

85 Anordnung des Befehlshabers des rückwärtigen Heeres-Gebiets Nord (v. Roques) vom 28. August 1941 betr. die Einrichtung von Ghettos (BA-MA, RH 22/6)

86 Anordnung des Befehlshabers des rückwärtigen Heeres-Gebiets Nord vom 3. September 1941 über die Einrichtung von Ghettos (BA-MA, RH 26-285/45)

87 Befehl Nr. 29 des Kommandanten in Weißruthenien (v. Bechtolsheim) vom 15. Dezember 1941 u. a. betr. „Juden auf dem flachen Lande" (ZSA Minsk, 378-1-698, fol. 46; Kopie im Archiv des USHMM, RG 53.002M, Rolle 2)

88 Schreiben des Reichskommissars für das Ostland, Abt. II (Trampedach), an den Generalkommissar in Lettland vom 25. August 1941, mit Zwangsbestimmungen für die Ghettos (ZSA Riga, R69-1A-6, fol. 73; Kopie im Archiv des USHMM, RG 18.002M, Rolle 2)

89 Briefwechsel des Gebietskommissars Kauen-Land mit dem Kreis-Chef vom 22. August/1. Oktober 1941 betr. die Erfassung von Juden (ZSA Vilnius, 1534-1-34, fol. 7, 36)

90 Bericht vom 8. Dezember 1941 über eine Inspektionsreise von Mitarbeitern des Generalkommissariats Weißruthenien nach Glebokie (ZSA Minsk, 370-1-55, fol. 18; Kopie im Archiv des USHMM, RG 53.002M, Rolle 11)

91 Bericht des Generalkommissars Lettland an den RKO vom 20. November 1941 mit Anlagen zur Ghettoisierung, Vorschriften für die Ghettowache (ZSA Riga, R69-1a-19; Kopie im Archiv des USHMM, RG 18.002M, Rolle 3)

92 Briefwechsel des Stadtkommissars Minsk (Janetzke) mit dem Generalkommissar Weißruthenien, Abt. II (Weber), vom Dezember 1941/Januar 1942 betr. die jüdische Ärztin Dr. A. Gurewitsch (ZSA Minsk, 688-3-1, fol. 31, 33; Kopie im Archiv des USHMM, RG 53.002M, Rolle 12)

93 Briefwechsel des Stadtkommissars Minsk (Janetzke) mit dem Generalkommissar Weißruthenien, Abt. II (Weber), vom Januar 1942 betr. den jüdischen Arzt Dr. Berkowksi (ZSA Minsk, 688-1-3, fol. 51 f.; Kopie im Archiv des USHMM, RG 53.002M, Rolle 12)

94 Schreiben des Generalkommissars Weißruthenien, Abt. II (Weber), an den Stadtkommissar Minsk (Janetzke) vom 28. Januar 1942 betr. die Ersetzung von jüdischen durch nichtjüdische Ärzte (ZSA Minsk, 688-1-3, fol. 56; Kopie im Archiv des USHMM, RG 53.002M, Rolle 12)

95 Schreiben des Hauptkommissars Baranowitschi, Abt. II (Wiechmann), an den Gebietskommissar Baranowitschi vom 12. und 16. März 1942 betr. jüdische Ärzte und ihre Ersetzung (ZSA Minsk, 370-1-138; Kopie im Archiv des USHMM, RG 53.002M, Rolle 11)

96 Schreiben des Gebietskommissars Baranowitschi, Arbeitsamt, an den Generalkommissar Weißruthenien, Abt. II, vom 13. Februar 1942 betr. jüdische Ärzte und ihre Ersetzung (ZSA Minsk, 370-1-138; Kopie im Archiv des USHMM, RG 53.002M, Rolle 11)

97 Merkblatt des Wehrmachts-Ortskommandanten Minsk (Sperling) vom Juli 1942 u. a. betr. Verbot, das Ghetto zu betreten (ZSA Minsk, 379-2-45, fol. 28; Kopie im Archiv des USHMM, RG 53.002M, Rolle 3)

98 Fahrplananordnung Nr. 62 der Reichsbahndirektion Königsberg vom 13. Juli 1942 betr. Deportationszüge nach Minsk (ZSA Minsk, 378-1-784, fol. 38; Kopie im Archiv des USHMM, RG 53.002M, Rolle 2)

99 Schreiben des KdS Weißruthenien, Abt. IV B (Heuser), an die Haupteisenbahndirektion Mitte (in Minsk) vom 21. Juli 1942 betr. Zug DA 221 (ZSA Minsk, 378-1-784, fol. 59; Kopie im Archiv des USHMM, RG 53.002M, Rolle 2)

100 Telegrammbrief der Generalbetriebsleitung Ost an die Haupteisenbahndirektion Mitte (in Minsk) u. a. vom 8. August 1942 betr. „Sonderzüge für Umsiedler, Erntehelfer und Juden" (ZSA Minsk, 378-1-784, fol. 28; Kopie im Archiv des USHMM, RG 53.002M, Rolle 2)

101 Schreiben des Gebietskommissars Wilna-Land an die Kreis-Chefs vom 21. August 1942 betr. Fluchtgefahr bei Juden (ZSA Vilnius, R685-5-10, fol. 56)

102 Briefwechsel des KdS Minsk, IV B (Müller), mit der Stapoleitstelle Düsseldorf vom Juli 1943 betr. Wilhelmine P. (Hauptstaatsarchiv Düsseldorf, Gestapo-Akte 65528)

2. Ausbeutung

103 Zweisprachige (deutsch und russisch) Anordnung des Stadtkommissars Minsk vom 14. Oktober 1941 betr. die Anmeldung des jüdischen Vermögens (ZSA Minsk, 623-2-1; Kopie im Archiv des USHMM, RG 53.002M, Rolle 12)

104 Bericht vom 17. November 1941 über eine Inspektionsreise von Mitarbeitern des Generalkommissariats Weißruthenien nach Glebokie (ZSA Minsk, 370-1-55, fol. 21; Kopie im Archiv des USHMM, RG 53.002M, Rolle 11)

105 Bericht des Generalkommissars Lettland an den RKO vom 20. November 1941 mit Anlage zur „Beschäftigung von Juden" (ZSA Riga, R69-1a-19; Kopie im Archiv des USHMM, RG 18.002M, Rolle 3)

106 Gebietskommissar Pernau (Estland) an die Kreisältesten vom 23. Dezember 1941 betr. „Erfassung des jüdischen Eigentums" (ZSA Tallinn, R3142-2-17, fol. 25)

107 Schreiben des Generalkommissars Weißruthenien, Abt. III, an den Gebietskommissar Baranowitschi vom 9. Februar 1942 betr. „Verpflegung jüdischer Arbeiter" (ZSA Minsk, 393-3-16, fol. 11; Kopie im Archiv des USHMM, RG 53.002M, Rolle 4)

108 Schreiben des Gebietskommissars Wilna-Land an die Kreischefs vom 4. Juni 1942 betr. den Einsatz jüdischer Arbeitskräfte (ZSA Vilnius, R685-5-10, fol. 43)

109 Schreiben des Generalkommissars Weißruthenien, Treuhandverwaltung, an die Gebietskommissare vom 23. Juni 1942 betr. „Erfassung und Verwaltung des beweglichen jüdischen Vermögens" mit den für das RKO geltenden Richtlinien vom 19. Mai 1942 (ZSA Minsk, 370-1-468, fol. 16–18; Kopie im Archiv des USHMM, RG 53.002M, Rolle 11)

110 Schreiben des Gebietskommissars Petersen (in Glebokie) an den Generalkommissar Weißruthenien, Treuhandverwaltung, vom 22. Juni 1942 betr. die „Erfassung des beweglichen jüdischen Vermögens" (ZSA Minsk, 370-1-483; Kopie im Archiv des USHMM, RG 53.002M, Rolle 11)

111 Abschrift eines Schreibens des SSPF Weißruthenien (Zenner) an den KdO vom 2. Juli 1942 betr. die Erfassung jüdischen Vermögens (ZSA Minsk, 389-1-3, fol. 84; Kopie im Archiv des USHMM, RG 53.002M, Rolle 4)

112 Schreiben des Gebietskommissars Petersen (in Glebokie) an den RKO, Treuhandverwaltung, vom 2. Juli 1942 betr. das nach Riga übergebene jüdische Vermögen (ZSA Minsk, 370-1-483; Kopie im Archiv des USHMM, RG 53.002M, Rolle 11)

113 Schreiben des Gebietskommissars Wilna-Land an die Kreischefs vom 10. Juli 1942 betr. Behandlung von Juden (ZSA Vilnius, R685-5-10, fol. 46–50)

114 Bericht des Hauptkommissars Minsk (Paulsen) vom 25. Juli 1942 über eine Dienstreise zum Gebietskommissar Glebokie (ZSA Minsk, 370-1-55, fol. 1 f.; Kopie im Archiv des USHMM, RG 53.002M, Rolle 11)

115 Aufruf des Gebietskommissars Pernau (Estland) vom 28. Juli 1942 betr. Anmeldung und Ablieferung jüdischen Vermögens (ZSA Tallinn, R65-1-2176, fol. 58)

116 Schreiben des Stadtkommissars Riga, Arbeitsverwaltung, an den RKO, Abt. III, vom 29. Juli 1942 betr. „Judeneinsatz" auf dem SS-Gut Jungfernhof (NARA, T459, R19, 385.)

117 Kriegstagebuch Nr. 5 des Rüstungskommandos Minsk mit Eintrag für den 1. August 1942 über eine „Judenaktion" (NARA, T77, R1138, 890)

118 Schreiben des Gebietskommissars Borissow an den Generalkommissar Weißruthenien vom 9. August 1942 betr. das jüdische Vermögen (ZSA Minsk, 370-1-486, fol. 25; Kopie im Archiv des USHMM, RG 53.002M, Rolle 11)

119 Vierteljahresbericht des Rüstungskommandos Minsk für Juli bis September 1942 über effizienzhemmende Faktoren (NARA, T77, R1138, 906)

120 Erlaß des RKO, Abt. Finanzen (Vialon), an die Generalkommissare vom 27. August 1942 betr. „Verwaltung der jüdischen Ghettos" (ZSA Riga, R69-1a-19; Kopie im Archiv des USHMM, RG 18.002M, Rolle 3)

121 Kriegstagebuch Nr. 5 des Rüstungskommandos Minsk für den Zeitraum 31. August bis 5. September 1942 über die Lage jüdischer Arbeiter (NARA, T77, R1138, 960)

122 Schreiben des Gebietskommissars Glebokie an den Generalkommissar Weißruthenien, Treuhandverwaltung, vom 4. September 1942 betr. Höhe des erfaßten jüdischen Vermögens (ZSA Minsk, 370-1-483; Kopie im Archiv des USHMM, RG 53.002M, Rolle 11)

123 Anlage Nr. 1 zum Kriegstagebuch Nr. 5 des Rüstungskommandos Minsk über die Anzahl jüdischer Arbeiter nach dem Stand vom 20. Oktober 1942 (NARA, T77, R1138, 996 f.)

124 Schreiben des Kommandostabs RFSS (Rode) und des BdS Ostland an den HSSPF Ostland vom Oktober/November 1942 betr. „Beschäftigung von Juden und deren Unterbringung" (ZSA Riga, R1026-1-3, fol. 332, 344; Kopie im Archiv des USHMM, RG 18.002M, Rolle 16)

125 Anweisung des KdO Lettland vom 22. Dezember 1942 betr. „Anmeldung des jüdischen, staatsfeindlichen und herrenlosen Vermögens" mit Merkblatt (ZSA Riga, R82-1-20, fol. 11–13: Kopie im Archiv des USHMM, RG 18.002M, Rolle 8)

126 Schreiben (auf Vordruck) des Stadtkommissars Minsk, Abt. III, an das Luftwaffen-Kommando Ost vom 23. März 1943 betr. „Zuweisung von Kleidungsstücken aus dem Judennachlaß" (ZSA Minsk, 688-3-4, fol. 26; Kopie im Archiv des USHMM, RG 53.002M, Rolle 12)

127 Mahnung (auf Vordruck) des Generalkommissars Weißruthenien, Abt. II, an die Wehrmachts-Ortskommandantur 257 vom 7. August 1943 zur Begleichung einer Rechnung „für Lieferungen aus dem Judenvermögen" (ZSA Minsk, 370-1-221, fol. 30; Kopie im Archiv des USHMM, RG 53.002M, Rolle 11)

128 Rundschreiben des RFSS u. ChdDtPol. vom 13. August 1943 betr. „Arbeitseinsatz der Juden in den besetzten Ostgebieten" (ZSA Riga, R1026-1-3, fol. 200; Kopie im Archiv des USHMM, RG 18.002M, Rolle 16)

129 Abschrift eines Schreibens des RMfdbO an die Reichskommissare vom 8. September 1943 betr. Arbeitseinsatz von Juden (ZSA Riga, R1026-1-3, fol. 346; Kopie im Archiv des USHMM, RG 18.002M, Rolle 16)

130 Tätigkeitsbericht des OT-Einsatzes Weißruthenien vom November 1943 mit Angaben zur Zahl der jüdischen und nichtjüdischen Arbeiter (ZSA Minsk, 370-1-53, fol. 21; Kopie im Archiv des USHMM, RG 53.002M, Rolle 11)

3. Terror und Kontrolle

131 Merkblatt des Ortskommandanten Minsk (v. d. Marwitz) vom September 1941 u. a. betr. Verbot, das Ghetto zu betreten (ZSA Minsk, 379-2-45, fol. 19; Kopie im Archiv des USHMM, RG 53.002M, Rolle 3)

132 Schreiben des Generalkommissars Weißruthenien, Abt. II (Weber), an den Stadtkommissar Minsk (Janetzke) vom 20. November 1941 betr. Infektionskrankheiten im Ghetto Minsk (ZSA Minsk, 688-3-1, fol. 76; Kopie im Archiv des USHMM, RG 53.002M, Rolle 12)

133 Kommandanturbefehl Nr. 2 des Wehrmachts-Ortskommandanten Riga (Bamberg) vom 20. Januar 1942, der die Übernachtung von Juden außerhalb des Ghettos verbietet (ZSA Riga, R80-3-2, fol. 14; Kopie im Archiv des USHMM, RG 18.002M, Rolle 7)

134 Befehl Nr. 11 des Stadtkommandanten Minsk (Winter) vom 25. Februar 1942 u. a. betr. „Judenkommandos" (ZSA Minsk, 379-2-45, fol. 2; Kopie im Archiv des USHMM, RG 53.002M, Rolle 3)

135 Kommandanturbefehl Nr. 13 des Wehrmachts-Ortskommandanten Riga (Bamberg) vom 1. April 1942 mit Bekanntgabe eines Todesurteils gegen einen Wehrmachtsangehöri-

gen, der mit Juden im Ghetto verkehrt hatte (ZSA Riga, R80-3-2, fol. 34; Kopie im Archiv des USHMM, RG 18.002M, Rolle 7)

136 Tagesbefehl Nr. 3 des KdO Weißruthenien (v. Heimburg) vom 18. April 1942 u. a. mit Belobigung von Schutzpolizisten für ihren Einsatz im Ghetto Minsk (ZSA Minsk 389-1-1, fol. 1; Kopie im Archiv des USHMM, RG 53.002M, Rolle 3)

137 Kommandanturbefehl Nr. 12 des Wehrmachts-Ortskommandanten Minsk (Sperling) vom 17. Juni 1942 u. a. betr. „jüdische Hilfskräfte" (ZSA Minsk, 379-2-45, fol. 27; Kopie im Archiv des USHMM, RG 53.002M, Rolle 3)

138 Tagesbefehl Nr. 10 des KdO Weißruthenien (v. Heimburg) vom 18. Juli 1942 u. a. mit Verbot, das Ghetto zu betreten (ZSA Minsk 389-1-1, fol. 28; Kopie im Archiv des USHMM, RG 53.002M, Rolle 3)

139 Tagesbefehl Nr. 12 des KdO Weißruthenien vom 8. August 1942 u. a. betr. „unberechtiges Betreten von Ghettos" (ZSA Minsk 389-1-1, fol. 34; Kopie im Archiv des USHMM, RG 53.002M, Rolle 3)

140 Kommandantur-Sonderbefehl des Wehrmachts-Ortskommandanten Riga (Bamberg) vom 15. September 1942 betr. „Judeneinsatz" (ZSA Riga, R80-3-2, fol. 54; Kopie im Archiv des USHMM, RG 18.002M, Rolle 7)

141 Kommandantur-Sonderbefehl des Wehrmachts-Ortskommandanten Riga (Bamberg) vom 5. Oktober 1942 u. a. betr. „verbotenen Umgang mit Juden" (ZSA Riga, R752-2-1, fol. 42; Kopie im Archiv des USHMM, RG 18.002M, Rolle 14)

142 Tagesbefehl Nr. 7 des KdO Weißruthenien (Klepsch) vom 15. März 1943 u. a. mit Belobigung eines Angehörigen der Schutzmannschaft für seinen Einsatz bei der Vereitelung eines jüdischen Fluchtversuchs (ZSA Minsk 389-1-1, fol. 97; Kopie im Archiv des USHMM, RG 53.002M, Rolle 3)

143 Stimmungs- und Lagebericht des KdS Lettland für die Zeit vom 1. bis 31. März 1943 betr. Juden (HK Warschau, 362-734, fol. 95; Kopie im Archiv des USHMM, RG 15.006M, Rolle 73)

144 Kommandanturbefehl Nr. 16 des Wehrmachts-Ortskommandanten Riga vom 8. April 1943 u. a. betr. Umgang von Soldaten mit Juden (ZSA Riga, R752-2-1, fol. 93; Kopie im Archiv des USHMM, RG 18.002M, Rolle 14)

145 Todesurteil des Sondergerichts beim Deutschen Gericht in Minsk gegen Heinrich Nitschke wegen „schwerer passiver Bestechung" durch Juden vom 13. April 1943 (ZSA Minsk, 379-1-149, fol. 36 f.; Kopie im Archiv des USHMM, RG 53.002M, Rolle 3)

146 Rundschreiben des Generalkommissars Weißruthenien (Kube) an die deutschen Dienststellen in Minsk vom 9. August 1943 betr. die Beschäftigung von Juden (ZSA Minsk, 370-1-2128, fol. 8; Kopie im Archiv des USHMM, RG 53.002M, Rolle 16)

4. Fallbeispiel Kaunas

147 Undatiertes Berichtsfragment des Einsatzkommandos 3 (von Anfang 1942) betr. Juden (ZSA Riga, R1026-1-3, fol. 268–273; Kopie im Archiv des USHMM, RG 18.002M, Rolle 16)

148 Zweisprachiges Schreiben (litauisch/deutsch) des litauischen Stadtkommandanten, Gesundheitsamt, vom 26. Juni 1941 über die Beseitigung von Leichen (ZSA Vilnius, R1444-1-13, fol. 3)

149 Zweisprachiger Aufruf (litauisch/deutsch) des litauischen Stadtkommandanten vom 28. Juni 1941 (ZSA Vilnius, R1444-1-8, fol. 37)

150 Bittbriefe an die deutsche Sicherheitspolizei in Kaunas vom 2. Juli 1941 betr. Freilassung inhaftierter Juden (ZSA Vilnius, R973-3-2, fol. 1–3)

151 Befehl der litauischen Stadtverwaltung an das Jüdische Komitee vom 7. Juli 1941 (USHMM, SVJÄ, Teil 1)

152 Memorandum des Jüdischen Komitees an die deutsche Sicherheitspolizei vom 10. Juli 1941 zur Umsiedlung ins Ghetto im Stadtteil Viliampole (YV, B/12-4)

153 Verordnung der litauischen Stadtverwaltung an das Jüdische Komitee vom 18. Juli 1941 (USHMM, SVJÄ, Teil 1: „Mündliche Verordnungen und Verfügungen der Machtorgane“)

154 Verordnungen der litauischen Stadtverwaltung an das Jüdische Komitee vom 23., 24. und 27. Juli 1941 (USHMM, SVJÄ, Teil 1: „Mündliche Verordnungen und Verfügungen der Machtorgane“)

155 Anordnung Nr. 1, Öffentliche Bekanntmachungen Nr. 2 und 5 des Stadtkommissars Kauen (Cramer) von Juli/August 1941 betr. die jüdische Bevölkerung, abgedruckt im Amtsblatt des Generalkommissars in Kauen Nr. 2 vom 1. November 1941 (ZSA Minsk, 370-4-3, fol. 6 f.; Kopie im Archiv des USHMM, RG 53.002M, Rolle 17)

156 Mitteilung der litauischen Stadtverwaltung (Kaminskas) an das Jüdische Komitee vom 31. Juli 1941 (USHMM, SVJÄ, Teil 1: „Mündliche Verordnungen und Verfügungen der Machtorgane“)

157 Mündliche Mitteilung des SA-Hauptsturmführers Jordan (vom Stadtkommissariat Kauen) an das Jüdische Komitee vom 7. August 1941 (USHMM, SVJÄ, Teil 1: „Mündliche Verordnungen und Verfügungen der Machtorgane“)

158 Befehle und Anordnungen des Stadtkommissariats an das Jüdische Komitee von August/September 1941 (USHMM, SVJÄ, Teil 1: „Mündliche Verordnungen und Verfügungen der Machtorgane“)

159 Bekanntmachung des Chefs der Jüdischen Ghettopolizei (Kopelmann) vom 17. August 1941 (ZSA Vilnius, 973-2-7, fol. 51)

160 Bekanntmachung Nr. 9 der Jüdischen Ghettopolizei (von Anfang September 1941) (ZSA Vilnius, 973-2-7, fol. 51)

161 Standortbefehl des Stadtkommandanten Kauen (Pohl) vom 3. September 1941 u. a. betr. die Verwendung jüdischer Arbeitskräfte (ZSA Riga, R80-3-2, fol. 4; Kopie im Archiv des USHMM, RG 18.002M, Rolle 7)

162 Befehl des Einsatzkommandos 3 (Hamann) an das Jüdische Komitee vom 6. September 1941 (YV, B/12-4)

163 Schreiben des Stadtkommissars Kauen (Jordan) an den Ältestenrat vom 15. September 1941 (YV, B/12-4)

164 Befehl des KdS Litauen an den Ältestenrat vom 26. September 1941 (USHMM, SVJÄ, Teil 1: „Mündliche Verordnungen und Verfügungen der Machtorgane")

165 Befehl des KdS Litauen an den Ältestenrat vom 3. Oktober 1941 (USHMM, SVJÄ, Teil 1: „Mündliche Verordnungen und Verfügungen der Machtorgane")

166 Meldung der Jüdischen Ghettopolizei an den Chef der Ghettowache vom 15. Oktober 1941 mit Anlagen über Vergewaltigungen (ZSA Vilnius, 973-2-47, fol. 12 f.)

167 Befehl des KdS Litauen an den Ältestenrat vom 27. Oktober 1941 (USHMM, SVJÄ, Teil 1: „Mündliche Verordnungen und Verfügungen der Machtorgane")

168 Meldung der Jüdischen Ghettopolizei an den Chef der Ghettowache vom 12. November 1941 mit Anlagen über Überfall im Ghetto (ZSA Vilnius, 973-2-47, fol. 6)

169 Auszug aus der „Gesamtaufstellung der im Bereich des Einsatzkommandos 3 bis zum 1. Dezember 1941 durchgeführten Exekutionen" (AHD, 500-1-25, fol. 113; Kopie im Archiv des USHMM, RG 11.001M.01, Rolle 183)

170 Pflichtverordnung der Jüdischen Ghettopolizei vom 29. Oktober 1941 (ZSA Vilnius, 973-2-7)

171 Anordnungen deutscher Dienststellen an den Ältestenrat vom Oktober 1941 bis Juli 1942 (USHMM, SVJÄ, Teil 1: „Mündliche Verordnungen und Verfügungen der Machtorgane")

172 Meldung der Jüdischen Ghettopolizei an den Chef der Ghettowache vom 9. Januar 1942 mit Anlagen über Raubmord im Ghetto (ZSA Vilnius, 973-2-46, fol. 118–120)

173 Bekanntmachung des Ältestenrats vom 11. Januar 1942 über die Aufnahme deutscher Juden (ZSA Vilnius, R1390-3-7, fol. 6)

174 Bekanntmachung (der Jüdischen Ghettopolizei) vom 11. Januar 1942 über die Aufnahme der deutschen Juden (ZSA Vilnius, 973-2-33)

175 Verordnung des Ghetto-Kommandanten vom 13. Januar 1942 (USHMM, SVJÄ, Teil 1: „Mündliche Verordnungen und Verfügungen der Machtorgane")

176 Befehl des Einsatzstabs Reichsleiter Rosenberg an den Ältestenrat vom 27. Februar 1942 (USHMM, SVJÄ, Teil 1: „Mündliche Verordnungen und Verfügungen der Machtorgane")

177 Schreiben des KdS Litauen (Jäger) an den Ältestenrat vom 11. März 1942 über die Erschießung von Juden (YV, B/12-4)

178 Bekanntmachung des Ältestenrats vom 18. März 1942 (ZSA Vilnius, 973-3-11, fol. 3)

179 Verordnung des Ghetto-Kommandanten vom 23. März 1942 (USHMM, SVJÄ, Teil 1: „Mündliche Verordnungen und Verfügungen der Machtorgane")

180 Aufstellung der von der litauischen Polizei festgenommenen Personen vom 27. März 1942 (ZSA Vilnius, 972-1-387)

181 Schreiben des Stadtkommissars, Hauptabt. II (Wiedmann), an den Ältestenrat vom 1. April 1942 (YV, B/12-4)

182 Bekanntmachung des Ältestenrats vom 5. April 1942 (ZSA Vilnius, 973-3-11, fol. 5)

183 Bekanntmachung des Ältestenrats vom 14. April 1942 über Registrierung von US-Staatsbürgern (ZSA Vilnius, R1390-3-10, fol. 4)

184 Aussageprotokoll eines Ghettobewohners gegenüber der Jüdischen Ghettopolizei vom 20. April 1942 (ZSA Vilnius, 973-2-46, fol. 58)

185 Vom Ältestenrat erstelltes „Statut der jüdischen Ghettogemeinde in Vilijampole" (von Mai/Juni 1942) (ZSA Vilnius, 973-3-4, fol. 188–189)

186 Tätigkeitsbericht des Ältestenrats für Juni 1942 (ZSA Vilnius, 973-2-40, fol. 73 ff.)

187 Befehl des KdS (Rauca) vom 24. Juli 1942 über das Verbot von Geburten im Ghetto (USHMM, SVJÄ, Teil 1: „Mündliche Verordnungen und Verfügungen der Machtorgane")

188 Meldung der Jüdischen Ghettopolizei an den Chef der Ghettowache vom 29. Juli 1942 mit „Mitteilungs-Protokoll" (ZSA Vilnius, 973-2-46, fol. 44)

189 Rundschreiben des Stadtkommissars Kauen, Ref. II, vom 30. Juli 1942 betr. „Bedingungen für die Vermittlung jüdischer Arbeitskräfte" (ZSA Vilnius, 616-1-11, fol. 25)

190 Befehl des Stadtkommissars an den Ältestenrat vom 20. August 1942 (USHMM, SVJÄ, Teil 1: „Mündliche Verordnungen und Verfügungen der Machtorgane")

191 Verfügung Nr. 1 und 2 des Stadtkommissars (Cramer) an den Ältestenrat (vom 25. August 1942) über die Verpflegung und Unterstellung des Ghettos (ZSA Vilnius, R973-2-35, fol. 235 f.)

192 Bekanntmachung des Ältestenrats vom 31. August 1942 (ZSA Vilnius, R1390-3-14)

193 „Extrameldung" des Ältestenrats vom 6. September 1942 (ZSA Vilnius, R1390-3-15, fol. 3)

194 Befehle des Stadtkommissars an den Ältestenrat vom 11. September und 16. Oktober 1942 über die Gestellung von Arbeitern (USHMM, SVJÄ, Teil 1: „Mündliche Verordnungen und Verfügungen der Machtorgane")

195 Mitteilung des Stadtkommissars an den Ältestenrat vom 13. Oktober 1942 über die Zuteilung von Medikamenten (USHMM, SVJÄ, Teil 1: „Mündliche Verordnungen und Verfügungen der Machtorgane")

196 Bescheid des Arbeitsamts Kauen (Hörmann) vom 16. Oktober 1942 zur „Abreise nach Riga" (ZSA Vilnius, 973-3-3, fol. 2)

197 Schreiben des Generalkommissars Litauen, Hauptabt. III, an den Stadtkommissar Kauen vom 23. Oktober 1942 betr. die Leistung jüdischer Arbeiter (ZSA Vilnius, R1474-1-18, fol. 65 f.)

198 Tätigkeitsbericht des Ältestenrats für Oktober 1942 über die Polizei (ZSA Vilnius, 973-2-40)

199 Verfügung Nr. 10 und 11 des Stadtkommissars (Müller) an den Ältestenrat vom 4. und 17. November 1942 (USHMM, SVJÄ, Teil 2)

200 Befehle des KdS an den Ältestenrat vom 17. bis 19. November 1942 über die Exekution der Meck-Familie (USHMM, SVJÄ, Teil 1: „Mündliche Verordnungen und Verfügungen der Machtorgane")

201 Schriftwechsel des Stadtkommissars Kauen, Referat I/0, vom November 1942 bis Juni 1943 über den Abschluß von Versicherungen, u. a. für das Ghetto (ZSA Riga, R70-5-11, fol. 241, 245, 247, 253; Kopie im Archiv des USHMM, RG 18.002M, Rolle 5)

202 Tätigkeitsbericht des Ältestenrats für Dezember 1942 über die Versorgung (ZSA Vilnius, 973-2-40, fol. 26, 27)

203 Bericht des Ghetto-Gesundheitsamts an den Ältestenrat vom 8. Mai 1943 (ZSA Vilnius, 973-3-19, fol. 1)

204 Tätigkeitsbericht des Ältestenrats für Mai 1943 über den Arbeitseinsatz (ZSA Vilnius, 973-2-40, fol. 45)

TABELLE Aufstellung der Operationen und Abtreibungen im Ghetto für den Zeitraum von Juni 1942 bis Juli 1943 aufgrund der Monatsberichte des Ältestenrats (ZSA Vilnius, 973-2-40)

IV. Zweite Tötungswelle

1. Verlaufsmuster

205 Schreiben des KdG Weißruthenien (Diermann) an die Gendarmerie-Gebietsführer vom 15. Mai 1942 mit Abschrift eines Gesuchs des KdS Weißruthenien vom 11. Mai 1942 betr. Mithilfe bei der „Auslese von jüdischen Facharbeitern" (ZSA Minsk, 389-1-3, fol. 66; Kopie im Archiv des USHMM, RG 53.002M, Rolle 4)

206 Funkspruch des RSHA (Müller) an den KdS Litauen (Jäger) vom 18. Mai 1942 betr. die „endgültige Lösung der Judenfrage" (AHD, 500-1-25; Kopie im Archiv des USHMM, RG 11.001M.01, Rolle 183)

207 Vortragsnotiz des SS-Obersturmführers Bergmann vom 27. Mai 1942 über die Behandlung von Homosexuellen und Zigeunern (ZSA Tallinn, 819-1-11, fol. 24)

208 Mitteilung (auf Vordruck) des Stadtkommissars Minsk, Arbeitsamt, an die Firma Hochbau Bendowski vom 5. Juni 1942 betr. Abzug jüdischer Arbeiter (ZSA Minsk, 370-1-486, fol. 27; Kopie im Archiv des USHMM, RG 53.002M, Rolle 11)

209 Schreiben des Gebietskommissars Petersen (in Glebokie) an den Generalkommissar Weißruthenien vom 1. Juli 1942 betr. „Judenaktion" (ZSA Minsk, 370-1-483; Kopie im Archiv des USHMM, RG 53.002M, Rolle 11)

210 Briefwechsel des Hauptkommissars Minsk (Paulsen) mit dem Gebietskommissar Sluzk und dem Generalkommissar Weißruthenien vom August/ September 1942 betr. die Beschäftigung jüdischer Übersetzer beim Gebietskommissar Sluzk (ZSA Minsk, 370-1-485, fol. 29–31; Kopie im Archiv des USHMM, RG 53.002M, Rolle 11)

211 Schreiben des Generalkommissars Weißruthenien, Abt. IIa, an den HSSPF Ostland vom 8. September 1942 betr. das „Auftreten von Juden bei den Banditen" (AHD, 504-1-7; Kopie im Archiv des USHMM, RG 11.001M. 01, Rolle 74)

212 Tagesmeldungen des Rüstungskommandos Minsk vom 25. Juli 1942 über „Aktion" in Kopyl (NARA, T77, R1138, 930)

213 Schreiben des Hauptkommissars Minsk (Paulsen) an den Gebietskommissar Sluzk vom 7. August 1942 betr. Plünderungen anläßlich der „Judenaktion" in Kopyl (ZSA Minsk, 370-1-485, fol. 40; Kopie im Archiv des USHMM, RG 53.002M, Rolle 11)

214 Tagesbefehl Nr. 13 des KdO Weißruthenien (Klepsch) vom 28. August 1942 u. a. betr. „Sicherstellung des Judenvermögens" (ZSA Minsk 389-1-1, fol. 39; Kopie im Archiv des USHMM, RG 53.002M, Rolle 3)

215 KdS Estland, Abt. IV, an die Politische Abteilung (Vicks) vom 22. September 1942 betr. die „Sonderbehandlung" zweier Juden (ZSA Tallinn, R64-4-800, fol. 30)

216 Tätigkeits- und Lagebericht der Einsatzgruppe B für die Zeit vom 16. bis 30. September 1942 betr. Zahl der „Sonderbehandelten" (ZSA Minsk, 655-1-3, fol. 196; Kopie im Archiv des USHMM, RG 53.002M, Rolle 5)

217 Tätigkeits- und Lagebericht der Einsatzgruppe B für die Zeit vom 15. November bis 15. Dezember 1942 betr. Zahl der „Sonderbehandelten" (ZSA Minsk, 655-1-3, fol. 18 f.; Kopie im Archiv des USHMM, RG 53.002M, Rolle 5)

218 Schreiben der 281. Sicherungs-Division an die Feldkommandantur 822 vom 24. März 1943 betr. „Zigeuner und Juden" (BA-MA, RH 26-281/10)

219 Redebeiträge der Gebietskommissare von Lida und Wilejka auf einer Arbeitstagung des Generalkommissariats Weißruthenien vom 8. April 1943 u. a. betr. Juden und Partisanen (ZSA Minsk, 370-1-1262, fol. 103, 107, 118; Kopie im Archiv des USHMM, RG 53.002M, Rolle 13)

220 Protokoll der Rede des SSPF Weißruthenien (v. Gottberg) auf einer Arbeitstagung des Generalkommissariats Weißruthenien vom 10. April 1943 u. a. betr. Juden und Partisanen (ZSA Minsk, 370-1-53, fol. 126–131; Kopie im Archiv des USHMM, RG 53.002M, Rolle 11)

221 Protokoll der Rede des KdS Weißruthenien (Strauch) auf einer Arbeitstagung des Generalkommissariats Weißruthenien vom 10. April 1943 u. a. betr. Juden und Partisanen (ZSA Minsk, 370-1-53, fol. 137, 144; Kopie im Archiv des USHMM, RG 53.002M, Rolle 11)

222 Abschrift einer Personalbeurteilung des KdS Weißruthenien (Strauch) durch den BdS Ostland (Pifrader) vom 1. April 1943 (NARA, BDC A3343 Akte Strauch)

2. „Bandenkampf" und „Judenjagd"

223 Bericht (des RKO) „Zentralinformation I/1b" über die Entwicklung der Partisanenbewegung vom 1. Juli 1942 bis zum 30. April 1943 (ZSA Minsk, 370-1-386a, fol. 24, 26–28; Kopie im Archiv des USHMM, RG 53.002M, Rolle 11)

224 Ereignismeldung Nr. 18 des KdO Weißruthenien vom 30. Juni 1942 über den „Bandenkampf" in den Gendarmerie-Gebieten (ZSA Minsk, 370-1-53, fol. 160; Kopie im Archiv des USHMM, RG 53.002M, Rolle 11)

225 Abschlußbericht des HSSPF Ostland (Jeckeln) an den Kommandostab RFSS vom 6. November 1942 betr. „Unternehmen Sumpffieber" (MHA, RFSS KdoStab KR 26; Kopie im Archiv des USHMM, RG 48.004M, Rolle 1, Bild 200090-118)

226 „7. Sonderbericht über das Bandenunwesen in Weißruthenien" des Rüstungskommandos Minsk an die Rüstungs-Inspektion Ostland vom 15. Februar 1943 (BA-MA, RW 30/30, fol. 32)

227 Bericht des Gebietskommissars Ehrenleitner an den Generalkommissar Weißruthenien vom 21. März 1943 über seine Erfahrungen im Gebiet Slonim, u. a. betr. den Partisanenkampf (ZSA Minsk, 370-1-480, fol. 5; Kopie im Archiv des USHMM, RG 53.002M, Rolle 11)

228 Protokoll der Rede Kubes auf einer Arbeitstagung des Generalkommissariats Weißruthenien (vom Frühjahr 1943) u. a. betr. Juden und Partisanen (ZSA Minsk, 370-1-1262; Kopie im Archiv des USHMM, RG 53.002M, Rolle 13)

229 Fernschreiben des BdS Ostland, Abt. IV A (Jagusch), an den KdS Weißruthenien vom 2. März 1943 betr. „Bildung von Judenbanden" (AHD, 504-1-7; Kopie im Archiv des USHMM, RG 11.001M.01, Rolle 74)

230 Schriftwechsel des RKO, Abt. I, mit dem Generalkommissar Lettland vom Juli 1943 betr. „Unternehmen Winterzauber" (BA, R 92/9)

231 Meldung zur „Bandenlage" des Wehrmachtsbefehlshabers Ostland vom 3. Januar 1944 über eine jüdische „Bandenführerin" (ZSA Riga, R70-5-42, fol. 98; Kopie im Archiv des USHMM, RG 18.002M, Rolle 6)

232 Meldung zur „Bandenlage" des Wehrmachtsbefehlshabers Ostland vom 6. Januar 1944 über die Ermordung von Juden durch eine „polnische Bande" (ZSA Riga, R70-5-42, fol. 101; Kopie im Archiv des USHMM, RG 18.002M, Rolle 6)

233 Auszugweise Abschrift eines Fernschreibens des SSPF Litauen (Harm) an den BdS Ostland vom 13. März 1944 über jüdische „Banditen" (AHD, 504-1-10, fol. 39; Kopie im Archiv des USHMM, RG 11.001M.01, Rolle 74)

234 Auszugsweise Abschrift eines Fernschreibens des KdS Litauen (Schmitz) an den BdS Ostland vom 6. April 1944 über die Erschießung von Juden durch eine „polnische Bande" (AHD, 504-1-10, fol. 42; Kopie im Archiv des USHMM, RG 11.001M.01, Rolle 74)

235 Deutsches Propagandaflugblatt „Tod den jüdischen Russenmördern im Kreml" (in russisch) nebst Aktenvermerk vom 10. August 1943 und deutscher Übersetzung (ZSA Minsk, 370-1-1277; Kopie im Archiv des USHMM, RG 53.002M, Rolle 13)

3. Fallbeispiel Baranowitschi

236 Abschrift eines Berichts des Gendarmerie-Außenpostens Mir (Hein) an den Gendarmerie-Gebietsführer Baranowitschi vom 20. August 1942 über die Flucht des ehemaligen Dolmetschers Oswald Rufeisen und die Liquidierung des Ghettos in Mir (Oblast Archiv Brest, 995-1-4)

237 Bericht (des Gendarmerie-Gebietsführers Baranowitschi) an den KdG Weißruthenien vom 26. August 1942 betr. die „Bereinigung des Gebiets von Juden" (Oblast Archiv Brest, 995-1-7, fol. 237)

238 Bericht des Gendarmerie-Postens Lachowitsche an den Gendarmerie-Gebietsführer Baranowitschi vom 26. August 1942 über die Erschießung von Zigeunern (Oblast Archiv Brest, 995-1-7, fol. 238)

239 Abschrift eines Berichts des Gendarmerie-Außenpostens Mir an den Gendarmerie-Gebietsführer Baranowitschi vom 9. September 1942 (Oblast Archiv Brest, 995-1-4, fol. 324)

240 Bericht des Gendarmerie-Postens Nieswiez vom 19. September 1942 betr. den Überfall einer „Bande" (Oblast Archiv Brest, 995-1-4, fol. 227)

241 Tagesmeldung des Kommandanten des Sicherungs-Gebiets Weißruthenien (Oberfeldkommandantur 392 in Minsk) vom 26. September 1942 u. a. betr. jüdisches Waldlager (ZSA Minsk, 378-1-789, fol. 11; Kopie im Archiv des USHMM, RG 53.002M, Rolle 2)

242 Bericht des Gendarmerie-Postens Mir an den Gendarmerie-Gebietsführer Baranowitschi vom 1. Oktober 1942 über die Erschießung von geflüchteten Juden (Oblast Archiv Brest, 995-1-4, fol. 210)

243 Bericht des Gendarmerie-Postens Baranowitschi an den SS- und Polizeigebietsführer vom 15. Oktober 1942 über Erschießungen (Oblast Archiv Brest, 995-1-4, fol. 274)

244 Abschrift eines Berichts des Gendarmerie-Postens Stolpce an den Gendarmerie-Gebietsführer Baranowitschi vom 18. Oktober 1942 betr. die „Judenaktion in Stolpce" (Oblast Archiv Brest, 995-1-7, fol. 307)

245 Lagebericht der Außenstelle Baranowitschi des Rüstungskommando Minsk für Ende 1942 über „Judenaktionen" (NARA, T77, R1159, 141)

246 Bericht des Gendarmerie-Postens Mir an den Gendarmerie-Gebietsführer Baranowitschi vom 15. November 1942 über die Erschießung von geflüchteten Juden (Oblast Archiv Brest, 995-1-4, fol. 216)

247 Bericht des Gendarmerie-Postens Mir an den Gendarmerie-Gebietsführer Baranowitschi vom 6. Dezember 1942 über die Erschießung von „Banditen" und Juden (Oblast Archiv Brest, 995-1-4, fol. 469)

248 Schreiben des Gendarmerie-Postens Stolpce an den Gendarmerie-Gebietsführer Baranowitschi vom 30. Januar 1943 betr. eine „Aktion" in Stolpce (ZSA Minsk, 389-1-4, fol. 23; Kopie im Archiv des USHMM, RG 53.002M, Rolle 4)

249 Schreiben des Gendarmerie-Postenführers Stolpce an den Gendarmerie-Gebietsführer Baranowitschi vom 5. Februar 1943 betr. eine „Aktion" in Stolpce (ZSA Minsk, 389-1-4, fol. 24; Kopie im Archiv des USHMM, RG 53.002M, Rolle 4)

250 Abschrift eines Berichts des Gendarmerie-Postens Horoditsche an den Gendarmerie-Gebietsführer Baranowitschi vom 17. März 1943 betr. einen „Zusammenstoß mit Banditen" (ZSA Moskau, 7021-148-316)

251 Schreiben des Gendarmerie-Postenführers Stolpce an den Gendarmerie-Gebietsführer Baranowitschi vom 8. August 1943 betr. „Bereinigung des Kreises Stolpce von Juden" (ZSA Minsk, 389-1-4, fol. 62; Kopie im Archiv des USHMM, RG 53.002M, Rolle 4)

252 Meldung des Gendarmerie-Postens Baranowitschi an den Gendarmerie-Gebietsführer vom 28. August 1943 über Erschießung eines Juden (ZSA Moskau, 7021-148-316)

SCHEMA 2 Unterstellungsverhältnis der Gendarmerie am Beispiel des Postens in Mir, Stand: Anfang 1942

V. Konzentrationslager

253 Schreiben des Reichskommissars für das Ostland an die Generalkommissare vom August 1943, über die „Zusammenfassung von Juden in Konzentrationslagern" (ZSA Riga, R69-1A-6, fol. 129; Kopie im Archiv des USHMM, RG 18.002M, Rolle 2)

254 Schreiben des Stadtkommissars Riga an den Generalkommissar, Abt. III, vom 18. August 1943 betr. „Umsetzung" von Juden in Konzentrationslager (NARA, T459, R19, 503)

255 Rundschreiben des RSHA, Amt IV (Müller), vom 2. Oktober 1943 betr. Konzentrationslager Kauen und Vaivara (ZSL 408 AR-Z 233/59, fol. 5007)

256 Schreiben des Reichskommissars für das Ostland, Abt. II (Trampedach), an die Generalkommissare vom 14. Oktober 1943 über die „Zusammenfassung von Juden in Konzentrationslagern" (ZSA Riga, R69-1A-6, fol. 127; Kopie im Archiv des USHMM, RG 18.002M, Rolle 2)

257 Anweisungen des Lagerarztes im KL Kauen (von Ende 1943) über „allgemeine Lagerhygiene" (ZSA Vilnius, R973-3-19)

258 Schreiben des Reichskommissars für das Ostland, Abt.I, an die Generalkommissare vom 16. Dezember 1943 mit Abschrift einer Regelung des Reichsministeriums für die besetzten Ostgebiete betr. „Behandlung der Zigeuner" vom 15. November 1943 (ZSA Riga, R69-1A-6, fol. 248 f.; Kopie im Archiv des USHMM, RG 18.002M, Rolle 2)

259 Schreiben des KdS Lettland (Lange) an BdS Ostland vom 6. April 1944 betr. „Zuständigkeit in der Bearbeitung von Judenangelegenheiten" (ZSA Riga, R1026-1-3, fol. 203; Kopie im Archiv des USHMM, RG 18.002M, Rolle 16)

260 Bescheinigung des Kommandanten des Konzentrationslagers Kauen vom 9. Juli 1944 (ZSA Vilnius, R973-3-24)

Bibliographie

I. Quellensammlungen und Dokumentationen

Yitzhak Arad u. a. (Hrsg.), The Einsatzgruppen Reports, New York 1989

Ernst Klee/Willi Dreßen (Hrsg.), „Gott mit uns". Der deutsche Vernichtungskrieg im Osten 1939–1945, Frankfurt a. M. 1989

Ernst Klee/Willi Dreßen/Volker Rieß (Hrsg.), Judenmord aus der Sicht der Täter und Gaffer, Frankfurt a. M. 1988

Peter Klein (Hrsg.), Die Einsatzgruppen in der besetzten Sowjetunion 1941/42. Die Tätigkeits- und Lageberichte des Chefs der Sicherheitspolizei und des SD, Berlin 1997

Paul Kohl, „Ich wundere mich, daß ich noch lebe": Sowjetische Augenzeugen berichten, Gütersloh 1990

Peter Longerich (Hrsg.), Die Ermordung der europäischen Juden, München 1989

Norbert Müller (Hrsg.), Die faschistische Okkupationspolitik in den zeitweilig besetzten Gebieten der Sowjetunion (Europa unterm Hakenkreuz), Berlin 1991

Reinhard Rürup (Hrsg.), Der Krieg gegen die Sowjetunion 1941–1945. Eine Dokumentation, Berlin 1991

Eine Schuld, die nicht erlischt. Dokumente über deutsche Kriegsverbrechen in der Sowjetunion, Köln 1987

Verbrecherische Ziele – verbrecherische Mittel! Dokumente der Okkupationspolitik des faschistischen Deutschlands auf dem Territorium der UdSSR, 1941–1944, Moskau 1963

II. Darstellungen

A. Adamowitsch/J. Bryl/U. Kalesnik (Hrsg.), Ich komme aus einem brennenden Dorf, Minsk 1975

Andrej Angrick u. a., „Da hätte man schon ein Tagebuch führen müssen." Das Polizeibataillon 322 und die Judenmorde im Bereich der Heeresgruppe Mitte während des Sommers und Herbstes 1941, in: Helge Grabitz u. a. (Hrsg.), Die Normalität des Verbrechens. Bilanz und Perspektiven der Forschung zu den nationalsozialistischen Gewaltverbrechen, Berlin 1994, S. 325–385

Yitzhak Arad, The „Final Solution" in Lithuania in the Light of German Documentation, in: Yad Vashem Studies 11 (1976), S. 234–272

Yitzhak Arad, Ghetto in Flames: The Struggle and Destruction of the Jews in Vilna in the Holocaust, New York 1982

Yitzhak Arad, The Judenräte in the Lithuanian Ghettos of Kovno and Vilna, in: Patterns of Jewish Leadership in Nazi Europe 1933–1945 (Proceedings of the Third Yad Vashem International Historical Conference), Jerusalem 1979, S. 93–112

Omer Bartov, The Eastern Front, 1941–1945: German Troops and the Barbarisation of Warfare, New York 1985

Wolfgang Benz (Hrsg.), Dimension des Völkermords. Die Zahl der jüdischen Opfer des Nationalsozialismus, München 1991

Valentin Bojzow, Aspekte der militärischen Kollaboration in der UdSSR 1941–1944, in: Werner Röhr (Hrsg.), Okkupation und Kollaboration (Europa unterm Hakenkreuz), Berlin 1994, S. 293–318

Richard Breitman, Der Architekt der „Endlösung“: Himmler und die Vernichtung der europäischen Juden, Paderborn 1996

Richard Breitman, Himmler's Police Auxiliaries in the Occupied Soviet Territories, in: Simon Wiesenthal Center Annual 7 (1990), S. 23–39

Richard Breitman, Official Secrets; What the Nazis Planned, What the British and Americans Knew (erscheint in New York im Herbst 1998)

Alexander Dallin, Deutsche Herrschaft in Rußland 1941–1945. Eine Studie über Besatzungspolitik, Königstein/Ts. 1981

Lucjan Dobroszycki/Jeffrey Gurock (Hrsg.), The Holocaust in the Sowjet Union, New York 1993

Angelika Ebbinghaus/Gerd Preissler, Die Ermordung psychisch kranker Menschen in der Sowjetunion. Dokumente, in: Beiträge zur nationalsozialistischen Gesundheits- und Sozialpolitik, Bd. 1, Berlin 1985, S. 75–107

Andrew Ezergailis, The Holocaust in Latvia, 1941–1944, Riga 1996

Ronald Headland, Messages of Murder: A Study of the Reports of the Einsatzgruppen of the Security Police and the Security Service, 1941–1943, Rutherford 1992

Hannes Heer/Klaus Naumann (Hrsg.), Vernichtungskrieg. Verbrechen der Wehrmacht 1941–44, Hamburg 1995

Erich Hesse, Der sowjetische Partisanenkrieg 1941 bis 1944 im Spiegel deutscher Kampfanweisungen und Befehle, Göttingen 1969

Raul Hilberg, The Ghetto as a Form of Government, in: The Annals of The American Academy of Political and Social Science, Vol. 450 (1980), S. 98–112

Raul Hilberg, Die Vernichtung der europäischen Juden, 3 Bde., Frankfurt a. M. 1990 (durchgesehene und erweiterte Auflage)

Robert L. Koehl, RKFDV: German Resettlement and Population Policy 1939– 1945, Cambridge 1957

Helmut Krausnick/Hans-Heinrich Wilhelm, Die Truppe des Weltanschauungskrieges. Die Einsatzgruppen der Sicherheitspolizei und des SD, Stuttgart 1981

Konrad Kwiet, „Juden und Banditen“: SS-Ereignismeldungen aus Litauen 1943/1944, in: Wolfgang Benz (Hrsg.), Jahrbuch für Antisemitismusforschung 2 (1993), S. 405–420

Konrad Kwiet, Auftakt zum Holocaust: Ein Polizeibataillon im Osteinsatz, in: Wolfgang Benz u. a. (Hrsg.), Der Nationalsozialismus. Studien zur Ideologie und Herrschaft, Frankfurt a. M. 1993, S. 191–208

Konrad Kwiet, From the Diary of a Killing Unit, in: John Milfull (Hrsg.), Why Germany?, Oxford 1992, S. 92–110

Dov Levin, Der bewaffnete Widerstand baltischer Juden gegen das Nazi Regime, 1941–1945, Königstein 1976

Jürgen Matthäus, Jenseits der Grenze: Die ersten Massenerschießungen von Juden in Litauen (Juni–August 1941), in: Zeitschrift für Geschichtswissenschaft 44 (1996), S. 101–117

Jürgen Matthäus, „Reibungslos und planmäßig" – Die zweite Welle der Judenvernichtung im Generalkommissariat Weißruthenien (1942–1944), in: Wolfgang Benz (Hrsg.), Jahrbuch für Antisemitismusforschung 4 (1995), S. 254–274

Jürgen Matthäus, What About the „Ordinary Men"?: The German Order Police and the Holocaust in the Occupied Soviet Union, in: Holocaust and Genocide Studies 10 (1996), S. 134–150

Timothy P. Mulligan, The Politics of Illusion and Empire: German Occupation Policy in the Soviet Union, 1942–43, New York 1988

Rolf-Dieter Müller, Hitlers Ostkrieg und die deutsche Siedlungspolitik. Die Zusammenarbeit von Wehrmacht, Wirtschaft und SS, Frankfurt a. M. 1991

Rolf-Dieter Müller (Hrsg.), Die deutsche Wirtschaftspolitik in den besetzten sowjetischen Gebieten, 1941–1943, Boppard 1991

Seppo Myllyniemi, Die Neuordnung der baltischen Länder 1941–1944, Helsinki 1973

Ralf Ogorreck, Die Einsatzgruppen und die „Genesis der Endlösung", Berlin 1996

Dina Porat, The Holocaust in Lithuania: Some Unique Aspects, in: David Cesarani (Hrsg.), The Final Solution: Origins and Implementation, London 1994, S. 159–174

Bernhard Press, Judenmord in Lettland 1941–1944, Berlin [2]1995

Gerald Reitlinger, The House Built on Sand: The Conflicts of German Policy in Russia, 1939–1945, New York 1960

Gert Robel, Sowjetunion, in: Wolfgang Benz (Hrsg.), Dimension des Völkermords: Die Zahl der jüdischen Opfer des Nationalsozialismus, München 1991, S. 499–560

Theo J. Schulte, The German Army and Nazi Policies in Occupied Russia, Oxford 1989

Hersh Smolar, The Minsk Ghetto: Soviet-Jewish Partisans Against the Nazis, New York 1989

Jonathan Steinberg, The Third Reich Reflected: German Civil Administration in the Occupied Soviet Union, 1941–44, in: English Historical Review 437 (1995), S. 620–651

Alfred Streim, Zur Eröffnung des allgemeinen Judenvernichtungsbefehls gegenüber den Einsatzgruppen, in: Eberhard Jäckel/Jürgen Rohwer (Hrsg.), Der Mord an den Juden im Zweiten Weltkrieg, Stuttgart 1985, S. 107–119

Alfred Streim, Konzentrationslager auf dem Gebiet der Sowjetunion, in: Dachauer Hefte 5 (1989), S. 174–187

Christian Streit, Keine Kameraden. Die Wehrmacht und die sowjetischen Kriegsgefangenen 1941–1945, Stuttgart 1978

Isaiah Trunk, Judenrat: The Jewish Councils in Eastern Europe under Nazi Occupation, New York 1972

Gerd R. Ueberschär/Wolfram Wette, Der deutsche Überfall auf die Sowjetunion. „Unternehmen Barbarossa 1941", Frankfurt a. M. 1991

Margers Vestermanis, Der lettische Anteil an der „Endlösung", in: Uwe Backes u. a. (Hrsg.), Die Schatten der Vergangenheit: Impulse zur Historisierung des Nationalsozialismus, Frankfurt a. M. 1990, S. 426–433

Robert Waite, Kollaboration und deutsche Besatzungspolitik in Lettland 1941–1945, in: Werner Röhr (Hrsg.), Okkupation und Kollaboration (Europa unterm Hakenkreuz), Berlin 1994, S. 217–238

Bernd Wegner (Hrsg.), Zwei Wege nach Moskau. Vom Hitler-Stalin-Pakt bis zum „Unternehmen Barbarossa", München 1991

Hans-Heinrich Wilhelm, Die Einsatzgruppe A der Sicherheitspolizei und des SD 1941/42, Frankfurt a. M. 1996

Hans-Heinrich Wilhelm, Rassenpolitik und Kriegsführung. Sicherheitspolizei und Wehrmacht in Polen und der Sowjetunion 1939–42, Passau 1991

Hans-Heinrich Wilhelm, Die Rolle der Kollaboration für die deutsche Besatzungspolitik in Litauen und „Weißruthenien", in: Werner Röhr (Hrsg.), Okkupation und Kollaboration (Europa unterm Hakenkreuz), Berlin 1994, S. 191–216

III. Erlebnisberichte, Tagebücher, Memoiren etc.

Hans Dollinger (Hrsg.), Kain, wo ist dein Bruder? Was der Mensch im Zweiten Weltkrieg erleiden mußte, Frankfurt a. M. 1987

Solly Ganor, Das andere Leben. Kindheit im Holocaust, Frankfurt a. M. 1997

Josef Katz, One Who Came Back. The Diary of a Jewish Survivor, New York 1973

Max Kaufmann, Die Vernichtung der Juden Lettlands, München 1947

Heinz Kühnrich/Karlheinz Pech (Hrsg.), In den Wäldern Belorußlands. Erinnerungen sowjetischer Partisanen und deutscher Antifaschisten, Berlin (DDR) 1984

Karl Löwenstein, Minsk – Im Lager der deutschen Juden, in: Das Parlament, Beilage B45/56 vom 7. November 1956

Frida Michelson, I Survived Rumbuli, New York 1979

Heinz Rosenberg, Jahre des Schreckens … und ich blieb übrig, daß ich Dir's ansage, Göttingen 1985

Gertrude Schneider, Journey into Terror: The Story of the Riga Ghetto, New York 1979

Gertrude Schneider (Hrsg.), Muted Voices: Jewish Survivors of Latvia Remember, New York 1987

Gertrude Schneider (Hrsg.), The Unfinished Road: Jewish Survivors Look Back, New York 1991

Hilde Sherman, Zwischen Tag und Dunkel. Mädchenjahre im Ghetto, Frankfurt a. M. 1984

Avraham Tory, Surviving the Holocaust: The Kovno Ghetto Diary (hrsg. von Martin Gilbert), Cambridge, London, 1990

Jeanett Wolf, Sadismus oder Wahnsinn. Erlebnisse in den deutschen Konzentrationslagern im Osten, Dresden 1946

Abkürzungen

ADAP	Akten zur Deutschen Auswärtigen Politik 1918–1945
AHD	Archivzentrum für historische Dokumentation (Moskau)
BA	Bundesarchiv (Lichterfelde)
BA-MA	Bundesarchiv-Militärarchiv (Freiburg)
BdO	Befehlshaber der Ordnungspolizei
BdS	Befehlshaber der Sicherheitspolizei und des SD
CdS	Chef der Sicherheitspolizei und des SD
HK	Archiv der Hauptkommission zur Untersuchung der Verbrechen am polnischen Volk/Institut des Nationalen Gedenkens
HSSPF	Höhere(r) SS- und Polizeiführer
IMT	International Military Tribunal, Der Prozeß gegen die Hauptkriegsverbrecher in Nürnberg
KdG	Kommandeur der Gendarmerie
KdO	Kommandeur der Ordnungspolizei
KdS	Kommandeur der Sicherheitspolizei und des SD
MHA	Militärhistorisches Archiv (Prag)
NARA	National Archives and Records Administration (College Park, MD)
OT	Organisation Todt
PAA	Politisches Archiv des Auswärtigen Amts (Bonn)
RFSS (u. ChdDtPol.)	Reichsführer-SS (und Chef der Deutschen Polizei) im Reichsministerium des Innern
RKO	Reichskommissariat Ostland
RMfdbO	Reichsministerium für die besetzten Ostgebiete
RSHA	Reichssicherheitshauptamt
RVD	Reichsverkehrsdirektion (der Reichsbahn)
SSPF	SS- und Polizeiführer
SVJÄ	Sammlung mündlicher und schriftlicher Befehle an den Jüdischen Ältestenrat in Kaunas, Avraham Tory-Collection (USHMM)
USHMM	United States Holocaust Memorial Museum (Washington)
YV	Yad Vashem (Jerusalem)
ZSA	Zentrales Staatsarchiv
ZSL	Zentrale Stelle der Landesjustizverwaltungen zur Aufklärung von NS-Verbrechen (Ludwigsburg)

Personenregister

Ortsregister

REIHE

Nationalsozialistische Besatzungspolitik
in Europa 1939–1945

National Socialist Occupation Policy
in Europe 1939–1945

Band 1

ANPASSUNG – KOLLABORATION – WIDERSTAND

Kollektive Reaktionen auf die Okkupation

Herausgegeben von Wolfgang Benz, Johannes Houwink ten Cate und Gerhard Otto

1996 · 303 Seiten · ISBN 3-926893-42-7 · DM 36.–

Band 2

DEUTSCHE POLITIK IM „PROTEKTORAT BÖHMEN UND MÄHREN“ UNTER REINHARD HEYDRICH 1941–1942

Eine Dokumentation

Herausgegeben von Miroslav Kárný, Jaroslava Milotová und Margita Kárná

1997 · 303 Seiten · ISBN 3-926893-44-3 · DM 36.–

Band 3

DIE „NEUORDNUNG“ EUROPAS

NS-Wirtschaftspolitik in den besetzten Gebieten

Herausgegeben von Richard J. Overy, Gerhard Otto und Johannes Houwink ten Cate

1997 · 299 Seiten · ISBN 3-926893-46-X · DM 38.–

Band 4

DIE BÜROKRATIE DER OKKUPATION

Strukturen der Herrschaft und Verwaltung im besetzten Europa

Herausgegeben von Wolfgang Benz, Gerhard Otto und Johannes Houwink ten Cate

1998 · 223 Seiten · ISBN 3-932482-04-2 · DM 38.–

Band 5

KULTUR – PROPAGANDA – ÖFFENTLICHKEIT

Intentionen deutscher Besatzungspolitik und Reaktionen auf die Okkupation

Herausgegeben von Wolfgang Benz, Gerhard Otto und Anabella Weismann

1998 · 261 Seiten · ISBN 3-932482-05-0 · DM 38.–

85ff, 248ff

Band 6

EINSATZ IM „REICHSKOMMISSARIAT OSTLAND“

Dokumente zum Völkermord im Baltikum und in Weißrußland 1941–1944

Herausgegeben von Wolfgang Benz, Konrad Kwiet und Jürgen Matthäus

1998 · 301 Seiten · ISBN 3-932482-01-8 · DM 38.–

Band 7

DAS ORGANISIERTE CHAOS

Herausgegeben von Gerhard Otto und Johannes Houwink ten Cate

Herbst 1998 · ca. 320 Seiten · ISBN 3-932482-06-9 · DM 38.–

Band 8

DEUTSCHE BESATZUNGSPOLITIK AUF DEM BALKAN

Herausgegeben von Hagen Fleischer und Eberhard Rondholz

(Frühjahr 1999)

Band 9

KRIEG UND WIRTSCHAFT

Studien zur Wirtschaftsgeschichte 1939–1945

Herausgegeben von Dietrich Eichholtz

(Frühjahr 1999)